早くから多数の称賛する声が寄せられている

# 『ジェイン・ジェイコブズ都市論集』

「これはジェイン・ジェイコブズの著書の中でも、まさに最良のものだといってよいだろう。ここに所収されている論文や講演の数々は、都市の驚くべき複雑性と我々自身の最大の強みを生かすうえでの都市の課題に我々がどのように応えるかについて、彼女の考えの素晴らしい要約となっている」

――ジョン・スーエル、元トロント市長

「世の中にとって重要なアイディアをウイットと繊細さで処理するまったく別種のやり方をもたらすものである。本書はジェイン・ジェイコブズが本当に称賛に値する偉大な作家であったことを思いださせてくれる」

――ジェームス・ハワード・クンスラー、*The Geography of Nowhere* の著者

「『ジェイン・ジェイコブズ都市論集』は、ニューヨークの歩道に関する初期のルポルタージュから都市や人間の経済活動に関する広範な理論まで、知識人としてのジェイン・ジェイコブズの進化を示している。彼女の微細なもの、重要である小さなものへのまなざしがいつもそこにあった。本書は彼女の作品の息づかいをとらえるかのように、アンソロジーのかたちをとっている。ジェイコブズは正統派的学説を嫌い、自分の見解を変えることを恐れなかったが、その多くのことがファン、批評家、そしてジェイコブズがどんなことを考えたか、彼女だったらどんなことを行っただろうかと考えるすべての人々を驚かせるであろう」

――ショーン・マイカレフ、作家、コラムニスト、『スペーシング』編集長

「『ジェイン・ジェイコブズ都市論集』は豊富な注釈がつき、素晴らしく整理されたジェイン・ジェイコブズの生涯と作品の賛美の書である。読者は本書の中で光り輝く宝石と驚くべき好奇心の両方に出会うことだろう。読者はジェイコブズの奥深さ、誠実さ、不屈の精神の新たな証拠を発見することであろう。都市、システム、地域社会に関心をもつ人にとって必読書である」

――コリン・エランド、*Place of the Heart* と *You Are Here* の著者

「ジェイン・ジェイコブズのこの素晴らしい小論集の中の著作は『アメリカ大都市の死と生』の出版よりずっと以前に始まり、それ以降の晩年までのすべてをカバーしている。我々は彼女がどのようにして関連するアイディアを次のリングへと一つひとつ幅を広げ、定期的にそれらを著書や論文へと整理し、生態学、経済、倫理、社会的道徳観とその現実世界での現れ方とをつなげる一種の道徳観に基づく理論に近づけようとしているのを理解する。都市そのものについての彼女の基本的な観察と同様に、彼女の取組みはけっして終わることがなかった」

——ケン・グリーンバーグ、アーバンデザイナー、*Walking Home* の著者

「ジェイン・ジェイコブズの短編集を読むと、彼女がなんと明確なビジョンをもち創造力溢れる思想家であったかを改めて教えられます。人の心をつかんで離さない話を伝える点で、彼女の言葉は書いたり話したりしたのが今日のことのように新鮮です。昨日、今日、明日、小論のタイトルにあるとおり〝柔和な協調に美徳なし〟そのものです。ここに収録された作品は私たち全員にとっての宝物です」

——ジャニス・グロス・スタイン、トロント大学ムンク国際問題研究所教授

「『ジェイン・ジェイコブズ都市論集』は、ジェイン・ジェイコブズの論文と講演の非常に重要な回顧展ともいえるものである。都市を経済的、環境的、社会的に成功へと導く住民パワーへの彼女の信頼は、人々ではなく車のために都市を建設する人々を軽蔑するのと同様に、本書でもよく伝わってくる」

——デヴィッド・ミラー、世界自然保護基金カナダ支部CEO、元トロント市長

「この必読の短編集が出版されたのは私たちの大いなる喜びとするところです。ジェイン・ジェイコブズのメッセージの切迫感は、古い作品と新しい著作とに一貫して明瞭に響きわたり続けています。本書は、私たちにジェイコブズの慣例にとらわれないプロセス指向の考えをさらに明瞭に示し、都市を変える行動をとるべき状況におきます。それを喜んで確かめようとするならば、私たちの周りにはさらに好ましい世界が存在します。『ジェイン・ジェイコブズ都市論集』は、まったくもって素晴らしいのひと言です」

——ジェニファー・キーズマート、トロント市チーフ・プランナー

「血を沸き立たせアイディアを膨らませる一冊だ」

——ミンディ・トンプソン・フリローブ、*Urban Alchemy* の著者

「我々はまったくの嵐に直面しているようである。都市の人口はちょうど三五年間で二倍の七〇億人となり、その間、確実に気候変動、交通混雑、公衆衛生危機、高齢化が進んでいる。これらは挑戦しがいのある課題であるが、それをチャンスと見ることもできる。世界は明らかにもっとジェイン・ジェイコブズを必要としている。『ジェイン・ジェイコブズ都市論集』の中で、彼女は人々、特に子供、高齢者、貧困層といった最も弱い人たちのために、都市を創造するビジョンと行動へのヒントを与えてくれる」

——ギリェルモ（ギル）・ペニローザ、八八〇都市の創設者兼議長およびワールド・アーバン・パークスの議長

「私たちはジェイン・ジェイコブズが素晴らしい著書を書いたのは知っているが、それと同じくらい素晴らしい小論、講演、対談があることを見落としているという罪を冒していることだろう。この小論集はその各小論を合わせた以上のものであり、いつでも手にとることができる名著である」

——ブレント・トデリアン、『トデリアン・アーバン・ワークス』のシティ・プランナー兼アーバニスト、元バンクーバー市のチーフ・プランナー

「これらの称賛文の行間に潜む喜びにあえて目をつぶってはいけない」

——ジェフ・スペック、『ウォーカブル・シティ』の著者

「すべてのことを自分たち自身のこととして考えなければならない、という女性のジェンダーの後遺症の矛盾と混沌ぶりを理解しようとする人々にとっての必読書です。編者はジェイコブズの著作を素晴らしい選定と配列に仕上げているので、私たちは彼女がどのようにやっかいで複雑なシステムに取り組み、問題の解決に動き回ったかをはっきりと理解できます。私たちの多くはジェイコブズの上っ面を撫でるだけで、彼女がちょうど点同士をつなぎ始める、そのときに作品に夢中になることなく終えてしまうことがよくあります。最初から最後まで全編を通して読むことが、これまで以上に生き生きとした速やかな行動を行うための重要な決断を下すことにつながります」

——デニース・ピント、「ジェーン・ウォーク」事務局長

## ジェイン・ジェイコブズの著書

『ジェイン・ジェイコブズ都市論集』

『壊れゆくアメリカ』

『経済の本質』

*A Schoolteacher in Old Alaska*

『市場の倫理　統治の倫理』

『発展する地域　衰退する地域』

*The Question of Separatism*

『都市の原理』

『アメリカ大都市の死と生』

子供向け

*The Girl on the Hat*

VITAL LITTLE PLANS

The Short Works of

JANE JACOBS

AUTHOR OF The Death and Life of Great American Cities

Edited by SAMUEL ZIPP and NATHAN STORRING

# ジェイン・ジェイコブズ都市論集

## 都市の計画・経済論とその思想

ジェイン・ジェイコブズ著
サミュエル・ジップ＋ネイサン・シュテリング編
宮崎洋司訳

鹿島出版会

# ジェイン・ジェイコブズ都市論集

## 都市の計画・経済論とその思想


ジェイン・ジェイコブズ

サミュエル・ジップ & ネイサン・シュテリング 編

宮崎洋司 訳



鹿島出版会

北アメリカの二大都市、
ニューヨークとトロントへ

本文表記について

・本文太字部分＝原本編者により原本本文中で抜き書き・太字化された強調部分

・＊印注＝原本編者による本文読解のための特記補足注

# 目次

序論――xv
年譜――xxxiii

第一部：**都市の博物学者**　一九三四〜一九五二年………1
ある本のために詩を練りながら　『ニューヨーク・ヘラルド・トリビューン』誌、一九三五年――7
あなどれないダイアモンド街　『ヴォーグ』誌、一九三六年――8
花々がまちにやってくる　『ヴォーグ』誌、一九三七年――14
注意、作業中　『キュー』誌、一九四〇年――18
見放された都市スクラントンの三万人の失業者と七〇〇〇戸の空家　『アイアン・エイジ』誌、一九四三年――24
船が素通りする島々　『ハーパーズ・バザー』誌より抜粋、一九四七年――29
柔和な協調に美徳なし　国務省の連邦忠誠安全保障計画特別委員会の質問書への序文、一九五二年――32

第二部：**都市の建物**　一九五二〜一九六五年………39
フィラデルフィア再開発の進捗報告　『アーキテクチュラル・フォーラム』誌、一九五五年――46
二種類のプランナー、ペーブメント・パウンダーとオリンピアン　『アーキテクチュラル・フォーラム』誌、一九五六年――56
都市再開発のミッシング・リンク　『アーキテクチュラル・フォーラム』誌、一九五六年――60
「余剰する」土地　『アーキテクチュラル・フォーラム』誌、一九五七年――65

理性、感情、プレッシャー以外には方法なし　『ヴィレッジ・ボイス』誌、一九五七年――69
大都市の行政機関　『アーキテクチュラル・フォーラム』誌、一九五七年――75
ダウンタウンは人々のものである　『フォーチューン』誌、一九五八年――92
活発な人間関係のネットワーク　ニュー・スクール大学での講演、ニューヨーク、一九五八年――114
巨大なアンバランス　ホワイトハウスでの講演、ワシントン特別区、一九六四年――128
機能の減退　『建築家年鑑』一九六五年――131

## 第三部：新しい仕事はいかにして生まれるのか　一九六五〜一九八四年……139

都市の自生的成長　王立英国建築家協会での講演、ロンドン、一九六七年――146
市民的不服従について　『ニューヨーク・タイムズ・マガジン』誌との往復書簡、一九六七年――153
都市支援戦略　『アメリカン・エコノミック・レビュー』誌、一九六九年――156
高速道路という麻薬にはまりつつある都市　『グローブ・アンド・メール』紙、一九六九年――167
都市の本当の課題　アースウィークのティーチ・イン開会式での講演、ミルウォーキー、一九七〇年――176
大規模計画は都市再生問題を解決できるのか？　居住地・都市再生会議での講演、ハンブルグ、一九八一年――198

## 第四部：都市の生態学　一九八四〜二〇〇〇年……213

都市の責務　オランダ王宮での講演、アムステルダム、一九八四年――220
一緒に自転車に乗ること　広報担当者会議での講演、一九八五年――235
『アメリカ大都市の死と生』への序文　モダンライブラリー版、一九九二年――244
生計を立てるための二組の方法　デイビッド・ウォーレンとの対談、『アイドラー』誌、一九九三年――252

消費者政策研究所への第一回ニュースレター　エネルギープローブ研究財団ニュースレター、一九九四年——286
生まれながらの起業家としての女性　カナダ女性起業家年間優秀賞式典での講演、トロント、一九九四年——288
青空マーケット助成策の異常さ　オープンエアーマーケット・ネット、一九九五年——296
合併反対　オンタリオ州議会の委員会に先立っての証言、トロント、一九九七年——297


## 第五部：未来の発達のパターン　二〇〇〇～二〇〇六年

第五部：未来の発達のパターン　二〇〇〇～二〇〇六年……303
近隣の味方としての時間と変化　ヴィンセント・スカーリー賞受賞講演、ワシントン特別区、二〇〇〇年——309
カナダのハブ都市　C五会議での講演、ウィニペグ、二〇〇一年——320
効率性とコモンズ　ジャニス・グロス・スタインとの対談、コモンズ会議に触れながら、トロント、二〇〇一年——325
スズメの原則　『都市経済と発展』からの抜粋、世界銀行との対談、トロント、二〇〇二年——335
経済のベールを剝ぐ新仮説　未刊本からの抜粋、二〇〇四年——355
大農園時代の終焉　ルイス・マンフォード記念講演、ニューヨーク、二〇〇四年——378

謝辞——402

精選著作目録——404
画像・原書著作権——409
索引——419
訳者あとがき——420

ニューヨークのハドソン通り五五五番地の自宅リビングルームで『ローマ帝国の衰退と滅亡』を読みながら物思いに耽るジェイン・ジェイコブズ。一九五六年頃

# 序論

サミュエル・ジップ＆ネイサン・シュテリング

ニューヨークのグリニッジ・ヴィレッジの脇道沿いの古く波打っているガラス越しには「もっとジェイン・ジェイコブズ（訳注：昔ながらの個人経営の店舗の意味）を、マーク・ジェイコブズ（訳注：フランチャイズチェインのアクセサリーショップ）はもういらない」と太字で書かれた看板が覗いている。近隣にはほとんど残っていない飾らないタウンハウスやチェイン店でない店舗の窓に数年前に現れたこのささやかな抗議は、地元店舗と高級店間の争いをアーバニストの著名人とファッションデザイナーの対決におきかえたものである。聞き覚えのある悲しい歌を、声を震わせて歌うささやかだが気の利いた注意文は、都会の交響曲がいつも幅を利かせる時代を乱す不協和音の躍動である。我々は都市生活の黄金時代に生きていると、近頃は再三再四いわれている。世界の恵まれた地域では、不平等が深刻化している（おそらくそうだからこそ、悲しい歌がこれに反対する）にもかかわらず、通りは自転車に乗る人、新しい分譲マンション、熟練職人や不意に現れるパークレット（訳注：通りを利用する人々に空間やアメニティを提供する歩道を拡張したもの）で満ち溢れている。しかし、都市はどういうわけか、死にかけているように見える。それがいいすぎなら、都市という概念の一部が危機に瀕している。都会にいるということの複数の重要な意義が、足をとられ、よろめき、転んでいるかのように不安定に感じられることがある。

ほとんどの都市愛好者は彼らが失いつつあるものを的確に表現できないとしても、この喪失が引き起こしうるものを身近に感じている。この看板をつくったマイク・ジョイスは、ほとんどの人がたとえジョークがよくわかっていなくても、要点はわかったと述べている。誰でも、近隣にマーク・ジェイコブズのようなチェイン店のブティックが急に溢れかえるようになったことには気づいている。しかし、近隣の人々はこのジェイン・ジェイコブズとは何者なのかとしばしば尋ねるのだった。自称代々のニューヨーク住まいっ子でその地を愛するマーク・ジェイコブズが、ジェイン・ジェイコブズの名前が大衆の記憶から消え去るとともに、彼女が世界中の人々に目を向けるように告げた都市の長所を無意識のうちに追い出してしまったのはなんとも皮肉である。[1]

ここで危機に瀕しているのは、周知のようにジェイン・ジェイコブズがグリニッジ・ヴィレッジのハドソン通りで目の当たりにし、彼女の最も称賛される著書『アメリカ大都市の死と生』（一九六一、以下『死と生』）の中に記述した「複雑な歩道のバレエ」と思われる。ジェイコブズがそこに列挙した多様な通行人――学生、小売店主、港湾労働者、事務職員、食肉解体場の作業員、帽子協議会未承認のハットをかぶって飲み物を口にするスクーターに乗ったビート族の若者、かっこいいイギリス製スポーツカーから降りてくる映画のビューティフルガールのような女性――により毎日繰り返し演じられる劇は、かのビューティフルガールの継承者である女性を除けばますます危険にさらされている。ジェイコブズが健全な都市の秩序が自己組織化するドラマを発見したまさにその近隣で、通りや玄関前の階段や店舗の性質としてそのすぐ近くに息づいていた地域生活の長年の約束事を享受するために、都会のダンスに参加する機会はいつの間にか誰にとってもなくなりつつあるか、すでになくなったように見える。

それでは、ほかに新しいものは何かあるのだろうか？「ヴィレッジ」は見つかるやいなや失われてしまった。ジェントリフィケーションの恐怖は、一九五〇年代と六〇年代にジェイコブズが名声を得る以前から何度も繰り返されてきた。人々は買物をし、食事をし、歩き回り、他の人が買物をしたり食事をしたりして歩き回るのをぼんやりと見るために、今もなおグリニッジ・ヴィレッジに集まって来る。今でも、ただ単にヴィレッジの空気を吸いに行くという人々はいる――こういった楽しみも歩道のダンスの一部をなしている。そうしてヴィレッジは続いているが、しかし輝かしくも曖昧な過去の自らのクローンとしてである。桁外れに高い賃料とともに、チェイン店、ファッションブティック、ガラスと鋼鉄で改修した豪華な分譲マンションがやってきた。それらは金物店、雑貨屋、軽食レストラン、本屋、小さな工房、予測できないものや風変わりなものを追い出してしまった。不動産投資というニューヨークに長年とりついている執着は、ついには稀に買物や食事やただ見て回ることを除いたほとんどすべてのものを追い払ってしまった。ジェイコブズが褒めたたえたつつましい人も偉大な人も、それぞれ目的をもっている多様な人々の混在がこのわずかばかりの都会の地でできることはほとんどない。

ジェイコブズの次の住まいのあったトロントでも、そんな状況は変わらない。彼女が二〇〇六年に亡くなるまで住んでいたアネックス地区では、近所の人相手の店はつぶれ、最も儲かる通りの利用方法の複製である人の出入りの多いレストラン、学生向けのバー、銀行の支店といったものにとってかわられていった。「正直者のエド」のようなブルア通りを象徴するような店でさえ安泰ではない。大量の移民、労働者階級の買物客、安売りの愛好者、知ったかぶりで安物買いの銭失いの客が商品棚をあさる巨大なネオンが正面を飾る大型ディスカウントショップはすぐにも跡形もなくなり、無表情な分譲マンションや小売店向けスペースに代わる。これはどこでも同じで、お金や人々が集まるロンドン、サンフランシスコ、ボストン、パリ、その他北半球中の吸引力がある都市圏で聞き覚えのある嘆きが発せられている。都市はその姿を変えつつあり、都市の成功そのものがその破滅につながっているのである。[2]

その結果、今はまさに「もっとジェイコブズがほしい」時代であることは疑いがない。今が黄金時代であれ暗黒時代であれ、都市と都市がつくりだした様々なものに関する彼女の比類なき著作にいっそう多くの眼を向けるのにピッタリの時代であり、彼女のさわやかで執拗な発言を、そのことを忘れていた読者またはそもそもこれまで知らなかった者のために再提起するのにピッタリの時代である。しかしながら、今ジェイコブズに回帰し、著作家としての彼女の全経歴にまたがる小論を所収する主要な理由の一つは、都会の悲哀や歓喜の象徴以上のものとしてジェイコブズ自身を再考する助けとなることである。いつも独特かつ革新的で、たいていは意外だったり、それが古くさい社会通念の再設定を意味するのであればあえて間違いを冒すことを恐れずに、彼女は聞きなれた警告を肯定しながら、郷愁や喪失感を超えたさらに先にある本来の実現性や好機の源として都市の変容を見ようとした。理想的な近隣の司令官にとどまらず、ジェイコブズは日々の暮らしのための現代的装置としてではなく、問題を自己解決するのに適合した生き生きとした人問的な仕組みとしての都市についての、おそらく最も偉大な理論家であった。

ジェイコブズがその長い著述生活の過程にわたり考えた他のテーマ——経済、倫理規範、政治、歴史——と同じように、彼女が都市に向けた見方を身につければ、物事は我々が最初に想定した以上に複雑で相互につながりがあり、そうひどい状況でもないとすら思えるようになってくる。都市はジェントリフィケーションで危機にさらされた舞台装置というだけでなく、人々が共同でつくる公共的・経済的生活の手段であり、我々が共通して抱える問題を解決し共有する機会を生みだすための修正点を身につけることを学べる公共の場である。我々の社会が、金持ちの肥大と貧乏人の増殖の双方によって特徴づけられたかつてない停滞状況にあると思われる時代にあっても、あらためてジェイコブズを読むことは、解決策が我々の大事なものを守るために防御の行動をとることだけではなく、都市の創造的で混沌として即興的な経済を再活性化することにあることを示唆している。

この本は、ジェイン・ジェイコブズの全体像を見る最初の機会を読者に提供するものである。長年にわたって、彼女は都市のビジョナリー（訳注：明確なビジョンをもつ人）、反プランナー、アマチュアエコノミスト、地理学者、コミュニティ活動家、ラディカルな中道派といった様々な呼び名を与えられた。それぞれのレッテルは彼女の業績の一面をとらえているが、一つか二つの範疇に閉じ込めようとすると、彼女の考えと探求の範囲、種類、誘発力を網羅することに失敗する。彼女がしばしばある学派の理論を別の学派の理論で裏をかくようにして、各分野間の境界を超えて曖昧にしたうまい方法に関してはいうまでもない。ここに所収された小論、スピーチ、インタビュー、一編の長く忘れられていた詩は「二〇世紀の最も際立った文学的発言力をもった思想家・著述家のうちの一人」という、何よりもまず彼女自身がそう理解されることを望んだ姿を現している。

『ジェイコブズ都市論集』はジェイコブズの著述歴の長い連なりにしたがって、年代順にまとめられている。しかし、彼女の古い作品に新しい作品を付け加えながらも（と、彼女ならいったであろう）、彼女は新たな視点を伴って古い考えに回帰していた。この本の各パートは積み重なって都市、経済、倫理への彼女の生涯にわたる関心を表すように構築されている。我々は可能なかぎり彼女の言葉を変えず省略しないで提示した。我々はまた、馴染みのない文献を確認し、彼女の思想体系の中で有益なつながりを指摘するために注釈を収録した。

選集は大恐慌時代のニューヨークの彼女の初期の雑誌や新聞記事で始まり、彼女が晩年に取り組んだ人間の過去と未来についての壮大な考えで終わる。「都市の博物学者」と「都市の建物」と題する第一部と第二部は、彼女がジャーナリズム業界から学び都市の良さを理解した一九三〇年代から一九六〇年代のニューヨークでの当初の三〇年をたどる。多くの読者が最もよく知るのは、彼女を有名にした『死と生』での都市計画の批判を繰り返している第三部であろう。しかしながら、おそらく驚く人も多いと思うが、ここに所収された作品は『アーキテクチュラル・フォーラム』誌の編集者となり当時の建築の専門家となるという彼女のキャリアの中で、当初は彼女が現代都市計画と再建の支援者であったことを示している。新しい高速道路、スラム撲滅計画、タワー・イン・ザ・パーク形式（訳注：同じような住戸からなる単調なデザインの高層ビル群）の複合施設が近隣を根こそぎにし、コミュニティの生活をばらばらにし、人種差別を強め、彼女が愛するようになった雑多な都市を踏みにじっていることを彼女が理解するにつれ、それらの正統性にいかに立ち向かったかをここに所収された作品は表している。ニューヨークの都市再生の官僚組織との有名な対決や「マスタービルダー」ロバート・モーゼスとの一騎打ち、そして近代計画が都市景観から取り除こうとする「混沌」そのものである毎日の都市生活の喜びと、必需品に対する彼女の賛歌もこれらのパートに含まれている。[3]

読者は『死と生』の冒頭の「現在の都市計画と再建への攻撃」、都市を安全にする「街路に注がれる眼」、彼女の四つの「都市の多様性のための発生要因」（密集性、混合利用、小さな街区、家賃の安い古い建物）、そしてもちろん「歩道のバレエ」といった一連の場面によって、この時期のジェイコブズを特に重要視する傾向がある。しかし、この本は彼女に関して最もよく知られているエピソードや考えが多くの偉大な作品集合への前置きであることを示している。彼女は『死と生』で初めて示した考えを他の六冊の本にドラマチックに展開することで、残りの長い人生を過ごした。その過程の中で、彼女が都市と経済と倫理が相互に関連する生活に関する独自の見解を構築するに至ったことを、読者は『ジェイコブズ都市論集』の中の小論の展開に見てとることができる。

それら作品の多くは、見落とされがちな彼女のユニークな観察がきっかけとなっている。彼女はプランナーが混沌と見るものを「複雑で高度に発達した秩序形態」として見るようになった。彼女が『死と生』の終わりで推測しているように、都市はこの「組織立った複雑性」を扱ううえでつねに変化し続ける問題であった。ジェイコブズは都市を物理学での単純な二変数問題や統計学での多変数問題と見なすのではなく、一つひとつが他のものと独自の関係をもった多くの変動する要素からなる一種の生態系と見なした。この考えは、彼女の経済的・社会的生活の調査すべてを特徴づけるのちの作品の試金石となったが、ミクロスケールでの都市の機能に早くから関心があったことにそのルーツがある。

実際本書の読者は、彼女がその経歴のごく早い段階からこの考えに則っていたことがわかるだろう。第一部に所収した彼女の最も初期の『ヴォーグ』誌や他の雑誌に寄せられた著作は、最初は中身がないように感じられても、あとを引き、伝統的な雑誌のルポルタージュの装いを振り捨て、徹底的な観察による澄んだ小さな宝石のような生き生きとしたものとなる。たとえば、都市の街路下の地下「スパゲティ」である広大なネットワークを明らかにした第一部の「注意、作業中」の中で、彼女はマンハッタンのマンホール風景を調査した。その小論は、彼女の足もとの圧送管で一時間に五〇キロメートルで振り分けられる郵便物を感じながら、一四番通りと四番通りの交差点に立った「都市の博物学者」ジェイコブズの実に印象的なイメージを伝える。ここに所収されたダイアモンド取引や花き市場に関する一九三〇年代の作品と同様に、この小論はありふれた風景の中に隠れているさらに大きなプロセスによって、彼女の周りの個々の要素がどのように関連づけられているかを見つける手掛かりを得ようとする出発点であることを表している。

これらの小論で見られるのは、彼女の特徴である帰納的方法論や都市の「組織だった複雑性」の発見に関する最初の閃きである。彼女は物事がそうなっている仕組みを見つけだすために、等身大で街路から逸話を得て観察を行う。のちに彼女は、そのような寄せ集めのこまごましたデータをより大掛かりなパターンのミニチュア版での演出として「フラクタル」と名づけた。それらの話の中心にあるのは、特定の産業内にある関係である。個々の花屋や宝石商人は、都市が自ら発明し自ら構築したネットワークの結節点なのだ。それは、二〇年後の彼女の素晴らしい小論である「ダウンタウンは人々のものである」(本書第二部)の中にある多様だが補完的な別の事業との相互依存のネットワークでつながる、彼女が「小規模専門企業」と呼ぶものの最初の兆しである。『ニューヨーカー』誌の伝説的なレポーターであるジョセフ・

ミッチェルが、風変わりな人物ではなく風変わりな職業を見つけるために都市をうろつき回ったと仮定しよう。ミッチェルが荘厳な都会の夜想曲や、消滅しつつある暮らし方を発見するであろう場所で、ジェイコブズは世界中の人が集まる活気と賑わいを引き起こす都市の仕事と取引の相互につながれた経済的なニッチであり乱雑な網の眼を見出した。

ジェイコブズの長年にわたる好奇心は、『死と生』の出版後数十年間経ってから彼女が他の多くのものと同様に、なぜ西側の都市と国家は衰退しているのかを考え始めたときに重大な局面に達した。彼女は、現代の都市計画体系が、都市の生活を蘇らようとするには見当違いの試みであることを明らかにした。しかし、彼女はより深刻で、より広がりつつありかつ酷い何かがそれらの年月の間に進行していると感じていた。何がうまくいっていないのだろうか？　とてもジェイコブズらしいやり方で、彼女はこの質問を逆さにした。なぜ都市が沈滞するのかではなく、そもそもなぜ都市が成長するかにあった。貧困には理由がなく、繁栄だけに理由があると彼女は信じていた。どのように経済成長が起こるかを解明すれば、その時代の問題の原因が明らかになる。

一九六〇年代から一九八〇年代の彼女の小論、スピーチは、しばしば「ヒット曲を演奏する」ことを求められていたこともあり、『死と生』で語られた場面や考えに回帰しているが、つねにその時期の二つの主要著作である『都市の原理』（鹿島出版会、一九六九）と『発展する地域　衰退する地域』（ちくま学芸文庫、一九八四）の中で彼女が追及していたより広範な疑問を追い求める眼をもっていたことがわかる。読者は、彼女が都市の経済に考えを巡らせたことで得られた主要な知識が少しずつ現れているのを本書の「第三部　新しい仕事はいかにして生まれるのか」と「第四部　都市の生態学」の全体にわたって見出すだろう。彼女はそれらの考えを自分の経歴の中でも最も重要なものと考え、晩年近くに彼女の構想すべてを説明しようと執筆した本『経済のベールを剥ぐ新仮説』の中でもこの考えに回帰している。彼女はその本を書き終えることはなかったが、初めてこの本で発表されたその本の巻頭部（第五部にある）では、経済成長がどのように展開するかについて、彼女の最終的な理解が明らかになっている。要するに、ジェイコブズは健全な都市には新しい仕事が生まれでると論じた。その濃密な相互依存の構造は、全体の経済的拡大と経済的革新を生みだす。その小さく多様な商業系や工業系の企業をもつ活気のある都心部を育むことは、衰退と戦うために有効になりえるすべての戦略の要である。

しかし、これを既存の都市の現場で実際にどう行うのだろうか？　うまくいっているようには見えない。一九七〇年代の景気低迷をきっかけに、国が突出して対応することに反旗を翻したフリードリヒ・ハイエクやミルトン・フリードマンのようないわゆる自由市場を擁護する多くの人と同じく、ジェイコブズは経済生活のもつ自らやりくりする能力に信頼をおいていた。「組織だった複雑性」は、当局からの指令がなくとも秩序を生みだすことができると。彼女はまた、貧困撲滅プログラム、世界銀行の借款プログラム、防衛産業への莫大な連邦支出といった国家的・国際的な計画による経済開発援助の形式について懐疑的だった。彼女は、そういったものを当局による規範的な指示としての単なるばら撒き行為にすぎず、都市経済を死に至らしめるに違いないと見ていた。しかし、最近までアメリカの国民生活を席巻していた市場原理主義を主張する「新自由主義」とは異なり、彼女はそのような戦略がいかにすでに固定された利害関係者に対して補助金を注ぎ込みがちであるかということを理解していた。その意味で、彼女が市場の「第三勢力」と呼ぶ経営基盤が安定したプレイヤーから、発足したての企業を保護しようとする力として、政府がもっと積極的な役割を担うべきだと彼女は考えた。景気循環を気にする代わりに、彼女は小規模生産者の自己組織化したネットワークを可能にする政策を推奨したが、それは新しい方法で問題を解決し社会経済の現状を覆すためであった（第三部所収「都市の本当の課題」参照）。

ジェイコブズの考えは概して権力者側からは歯牙にもかけられなかったが、しかし、そのことがジェイコブズに市場と政府の昔ながらの対立について深く考えるように仕向けることとなった。彼女は一九八四年にアムステルダム人の聴衆に向かって、都市は日々の職業生活の中にある人々の間の「信頼網」の有無によって、生きたり死んだりするのだと語った（第四部の「都市の責務」参照）。生き生きとした都市に固有の無制限の可能性を失わせないために、社会はこの信頼が、彼女が「市場の道徳律」と呼ぶに至った一つの倫理体系によって左右されることと、「統治の道徳律」というまったく別の倫理観によって導かれた政府や、他の監視機関との関係を注意深く築いていくことを理解しなければならない。彼女が一九九二年に著した『市場の倫理　統治の倫理』（そして本書第四部の「生計を立てるための二組の方法」）の中でいうように、統治者が忠義、伝統、策略や力を行使する権利を重視する一方で、「市場の道徳律」のもとで働く人々は誠実性、新奇性、「見知らぬ人やよそ者」との協力を重んじる。こういった道徳律は公共政策から個人的な意思決定に至るあらゆるレベルで社会を支配していると、ジェイコブズは論ずる。すべてのビジネスマンが誠実であることも、すべての警察官が忠実であることもないが、彼らの信条を侵犯したり、さらに悪いことには「倫理の混合」をして両者を一緒にしようとすることは悲惨な結果を招くことになる。

彼女は、政府が機敏な規制者として市場に介入すべきと考える一方で、商業や工業自体に関与するのは道理に反するということもまた信じていた。[4] 一九八〇年代や九〇年代までに、特に都市では多くの公共政策が公民パートナーシップの方法で実施されたことを考えると、彼女がその期間において活力のある都市成長に関する見通しが欠けていると考えたとしても何も不思議ではない。欠けているのは、二つの「道徳律」間の「共生的」関係についての適正なビジョンであると彼女は論じた。両者は一線を画したまま、相互に有益でなければならない。彼女にとって、このバランスをとる行為が、まさに我々すべてが日々の公的生活の中で調整している「文明の技術」であった。[*1]

＊1　ジェイン・ジェイコブズ『経済的倫理の体系』「第二部　暮らしの倫理：ジェイン・ジェイコブズ会議」一九八九年、二六九頁参照。

彼女がその著作の中で追及した生涯にわたる難問とは別に、彼女がしばしば彼女と関連して記憶されていない問題について辛辣なことを語ったことは本書に表れている。第二部の「大都市の行政機関」において、彼女は今日の都市を骨抜きにし続ける「地方主権が積み重なって食い違っている姿」を初期に暴露した有名記事のうちの一つで発表した。第五部の「スズメの原則」からは、帝国主義とグローバリゼーションの関連する歴史について声を挙げた彼女の考えが読みとれる。この本の他の文章でも、市民の反乱と社会運動の力学、豊富な「建設資金」と貧弱な「運営資金」という財政における長年の窮状、郊外と高層建物の将来、都市における自転車政策、都市農業のきたるべきブーム、ゾーニング（訳注：都市計画の用途・容積制度）に関するトラブル、そしてさらにフェミニズム、環境主義、移民問題、今日都市

一九六七年、ニューヨークの国軍徴兵検査所でのベトナム戦争反対運動の最中に逮捕されたのち、スーザン・ソンタクと並んで独房に座るジェイン・ジェイコブズ。彼らはベンジャミン・スポック博士や詩人のアレン・ギンズバーグを含む二五〇人以上と一緒に逮捕された

を愛する人々の悩みの種であるジェントリフィケーションを巡るトラブルはいうまでもなく、その他多くの今もって共感を呼ぶテーマを取り上げている。

ここに手続きを待って牢獄に座っているジェイン・ジェイコブズの大変好評な写真がある。彼女ははっきりと反抗的に見えるスーザン・ソンタク記者と並んでいる。ジェイコブズは落ち着いているが、官僚的な権力のいつものばかさ加減を辛うじて我慢しているかのように、少し人生に疲れた様子のようである。彼らは一九六七年一二月のニューヨークのホワイトホール国軍徴兵検査所での反戦抗議ののちに、二五〇人以上のデモ参加者と一緒にそこにいることになった。この写真は彼女を彼女の時代の真っ只中の出来事に結びつけるものであり、我々が「一九六〇年代」について抱いている集合的なイメージそのもののスナップショットである。そしてその一年後、彼女が一〇年前に近代的都市計画の到来で初めて感じた落胆がベトナム戦争により我慢の限界に達し、ジェイコブズ一家がアメリカからカナダに逃れるというその後に起きる出来事を知ったとき、余計に心が痛むのである。

『死と生』は、ある世代の意見を改め直し始めることとなったポール・グッドマン『不条理に育つ』、フランツ・ファノン『地に呪われたる者』、レーチェル・カーソン『沈黙の春』、ベティ・フリーダン『新しい女性の創造』、マイケル・ハリントン『もう一つのアメリカ』、ジェイムズ・ボルドウィン『次は火だ』、ヘルベルト・マルクーゼ『一次元的人間』といったきわめて重要な、激変の時代の一九六〇年代初頭の出版物に連なる最初の作品のうちの一つであり、今も偉大な予言の書となっている。その当時の多くの作家や思想家のように、彼女は知識人としてその名を連ねるようになった。一九六〇年代の終りに、彼女が逮捕手続きでソンタクと一緒に座ることになったとき、ジェイコブズのニューヨークとアメリカに対する不快感が限界に達した。一九七〇年に「都市の本当の課題」（第三部）という小論で、彼女はあの「民衆に権力を」という一九六〇年代の頼もしいスローガンとともに、都市高速道路建設の反対運動を支持するに至ったのである。

しかし、再び見てみると、写真全体がぼやけてくる。第三部の「市民的不服従について」に生き生きと描かれている権力の濫用に関する彼女の嫌悪感にもかかわらず、彼女の理知的な作品はソンタクやファノン、ボルドウィンやマルクーゼ、ノーマン・メイラーやシュラミス・ファイアストーンやミッシェル・フーコーのようなその当時の急進主義的思想家と並ぶには具合が悪い。思想家たちが支配層を暴いて過剰に扇動的な活動を行うのを褒めたたえ、奇妙なものを当り前にし既成秩序に疑問を呈する一方で、ジェイコブズは規範の中に潜む美と必要性を明らかにすることに狙いを定めていた。彼女の作品は当時の批判的理論や社会の歴史や他の過激的な考え方に近いものの、ジェイコブズは都市的および経済的な生活を理解するための原理を新たに考案することに結局は取り組んでいた。彼女は既成概念を打ち砕くことは恐れなかったが、打ち砕いたあとのかけらを他の一九六〇年代を象徴する人物ならばブルジョア的と見なすような考え方も含めて拾い直していた。5

彼女のアーバニズム（都市志向）と同様、その政治的主張も実践的なものに向けられた。彼女はユートピア構想をほとんど信じていなかった。彼女にとって「抑圧された生活環境を自然に戻そう！」という一九六八年のパリの五月革命のスローガンは、閃きを与えるようなものではなかった。都市街路の下には土があるにすぎず、そこにいずれ我々はみな還っていくだけだと彼女は反論したであろう。豊かさと安心をもたらすエデンの園のようなものが革命やユートピア的空想によってのみ得られるのだとすれば、なおさらそんな別世界は存在しないのである。よりよい社会はすでに街路そのものに存在していて、我々自身が見出し、引きだされるのを待っているのであり、過激な先導者がつくりだすのではない。

ジェイコブズは、人々が自らのために主張するいかなる状況よりも、人々が擁護される状況に不信感をもっていた。大恐慌、第二次世界大戦、そして冷戦の期間中に成人に達した多くの人々と同様に、彼女はソビエト連邦が独裁主義に流れていったことを見て失望感を覚え、上からの命令、暴力、検閲がその種のユートピア的計画について回るものだとして恐怖感を覚えていた。彼女は自分自身が参加し、先頭に立ち、今でもしばしば彼女とともに思い起こされ崇められる社会運動についても心配さえしていた。第四部の「都市の責務」の中で、大衆的な運動はたいてい「実際にはまったく彼らにそうしてくれと頼んでもいない人々を代弁しているのだと主張しなければならない」ことを彼女は心配している。抗議は必要な面倒ごとであり、彼女は彼女が「ばかげた」考えと呼ぶものを止めるための運動が彼女の著作生活を邪魔するのをいつも不快に思っていたが、デモの必要性そのものが制度が破綻している兆候であると考えた。

ジェイコブズは革新であれ保守であれ確立された政治的伝統に、あるいは公式の学術研究に対しても、ほとんど安住しなかったというのが本当のところである。彼女の考え方は平等に刺激を与え、不満を抱かせるものだった。左派は彼女のコミュニティの住民を先導するところや民主主義の精神に惚れ込んだが、民間部門を信頼することに不信感をもっていた。右派は民営化に熱心であることから彼女を影の協力者と考えたが、彼女の政府機関に対する譲歩を無視した。主流の経済学者は、彼らがいうところの「ジェイコブズの外部性」という、各産業の競争的で多様な集積が経済的生産性にもたらす追加便益に関する彼女の考えを受け入れたが、需要と供給や統計学にもっぱら頼る分析といった、長い期間をかけて確立された経済原理や慣例を進んで軽んじる（彼女が誤解しているという指摘もあった）点を非難した。

建築家やプランナーは彼女の批判を受け止めたが、彼女が計画という大事なものを無用なモダニストの都市建築と一緒に切り捨てているのではないかとときどき感じることがある。歴史学者と社会学者は、彼女が日常生活のあらゆる点に徹底的に注意を向けることを褒めたたえたが、人種や階級やジェンダーの社会的な力が公共政策と民間市場の双方を形成する仕組みを理解していないことを非難した。階層化した社会関係はジェイコブズが明らかにし、育成を望んだ自己組織化するネットワークをつねに弱体化すると、彼らは論ずる。

ジェイコブズはプランナー・社会学者から自由主義者・マルクス主義者まで、すべての専門家や理論家をイライラさせることに楽しみを見出していた。彼女は政治思想の伝統様式に用心深く、厳密に専門分野ごとに分けられた学術的知識の蓄積の方法に懐疑的だった。彼女は生活が自身を構造化するシステムに関心があったにもかかわらず、彼女はそれでもなお体系化された思想システムをある程度距離をおきながら利用していた。結果として、彼女の作品は様々なことに強い興味をもち、細部やプロセスに眼を向け、歴史、哲学、経済学、自然科学、文学を広範囲に系統立てずに読むことで巧妙につくりあげられていて、しばしば独特に感じられる。しかしながら、彼女のすべての作品を支える一つの信念がある。それは市場が本質的に搾取的でないという基本的な信念である。不平等と経済危機は解決されるべき問題である。ただこれは資本主義の欠陥であって主要点ではない。

実際、ジェイコブズの作品を読むと、この三〇〇年何も変わっていないと感じる人がいるかもしれない。彼女の大通りや歩道や果敢な小企業の世界には、資本主義の勃興と、結果生みだされた巨大な富と著しい不平等はどこにあるのかと問いただす人がいるかもしれない。蒸気機関車と鉄道と大きな煙突が、日差しをすすけた暗がりに変える工場といった産業化はどこにあるのか？　奴隷制度の盛衰、労働者階級の形成、労働の商品化、自身の肌の色によってすべての階級の人々を疲弊させる人種差別の強い力はどこにあるのか？　資本蓄積の道具としての金融や信用取引、あるいは個人と同様の実体として政治的そして合法的につくりあげられた会社はどこにあるのか？　ジェイコブズが成人に達した頃、産業別組合が巨大な組立て生産ラインのある工場の労働条件を巡って社長と対決していたような経済、強大な力と暴力による経済を性急につくろうとする近代化に対する強大な団結の広がりはどこにあるのか？　彼女がその生涯を通して調査した問題を抱える都市を特徴づけている世界を変容する力をもつ要素——産業の空洞化と資本の移動性、グローバリゼーション、業務の外部委託——はどうなのか？

もちろん、その壮大な過程の多くは彼女の作品に見られる。彼女はカール・マルクスとアダム・スミスを読み、ヘンリー・フォード、ドッジ兄弟、ゼネラル・モーターズとデトロイトの隆盛について書いた。彼女は、彼女が新しい技術が地域全体に打撃を与え、失業者を生んだプロセスを分析した工業都市ロチェスターの形成と崩壊の話をした。しかし、それらのケーススタディは、現代の産業発展や不平等について通常用いられる歴史の語り口とはまったく違うかたちで本を構成していた。実際、ジェイコブズは経済に関して、人類の全歴史にまたがって広がる原理を探すという伝統に沿わない解釈を好んだ。たとえば、彼女の取り上げた多くの事例は古代や中世から引用している。事例を語る際、彼女は出所として現在のトルコにあるカタル・フユクの遺跡、あるいは古代ローマの話や大西洋に面する諸国の周縁沿いに散らばる新興の中世交易都市の隆盛を好んだ。そして、過去二世紀の大工業都市の話になると、巨大な組立工場よりも小企業が顕著である場所、マンチェスターではなくバーミンガム、デトロイトではなくニューヨークで得られる、彼女が「非平均的なヒント」（訳注：現在のデータマイニングでの「外れ値」を巡る解釈に近い概念がすでにジェイコブズにあったことを窺わせる）と呼ぶものにインスピレーションを求めた。

ジェイコブズは自身の都市景観の見方を歴史にも適用する傾向があった。彼女は都市や経済生活がうまくいっている個別の現象や状況についての成果が期待できる事例を探し回り、そしてそれらのデータを発展的な方法へと構築するプロセスを理解しようとした。規模が大きくかたちのないカテゴリー、特にその中に含まれる人々がどのように行動するかを保障するかのようなカテゴリーの類いに彼女はあまり関心がなかった。階級、資本主義、分業といったものは、ジェイコブズの考えでは説明的ではあっても説得力はない。それは歴史の原動力でも人間生活の根本的な難問でもない。そして、彼女にとってはそのようなカテゴリーは実在する人々がいかに日々の生活の中で市場をつくり、つくり変えるかということを理解する際に制限を設け、型にはまった語り口に閉じ込める危険性をもっている。

その核心部分で、ジェイコブズのビジョンは資本主義が欠けた市場の一つだという人がいるかもしれない。それは歴史的発展の理論ではなく、つねに存在する可能性の理論である。[6] 市場は譲渡と同時に交換と交流の源であり、ただの国家的生産力の構成要素ではなく、他人と協力して新しいアイディアを生みだし自己形成を行う源である。彼女は、労働者と資本家間の争いあるいは需要供給の原理ではなく、確立された利益に優位に働く社会の中で古い仕事から新しい仕事を生みだしていく人間の闘いが人間の社会生活と考えた。小規模で創立間もない企業やその従業員、特に日々現場に潜む問題を解決する必需品やサービスを生みだすあまり魅力のない仕事、たとえば工業用粘着テープあるいは新種の窓枠づくりに従事する人々は、法人であれ政府機関であれ、民間であれ公共であれ、官僚的権限の腐食の固まりから守られなければならない。そして、保護すべき対象は今日我々がもてはやす「革新者」だけではない。イノベーションがしばしば我々のさし迫った問題を解決する一方で、あらゆる種類の新しい地域に密着した仕事が経済を活発にすると、ジェイコブズは論ずる。彼女の言葉では、革新ではなく創造的な模倣が経済的拡大の主要な推進力である。ある意味では、これはユートピアに近い彼女流の「人々に権限を」の考えである。適切な都市や国家が、「交渉」したり間に合わせの案を出したり自らを再考案するあらゆる人の創造的衝動を解き放つ場所であり、そこではみなが自分自身の「活気に満ちた小規模計画群」をつくる機会をもつのである。

ジェイコブズはその生涯の終わりにさしかかって、過去数世紀に起きた大きな変化について自分なりのユニークな説明を考え始めた。彼女は将来的な可能性にさえもあえて目を向けた。第五部の「大農園時代の終焉」では、完成を見ることがなかった人間の歴史についてのジェイコブズの理論を展開しているのを目にすることができる。『壊れゆくアメリカ』(二〇〇四)の姉妹編となるこのスピーチは、将来の変容に関して深刻な見通しをもってひどく心配していることの著書で示された憂鬱の影響を受けているのがわかる。

題名の「大農園時代」は、やっと今我々人間が脱しつつあると彼女が考えている一つの長い時代の人間の歴史を表すものである。数世紀もの間、人類の奮闘はトップダウンの「大農園」モデルで体系づけられてきたと、彼女はいう。その言葉は奴隷や強制労働の恐怖を思い起こさせるが、もちろんそれはルーティン化された「科学的に管理された」仕事に耐える大勢の労働者を伴った産業化も含む。急進派であれ中道派であれ保守派であれ、他の思想家とは異なり彼女は産業革命を歴史上の根本的な分断と見ることはなかった。彼女にとって、工場は都市復興や大規模な郊外住宅、あるいは世界貿易センターのツインタワーと変わらないその時代の象徴である機械仕掛けの大農園にすぎなかった。この時代は巨大な富を生みだし、それはたしかに二〇世紀半ばに比較的明るい見通しを人々が共有することにつながったが、それはいつも不況や浪費に不可避的に向かう「単一生産」であった。大農園的なものの見方は規模の経済と計画的な成果を用い、労働者を下僕と大差ない状態に貶める。「商人」になろうとする者がいても、徒労に終わるのである。それは生産のための生産の体現であり、小企業、多様な人々、対面取引の混合利用により、活気づいた都市で見られるはるかに活気づいた取引と日々のイノベーションの世界を失墜させたのである。

しかし今、その時代は後退しているかもしれないと彼女はいう。次にくる時代はなんだろうか？　ジェイコブズはけっして予言者の役割を好まないが、最晩年に関連しつつも相対立する二つの推測を思いきって行った。一つの方向は『壊れゆくアメリカ』の中での彼女が文化的崩壊と呼ぶものである。彼女は北アメリカの家族、コミュニティ、科学、教育、統治と職業的誠実性の弱体化が急速に迫っている証拠を見つけた。不動産が高騰し始めた二〇〇〇年代前半に、彼女は不動産バブルの危険性をも指摘していた。一〇年以上経った今、動揺しないでいることは難しい。新たな不平等や御しがたい構造的な人種差別主義の時代の中で、ミシガン州フリントでの許しがたい水道水への鉛混入事件から始まり、現在も進行中である警察官の恐ろしい蛮行の発覚、多くの人々の記憶にも新しい金融資本主義による卑怯な搾取とともに、ジェイコブズが希望した「統治者」と「商人」との「共生」はかなりバランスを崩している。統治者は鈍感で無能で意地悪いか収賄を狙っていて、商人はまったく野放しにされている。

右派であれ左派であれ、もっと正統派の思想家は、こういった結果を資本主義、大きな政府、民営化、社会保障制度など、よくある標的に特有のものと考えるかもしれない。しかしながら、ジェイコブズはこの難局から抜けだすのに有効と思われる道筋に関して異なる主張を行った。彼女はその最後の講演の中で、暗黒時代ではなく「人的資本の時代」の到来の兆候を探りだした。その他、彼女が執筆予定だった「人類小伝」と暫定的に題した本のためのメモの中で、彼女はこれを「第二の創造的な時代」と呼んだ。そのメモは、人種差別主義やその他の大農園時代の「産業的、空間的そして政治的秩序の考え」が「異物」や「過去の遺物」として残存すること、そして同時に人類が商人と統治者との新たな共生が都市に「新しい仕事」を生みだすビジネスを呼び戻したときに、その創造的衝動によって復活した人民の力の時代へと戻る道筋を見つける時代の登場の可能性についても予期していた。

ジェイコブズは彼女自身の新しい仕事をけっして終えることはなかったが、革新的な傾向のどれもが大農園スタイルの大規模性の魅力によって裏切られる可能性を最後までよく意識していた。それでも彼女の最後の講演の中で、未来が排除されているという考えを受け入れなかったのは彼女らしい。万事同様に、ここでも彼女の過激な実用主義は人々が自身の時代の流れの中で、自らの所持するものでやりくりしながら自身の世界を新たにする生活を営む方法を探すことにつながった。

彼女の診断や予測に対して誰がどう考えたにしても、間違いなく人々の本質的な善良さと勤勉さにつねに変わらぬ信頼によるものなので、ごくわずかな「もっとジェイコブズ的なものがほしい」でさえも必ず歓迎される。気候変動の脅威、グローバリゼーションやオートメーションへの迎合、絶えることがない貧困と不平等、テロリズムと国家主義という二つの危機、または単なる誤った都市計画事業やジェントリフィケーションの密かな進行といった多くの試練に取り巻かれて、新たな問題解決の閃きを求めて彼女に回帰がなされることにジェイコブズの長年の信奉者は喜ぶであろう。そして、もし新世代の読者が、彼女の都市や経済や倫理の織り合わさった問題を明らかにする、人を元気づけ飾り気のない才能を発見して刺激的だと感じれば、我々は彼女が晩年になっても仕事を続け、いまだに生と死の新しいビジョンを提供してくれることを知って勇気を与えられるのである。

1 "More Jane, Less Marc," *Jeremiah's Vanishing New York*, October 16, 2009, vanishingnewyork.blogspot.com/2009/10/more-jane-less-marc.html. 二〇一六年三月七日に閲覧。しかしながら、この年の夏にジェイコブズが住んでいたハドソン通り一帯がジェイン・ジェイコブズ通りと改名されたことにより、ジェイコブズの知名度は上昇していた。

2 都市についてのジェイコブズの見方は、ときどきグリニッジ・ヴィレッジあるいはアネックス地区のような近隣でのジェントリフィケーションの原因となったという非難を浴びることがあった。しかしながら「ジェントリフィケーション」という用語がつくられる以前に、『死と生』で彼女はあまりに近隣が成功しすぎると「多様性」の自滅に終わることに気づき、有力と思える政策的解決策を示した。この本でのジェントリフィケーションを未然に防ぐための彼女のアイディアについては第二部の「理性、感情、プレッシャー以外には方法なし」と第五部の「近隣の味方としての時間と変化」を見よ。

3 ジェイコブズの初期の経歴や『死と生』に通じるアイディアの形成に関してもっと知りたい場合は Peter L. Laurence, *Becoming Jane Jacobs* (Philadelphia: University of Pennsylvania Press, 2016) を見よ。

4 彼女は政府によるサービス供給に対する不賛成に関して二つの重要な例外を設けた。彼女は医療と教育を統治者の役割とし、積極的な政府の格好の役割として考えた。第五部の「効率性とコモンズ」を見よ。

5 ジェイコブズ、六〇年代、そして規範については Timothy Mennel, "Jane Jacobs, Andy Warhol, and the Kind of Problem a Community Is," Max Page and Timothy Mennel, *Reconsidering Jane Jacobs* (Chicago: Planners Press, 2011), 119–28, 参照。

6 このアイディアの具体化にあたっては、初期の市場経済の「ネットワーク」について書いたフェルナン・ブローデルのような歴史家にジェイコブズが似ていると主張した哲学者マヌエル・デランダの作品を参照。De Landa, *A Thousand Years of Nonlinear History* (Brooklyn, N.Y.: Zone Books, 1997), 25–99.

# 年譜

| 生活上の出来事 | 年 | 著作 |
| --- | --- | --- |
| ジェイン・ジェイコブズ（旧姓バッツナー）は五月四日にペンシルバニア州スクラントンで生まれる | 一九一六 | |
| パウエルビジネス専門学校の速記課程に通う<br>スクラントン・リパブリック新聞で働く | 一九三三 | |
| 不況について考える土台づくりに取り組むため、ノースカロライナ州の人里離れたヒギンズに住む叔母のところに四か月滞在する | 一九三四 | |
| 姉と同居するため、ニューヨーク・ブルックリンに引っ越す | | 第一部　都市の博物学者 |
| ニューヨーク市のグリニッジ・ヴィレッジに引っ越す | 一九三五 | 「ある本のために詩を練りながら」 |
| | 一九三六 | 「あなどれないダイアモンド街」 |
| | 一九三七 | 「花々がまちにやってくる」 |
| 大叔母のハナ・ブリースから五〇年後に『旧アラスカの一人の教師』として出版する回顧録の原稿を渡される | | |

父親ジョン・デッカー・バッツナーが死去する　—一九三八—
コロンビア大学の公開講座に参加する　—一九四〇—　「注意、作業中」
　コロンビア大学を中退する
『アイアン・エイジ』誌で働き始める　—一九四一—　『憲法雑考：一七八七年憲法制定会議の採用されなかった諸提案、解説付き』
—一九四三—　「見放された都市スクラントンの三万人の失業者と七〇〇〇戸の空家」
　戦時情報局で働き始める
ロバート（ボブ）・ジェイコブズと出会い、　—一九四四—
　二か月後に結婚する
第二次世界大戦終結　—一九四五—
『アメリカ』誌（国務省の刊行物）で働き始める　—一九四六—
—一九四七—　「船が素通りする島々」
グリニッジ・ヴィレッジのハドソン通り五五五に引っ越す　—一九四八—
長男のジェームズ・ケズィ（ジム／ジェイムズ）
　ジェイコブズが生まれる
FBIがジェイコブズへの調査を開始する
二男のエドワード・デッカー（ネッド）・　—一九五〇—
　ジェイコブズが生まれる

彼女の共産主義者とのつながりが目立つことについての
国務省からの質問状
『アーキテクチュラル・フォーラム』誌の
病院・学校関連担当の編集者として働き始める

―一九五二―

「柔和な協調に美徳なし」

第二部　都市の建物

娘のバージン（旧名マリー）・ハイド・ジェイコブズが生まれる

―一九五五―

「フィラデルフィア再開発の進捗報告」

彼女に社会資本のことを教えた
ユニオン・セツルメント・ハウスのウイリアム・カークと
一緒にイースト・ハーレムを初めて視察する

ワシントン・スクエア公園を貫通する高速道路建設阻止の
陳情書の署名によりグリニッジ・ヴィレッジの
社会運動家としての経歴が始まる

『アーキテクチュラル・フォーラム』誌で
都市再生の特集を始める
ハーバード大学での都市デザイン会議で講演し、
建築家と批評家に名前が知れわたった

―一九五六―

「二種類のプランナー、ペーブメント・パウンダーとオリンピアン」
「都市再開発のミッシング・リンク」
「〝余剰する〟土地」

―一九五七―

「理性、感情、プレッシャー以外には方法なし」
「大都市の行政機関」

試験的閉鎖に対し、ワシントン・スクエア公園閉鎖に対する ―一九五八― 「ダウンタウンは人々のものである」
合同緊急委員会と連携する 「活発な人間関係のネットワーク」

『アメリカ大都市の死と生』を書くため
『アーキテクチュラル・フォーラム』誌を休職する
ワシントン・スクエア公園が以後車輌通行禁止になる ―一九五九―
ハドソン通りの歩道を撤去させないための闘争を主導する ―一九六〇―
近隣の一部を完全に取り壊し再建築する計画に反対する ―一九六一― 『アメリカ大都市の死と生』
ウエストヴィレッジ保存委員会を主導する
あらゆる再開発を阻むため、ニューヨーク市都市計画 ―一九六二―
委員会がウエストヴィレッジのスラム地区指定を解除する

多くの抵抗と遅延に直面しながら、ウエストヴィレッジ・
ハウスの修復計画でデザイン作業を始める

執筆業に専念するため、
『アーキテクチュラル・フォーラム』誌を完全退職する

一九六二年末までにロバート・モーゼスのローワー・
マンハッタン高速道路（ＬＯＭＥＸ）の反対闘争に断続的に
参加し、表面的にはＳＯＨＯ地区を破壊から守る ―一九六四― 「巨大なアンバランス」

ワーグナー市長がLOMEXを復活する計画を公表するが、　—一九六五—　「機能の減退」
同計画を反故にすることを約束した
ジョン・リンゼイ市長が一九六六年の選挙に勝つ
第三部　新しい仕事はいかにして生まれるのか
ベトナム戦争抗議のための国防総省前での行進に　—一九六七—　「都市の自生的成長」
家族とともに参加する　「市民的不服従について」

ニューヨーク市のベトナム戦争反対運動で逮捕される
リンゼイ市長が三度目のLOMEX復活をさせる　—一九六八—

コミュニティの集会で暴動を扇動した罪で逮捕される

徴兵忌避者として息子たちが逮捕されることを避けるため、
密かに家族とともにカナダのトロントに移住する
リンゼイ市長がLOMEX計画の完全廃止を宣言する　—一九六九—　『都市の原理』
「都市支援戦略」
「高速道路という麻薬にはまりつつある都市」

スパダイナ高速道路の建設に抗議するために
「スパダイナ計画を阻止し我々の都市を守る」
調整委員会に参加する
第一回地球保護週間会議で、この会議の創設者であるゲイロード・ネルソン上院議員とともに講演する　—一九七〇—　「都市の本当の課題」

| | | |
|---|---|---|
| スパダイナ高速道路計画中止される | ―一九七一― | |
| カナダの市民権を取得する | ―一九七四― | |
| ウエストヴィレッジ・ハウスがようやくニューヨーク市にオープンする | ―一九七五― | |
| サイゴン陥落後にベトナム戦争終結 | | |
| マッシー大学で「カナダの都市と独立連合」という題名でケベック分離主義について講演をする | ―一九七九― | |
| 独立に関するケベック州の住民投票が否決される | ―一九八〇― | *The Question of Separatism* |
| 母、ベス・ロビンソン・バッツナーが死去する | ―一九八一― | 「大規模計画は都市再生問題を解決できるのか?」 |
| 環境関係のNGOであるエネルギープローブ研究財団の理事に加わる | ―一九八四― | 第四部　都市の生態学<br>『発展する地域　衰退する地域』<br>「都市の責務」 |
| ノーベル経済学賞受賞者のロバート・E・ルーカス・ジュニアがマーシャル記念講座で人的資本に関して講演し、その分野にジェイコブズのいくつかのアイディアを取り込んでいる | ―一九八五― | 「一緒に自転車に乗ること」 |
| やがて四作目となる『市場の倫理　統治の倫理』について論ずるため、ボストン大学で行われた「生計を立てるうえでの倫理」に参加する。これは彼女がその生涯で自分と雰囲気のあった | ―一九八七― | |

数少ない学術的会議の一つ　―一九九〇―　*The Girl on the Hat*

―一九九二―　「『アメリカ大都市の死と生』への序文」
『市場の倫理　統治の倫理』

―一九九三―　「生計を立てるための二組の方法」

エネルギープローブ研究財団が主導した
消費者政策研究所の共同創設者となる　―一九九四―　「消費者政策研究所への第一回ニュースレター」
「生まれながらの起業家としての女性」

ボストンカレッジのバーンズ・ライブラリィに
論文を寄贈する　―一九九五―　「青空マーケット助成策の異常さ」
*A Schoolteacher in Old Alaska*

第二回のケベック州独立の住民投票が一パーセント差で
否決される

カナダ勲章を受賞する　―一九九六―

夫、ボブ・ジェイコブズ死去する

トロントとその郊外を合併するための州の計画に反対する
「地方民主主義を求める市民の会」（C４LD）に参加する
エネルギープローブの理事を辞任　―一九九七―　「合併反対」

法的拘束力のない住民投票で、トロント大都市圏の住民は
四分の三が合併に反対する

「自己組織化」フェスティバル「ジェイン・ジェイコブズ：重要なアイディア」がトロントで開催される

都市問題の検討を促すためオレゴン州ポートランドの環境保護ＮＧＯであるエコトラストの理事に加わる

オンタリオ州政府がトロントとその郊外とを合併する

―一九九八―

エネルギープローブの提言にしたがい、オンタリオ州政府が公共電気事業を行っているオンタリオ水力発電を民営化する

腰を骨折し、ウォーキングを娯楽と仕事の両方の手段と考えている彼女の行動が大きく制限される

―二〇〇〇― 第五部　未来の発達のパターン

『経済の本質』

「近隣の味方としての時間と変化」

権限移譲を求めるカナダ主要都市間の連携機関であるＣ五を共同設立する

―二〇〇一― 「カナダのハブ都市」

「効率性とコモンズ」

―二〇〇二― 「スズメの原則」

Ｃ五が解散される

―二〇〇三―

トロントアイランド空港の拡張反対を成功に導くにあたり、ＳＳＯＣＣの経験豊富なアラン・スパローとデビット・クロンビーを支援する

―二〇〇四― 『壊れゆくアメリカ』

「大農園時代の終焉」

―二〇〇五―『経済のベールを剝ぐ新仮説』

―二〇〇六―

四月二五日、ジェイン・ジェイコブズがその子供である

ジム、ネッド、バージンと二冊の未完成の著書を残して、

八九歳で死去する

ジェインおよびボブ・ジェイコブズと彼らの息子であるジムが、
グリニッジ・ヴィレッジのハドソン通り五五五の自宅の改修に着手する。
一九五〇年頃

# 第一部——
# 都市の博物学者
## 一九三四～一九五二年

ジェイン・ジェイコブズが『死と生』を出版したのは四五歳のときであった。最もよく知られた著作であるこの本を執筆した一九五〇年代後半になるまでに、彼女はジャーナリスト、経済地理学の学生、戦争のプロパガンダ要員、そして現代建築の専門家としてその半生をすでに過ごしていた。一九六〇年代には有名人になったが、彼女の著述生活は大恐慌の真っ只中に始まった。

ジェイン・ジェイコブズ（旧姓バッツナー）は「手に負えない」一八歳の作家兼時折詩人として、ひと財産をつくろうとして一九三四年にニューヨーク市にやってきた。[1] 都会は、彼女の故郷の街、衰退しつつある炭鉱の中心地であるペンシルバニア州スクラントンよりもだいぶ希望をもてたが、彼女は工場や事務所で臨時の仕事をこなしながら、どんな場所でも文章を書く単発の仕事を見つけだそうとして、その後の四年間を職探しに費やした。

ジェイコブズの初期のフリーランス記者時代の記事は、彼女が後年大変効果的に使用することになる多くの作家的な言い回しを身につけようとしていたことを示している。突飛さ、詳細なリスト、異常なほどハイフンでつながれた言葉、アリタレイション（訳注：連続する単語が同じ音の子音や、または文字で始まるリズム感を出そうとする文体上の手法）の革新的な駆使、そのすべてがこの時期からすでに見られる。さらに重要なのは、将来、都市と経済の思想家となる彼女の片鱗が早くから見てとれることである。『ヴォーグ』誌での一連の記事のために、終わることのない仕事探しの合間に見つけたニューヨーク市の労働地区について四つの小論を書いた。毛皮、皮革、ダイアモンド、花は『ヴォーグ』誌の読者好みの贅沢品であるが、記事（この本にも二編が含まれている）の中では、ジェイコブズはそれに加えて街路景観を活気づける要素、多様な都市での生計のための手段、生産者と配給者と販売者を一つの経済的なネットワークで結ぶ織り糸といった多くのものを見せてくれる。初期の記事で特に注目に値するのは、大恐慌という不景気の期間でさえ、一九三〇年代に対する共通した見方とは異なり、自力で前に進もうとする活気のある小規模な都市の経済を彼女がいかにして見つけたかということである。

この大恐慌時代の作品からは、ジェイコブズが新しい知的な使命を創案していることもわかる。「都市の博物学者」はニューヨーク州周辺の素晴らしい電線、トンネル、人々が殺到する地下鉄、情報、電気、水そしてゴミといった素晴らしい寄せ集めをうまく動かしている事細かな出来事を注意深く観察している。しかしながら、彼女はどのようにして万事がうまくいかなくなるかの痕跡にも同時に注目している。本書第一部の「船が素通りする島々」でのメイン州沖のマティニカス島を描写しながら、彼女は不可解な衰退をたどっている生活様式をとらえている。記事は分析というよりも描写であるが、彼女は進行中の事態をすでにうすうす感づいているようだ。ニューヨークに到着する数か月前に、ジェイコブズはアパラチア山脈の奥深い小さな貧しい小村であるノースカロライナ州ヒギンズにいる宣教師の叔母を訪ねた。[2] そこはマティニカス島と同じで、世代を重ねるにつれて住民は自給自足経済に結びつかない伝統や技能を失い始めていた。彼らはそれらの慣習を忘れただけでなく、あたかも暗黒時代のミニチュアかのように忘れたことを忘れてしまっていたと、のちにジェイコブズは論じた。石づくりで新しい教会をつくるべきだという提案は、彼らの植民地時代の祖先がもっていた技術であるにもかかわらず、どうしたら積み重ねた石が倒れないのかという住民からの信じられないような質問によって応えられた。ジェイコブズによれば、近くの都市から呼んだ石工の働きによって、ようやく石造建築物への信頼を回復させることができたという。ジェイコブズのマティニカス島についての記述は、都市経済の活力が介入しなければ、同じ軌跡をたどる初期段階にあるコミュニティであることを示唆している。

ジェイコブズがニューヨークでの生活を始めたのちに、彼女はコロンビア大学の公開講座（一九四七年に一般教養学部に改称された）の聴講生となった。一九三八年から一九四〇年の間に、彼女は地理、歴史、法律、哲学、そして物理学や自然科学の知識吸収に手当たり次第に取り組んだ。歴史家アンリ・ピレンヌの中世ヨーロッパの都市文化の隆盛についての著書を最初に読んだと思われるのはこの時期である。その著作は、都市、経済そして新たな暗黒時代の到来の可能性に関するジェイコブズの考えに最大級の影響を与えることになった。その一方で、法律の講義が彼女に最初の本を書く機会を与えてくれた。彼女が弱冠二五歳のときに出版した『憲法雑考』、一七八七年の憲法制定会議の文書のありとあらゆる行から不採用となった起草案を集めて現憲法を解釈したこの本には、人とは異なる考え方が早くも垣間見られる。不幸なことに、官僚的な運営の欠点のせいで、大学はジェイコブズを公開講座から追いだし、バーナード・カレッジの学生として再登録させようとした。芳しくない高校の成績によりこの女子大への「出願」が認められず、彼女は事実上退学させられたことを知った。この苦々しい記憶は学界や資格証明と本物の教育との誤った相互関係（訳注：大学が資格取得の場となり、本物の教育の場となっていないこと）に対して極端に懐疑的な態度をとるきっかけとなった。実際に、彼女はその素晴らしい全業績に対して授与される名誉学位を断り続け、六〇年後の絶筆となった『壊れゆくアメリカ』に学界の破綻について詳細に書いている。

たとえ、ジェイコブズの最大の喜びが街路レベルでの人間生活の調査にあったとしても、彼女はこの時期、国民的関心のある問題について書くことで大半の生計を立てた。彼女が一九四一年に『アイアン・エイジ』と呼ばれる金属工業の業界誌で秘書の職を得たとき、第二次世界大戦はすでにヨーロッパでは激しくなっており、まだ誰も知らなくとも真珠湾への日本軍の攻撃が間近に迫っていた。すぐに秘書から副編集長に昇格すると、彼女は興味のある話を引き受ける多少の余裕を見つけた。一九四三年に、彼女は多くの都市で労働力と住宅が不足しているにもかかわらず、国家軍需生産委員会がスクラントンに工場を設置しようとしないことに関して調査に乗り出した（第一部の「見放された都市スクラントンの三万人の失業者と七〇〇〇戸の空家」参照）。記事はおそらくジェイコブズの最初の地元支援の取組みの成就といえるもので、その手紙によるキャンペーンは成功してスクラントンに戦時産業をもたらし、その署名のない記事は全国の三〇〇紙以上の新聞が取り上げた。[3] しかし、記事になったもののほとんどは、高度な専門職の読者に向けた無味乾燥な記事で、編集長は読者層を広めようとする彼女の試みには反対だった。一九四三年の終わりに、彼女は上司と対立して職を失った。

ジェイコブズにとって幸運だったのは、戦争では記者が不足していたことであった。一九四三年から一九五二年の間に、まず第二次世界大戦中に非同盟国に狙いを定めた戦時情報局のために、次に国務省でソビエト連邦の市民に向けた『アメリカ』という雑誌の出版のために働き、彼女は政府のプロパガンダ活動に貢献した。二つの職場での彼女の主な仕事は国の歴史、政治体制、地理、経済、そして国民についての話を通してアメリカ人の信ずる価値を伝えることであった。誰に聞いてもジェイコブズは仕事ぶりも優れており信念をもって仕事に取り組んでいたが、変わり者かつ扇動的な人物であり、ソビエト連邦に関して増大していく彼女の知識はＦＢＩとの悶着を引き起こすことになった。二回目の赤の恐怖の最中である一九四八年に、当局はジェコブズと彼女と共産主義者とのつながりについて調査を開始した。調査を受けて、彼女はその当時の大多数の人が信じていることに対し「従順であることに美徳はない」と雄弁に自己弁護したが、当局の調査は国務省の職を去った一九五二年になってようやく終了した。

ジェイコブズが国務省の忠誠委員会で述べたように、彼女の慣習や権威に対する終生変わらぬ懐疑的な態度そのものが彼女を愛国心の強いアメリカ人にしたのであり、ソビエト連邦のシンパにすることはなかった。彼女の初期の著作では生来の懐疑的な態度はほとんど現れていないが、マッカーシズムから都市再生やベトナム戦争に至るまで、冷戦期間中の連邦政府や冷淡な官僚組織との衝突が続いたことが、そのうち彼女にアメリカ自体に懐疑的な眼を向けさせるようになったのかもしれない。

1　「手に負えない女の子」としてのジェイコブズの子供時代をさらに知りたいときは、グレナ・ラングとマージョリー・ウンシュによる若年層向けのイラスト付き伝記『常識の天才』（ボストン：デビッド・R・ゴディン、玉川英則、玉川良重訳、鹿島出版会、二〇〇九）を見よ。ジェイコブズは高校時代に定期的に詩を書き、その後何年も道楽程度には詩を書いていたが、ニューヨークに移った直後から自分の天職はジャーナリストないしノンフィクション作家だと悟った。

2　ジェイコブズは『発展する地域　衰退する地域』一九五～二〇三頁で『マイフェアレディ』のヘンリー・ヒギンズから採ったヘンリーというペンネームで町の詳しい説明を行った。ジェイコブズは、もしそれらの町が完全に置き去りにされていないのならば、そのような「受動的経済」は都市経済の五つの強力な力――商品とサービスのための市場、都市へ人々を引きつける仕事、工場あるいは他の都市の仕事を中心部から離れた地域へ移転すること、特に地方の生産性を上げるような種類の技術、援助や投資のかたちでの資本――のどれか一つによってかたちづくられる、と論じた。

3　このキャンペーンは、当局の顔を立てている点と工場群がスクラントンの経済を回復させるという明白な信念の二つの点で、ジェイコブズらしくないように見える。『ジェイン・ジェイコブズになる』の中で、ピーター・L・ローレンスは彼女のニューヨークへの移動が都市からの人口流出の高まりと一致することを考えると、この方法ではスクラントンを救えないと彼女はすでにわかっていたに違いない、と述べている。彼女がすでにわかっていたか、まさにこの経験を通してそのことを学んだかはわからないが、『都市の原理』を書いた時期までには彼女はまさにここで闘った工場移転の類いを批判していた。

## ある本のために詩を練りながら

『ニューヨーク・ヘラルド・トリビューン』誌、一九三五年一月二二日

私はうやうやしいまなざしで原稿用紙に近づき、
すっかり没頭して、理想的な考えを表現するための
理想的な言葉、涙や微笑みや溜息をもたらす文章を
どうやって探し求めるか考えていた。
または、それに失敗したとしても、うめいたり
悪態をついたりしながら生みだした
説得力に欠ける一節――ぐらつく足部はすべてもぎ取られ、
攻撃されたもの――を見ながらせめてもっと頑張らなくてはならないと思った、
または、この文章はこうであるべきだったと思い至ってうなり、
私が失敗しているらしいそういった効果をもたらすことを願う、
けれども、思うに私が考えるようなことは所詮単調で
言葉と原稿用紙自体がそれを記憶している――
私は黒砂糖を舐めながらそんなことを考えていたので、
私が実際に作業にとりかかると鼻がムズムズした。

# あなどれないダイアモンド街

『ヴォーグ』誌　一九三六年一〇月一五日

ヘスター通りとカナル通りにはさまれた世界で最大かつ最も奇妙な宝石取引所の一つであるダイアモンド街では、ディーラーは「じっくりお待ちいただけるなら、バワリー通りでなんでも手に入りますよ」といいます。そこでは、国内で質流れした宝石類の七割が売り買いされます。このたった一つの街区にあるショップ群を通して、ニューヨーク市の最もごみごみしている一画にある光り輝く島のような地区は、世界中の最も並外れた品々――王族の王冠についている宝石、貴族の認印付き指輪、宮廷に仕えた人々の愛の印の贈り物、子供の写真入りの素朴なペンダント――といった風変わりで豪華なあらゆる種類の宝石を扱っています。

この立地がなぜ選ばれ、あるいはなぜこの地区が今も存続しているか誰も知らないようです。二五年前、どういうわけか最初の商人がこの釣り合わない環境に落ち着きました。類似の街が隣接するわけでもなく、伝説ともいってよいボワリー街の喧騒に取り囲まれたマンハッタン橋への入口の通りの向かいに孤立しています。

ディーラーの誰もが一軒の店を丸ごと借りることはありません。一つの店舗に一二程度のディーラーが集まっていて、各々がカウンターをもっています。最も余裕のあるディーラーもまたショーウインドウ内の小さく仕切られたスペースを借り、ここでのすべての品目が左手の第三カウンターでのみ買えます、というような広告を掲げています。

芸術的な、または印象的な展示をしようという意図はないのですが、お互いに関連性のない小さな像の頭上に花綱にかけられた大量の宝石類といった商品を並べることによってちょっと不思議な効果が生まれています。おそらくボックビールに起源がある石膏でできたヤギには、一方の角に複数の指輪がかけられていて、もう片方の角にはネックレスが粋に巻きつけられており、尻尾の上には時計が、背中には種々雑多の小さなアクセサリーが並べて乗せられています。アーサー王の像はすでに鎧を身にまとっているというのに、さらに肩辺りで複数のネックレスを、腰回りで腕時計を、仮面でペンダントを支えているありさまです。

そういったショーケースは黒のビロードも敷かれておらず、目を引くような逸品もなく、きらりと光るダイアモンドや輝く金が何列にもなって置かれるか、時には指輪や時計やブレスレットがごた混ぜに置かれているような状態です。しばしば、太字ではっきりと読みやすい値札が宝石についていますが、そういった値札は主に予備交渉のスタート価格を示すものです。

この地区の特徴的な取扱品はもちろんダイアモンドですが、他の宝石類や貴金属類といったありとあらゆるものが取引されます。おそらく、この地区で最も素晴らしい品物はロシア皇帝のために三〇〇年前につくられたといわれるサモワールでしょう。スターリング通貨より精巧な、金色のはめ込み模様がある純銀製で七六ポンドの重さがあります！　それはジプシーが質屋に質入れして、その質屋から購入されたものでした。誰もジプシーがどこでそれを手に入れたのか知りません。

ボワリー地区で売られている一部の宝石は新品ですが、ほとんどはヘスター通りとカナル通りにはさまれた街区にある三つの大きな競売場から仕入れられています。それら中古品は、質入れされてから法律によって規定された一二か月に加えて、一か月の猶予期間を加えた期間を経て質屋から競売場に送られてきます。

夏場を除き、販売はほぼ毎日行われます。これから売られる宝石はディーラーが価値を調べてメモをとるために展示されます。そういったメモはすべて文字が数字を表す原始的な暗号で記されていて、ディーラーはそれを自分だけの秘密にしています。メモはディーラーが販売で興奮している際に、冷静なときに支払おうと考えていた額を思い起こすためのものです。

オークションで起きていることは外部の者にはよくわかりません。オークションはまったく無言で進行します。競売人と触れるぐらいの距離にディーラーがひしめき、残りのディーラーは競売人に対面する二つのベンチに座ります。

競売人は競りの開始価格を示し、ディーラーは無言で数字を競り上げていきます。競売人周辺のディーラーはその腕を押し込んだり、脇腹を小突いたり、あるいは足を押しつけたりし、ベンチにいるディーラーは目配せをしたり、その指を挙げたり、その肘をこすりつけたり、あるいは何か他の気づきやすいしぐさをします。ディーラーは指値をすることに注意の半分を向け、周りの人の指値を予測することに残りの半分の注意をあてているようです。すべてが迅速に行われます。一瞬のうちに宝石は最も高い指値をした人に与えられ、すべての人は満足しているように見えます。オークションは手品とも読心術ともつかない、ひどく場当たり的なものに見えます。*1

*1　ジェイコブズは、様々な専門的職業人が信頼感を抱き続けるのに利用する風変わりな儀式や迷信に魅了され続けた。職業人生を存続し続ける倫理の仕組みについて探索した彼女の『市場の倫理　統治の倫理』は、彼らの権威を守るためにその法服の背中に支払用袋がついているイギリスの法廷弁護士、あるいはなかなか決断できないで地面に棒を放ることで狩りをする場所を決める狩猟部族のような、多くのその他多様な慣行を紹介している。

ボワリーに到着した一部の宝石は、その出来映えよりも金地金としてより価値のある台枠にはめ替えられます。あるディーラーは一つひとつのルビーの間に小さなダイアモンドのついたブレスレットをつくるために、かつてロマノフ王家のものであった四八個のルビーを使いました。中央にはダイアモンドが散りばめられた飾り額があり、留め金を開くと小さな時計が出てくるといった具合です。

最も古い品物の一つは実際には宝石ではまったくありませんが、一五世紀にウィーンでつくられたローマ法王の肖像のエッチングプレートです。このプレートにはその古めかしさに加え、奇妙な点が一つあります。多くの絵で見られるように観察者を眼で追うのではなく、実際に目玉が左右に移動して視線を動かすようなのです。

アメリカの植民地時代の金属細工の一例としては、ワシを抱えた一人のネイティブアメリカンの硬い銀の小像がありますす。その姿勢と全体的な印象が、タバコ屋で店番をするネイティブアメリカンのミニチュアそのものです。

ときどき、気づきにくい空洞と致命傷をもたらす鋭い小さな突起がついた「ポイズン・リング」がボワリー地区に届きます。人々は興味をもちますが実際に買うことはありませんので、それらは通常溶かされてしまいます。しかしながら、イニシャルのついた指輪はしばしば溶かされることがありません。ゆくゆくは、同じイニシャルをもつ人の中からその指輪に非常に魅力を感じる人が現れることがあるからです。

あらゆる種類の結婚指輪がディーラーのもとに集まってきます。昔のさるフランスの婚約指輪には宝石がついていませんが、振ると快いチリンチリンと鳴る金色の恋結びがまとまって指輪になっています。

すべての履歴がわかっている数少ない商品の一つが、イギリスでつくられ一四四年前にバーモントカレッジの教授が買った腕時計です。表面は大変きれいで美しく、縁のエッチングは非常に芸術的であり、最初はそれをカバーするガラスがないように見えます。教授はそれをほんの数年使い、彼の息子のためにと貴重品保管室に置いておきました。どういうわけか、息子が死んだあとも長い間忘れ続けられ、それ以来使われなかったものです。

一〇〇年も経つ優美な小さいフランス製の時計は二本のイオニア式の装飾柱に支えられ、その柱の基礎部の柵には笑っている象牙製キューピッドが置いてあります。フランスでほぼ同じ頃つくられたブレスレットは六つの部分からなり、それぞれにあざやかな色をした優美なモザイクの農民像がついています。

大きなカメオ細工のネックレスには、まったく同じカメオ細工のネックレスをつけた一人の女性の横顔像が描かれており、その女性のネックレスにもごく小さいのですがたしかにもう一つカメオ細工の横顔像が描かれています。これはネックレスの持ち主の女性の肖像画で、このネックレスを身につければ、さらにもう一段階カメオに描かれた光景を再現できる、というところでしょうか？

それらの宝石はどういった思い付きや空想によってつくられたのでしょう、それらはどれほどの愛とともに贈られたのでしょう、それらがどれほど大事にされてきたのでしょう。おそらく、つらいこともあったでしょう。とにかく、愛されようと憎まれようと、売られ、間違いなくボワリー地区にもう一度戻ってくるという再循環が始まるのを待ちながら、それらの宝石はすべてここボワリー地区にあります。

宝石の多くは何度も繰り返し戻ってきます。最も頻繁に繰り返し戻ってくるのは男物のエナメル加工の懐中時計です。これは精巧にデザインされていて価値も高いのですが、大変大きくピンク色をしているので、所有者はまず最初に質入れしようと思うようです。

ディーラーは、宝石が数世代以上にわたり一つの家族にとどまることはほとんどないといいます。不動産は売り払わなければなりませんし、お金は必要ですし、古い宝石はもっと最新のものに取り替えられます。ほぼ毎日、王族や有名人の宝石は、感傷もあまり考慮せずに取引所を通して、その物自体の価値に応じて売られます。近年、何事にも感動しないディーラーにとって、印象深い著名人の所有物だったことで価値の出た宝石は、ルドルフ・バレンチノとテキサス・ガイナンのもののみです。[*2]

＊2　ルドルフ・バレンチノ（一八九五～一九二六）とマリー・ルイス・セリーナ・「テキサス」・ガイマン（一八八四～一九三三）は、両人とも無声映画時代のアメリカ人俳優であった。バレンチノはそのダンスとエキゾチックな容貌のゆえに、セックスシンボルとして知られるようになったイタリア移民であった。ガイマンは、映画の女カウボーイとして先駆的な役割を果たした「西部劇の女王」として知られる舞台と映画の女優であった。彼女は禁酒時代にニューヨークで潜りの酒場、スリーハンドレッド・クラブを所有し、司会を務めていた。

ときどき、通常は女性ですが、オークションにかけられた直後に品物を買い戻そうとする人がいます。取引所の回転は早いので、たいていその品物を買ったディーラーはすでにその品物を売り払ったあとです。そういうわけで、女性がその品を取り戻すまでに、さらに何人かの転売者を経なければならなかったりします。

おそらく、予防策がとられているためか、この街で強盗事件があったことはありません。ひと晩中、ショーウインドウに宝石が置かれたままのことはありませんし、店内のショーケースに置かれたままのこともありません。

店舗の上階には小さな灯り取りの窓がある部屋があり、ダイアモンドは磨かれて取りつけられたり取りつけ直されたり、銀細工はバフ研磨がされたりします。その部屋へのドアと玄関には門が掛けられ、余分な家具はなく、道具とダイアモンドや金属の小片や粉末を捕まえるため、職人が座るハンモックのついた机のみが置かれています。銀器はクロスが掛けられた回転輪で磨かれます。摩擦によって起きる焦げた布のツンと鼻を突くような心地よい匂いがあり、金属の極小片が部屋中埃のように放出されます。

すべての屑はふるいに掛けるまでは注意深く残しておき、その際に銀が回収されます。壁と天井は磨かれ、古い油布のカバーと男の作業服は銀の屑を取りだすために燃やされます。作業員が手を洗うときの水さえもとっておきます。銀が磨かれた小さな部屋は、一年で数百ドルに相当する金属を職人にもたらすことがあります。

ボワリー地区の外側では、ローワー・イーストサイドの元気溢れる騒々しい生活が営まれています。「イーエル（訳注：高架式鉄道）」はやかましい音を立て、トラックは轟音を立て、モット通りから来る東洋人は気取って歩き、途切れ途切れの外国語が聞きとれますが、異国風で人を寄せつけない香りが漂う中にその声は消えていきます。騒々しい混乱に気をとられて、来訪者は数ブロック離れたフォリー広場の新しいビルの光り輝く金箔の屋根を見るまで、素晴らしいダイアモンドや金属のことを忘れてしまいます。[*3]

＊3　「フォリー広場の新しいビル」とは、最高裁判所判事サーグッド・マーシャルに由来する合衆国裁判所のことである。すぐ近くのウールワースビルの建築家であるキャス・ギルバートとその息子によって設計され、一九三六年に完成した。のちにジェイコブズの支援者であり批判者でもあったルイス・マンフォードは、それを「もったいぶって月並みな酷いデザインで、見掛けだけ立派な最悪の事例」だと見なした。アメリカ建築家協会のニューヨーク市の案内書に記されているように、時は移り、今では有名なランドマークになっている。

## 花々がまちにやってくる

『ヴォーグ』誌、一九三七年二月一五日

騒々しい周囲の街並みとは対照的な『ラベンダーと古いレース』の物語の全編を構成するのは、おおよそ二八番通りと六番街の交差点を中心とするニューヨークの花き卸売地区です。「イーエル」の大げさな轟音と、簡易食堂やターキッシュバスに取り囲まれた、自分たちを愛や感傷やロマンスとはとんと縁がなくなったことを恥ずかしそうに認める現実的で屈強な男たちの店があります。

毛皮・衣料品地区との間を手押し車の間を素早く身をかわしながら何度も行ったり来たりする見習いは、いつか仲買業者になるときを夢見ています。子供心を忘れていないことを自認するギリシャ人や韓国人は小さな日本庭園をつくります。温室のオーナーは、自分の裏庭で育てた花はどんな値段であっても売らないと力説します。あるディーラーは、祖父が始めた仕事をいかに拡充するかを計画しています。そして、牛乳瓶に生けられたランは（茎が長いのでしなり）、バケツの中の野の花に会釈しています。

朝早くに市場は開きます。五時から花の箱と詰め籠が地区に持ち込まれ、荷降ろしされます。その花のうちの大半はロングアイランド、コネチカット、ニュージャージーからトラックで市に届きますが、フロリダ、カリフォルニア、カナダからの花は高速鉄道で、南アメリカやオランダからの花は船で来ます。ときどき、クチナシの花の輸送はカリフォルニアから空輸で行われます。

午前中のほとんどは、数千もの多くの切り花や花の咲く低木が店に溢れ、歩道まで溢れだします。車道に吹きわたってくるその湿った甘い匂いは、出入口脇に積み重ねられた詰め籠や枠箱から染みでてきます。

正午までには、ほとんどの花は小売の花屋や行商人が持っていき、昼過ぎには残った花は保管されるか他の市場に送られます。すると、ひんやりしていい香りのする店はがらんとしてのんびりした雰囲気となります。いくつかのバケツに入ったシャクヤクやライラックは暗い壁に沿って点々と置かれ、高い金属板のテーブルに座り足をブラブラさせた経営者や労働者はタバコを吸いながら話をします。

卸売市場は、年配のディーラーの記憶にも十分残っている約五〇年前にスタートしました。その当時、ほとんどの栽培業者はロングアイランドに住み、毎朝買物籠に入れた花を持ち込んで来ました。彼らはイーストリバー沿いの三四番通りのフェリーの桟橋で小売花屋と落ち合いました。

競争が激しくなるにつれ、栽培業者はいっそう朝早く現れ、そして、花屋も最高級の花を手に入れるためにいっそう早く現れ、ついには最初の売出しは真夜中に行われるまでになりました！

桟橋の側には、馬車の御者が運営し他の御者のお客さんのためにひと晩中開店しているダンさんのレストランと呼ばれる場所がありました。花を売り買いする人々は予備交渉をまとめるためにそこに集まり、しまいには彼らはそこをある程度組織化された市場として利用するようになりました。採用された最初のルールは、ゴングが六時になるまでは誰も籠の覆いを外してはいけないというものでした。[*1]

＊1　日々の商いのこれらの注意深い描写を、後年のジェイコブズの著作の発想のもととなった原風景として見てとるのは容易である。一日中の売り手の行き来は『死と生』の中のハドソン通りに面する彼女の玄関前での「複雑な歩道のバレエ」を、一方で花屋やレストランや俳優や籠職人その他との関係は『発展する地域　衰退する地域』の初版にある彼女の「供給者と生産者の共生の場」（一八九頁）を予兆するものである。

それから数年で、一部の栽培業者が二三番通りに競合する市場をスタートさせました。そこで、両グループは二六番通りと六番街の角にある一棟のビルを借りることにしました。ニューヨーク切り花協会が結成されビルの二階に本拠をおきました。他の栽培業者は三階を選びました。

栽培業者がその花を三四番通りに運ぶようになる以前は、小売の花屋は顧客が求めるものを本当に手に入れられるかどうかもわからないまま、自らが田舎に出掛けなければなりませんでした。時には入手がうまくいかずに、人情で代用することもありました。ある少女の誕生日用に一九本のピンクのバラの注文を受けたある新米花屋が、近くにある栽培業者をあたって手に入れられたのは一八本のバラと一本の非常にほっそりした小さい蕾のついたバラのみでした。そこで「これまでの幸せな一八年間と、これからやってくる一年のために」というカードをこのブーケにつけて送りました。

二人の女優と一人の男優、ロタ・クラブトリー、クララ・モリスとレスター・ウォラックは今ではマンハッタンで最も古い花屋に出資し、それをボワリー地区のかつてのウォラック劇場のロビーに開設しましたが、そこは三〇年にわたって演劇人のお気に入りの花屋になりました。最初、そこで最も人気のあり、ときどき在庫している唯一の花だったのは、ワシントン・ハイツやウエストチェスターの経営者であるル・ムールト氏が精選したスイレンでした。

この店舗（おそらく卸売施設の三分の一程度を占める）は創始者の孫によって運営されていました。他のディーラーのほとんどは創業当初の花商人のところで働いていた従業員かその息子で、店を手伝うほどの年齢になる前はバラやヤグルマソウやラッパズイセンの中を遊び回っていました。

ときどき、熱心すぎる事業継承者が大失敗を引き起こします。大学から戻ってきていたある青年は、ランの花に水遣りすることで手伝いをしようと考えましたが、クチナシの花用の世話をしてしまい、三〇〇〇ドル相当分の花を駄目にしてしまうまでそのことに気づきませんでした。

二八番通りに面するブラウンストンの建物の裏側は、そのほとんどがギリシャ人やイタリア人や東洋人が所有する籠の製作所になっています。玄関ホールや階段や古くて天井の高い部屋には、アシや木製の円盤や枝編み細工の小片がやみくもに積まれています。籠は花卸業者と同じ地区に軒を連ねる花用の雑貨店で売られており、そういった店ではリボン、陶器、テラリウムや造花さえも取り揃えています。

卸売業者のビジネスは完全歩合制です。栽培業者や小売業者の仲介者である彼らは、常設の花屋や歩道の露店商人や行商人に売ります。復活祭の週には、一つの箱に一二〇本入ったラッパズイセンが行商人だけでおよそ一万二〇〇〇箱も売れてしまいます。

昨年ぐらいからは、地下鉄の花の販売業者のチェイン展開がうまくいっています。彼らは安価な花を大量に買い、ほとんど経費をかけず、好調な週末には三万ドルほどを売り上げます。

ニューヨーカーはものすごい量の切り花や観葉植物を買います。毎年、約二億ドルのシダ類が売れています。ある企業は一二〇万ドルのシダ類をつねに手もとに置いています。旬がくると、ある栽培業者は一日にアヤメ二万ダースを発送し、別の栽培業者は一五万本のバラを発送します。すべての大型定期就航便はニューヨーク市場から荷を仕入れていますが、その東方便は爆発事故を起こしたヒンデンブルク号と同じく、二八番通りから仕入れた花を運びます。[*2]

＊2　残念ながら、ヒンデルブルク号自体が長く世には残らなかった。この記事が出版されてから数か月後の一九三七年五月六日に、飛行機がニュージャージー州のレイクランド空港に到着した際に火災が起き、三六人の人が亡くなってツェッペリン型飛行船による航空機旅行の時代は突然終了した。

栽培業者は新種を生みだすのにかなりの時間をかけていますが、特許でその新しく生みだした植物を守ることができます。彼らはまた季節外れの花を生産しようとします。昨年、複数の栽培業者がカリフォルニアからキクを仕入れ、秋がやってきたと勘違いさせることでその花を早く育てようと競い合いました。毎日、数時間、彼らは重く黒い天蓋で太陽を遮りました。それはうまくいきました！

すべてのフラワービジネスに決まった価格があるわけでもなく、需要と供給のバランスで成り立っていますが、供給は需要にはるかに先行して始めなければなりません。時には数百種類の花があるにもかかわらず、それほど珍しくもない花を見つけるのが難しかったりすることもあり、花屋は一二本の白バラや黄色のキンギョソウを無駄に探し回ることになるかもしれません。

## 注意、作業中

『キュー』誌、一九四〇年五月一八日

**ニューヨークの灯りは街の宝石ですが、そのボタンやスナップボタン（の凸部分）と目玉（のように見えるその受け口となる凹部分）はアスファルトの車道と歩道に点在する四角形や円形の金属の蓋です。**マンホールと点検用の蓋にどれくらいの種類があるのかすら誰も知りません。廃業したり吸収合併されたりした企業は、みすぼらしい鉄のワッフル（訳注：形がお菓子のワッフルに似ている）に装飾頭文字や図案をいまだに残しています。

おそらく通りに現存する古い蓋はクロトン水道会社のもので、今は市の上水道の一部になっていますが、その給水設備はアムステルダム通りを一七三番通りから九三番通りにある貯水池まで南下して続いていました。二つ星を冠しゴシック体「クロトン水道会社」と書かれた鉄製の精巧な中心模様をもつ蓋は、南北戦争当時のものです。このほかにも、わずかに残っている長年現役の蓋の一つが、アムステルダム通り沿いに伸びています。これは車輪の間に「ＤＰＷ下水道社一八七四年」という銘が刻まれたデザインです。

蓋は盗まれることはなく、消失することもなく、めったに壊れることもありません。蓋は少しずつ摩耗していき、その受け口ががたがたし始めます。マンハッタンでは合計してせいぜい数百の蓋が毎年取り替えられるだけですが、ニューヨーク市が成長するにつれ地下の「スパゲティ」――配線やケーブルを設計し設置した人々がこの迷路をそう呼びました――はさらに複雑になり、新しいデザインや文字をもった新しい蓋によって一〇〇年近くも増加の一途をたどっています。フーバー政権時代には全米マンホール標準化会議が開かれましたが、特に成果はありませんでした。

膨大な種類があるにもかかわらず、蓋の文字をしっかり見続けてきた都市の博物学者は巨大な地下水路をたどっているのか、電気やガスの本管の上にいるか分岐管の上にいるのか、足もとを走っているのは高層建物を温める蒸気か物産市場で冷蔵に使われる不凍液なのかを判別することができます。あるいは、ちょうど交差点の角、たとえば四番街と一四番通りの西南の角に立てば、五〇〇通もの手紙がアップタウンの郵便局へ時速五〇キロの早さで圧送管の中を疾走するのを足もとの振動で感じることができます。[*1]

＊1　アメリカ郵政公社の圧送管ネットワークは、ニューヨークや世界中のその他の都市でもつくられている大きなシステムである。一八九七年に最初に設置され、その後民間企業により運用されたニューヨーク市郵便圧送管システムは、二〇世紀の初頭までに二三の郵便局をつなぐ四三キロの管をもっていた。管は道路の一・二から一・八メートル下にあり、各円形容器は五〇〇通までの手紙を収納できた。マンハッタン島南端のボーリング・グリーンから北端のマンハッタンヴィルまでの輸送には約三〇分かかった。圧送管輸送は車輛輸送に徐々にとってかわられたが、一九五三年までは道路下を容器が音を上げて移動するのを聞くことができた。それ以後、定期的なインフラ修繕を繰り返すうちにこのシステムのほとんどが掘り返され、姿を消した。

ニューヨーク市の技術者は、マンホールの蓋に関しては世界第一級の研究技術者であり実験者といってよく、他の都市では重さとデザインの仕様をニューヨーク市に倣って決めていることが多いようです。過去三年間、ニューヨーク市ではガチャガチャ音のしない静かなマンホールの蓋を試してきました。騒音発生はマンホール交換の最大の要因です。バスが停車したり多くの車が左右に曲がる角では、車輪がマンホールの中心以外を踏むとその回転がマンホールを歪ませ、そのうちガチャガチャと音が鳴り受枠からずれて動くようになることもあります（訳注：原典ではtiddly-wink。ティドリー・ウインクと呼ばれる小さい円盤〝おはじき〟をゴールである壺に集めるゲームで使うのがスキィジャー。つぶれてグチャグチャしたものの意味）。

ワシントン通りを北上したキング辺りまでは約一八〇メートルおきに「USTD」と記されたマンホールの蓋が並んでいます。マンホールの下には、ボーリング・グリーンにある税関からヴァリック通りにある関税査定倉庫まで書類を運ぶアメリカ財務省の圧送管システムがあります。マンハッタン島の外縁部にあるほとんどの暗渠と同じく、ワシントン通りの南方のシステムは潮が満ちると水面下になります。財務省のこの部分の管がつくられたときには、一日に三時間、干潮時のみ稼働することができました。

「W-U-TEL CO」と書かれた蓋は、マンハッタン下町の別の圧送管システムの存在を示しています。*2 そのような名称であれば推測も楽ですが、それでは「NYM&NT」「ECSCOLTD」「CT&ES CO」「HPFS」「MRC」そして「BPM」ではどうでしょうか。

＊2　ウエスタン・ユニオン電信会社は、一九三七年にはジェイコブズの読者には個人間のコミュニケーション手段としてよく知られていたが、現存するこの会社は現在では送金の手段として広く知られている。マンハッタンの縦横に広がる巨大な地下迷路の圧送管と同じく奇抜なイメージは、かつてウエスタン・ユニオンの交換手たちは「ヴィクトリア朝時代のインターネット」にメッセージを打ち、巨大な電信ネットワークを使って広範囲に広がる支局に送信した、というイメージである。各支局ではメッセージが印刷され、ウマ・自転車・車・トラックそして圧送管を使用して所定の受取人に配送された。

ニューヨーク郵便局と新聞圧送管会社のマンホールは、郵便局本局を複数の支局につないでおり、一二五番通りを南下しマンハッタンの南端を越えてブルックリンまでの市道沿いに八〇キロメートルにわたって三ないし四ブロックごとに一つ配置されています。水漏れなどの点検を容易にするためにマンホールとマンホールの間に配置されているのは、もうすぐ擦り切れてしまいそうな「NYM&NT」の頭文字のついた一五センチ四方の金属の蓋の点検ボックスです。郵便用の管の蓋は一年に約一回の割合でしか取り替えられませんが、いったん高層建物の建設工事が始まれば、その間は重い鉄を積んだトラックがその通り道にあるすべての蓋を壊してしまうので、新しいマンホールの蓋を積んだ郵便圧送管の運搬車がそのあとをついて回る必要があります。

高圧消火のHPFS社のマンホールは三四番通りの南側のみにあり、そこには水道局のポンプ場と消火用の付設の圧力施設があります。はっきりと「火事」と書かれた非常に大きなマンホールの蓋は消防局の警報装置の一部です。

歩道の角に設置された「BPM」の頭文字がついた小さな長方形の蓋は、マンハッタン区長の管轄下にあり海抜測量標を覆っています。

電信会社と電気地下鉄会社が合併したＣＴ＆ＥＳ社のどこにでもある鋳物の蓋は、電線のコースを示しています。その多さは驚くほどであり、取り扱われている電線がすべて電柱に吊るされていた場合のニューヨーク市街の外観を示唆しています。約六年前に、電線は地下に設置されるべきだというエジソンの信念が世間からヤジられたときに、彼はそれならばなぜ水道管と下水管は頭上に設置しないのだと反論しました。初期に地下に埋設された電線はメイドン通りにあります。設置時の数時間の間に通りの濡れた地面には電気が流れ、地上の道を行くウマたちを軽く感電させたそうです。

初期の電力会社のマンホールの蓋の中には四角いものもありましたが、市内のほとんどのマンホールの蓋のように今ではほとんどすべての「CT&ES」の蓋は丸くなっています。そのほうが鋳造が簡単であり、穴の端に沿って滑りにくいからです。二〇トントラックにも耐えられるように設計された電力会社のマンホールの蓋は、二一五キロもの重さがあります。

ニューヨーク市全体の一六〇〇万キロメートルの電話線のうち、マンハッタン区の分はエンパイア（E）・シティ（C）・サブウェイ（S）・会社（CO）のダクト内に納められているので、「ECSCOLTD」という曖昧な表記がされた一万個の四角と円の蓋は、実際には「電話」を意味しています。鉛被ケーブルが設置されるとき、電話線は押したり引いたりする機械により地下のダクト沿いに通され、マンホールによって地上に出たところで接合されます。

ガス会社は自社ではマンホールをもっていませんが、マンハッタンとブロンクスさらにクィーンズに一万二〇九一個の露受けボックスと五四四三個のメインバルブボックス、一五万個の点検用バルブボックスといった地下につながる様々な入口をもっています。歩道に点在する「G」の文字が刻まれたそれらの小さな鉄板張りコンクリート製の四角い箱は、ガスの分岐点がそこにあることを地表に知らせています。緊急事態が起きて建物へのガス供給を遮断しなければならないことがあると、コンクリート製の蓋を粉砕してバルブを長さ一二〇センチのキーで回します。鉄の蓋は腐食したり、有事の際には固着したりするかもしれませんから、コンクリート製の箱が採用されているのです。

スチーム社は唯一マンホールの蓋すべてをボルトで締めていますが、これはガスが噴出するのを恐れてではなく、大半の蓋が高速の交通が揺れ動かし擦り減らしたりする通りの真ん中近くで地表に出ているためです。「NYSCO」あるいは「NYS CORP」のマークがついた三〇〇〇個のマンホールは、バッテリー地区から九六番通りと一番街から九番街まですべてマンハッタンにあります。この地区には「NYS」と書かれた二万個もの四角いバルブボックスもあります。蒸気用メインボックスは四角で、厚さが九〇センチのアスベストの断熱材、タイル、コンクリートに覆われた直径三〇センチの管が通っています。それでも寒い日や雨の日には、湿っぽい水蒸気が金属の蓋の端から立ち上っています。スチーム社はやっと一九二五年からマンホールを利用し始めました。それ以前は工事が必要になるたびに、場所にかまわず地面を掘って管に達していました。

大量の卸販売の農産物店や精肉店の冷蔵庫を冷やすため、冷やされた不凍液は冷凍工場から送りだすときは摂氏マイナス一八度で地下を移動し、摂氏マイナス一五度になって戻ってきます。食肉卸売市場を中心とする北の一四番通りから南のホラーショまでのハドソン通りの東側に、蓋に「MR CO」の頭文字がついたマンハッタン冷凍社のマンホールがあります。グリニッジ通りのうち、とりわけフランクリン通りとデュアーニ通りにはさまれた青果卸売地区では、マーチャンツ冷凍社の鉄製の「MRC」と書かれた蓋が車道に点々と連なっています。

ニューヨーク市の新しい下水道のマンホールの蓋には「マンハッタン区長」を意味する「BPM」が書かれることになるそうです。過去三四年間は「DPW Manhattan」と書かれていました。「スターヘッズ」と呼ばれる中心に星印がついた透かし細工の下水設備の蓋には、以前は「Dept. of Public Works, Borough of Manhattan」と書かれていましたが、新しい蓋は流線型で星もついておらず、裏に「BPM」が書かれたものに簡素化される予定です。古い下水管のマンホールには単なる「S」や「BS」としか書かれていないものもあります。バッテリーパーク島の最南端のマンホールの蓋には、単にひと文字の「S」がついているだけです。

ニューヨーク市の巨大な給水トンネルは地下二六〇メートルの深さにあり、マンハッタンの岩盤を通るその奔流が街路に穴を開けることはありません。しかし、地下河川を水源とする本管は、さらに地下河川を水源とする本管を水源とする本管につながり、という具合に二万四八二七か所のマンホールで地上につながっています。市の水道局に先立ってつくられた蓋を除けば、それらのほとんどは「DWS」と表示されています。

もちろん、最も馴染みのある頭文字は、地下鉄車両の電力ケーブルに電力を供給している本管にアクセスできる地下鉄線のマンホールの蓋でしょう。「BMT」「IRT」「NYRT」のマンホールの蓋は、いずれも地下鉄の路線に沿っていて街の西側と東側の遠く離れた変電所に分岐しています。[*3] 消えつつある路面電車でさえマンホールを備えており、サード・アベニュー鉄道の各路線上には多くの蓋が設置され、給電用レールを掃除できるようになっています。

＊3　ニューヨークの地下鉄網が整備される前は、多数の独立した企業が市内で様々な路線を運営していた。ここで書かれている頭字語、ブルックリン・マンハッタン鉄道会社（ＢＭＴ）、インターバラ高速鉄道（ＩＲＴ）そしてニューヨーク高速鉄道（ＮＹＲＴ）は、一九三〇年代中頃に存在していた三社の肩書として一般的だった。この三路線のすべてが、すでにインデペンダント・サブウェイ・システム（ＩＮＤ）を運営していた市の交通局によって一九四〇年に買収される。一九五三年に、ニューヨーク州は全交通網を運営するニューヨーク市交通局を創設した。

人間や自然によってつくられた複数のデザインをもつ万物と同様に、マンホールの蓋にもコレクターがいます。市庁舎では、趣味で何十もの鉄製の四角形や円形の蓋の実物大の緻密な複写を収集している人から電話を受けて話したことがあるそうです。それでも、彼のコレクションはまだ完璧ではなく、まだまだこれから収集する必要があるのです。

## 見放された都市スクラントンの三万人の失業者と七〇〇〇戸の空家

『アイアン・エイジ』誌、一九四三年三月二五日

軍需生産部門で労働力と住宅の不足が問題となっているのに、アメリカには八二か所もの失業と空家を抱える工業地帯があるという矛盾があります。この人手と家があまった地域の中には熟練工、輸送手段、さらに経済的にも妥当な立地条件を備えた国内で最も定評がある工業都市が含まれています。

それらの地域が不思議と顧みられないことは、第二次世界大戦の事例の詳細を知るとより奇妙で悲劇的に思われます。一例として、ペンシルバニア州スクラントンのケースを取り上げてみましょう。様々な意味で、スクラントンが戦時労働を得ようとし、挫折してきた経験は他の不景気な地域とも共通しています。しかしながら、働き口のない労働者を軍需産業に就かせるために、最も努力した地域だと思われている点がほかとは異なります。

スクラントンでは、今では女性の仕事に男性が応募するようになっています。[*1] 三〇万の人口を抱えるスクラントン都市圏には、三万人を超える失業者と七〇〇〇戸の空家があります。二万人以上の男性が軍隊に入り、国内で人口あたりの軍人の割合が最も高い地域の一つです。ほかにも二万人以上もの人々がブリッジポートやボルチモア、さらにはすでに軍需によるにわか景気で栄えている都市へと去りました。彼らはスクラントンの家族に一か月に五〇万ドル以上の仕送りをします。

＊1　工場での働き口がないので、男性が伝統的な男性支配社会の感覚では女性の仕事と考えられていた秘書や教職のような職業を探している、とジェイコブズはいいたいようである。彼女がほのめかすように、これは女性がこれまで男性に限定されてきた工場での仕事に就いたこの国の多くの他地域とは真逆の状況である。

この矛盾した状況がさらに浮彫りにしているのは、国防省がスクラントンの工場に偽装ネット生産の契約全体の約二五パーセントを割り与えるにあたって、山々でうまく守られ物資の積込み場所に近く、便利な輸送手段と良質な燃料と良好な労働力があり、軍需生産に最良の立地場所の一つだと評したことです。国防総省の広報担当官は「経済的に、こんな場所はほとんどない」と語っています。

スクラントンも含まれるラクワナ郡にある無煙炭の鉱脈は枯渇しつつあります。最近一〇年間で二万五〇〇〇人の鉱山労働者が仕事を失い、炭鉱労働者はわずか一万二〇〇〇人となりました。すでにこの地域にある工場施設はほぼフル操業ですが、スクラントンの町と働き口のない人が何より必要としているのは新しい工場です。大統領が一九四二年七月に任命した連邦無煙炭委員会が出した結論がこうです。[*2]委員会のコメントは次のとおりです。

今回の調査では無煙炭地域は産業拡大の可能性が十分あると示している。我が国の多くの製造業地域が人手不足の解消と新しい住宅やコミュニティ施設の建設に必死に努力している時勢において、無煙炭地域の工業資源を有効活用するのは国益に適うものである。連邦政府の軍事機関は軍需工場、特にアルミニウム、亜鉛、合成アンモニア、爆薬、鋳物、鍛造物、装甲板、機械部品、航空部品、戦車部品、弾薬の工場立地として適切かを慎重に検討するよう強く勧める。

四月に、この報告書は委員会の調査結果に基づいて行動を急ぐようにとの手紙を添えて大統領から陸軍、海軍、軍需生産委員会に送られました。[*3]六月には、進捗状況を尋ね、行動を促す大統領の別の手紙が秘書官のスティムゾンおよびノックスと軍需生産委員長のドナルド・ネルソンに送られました。

＊2　大統領はもちろんフランクリン・デラノ・ルーズベルトであり、当時アメリカでは前例のない三期目の真っ最中であった。

＊3　一九四二年一月にルーズベルト大統領によって設立された軍需生産委員会は、第二次世界大戦における合衆国の戦争遂行を目的として武器の生産と供給を監督した。委員会は平時産業の戦時関連産業への転換を管理し、軍需物資や装備の製造を規制・監督し、戦争遂行に必要な資材と生活必需品の配給を執行した。

現状、唯一の具体的な成果は、対立を乗り越えて獲得した交代制で四〇〇人を雇用するピストン・リング工場の誘致だけで、これには不可解な経緯が伴っています。

スクラントン商工会議所会頭と朝刊新聞の編集長は、陸軍航空隊がニュージャージー州スターリンのアメリカ・ピストン・リング鍛造社にピストン・リングの生産拡大を要請したことを聞きつけ、この会社にスクラントンに必要な新工場を建設するよう勧誘しました。アメリカ・ピストン・リング鍛造社の一部門としてボルチモアへの立地を望んでいた軍需生産委員会の工場設備班との激論の末、スクラントン工場はついに認められました。しかしながら、この会社が歩み寄り不可能と思えるほどの法外な生産量の保証を不意に要求されたことで、工場建設はキャンセルされて認可は単なる仮約束にすぎなかったことがわかりました。これが多くの抗議行動を招くこととなり、工場はフィラデルフィアのシルケニング製造社の経営のもとでスクラントンに移転することになりました。工場は六月操業の予定です。

何か月もかけて軍需生産委員会の工場設備班とそのアルミニウム・マグネシウム課を丸め込み、スクラントンは昨年の六月に交代勤務で二〇〇〇人を雇用するアルミニウム押出工場誘致を約束させました。その工場はスクラントンとウィルクスバレの中間にあるハーディンに立地予定でした。この認可も再び実際の誘致につながらないことがわかりました。軍需生産委員会は、指示地点の地質調査を行った技術団による岩盤層間の流砂のために機械による連打に地盤が耐えられないという見解を報告しました。

スクラントンは、ハーバード大学の土質力学の専門家アーサー・カサグランデ博士を掘削と詳細調査のために雇用しました。彼は流砂が見当たらないことを述べ、現地を不適合とする理由は見当たらないと報告しました。この報告書が軍需生産委員会に提出されると、工場はすでに新たな都市に手配されているとの回答がありました。工場は、政府がいくつかの公共住宅団地の建設を行ったにもかかわらず、ひどく住宅が不足している都市の一つであるエリーに割り当てられました。

その間に、スクラントンは別の方法で工場誘致を推し進めました。一九四一年末に、スクラントンに仕事をもたらすために、スクラントン都市圏財団法人が二万五〇〇〇ドルで設立されました。九〇〇〇ドルはまだ財団に拠出されていません。財団は年末までにほぼ女性ばかり約一〇〇〇人を雇用予定のラジオ部品工場のスタンダード・ピエゾ社と、合わせて五〇〇〇人分の雇用に相当するタバコ会社二社およびアパレル会社四社とを市内へ誘致することに成功しました。市は軍需生産委員会と陸軍の小規模軍需工場班から、一〇〇〇人を雇用する偽装ネット生産を受注しました。

新聞の編集長と商工会議所会頭は、市に軍需工場をどうにか誘致しようと過去一五か月間ワシントンに平日出張を繰り返してきましたが、最近になって市は常勤のワシントン駐在員を雇用しました。

元旦から、陸軍・海軍・軍需生産委員会の四〇〇名の職員に宛てて、多くは図表と図解入りでスクラントンの余剰電力・労働力・用地・輸送等を詳細に説明する手紙が送付されました。三〇〇通以上の回答があり『アイアン・エイジ』誌の職員からなるメンバーで検討されました。メンバーたちは言い逃れのため大学院を用意するとしました。

スクラントンに関する手紙が町の労働力と住宅の余剰、そして新しい工場の必要性を強調するものであったため、軍需生産委員会工場設備班の次長であるJ・O・ランハム・ジュニアからの返事はいささか型通りのものです。それによると「手紙の内容を分析した結果、あなた方の主要な資源は建物の所有と潜在的な労働力であるというのが私たちの意見です。基本的に、あなた方には軍需計画に最も重要な工作機械が足りません。そのことから、あなた方が現在の状況と計画のもとで主要な契約の獲得に成功するかどうか疑わしいところです」とあります。他のほとんどの政府機関の回答は、スクラントンのワシントン駐在員にこの班を紹介するものでした。

こうしたいくつもの不可解な挫折の理由は、謎に包まれているようにも思えます。表向きの理由は――そもそも理由が述べられることは稀ですが――不信を招くものでした。

説明を求めて『アイアン・エイジ』誌の職員である検討メンバーの一人が、ペンシルバニア州選出の上院議員ジョセフ・

F・ガフィの秘書R・H・ベイリーと最近話をしました。どうして無煙炭委員会の推奨に従わないのかと聞かれたベイリー氏はこう答えました。「本当の理由は非常に簡単で明白だと思うよ。ほぼ同時、正確には報告書が提出された直後に、工場の建設計画が縮小されたんだ」。

現時点でも新しい工場の立地が選定されており、その一覧表が公表されていると彼に指摘すると、彼は「そうかね？」と答えました。

スクラントンはそんなに不景気でない証拠としてピストン・リング工場について語ったあとで、ベイリー氏はその立地への反論はまったく知らないと語りました。最終的には「とにかく、スクラントン周辺のその無煙炭地域が理由でこうも長いこと不景気なのだろう。もし仮にいくつかの軍需工場がつくられたとしてどうなるかね？　その程度ではどうにかなるとは思えんが」[*4]と話しました。

＊4　後年、皮肉なことにジェイコブズはベイリーの意見に同意するようになる。経済発展の火付け役として衰退する地域に移植された工場と戦時労働の失敗に関してさらに知りたければ、第三部の「都市支援戦略」と『発展する地域　衰退する地域』「第七章　移植工場地域」と「第一二章　衰退の取引」をそれぞれ見よ。

この視点はガフィ上院議員がサインした連邦無煙炭委員会の報告書とは食い違っている、と彼に指摘しました。するとベイリー氏は、質問者が情報をほしいのか議論をしたいのかどちらなのか、という質問を返してきました。

## 船が素通りする島々

『ハーパーズ・バザー』誌より抜粋、一九四七年七月

まるできちんとカットしたクリスマスのクッキーのよう。中には飛び散りすぎのドロップケーキのようだったり、古めかしい金色のコーンミール・スティックのようだったりもします。それらは大西洋岸に沿って点在する北アメリカ大陸の縁にある緑色や茶色の島々です。

いくつかの島は、夏のリゾート地として本土の人に馴染みがあります。しかし、メイン州沖のマティニカス、マサチューセッツ州沖のエリザベス群島、チェサピーク湾のタンジアー、ノースカロライナ州沖のオクラコークのように、多くの島は生活が外の世界に気づかれることがなく、ほとんど邪魔されることもなく、風変わりな風習をもち続けるおとぎ話の世界なのです。

わずか六平方キロメートルの島で幸せに過不足なく生活するために、島で生まれ育った人たちは自給自足と集団生活のための特別の才能を発達させました。島の子供たちは、大人たちと船の作業を無言で辛抱強く何時間もかけてずっと観察し、それから正確にかつ喜々として大人の技術を真似します。仕事がない夕方近くの波止場で、子供たちは大人たちの話をずうっと聞き続け、それからウシの放牧場を横切ったり沖合の島を訪ねるといったちょっとした冒険を自慢げに話すのでした。そこで多くの人を楽しませる話が、島や島民についての話であるのは偶然ではありません。

ペノブスコット湾の入口にあるマティニカス島は、灯台のある岩礁を除けばメイン州とスペイン領の境界で一番スペイン側に近い拠点です。夏場の訪問者はほとんどいませんし、島には宿泊施設らしきものはずっとありません。夏でさえ、ロックランドからの郵便船は週にたった三回しか来ません。**しかし、たまに訪問者があれば、ちょっとした問答の**

**あと、島民は必ず喜んで迎え入れてもてなします。**

マティニカス島の男性は背が高くがっちりした体格です。厳しいメイン州の冬場には、頑丈な小型船で凍った海水を割りながらロブスターを運びます。彼らはクジラの背、二つの繁み、大酒飲み、樽、大樽、一〇ポンド紙幣、木球と名づけた目印によって自分たちの方位を測ります。海岸沿いにあるこじんまりした作業所で、彼らはいまだに小型船の大半を自ら建造しており、延々とブイを削ったり、ロブスター用の壺づくりをします。結論を出すのは聞き手に任せながら、ゆっくりと遠回しに質問には答えます。「明日何時に俺はここを出なければいけないのかな？　ええと、俺たちはボストン標準時を基準にしているが、ボストンは海路で二二〇キロメートル、さらにロックランド道を三二〇キロメートル行ったところにある。ここはボストンより二〇分前に日が昇るんだが」という具合です。

マティニカス島が運命のいたずらに左右されたことはまだありませんが、これまでになかった少し残念なことがこの島に起きています。島の住民は集会小屋でよくバンドを入れ、ダンスをした当時のことを懐かしそうに語ります。四〇歳代の人々は子供時代に今はなくなった単語のスペル当てゲームや木こりゲームをしたこと、クロケットのトーナメントを行ったりメイ・バスケットを吊るしたこと、ハロウィンの日にかがり火を掲げたことを懐かしがります。他の年代層の人たちはみなが島民集会に参加し、州の都市行政委員の選挙の折には猛烈に論争した頃のことを思いだします。その当時、島には店が四軒あり、形式ばらない集会が夜遅くまで続きました。[*1]

＊1　『発展する地域　衰退する地域』「第九章　取り残された地域」の中で、ジェイコブズはダイナミックな都市経済から長く取り残された結果としてそのような慣習がなくなったことを突き止めている。この経済的な不況を通じた文化的健忘症の理論は、彼女の絶筆となった『壊れゆくアメリカ』の支えにもなっている。

現在一四人いる小学生の両親の頃には、三〇〜四〇人のクラスメートがいました。彼らの祖父母の頃には七〇〜八〇人いました。一八八〇年以来、マティニカス島の人口は三分の一ぎりぎりまでに減少しました。同期間にロブスター漁業は大変儲かるようになり、マティニカス島民は農業を止めました。彼らはそれ以前より、ずっと裕福になっています。いったいなぜ、それらの変化がコミュニティ生活の実質的な消失を伴わなければならなかったのか、島民にはわかりません。**現在、一軒ある店は午後五時に閉まり、公共図書館はなくなり、集会小屋は塞がれてしまい、島民集会は機械的に行われるにすぎません。**「アメリカの古きよきものは廃れてしまった、ただ住民が減っただけじゃないんだ」と、老人は考え込んだ様子で語ります。「何、ほかに残された方法があるかって？」「ああ、どうしたら一緒に楽しめるか、つまり協力しあってことをなし遂げるそのやり方を知ることだよ」。

しかし、マティニカス島にはいまだに穏やかで溢れんばかりの趣と素晴らしい自然美があります。かつて、牧草とジャガイモを栽培していた草原は静かで太陽が降り注ぎ、かつての丘の上の牧場の面影を残しています。大きな道も小さな道もすべて曲がりくねりながら、苔蒸して小高く広がるとても深くて暗いトウヒとモミの森の中を抜けるのに沿って果てしなく続くかと思われるそのあとに、倒れた花崗岩の巨礫の間から不意に海が現れます。

マティニカス島の墓地は小さいのですが、その墓石の歴史はほぼ二世紀に及びます。手入れされた芝と植えられた花で囲まれた新しい墓石には、名前と没年のみが刻まれています。ブルーベリーの繁みと長い雑草が絡まってひどく傾いた古い墓石には、勇ましく何度も繰り返し「世を去っても、忘れ去られることはない」と書かれています。それを読むには苔を少しだけむしり取ることが必要です。

# 柔和な協調に美徳なし

国務省の連邦忠誠安全保障計画特別委員会の質問書への序文、一九五二年三月二五日

提示された質問書を最初に読んだとき、私が公務員労働組合に属し、アメリカ労働党に登録していることで嫌疑をかけられたという印象を受けました。[*1] しかし、双方とも公務員にとって非合法とされたことはありませんので、さらに考えておそらく私が密かに共産党員のシンパかその影響を受けやすい人物のいずれかであると疑われているものと結論付けました。そこで私は、私が質問書を受けとった背景を読みとるのに苦労しているのと同様に、あなた方も私の思想および（公務員としての）行動や私の回答の背景を読みとるのに苦労するのではないか、ということに思い至りました。ですから、私はできるだけ「（伝統的なアメリカ人の自由保持の考え方に立つ）本来の私の思想および（公務員としての）行動の背景」を盛り込んだ序文にしようとしています。私の回答にある内容を繰り返してあなた方の時間を無駄にするつもりはありません。

＊1　アメリカ公務員労働組合は産業別労働組合会議、すなわちＣＩＯに加盟する公務員のための組合であった。ジェイコブズは戦時情報局に勤務していた一九四三〜四五年にかけての組合員であり、国務省に勤務していた一九四七〜五一年にかけても組合員であった。戦時中のジェイコブズの加盟時にはアメリカ公務員労働組合の名を冠しており、特にニューヨークで進歩的で公民権問題に積極的に取り組む戦闘的な組合であった。組合の指導者と組合員の中には共産党員もおり、一九四〇年代末期にＦＢＩと冷戦主義者会議に眼をつけられて、一九五〇年にはＣＩＯから退会させられた。
　アメリカ労働党（ＡＬＰ）は、社会主義者の組合指導者が設立し、一九三〇年代と四〇年代のニューヨークで短いながら活躍した政党であった。社会主義者と共産主義者との内部抗争で分裂し、ＡＬＰは一九四〇年代後半にはゆっくりと崩壊し始めた。彼女は職場における組合の

基本的な役割を信用したのと同様に、第三政党が世論を刺激するその貴重な役割を好んだ。彼女は一九四〇年代にＡＬＰの党員になったが、国内と海外の政治問題で共産党の路線を踏襲したときに党と組合の両方に次第に幻滅し始めた。それでも、彼女は自らの主義を貫くために両方の組織にとどまり、共産党員を探しだすＦＢＩと国務省の冷戦キャンペーンに標的にされたときはその信念を弁護した。ジェイコブズの連邦忠誠安全保障計画特別委員会の「質問書」に対する全回答については『重要なアイディア』（原書一六九〜七九頁）を参照のこと。

私たちはみなそろそろ当然のことと思っていてもよいはずなのに、組合員であること、政治的信念、読書といった類いのことでアメリカ人が公的に問題とされることがありうるのだとわかり、私はいまだに愕然としています。愕然とするどころか、しまいには恐ろしくさえなります。しかし、機密を要する部門にいる公務員の場合には、そのような疑問が避けられないことは理解できます。そして、あなた方が矛盾ないし偏向があると思う点を慎重に調べなければならないこともわかります。私についていえば、伝統的なアメリカ人の自由の維持に深い関心をもつ一市民として、できるだけ十分かつ明白に私の見方を提示することに関心があります。私はあなた方と論戦したり、なんとかその場しのぎのために同封された質問に答えているわけではありません。あなた方にどんなふうに私が感じているかを知ってほしいのです。

まず第一に、**私はその時代の支配的な意見におとなしく協調するのは道徳に反すると信じるように育てられました。**単なる服従は社会に停滞を招くだけであり、アメリカの進歩はいろいろなことを試す機会、自発性を前提とした行動の自由、一風変わったアイディアをじっくりと練る楽しみと自由があることのおかげだと信じるよう促されました。国家に左右されない、アメリカ人の自由たる個人の権利は苦労してやっと手に入れたものであり、しかもその代償として永遠に注意が必要なので、私もつねに用心すべきだと教えられました。先人が大きな犠牲を払って授けてくれた権利を尊重しなかったり手放したりすることは、私個人としては不名誉であるように感じなければと。私はそんな育てられ方をしたことに感謝しています。私の母親方の祖父は、農村暮らしと大衆主義の伝統のもとで第三政党運動に生涯にわたり熱心な人でした。少なくとも一度、一八七二年にグリーンバック・レイバー党の公認候補一覧に載って連邦議会選挙に立候補しました。その選挙運動のスクラップブックが家族に伝えられています。*2 私はその当時「風変わり」であったその党の政策がそれ以来どれだけ立派な法や見解になったかを喜んで見ており、また私の祖父が党のために冒険をあえておかしたことを誇りに思います。彼がこれを実行でき、尊敬され成功した弁護士にもなれた私の国を誇りに思います。私のヴァージニア州の父方の家族の中には（南部の州の）アメリカ合衆国脱退や奴隷制の正当性を認めず、自分の州が南北戦争に参加するのに反対する者もいました。彼らは戦争や離散家族の真っ只中でさえ、その信念を曲げないことを尊敬されました。独立戦争が終わり、彼らはその信念をさらに明白に表明して共和党員になりましたが、その伝統は私の父とその兄弟たちに受け継がれました。私は、女性の権利とその聡明さを信じたクエーカー教徒である遠い親戚の女性が、男性を装う「ペンネーム」なしに自分の作品を出版するために自ら小さな印刷機を置いていたことも誇りに思います。こういった個人的な伝統をもっていることも一因となり、私は私たちアメリカ人が一般世論から逸脱することができる自由をもつという伝統は、陳腐でもないしないがしろにするようなものでもないと感じています。

*2 グリーンバック・レイバー党は、地方農民や都市労働者が参加した一九世紀後半の第三政党である。グリーンバック党として一八七六年に結成され、農民や労働者の借金完済を容易にするために、金《きん》の裏付けのない紙幣「ゴールドバック」の有用性増進を主要目標としていた。党は一八七八年に下院議員一人を選出したが、一八八〇年代には解散した。しかしながら、金融緩和と金本位制の廃止という目標は消えることなく、大衆主義者や最終的には民主党によって引き継がれた。この新しい試したことのないアイディアを推し進めるという政党の役割をジェイコブズは称賛した。

今日、アメリカ人の伝統を脅かす二つの大きな脅威があると思います。一つはソ連政府とその衛星国の軍事力です。この質問書の別のところで、私はソ連政府について考えていることを述べます。*3 私はソ連の軍事力に対抗するため、さらなる侵略戦争を中止させるためには我が国の軍備が必要だと信じています。しかし、軍事的な即応それ自体が共産主義を打ち負かせるとは思いません。そんなことで共産主義への対抗措置を終わらせることができるとは思えません。私は軍備をより大掛かりなことを実行するための時間稼ぎだととらえています。私たちは民主的な方法で貧困や不幸や腐敗に打ち勝つことが可能だと実証しなければなりませんし、私たち自身を信じ私たちアメリカ人の個人の尊厳と自由の伝統は平和時の贅沢ではなく、繁栄する社会の強みと安全性の基本的な源であるということを他の国にも示さなければなりません。

＊3　連邦忠誠安全保障計画特別委員会は、彼女の「共産主義政党への言動、ソ連政府の体制、ソ連の狙いと政策に対する考え」についてジェイコブズに質問した。彼女はそれまで合衆国の共産主義政党が「スパイ行為や妨害行為のための組織であるという証拠があるならば、それは危険であり国家の安全保障のためにそのような活動は根絶され、阻止され、可能なかぎり破壊されなければならないと考えます」と回答した。しかしながら、彼女は「政治勢力としての共産党を脅威とは考えていません。というのも、それはほんのひと握りのアメリカ人しか納得させることができないからです。思想やイデオロギーは、みなが自分を他人と同じように考えなければならないと信じ込む計略に陥った場合を除けば国内の脅威にはなりえません」と考えていた。ソビエト連邦に関しては「私は、人々を一定の〝人格〟、特別な〝タイプの人間〟、すなわち〝ソビエト・マン〟の枠にはめることを使命とする政府の概念そのものを恐れかつ軽蔑します。ソビエト・マンは『上からの支配と下からの支援（私は下からの支配と上からの支援を信じます）』とする国家概念を実践し推奨するのです」と彼女は語った。彼女は、ロシア共産党は「権力維持のための無慈悲な手段であり、独裁政治のための装置である」と語った。『重要なアイディア』（原書一七八～七九頁）を見よ。

私たちの伝統を守ることへのもう一つの脅威は国内にあると思います。それは過激な考えとそれを提唱する人々についての現在進行形の恐怖です。**私は右派であれ左派であれ過激主義者のいずれにも賛同しませんが、スピーチや出版の自由は許されるべきだと考えます。過激派であっても言論の権利をもちますし、それはもつべき権利ですので、彼らがその権利を剥奪されるようなことになれば、その他全員の権利の保障も危うくなってきます。**過激主義者は概して彼らに真っ向から反対する人だけでなく、同意見でない人すべてをやり込めたがります。左派の過激主義者が右派の過激主義者を十分に押さえつける権力の座にあるどの国でも、同じように中道派を押さえつけたり、脅迫したりして排除しているように私には思えます。そして右派の過激主義者についても同様です。私は自分の国でこのようなことが起きてほしくないのです。

私が述べた最初の脅威である共産党政府の体制については、私は国務省での私の仕事を通して実務をこなすことができました。二番目の脅威、すなわちマッカーシズム、あるいはマッカシーがわかりやすい象徴である行動や感情への脅威については実際にできることはほとんどなく、自分自身の権利の主張について立場を明確にするくらいが関の山です。[*4]

＊4　もちろん、これはウイスコンシン州選出の上院議員であるジョセフ・マッカーシー（一九〇八～五七、一九四七～五六年の間上院議員を務めた）を指したものであり、一九五〇年代前半のアメリカでの共産主義者の影響を弱めるために彼が行った熱心で自己顕示欲が強く最終的には自滅を招いた追及は、一九四〇年代と五〇年代の第二次の赤の恐怖の全期間に「マッカーシズム」という俗称を与えるに至った。

私がどういった線引きをしているのか、あなた方に伝えるべきと感じています。私は共産主義者であろうとその他誰であろうと、アメリカ国内で自らの考えを話し、出版し、広めたりする権利の正当性を信じています。共産主義者だろうと誰であろうと、当然スパイ行為や妨害行為をする権利はありませんし、そのような行為は刑事的に裁かれるべきと思います。

個人的行動の範囲であれば、私は自分の国の政府と議会を批判する権利をもっていると信じています。私のそういった批判は、私たち自身の政治体制と伝統の枠内でなされます。私は合衆国に代えて別の国を助けることはありませんし、自国の国内もしくは国際的な利益に反したり、ソ連やその衛星国の利益に与するどんな行動をとることもありません。私は個人的には政治的信念を理由として誰かを排斥することはありませんが、政府から私に委ねられたどんな資料でも開示したり話したりしませんし、そのつもりもありません。

今日、自身の考えや見解を発表している公人の中で、ウイリアム・O・ダグラス判事の考え方が私自身のものと最も近しく一致しているといえると思います。[*5]

＊5　最高裁判事のウイリアム・O・ダグラス（一八九八〜一九八〇）は、三五年間にわたって最高裁に在籍したアメリカの歴史の中では最も在任期間が長い判事であり、個人の権利と私的自由の擁護で特に知られた存在であった。

これが私の考え方です。あなた方もまた、どこからだと駄目でないのか、線引きを明確にすべきだと思います。自身の身の上のためでなく、市民としてあなた方が駄目でないか線引きをするのに私は深い関心があります。

私と同じ見方をする人は、今日では少数派かもしれません。しかし、少数派であるという事実そのものは私を困らせるわけでもありませんし、少数派の立場をとることがアメリカ人的でないとは思っていません。まったく逆です。あるときの少数派のものの見方は、別のときでは多数派のものの見方になることは頻繁にあり、私たちの発展可能性はすべてそういったものの見方の変遷にかかっています。あとになって初めて私が正しかったのか、間違っていたのかがわかるでしょう。しかし、私たちは結果論で人生を送れません。現代はどんなアメリカ人でも決まった針路をとるのが難しい時勢です。私が付き従うことができると感じる唯一の案内役は、時の人気争いの勝者によって変動してしまう意見ではなく、私が育ったアメリカの伝統に対する自分自身の認識です。

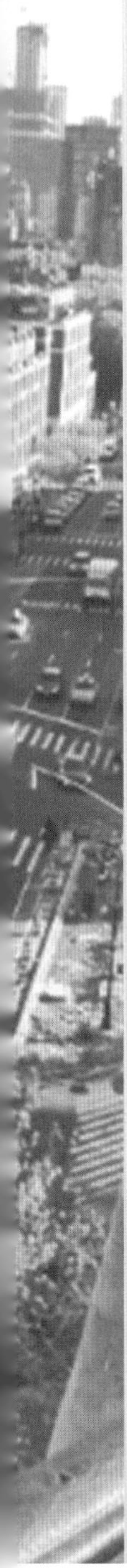

ニューヨーク大学の新図書館建設に反対して、
反都市再生集会で演説するジェイン・ジェイコブズ。
一九六六年

第二部——

# 都市の建物

一九五二〜一九六五年

ジェイン・ジェイコブズは、一九五二年五月に『アーキテクチュラル・フォーラム』誌で働き始めた。タイム・ライフ社によって出版された『アーキテクチュラル・フォーラム』誌は当時の最先端をいくデザイン雑誌であり、モダニズム建築とモダニズム都市計画の擁護者であった。この雑誌の編集長であったダグラス・ハスキルは、当初はジェイコブズに学校と病院のデザインの取材・編集を任せた。そのうちに、彼女はあらゆる種類の建築的・都市計画的問題に関する彼の最も信頼する編集者兼記者になり住宅、ショッピングセンター、郊外化およびスプロール、大都市行政、都市再生を解説する鋭い観察眼と懐疑的な才知を発揮することとなった。

ジェイコブズは『アメリカ』誌で建築とアーバニズムに関連する記事を書いており、一九四四年に結婚した現役の建築家である夫のロバート・ジェイコブズから多くのことを学んだ。だが『フォーラム』誌に執筆するうちに、建物が単にどのように見えるかよりもどのように機能するのか、その方法により強い関心をもつようになった。建築家はどのように建物の空間利用の複雑な混合利用をつくりあげるのか？　どのように人々は新しい方法で実際の問題を解決し、あるいはコストを削減するのか？　どのようにビルの利用者は日々そのビルを体感しているのか？　その建物は既存の同種類の建物とは何か違う点をもっているのか？　彼女はデザインにおける機能の優位性と、人々の生活の改善のために科学が役に立つ可能性を心から信頼する点で取材した現代の建築家やプランナーと同様であった。

彼女と同僚たちも、戦後のアメリカの都市が深刻な問題に直面していると理解していた。その問題とは人々が郊外に逃げだし、工場とオフィスがすぐそのあとについていき、いわゆる「スラム」や「荒廃した」一帯が、ダウンタウン近くに取り残されて広がることであった。都市の解決策として都市の外縁部に建物を建てることを好んだ「分散派」の同業者とは異なり、『アーキテクチュラル・フォーラム』誌の編集者たちは都市を信頼し、連邦政府が公営住宅プログラムや都市再生計画を支援する助成金のための制度要綱を創設したときには雑誌でこれを称賛した。連邦政府の土地収用権によって「荒廃した」土地を取得し「スラム」を一掃する権限と、すべて最新の現代的な様式でデザインされた新しいアパート群、病院、大学、その他のプロジェクトの建設のために連邦政府資金が投入された。一九五〇年代にわたって、アメリカ国内各地の再開発プロジェクトの数は急増し、一九五四年から一九五八年の間には二倍以上になった。ハスキルが一九五六年の論説で要約して報告したように「建築と建物の新しい秩序はすでに現実のものとなっている。その秩序とは都市建築、都市建物、改築建物である」。しかしながら、現代建築がよりどころにしている機能主義的な基盤となる考えに対する信頼はすぐに揺らぐこととなった。実際のところ、彼女はすぐに都市生活に関する一連の議論の真っ只中に身をおくことで、形態は機能につねに従うというモダニストの信条に対する理解を大幅に変えることとなった。

一九五五年に、ハスキルは都市再生の拍動（訳注：本来の意味は、心臓の働きによる律動的な収縮運動）というテーマを担当するようジェイコブズに命じ、彼女は特集の見出しを「都市の建物」として、フィラデルフィア、クリーブランド、ワシントン、フォートワース、ボルチモアのプロジェクトを好意的に論評した。彼女はどの計画にも称賛に値する要素を見つけたが、その一方でこの新たに出現しつつあるアーバニズムの本当の影響力については疑問をもち始めた。中でもとりわけ彼女を悩ませた出来事がある。彼女が都市計画部門の役人と一緒にフィラデルフィアを視察したときに、彼らは「古くからある悪い通り」と「新しくできたよい通り」との相違を現地で説明しようとした。ジェイコブズがほぼ五〇年後に回想したように「悪い」通りは「歩道を歩いたり、玄関の階段に座ったり、窓から身を乗りだして、とにかく大勢の人――たいがいは黒人――がひしめいていた」一方で、都市再生の近頃の実験台である「よい」通りは所在なげに歩道脇でタイヤを蹴っている一人ぼっちの小さい男の子を除けば誰もいなかった。[1] 彼女は自らが高く評価していた「ペーブメント・パウンディング（訳注：舗道闊歩の意味。虫瞰的に都市をとらえる路上観察派）」タイプのプランナーと表現するフィラデルフィア再生の裏の立役者であるエド・ベーコンとルイス・カーンを称賛した。しかし、どうもうまく機能していないようだった。

翌年を通じて都市的規模でデザインし建築するには、現代の改築業者がまだ把握していない都市それ自体の「機能」の理解が必要であることをジェイコブズは悟った。別の人物との出会いがこの理解に役立つこととなった。一九五六年に、ジェイコブズは市が公共住宅の建築を繰り返していたニューヨークのイースト・ハーレムにあるユニオン・セツルメント・ハウスで働くウイリアム・カークとエレン・リュリーと出会った。『アーキテクチュラル・フォーラム』誌に現代の改築の有害な効果を具体的に説明するべく、彼らはジェイコブズを伴ってイースト・ハーレムの散策を何度も行い、「古くからある悪い通り」が実際にはどれほどうまく機能しているかを彼女に気づかせたのであった。彼らは店先、住居、仕事場の濃密で複雑な混合が、のちにジェイコブズが近所の人同士の「活発な人間関係のネットワーク」と呼ぶこととなるもの、すなわち近隣に友情、信頼、安全、さらに危機に瀕しているときに協働する能力を生じさせると指摘した。要するに、彼らは彼女がのちに「ソーシャル・キャピタル」と呼ぶこととなるものをつくりだすという都市の役割を教えてくれた。どんなに警察活動、計画づくり、補助金を受けた公益事業を充実させても、この都市生活に欠くべからざる自己組織化の利点には適わない、と彼女は主張した。

同じ年に、ジェイコブズは自らの高まる関心を公に発表する機会を得た。ジェイコブズは、ハーバード大学のデザイン会議において、カークとリュリーのイースト・ハーレムに関する観察を一般原理として拡大解釈し、まさしく目の前の聴衆である今の建築家がソーシャル・キャピタルを犠牲にして街並み景観から通りに面した店舗を排除していることを批判する講演を行った。彼らの機能主義といわれている計画は都市のその偉大な機能を裏切ってしまったのだと。『アーキテクチュラル・フォーラム』誌（そしてこの第二部にもある）に掲載された当時「都市再開発のミッシング・リンク」と題された記事は大当たりし、ジェイコブズの知名度を高めることとなった。

ジェイコブズの従来とは逆の見解は、建築と都市計画の専門家の間で知られ始めるようになった。しかし、彼女が広く一般の読者に知られるようになるには、同じタイム・ライフ系で『フォーラム』誌の兄貴分にあたる『フォーチューン』誌上で、都市計画のオーソドックスな理論を徹底的にやり込める機会が得られた一九五八年まで待たねばならなかった。都市再生が行われつつあるイースト・ハーレム、フィラデルフィア、その他の都市近隣で学んできたことのすべてを要約した「ダウンタウンは人々のものである」は、ウイリアム・H・ホワイトを編集次長とする『フォーラム』誌の都市問題に関する影響力の大きい連載記事の中の一つの小論文として掲載され、のちにこの連載記事は『爆発するメトロポリス』というタイトルの単行本として出版された。「ダウンタウン」が引き起こした大きな反響はロックフェラー財団の注目を引き、財団はジェイコブズが『死と生』となる本のための調査と執筆を始めるにあたりその支援を承諾した。

『死と生』は一九六一年に出版されてただちに大評判となり、すぐにジェイコブズはホワイトハウスを含め国内中で講演をすることとなった。今日、その本は都市を理解するための技巧において非常に大きな転換点になったと考えられている。『死と生』は「この本は今の都市計画と再建への攻撃です」というよく知られた言葉で始まるが、実際にはこの本はモダニストのプランナーや建築家に「自分自身のやり方」で仕事をなすように仕向けることとなった。『アーキテクチュラル・フォーラム』誌での一〇年間で、ジェイコブズは現行の現代の都市建物に幻滅したが、その原理や目標とされるものにはいまだに共感していた。チャールズ・ディケンズやロバート・ベンチューリのようなポストモダンの批評家が、のちに装飾、意義および歴史的、あるいは一般的な引用の貧弱さといった現代建築の美学を非難したのに対し、ジェイコブズは都市そのものにモダニズムが失った前途——これまで食いつぶされてきた本物の科学的理解、機能主義、進歩の可能性——を求めた。抽象的な論理的思考や統計学に頼るのではなく、彼女は都市の研究者に自分の眼による都市の経済的・社会的プロセスの観察を要求した。機能主義の偏狭な規律に則った解釈を信奉するのではなく、建築家やプランナーが彼らなりのデザインで都市のより広い経済的・社会的機能をもっとうまく表すよう求めたのである。また、都市住民の生活を改善するために、都市再生を行う者は強引に更地化を命じるのではなく、近隣の既存の資源を生かすことから始めるべきだと提案した。

現代の都市建物に関するジェイコブズの改革派的な見解は、彼女が都市再生の乱用ないしはイースト・ハーレムという街の人々の暮らしの精妙さの発見だけではなく、二〇年間自らが住んでいたグリニッジ・ヴィレッジでの生活の様相の認識からも刺激を受けていた。ジェイコブズ、夫、三人の子供は、ハドソン通り沿いの築一〇〇年の建物に住んでおり、彼女と夫ロバートが空いた時間でその改修を行っていた。だからこそ、彼女は一九五五年にニューヨークの公共事業の帝王であるロバート・モーゼスが近隣の主要な環境であるワシントン・スクエア公園を貫通して車専用道路を走らせようとするのを聞いたとき、それを中止するのに役立つならなんでもやろうと決意した。反対運動はジェイコブズがモーゼスの計画を知るよりも何年も前からすでに行われており、ジェイコブズは道路計画を止めさせることに成功した反対運動の一般人のメンバーにすぎなかったが、これが彼女が『死と生』の中で攻撃した市の都市計画組織との紛争の皮切りになった。『死と生』の出版のちょうど数か月前の一九六一年の前半から一九六八年にニューヨークを去るまでの間に、ヴィレッジの都市再生計画とローワー・マンハッタン横断高速道路の反対運動を成功へと導き、その経験は高圧的な近代化の強要への憤りと都市を本当にうまく機能させるものを理解しようとする野心の両方にいっそう油を注いだ。

1　ライターズ社のエレノア・ワクテルとのインタビュー、CBCラジオ、二〇〇二年八月六日。

# フィラデルフィア再開発の進捗報告

『アーキテクチュラル・フォーラム』誌　一九五五年七月

昔は、都市の一般的な混雑問題はとても解決が容易なように見えました。広い並木道と市のモニュメントは、シティ・ビューティフル（訳注：シティ・ビューティフル運動が目指した豪華だが実用的でないシンボリックな施設群からなる都市）をつくりだそうとしました。それがうまくいかないのがわかったので、地域計画はシティ・センシブル（訳注：実用的で堅実な市民感覚で建てられた施設群からなる都市）をつくりだしました。それらも受け入れられないことがわかり、今では時には何事にも優先されるかのような様子でシティ・トラバーシブル（訳注：道路と駐車場を川とドックのように行き来できるようにしようとするルイス・カーンの交通哲学に基づく都市）をなんとかうまくつくりだせるようにしようと奮闘しています。

そしてその間にも都市の荒廃地域は増加し、さらに恐ろしいくらい超細長の街区、延々と続く殺風景で混乱した一帯はいまだ増え続けています。都市の問題を見つけるには、未知の街を通っているバスか路面電車に長時間乗るのがお勧めです。というのは、そんな目的意識をもってすれば、さすがに見苦しさについてずっと考えることは止めて、こんな混乱をつくりだしたものはなんなのかを考え始めるからです。純粋な活力の現れとしてとらえれば、混乱自体は素晴らしいことです。春の森の木の葉と同様に、その活力は生命力の力強さや粘り強さを物語っています。混乱以外のものは砂漠の中のオアシス程度に稀です。**数十万もの計画と目的をもって数十万の人々が都市を建設しましたが、彼らは都市を建て直しただけです。**

この驚愕の事実を調査し、それに取り組み始めた、おそらくアメリカでこれまで唯一の都市がフィラデルフィアです。

フィラデルフィアでは、再開発地域は必ずしも最初から壮大な建替えだけを予定した地域ではありません。要するに、それは単なる一オアシスではありません。ほとんどの認定地域の大きな部分を、魔法のステッキひと振りで変身を遂げることはありえない土地が占めています。フィラデルフィアの再開発資金の一部は、既存のあるいは潜在的な利点を引きだすために、もれなく再開発地域間を埋めるようにして少額ずつ使われます。[*1]

＊1　都市計画委員会委員長のエドムンド・ベーコン（一九一〇〜二〇〇五）が先導したフィラデルフィアの都市再生は、スラムを一掃して再建する「ブルドーザー方式」のやりすぎを避けるため、より小さな都市再生地区を指定して立退きを最小化しようとし、初期の計画段階から住民集会を開催し、地域施設をそのまま残し、創造力に富む建築家を雇って計画にその地域の歴史を取り込むことによる改築を行おうとした。ジェイコブズはベーコンに感化され啓発され（ほかにもあるかもしれない）、彼が活性化のための触媒として都市再生を利用する試みに賛成した。ジェイコブズが都市再生の批判者として公の場にデビューした一九五八年の会議で、ベーコンは都市近隣を「それ自身の中に自己再生の種をもつダイナミックな組織」と説明した。ジェイコブズは『死と生』の結びでこの考え、「生き生きとした多様で活発な都市には再生の種があり、自分たちの外部の問題やニーズにさえ対応できるだけの溢れるエネルギーがあるのです」（四七四〜七五頁）とこの考えに共鳴している。

フィラデルフィアのやり方は、民間の開発業者が次に手掛けようとする計画に口をはさむお節介焼き、すなわち先導役であることを意味しています。荒廃地域が延々と広がるのを避けるため、居住者がまばらな外縁部の計画や説得の作業をすでに先行して行っています。ダウンタウンのペン・センターがこのやり方の一例です。ペンシーが線路と旧ブロード・ストリート駅を除去するまでに、計画委員会は推奨する計画を準備して、終始一貫して計画の本質がわからなくなることがないようにしました。[*2]容易ではありませんでしたが、市（そして開発業者）にもたらされたものは計り知れないものがあります。

新しいオアシスが公共のものであれ民間のものであれ、フィラデルフィアのプランナーはそれを単に改良の対象として見るのではなく、他地域の改良への働きかけ役として見ました。

＊2　「ペンシー」は、ペンシルベニア鉄道のその当時の地域特有の呼び名であった。一八四六年に設立され、アメリカ最大の鉄道に拡大した世界でも最も大きな企業の一つである。旅客線は一九七〇年代に新アムトラック鉄道網に併合された。

近隣感覚が見失われると、人々や建物にとって少しもいいことはありません。荒廃地域を近隣に取り戻すことによる莫大な利得を目指したフィラデルフィアのお金をかけない工夫は、市の都市計画にとって最大の貢献になるかもしれません。この狙いの一端として、市の住宅供給公社は周辺の荒廃した地域にそぐわない異質な建物を建てるのでもなく、公営住宅を必要とするような人々を都市の一部分に社会的・経済的に囲い込むために公営住宅を利用するのでもありませんでした。近隣を骨抜きにするのではなく、復興の支援を目的として、公営住宅計画（プロジェクト）は近隣にいきわたりました。

市へのこの期待ムードの中で、一般市民の自発的な取組みは大小あれども活況を呈しているように思われます。新しい食品流通センターはそれ自体が大幅な改善であり（市内の複数の荒廃地域を取り除き、別の荒廃地域の改善を開始する）、双方向の働きかけ役としての役目を果たすだけでなく、公共心に満ちた民間建物の前例のない表れです。[＊3]

＊3　本項「四　世界で最も素晴らしい食品流通センター」を見よ。

フィラデルフィアで起きていることはそんな光景ですが、非常に多くの人々を巻き込んだので、なんのためにどんな理由でスタートしたのか、丁寧でわかりやすい説明がありません。市の物理的再生は、急成長中の後背地、長期の無作為への不満、市政改革や市民活動の高まり、戦時の動揺といったものに関係しているように思えます。

市内を歩き回るか、フィラデルフィアのプランナー・建築家・ビジネスマンに話を聞くにつれ、気づかざるをえないことがあります。フィラデルフィア市が長年の無気力状態のあとに突然新しいものを取り入れだしましたが、奇跡的にも古いものはすべて悪としなかったということです。**一つの都市が古いものと新しいもの両方を大事にし続けることが**

できると、素晴らしい活力を生みます。

## 一　四〇〇〇ヘクタールの改変

フィラデルフィア市民が自分たちの都市転換プログラムについて語るとき、それは本当に事実上の転換を意味しており、地図をひと目見るだけでそのことが理解できます。再開発法を最初に活用した都市であるフィラデルフィアは、今や一八か所の主要な計画地区の四一四四ヘクタールでの再開発を認定しています。全地区の約半分を占める一四地区は、中心部に広がりかつ北方向や西方向に突き出してほとんどひと続きの見本を形成しています。その中心部の「へそ」になっているのが手入れの行き届いたリッテンハウス・スクエア地区ですが、ここは主要なビジネス街の一部にもなっています。[*4] この地区が広大なのはブルドーザーがその中を走り回り全部更地化しやすいようにとか、できることならそうしたいという意図ではありません。広大な地区を確保して復旧と周りに働きかけ役として改良を行うことが、プログラムの非常に重要な部分だからです。

＊4　もともとはサウスウエスト・スクエアと呼ばれていたリッテンハウス・スクエアは、ウイリアム・ペンが一七世紀にフィラデルフィアの中心地区のために立案した当初からあった五つの公園の一つである。その後、一八二五年には時計製作者のデビッド・リッテンハウスにちなんで改名された。『死と生』の中で、ジェイコブズはリッテンハウス・スクエアと他の四つの公園はうまくいっている都市公園の構成要素に関する「一種の対照実験（訳注：統制群と実験群に分け、薬や政策等の効果を検証するのによく利用される方法）」になったと語っている。他の公園が周辺からさらに孤立していき活気をなくす一方で、彼女はリッテンハウス・スクエアをその周辺の近隣の多様で複雑な利用から恩恵を受けることで、周辺の多様性をいっそう高め、よく利用されかつ愛される公園だとして称えた。

高速道路（東西でニュージャージーおよびペンシルベニアの二つの有料高速道路とそれぞれつながる）には、二つの都市横断道の延伸計画があり、長期的には駐車場を敷設する予定です。路面電車は当該道路の車交通で市内が麻痺しないように、それらの延伸高速道路と町の中心部を結ぶ予定です。

公営住宅計画は、以前は一つのプロジェクトで平均して約六三〇戸でしたが、現在建設中か最近完成の実施例では平均して約二七〇戸になっています。将来、多くのプロジェクトが二〇から一〇〇戸程度になる予定で、近くの街区に点在する数戸程度の小さいグループで構成されるものも出てくるかもしれません。アイディアはこうです。良好な修復が可能な潜在能力のある地域にリーダーシップを与えるため、大きなまとまりとして安定している地域内の荒廃した孤立地帯や外縁部を一掃すること、そして丸ごと更地化して新築することで必ず起こる極端な人口集中を避けること。フィラデルフィアの住宅業者は、エレベーター付き建物は小家族向け住戸のみを採用し、三~五寝室の家族向け住戸は各戸に専用庭がついた二~三階建てのテラスハウスをあてがうことを好みます。これにより高層住戸は全体の着工件数の約三分の一となります。

## 二　ペン・センターの最初の建物が建つ

この建物は、この二〇年余で初めてのフィラデルフィアの新オフィスビルです。かつてペン・センターが当時の最先端のビルであったのは遠い過去になりましたが、このビルと今後建設が予定されているビルからなるツインビルは過去と一線を画すことになるでしょう。これら二つのビルは、ペン・センターのプロムナードの素晴らしい構成要素となります。[*5]

＊5　ジェイコブズはのちに、ペン・センターと特にここで彼女が褒めている「プロムナード」に目を向けている。エド・ベーコンはこれを高層オフィス棟と歩行者道をもつスーパーブロックとしてデザインしたが、彼は専門店や大型店舗をすべて地下においた。「ダウンタウンは人々のものである」の中で、ジェイコブズは「その最も活気ある活動と都会の最高の華やかさを地下部分へ」押しやる彼のプランや他の大規模オフィスの再開発を批判する。

フィラデルフィアの博物館の協力のもと、彫刻品の貸出しについて取決めが進められており、関係者全員が積極的であるという点で一致しているようです。

ビルの所有者であるユーリス兄弟社は、土地の所有者であるペンシルベニア鉄道と異例の契約を結びました。ユーリス社が建てる建物がなんであれ、入居率が八五パーセントになるまでは対になる建物の着工を許可しないという内容に合意したのです。しかし、どんなに早く最初のビルが貸せたとしても、二番目のオフィス敷地に取り掛かれるのは来年の夏になります。ユーリス社はその建物の地下部分を鉄道会社にリースバックします。

ペン・センターの全体計画にいまだに欠けていてとても必要とされているのは、日常の仕事とは直結しない事業です。プロムナードはその一助にはなりますが、いったんオフィスで働く人々が帰宅するとそこは無人となります。**不足している要素は、日常を脱するようなことが起きているという感覚です。噴水のようなものでもよいのですが、**できたら娯楽やスポーツに焦点をあてたものがよいと思います。

## 三　未来と一体となった歴史

新しいインデペンデンス・モール（州と連邦の参加により実施中）は、インデペンデンス・ホールと他の素晴らしい歴史的建造物群を長年その周辺にこびりついた乱雑さから解放させつつあります。この改善の副次効果は複数あります。すなわち、近くにあるさびれているものの、まったく愛すべき古い地域の民間ビルの修復にすでに刺激を与えつつあること。地区にオフィス街としての威信を再び取り戻しつつあること。地区を市内への玄関口であるデラウェア川の橋と視覚的に結びつけること。ペン・センター単体ではビジネス街が西のほうへと向かう動きを単独で加速し、よりいっそう荒廃した一帯を形成しかねないと予想される中で釣合いをとること。それらの副次効果は偶然ではありません。モールはこの不景気な地区全体を沈滞からの脱出に駆り立てるために着想され設置されたのです。

州のモールは、さながら琥珀の中のハエのように古色蒼然としたインデペンデンス・ホールを記念碑としてその大きな道のり内に抱えており、釣合いがとれていないと批判されてきました。しかしながら、モールがあろうとなかろうと、ホールそのものが琥珀の中のハエのようなもので驚嘆の念をかき立てますが、とにかくあまりにも遠い昔のままなのです。モールの両端を苛立たしいものにしている風変わりなランプ・飾り壺・台座は時代的脈絡が感じられないひどい試みで、価値のあるデザインは時速六〇キロの乗り物に乗っている人の視界に最初に入ってくる光景であるインデペンデンス・ホールの存在を示す長い並木道であるといえます。そこで停車する人々にとって幸運なのは、背後にある公園と建物が点々と連なる連邦モールにより、インデペンデンス・ホールと都市が打ち解けあうよい比率にあることです。

偽物のようにならないよう時代的脈絡を調和させる問題は、モールに焦点をあてた新しいオフィスビル群によってつきつけられています。最初のオフィスビル一つだけで、かなりの騒ぎをつくりだしました。アメリカ建築家協会フィラデルフィア支部の出した意見書は、ありのままの現代的デザインを用いること、モール側のセットバックにきっちり高さを合わせること、近くに住む人や豊富な植栽についての精密な調査を行うことを大いに推奨しています。[*6]

＊6　アメリカの建築家のための主要な専門家組織であるアメリカ建築家協会のフィラデルフィア支部を参照。

## 四　「世界で最も素晴らしい食品流通センター」

半年以内に建築を始め、市内およびその外縁の一四五キロメートルの圏域に食を提供するだけでなく、おそらくフィラデルフィアを大西洋岸中部の主要な食品流通地点にする一六二ヘクタール、三五〇〇万ドルをかけたプロジェクトを農務省のマーケティングの専門家はそう呼びます。

このプロジェクトにより、現在六か所に散らばっている卸売施設は一体化され大きく拡大することになります。これにより、多くが手狭で汚く荒廃と障害を生む原因であった卸売施設の大半が交通の中心におかれることになり、十分な駐車場と積み下ろし場ができるので、市内の五〇〇〇の自営の小売業者は迅速にいろいろ比較しながら頻繁に商品を見て回れるようなり、納入供給業者は一日八時間で働くことができるようになります。そうなると、その労働条件が質の高い労働力を引き寄せるでしょう。モーテル、ホステル、食堂、九ヘクタールの植栽ゾーンも同時設置されます。旧市場地区（もとの卸売施設があった）への影響、その用地自体（ゴミ焼却所と不法占拠者の掘立て小屋）への影響、市内の経済への影響を考えれば、これがフィラデルフィアの最も重要な単一の改善例です。

なぜこのような措置はそんなにもの珍しいのでしょうか？　一つの理由としては、スラムマーケットがスラム住宅事業と同類だからです。全員の犠牲によって、一部の人々に大きな利益をもたらします。[*7] それには反対勢力との取っ組み合いに打ち勝つ能力、卸売業者の支援を取りまとめる能力、大きなことを考えて大きな資金を投入する能力が必要です。

＊7　ジェイコブズは大都市のダウンタウンを取り囲む住居、商業、工業の混合する地区に対して、慣習的に使われた二〇世紀中頃の用語を使用している。「スラム」という用語は「悪い近隣」の簡潔な表現として広く使われているが、当時は密接に関連する用語「荒廃地域」と同様に客観性のある表現にはほど遠かった。二つの用語は日常の使い方ではだいたいおきかえ可能だったが、それらはわずかに言外の意味が異なる。二〇世紀の初期には、「スラム」は犯罪率、疫病、火事の多さから人口過密と古い住宅ストックの物理的荒廃に至るまで、様々な物理的、社会的問題に苦しんでいる都市地区を意味した。一方、荒廃地域は主として市の財源である税収面でその最大限の貢献をしていないという理由で、経済的に稼働していない地域を意味する傾向があった。このように過密な近隣を「スラム」、空家や廃棄された建物のある地域を「荒廃地域」としてとらえる傾向があったというのが主な違いである。日常的な用法では、二つの用語は都市全域の社会的、物理的、経済的な活力が欠如した状態を総合的に表したものとして混用されがちであった。その曖昧で大雑把な意味合いにもかかわらず、二つの用語はスラムクリアランス計画のための政策において公式用語として利用されていた。

フィラデルフィアがいかにしてこのプロジェクトを行うに至ったかは、プロジェクトそのものと同じく注目に値します。このプロジェクトは、小さいけれど非常に強力な非政府系のグループによるフィラデルフィア大都市圏運動の産物です。このグループは、ほとんどが実業家や銀行家からなるフィラデルフィアのリーダーたちで構成されています。それらの人たちは、彼らのビジネスの先人たちが鉄道建設や小麦の買占めに注いだのと同じ熱意をもって、食品卸売の調査と折衝活動に没頭しました。しかし、動機において驚くべき違いが見られます。グループの新しい大物リーダーたちは、非営利企業であるフィラデルフィア大都市圏食品流通センターに消費者のための配送コストの低減と同時に、配送コストをセンター自身が支払うことを期待しているからです。さらに初期投資費用が支払われると、全体の開発はそれ以降利益を手にすることとなる所有者であるフィラデルフィア市に移されることになります。その間ずっと、市は年間約一〇〇万ドルの固定資産税と八〇万ドルの学区税を受けとるはずです。出資者の分け前は何か大きなことをし、市を助けたという満足感から得られる喜びだと思います。

## 五　近隣を都市へ取り戻す方法

ミルクリーク再開発地域は市内の大規模な典型的荒廃地域です。建蔽率は七四パーセントもの高さであり、住戸密度も一ヘクタールあたり一二四戸と同様に高くなっています。調和のとれていない密集地帯に全体の骨格をなすものも何もなく、行っても行っても荒涼とした似たようなブロックが続きます。

顧問建築家としてルイス・カーンも加わった都市計画委員会のミルクリーク再開発計画には、地域の質を高める素晴らしく巧妙で実践的な工夫、しかもほとんどが独力で行える工夫がいくつか含まれています。[*8]

＊8　建築家ルイス・カーン（一九〇一～七四）はミルクリークを設計しただけでなく、フィラデルフィアの再開発プログラム全体の「主任プランナー建築家」としての役割も果たした。彼は同世代では最も有名な現代建築家の一人になった。エド・ベーコンの場合と同じように、ジェイコブズはカーンが都市を織りなすものに敬意を払っていることに啓発されたが、長期的には彼の計画が都市に与えた影響に当惑することになった。ミルクリークは二〇〇二年に取り壊され、ルシュアン・E・ブラックウェルホームズと呼ばれる低層の戸建て住宅地に建て替わった。

カーンが地域を調査するにつれ教会、学校、遊び場のような数少ない公共施設の多くが実にさりげなく一つの通り沿いに並んでいるのに、そういった施設がまったく目立たないので、その事実はほとんどの場合見過ごされているということに気づきました。

計画はそれらの施設にいくつかの施設を加えて強化し、新しいタイプのメイン通りを生みだしています。主に歩行者専用道路として、新しい住宅地沿いでは車は進入禁止になっており、その他の場所では道路を拡幅したり道路脇に植栽したりしながら、メイン通り以外の支線道路につながっています。「私利私欲のない意図によって建てられた施設を闇に葬るのではなく、目立たせるのです」とカーン。

彼は古い住宅を見ながら、「それらの住宅が建てられたのどかな馬車の時代ではそんなに悪くはなかった」格子状の道路配置が一番の欠点だと結論付けました。交差道路に十分な広さがある場所では、彼は小さな連続した公園と装飾的な舗装がなされた小道を継ぎ足すことで格子状配置を環状配置に変えました。環状道路の内側では、彼は公園の真向かいに駐車場を加えました。この工夫と新しい緑道ないし歩行者用大通りの両方が認可され実施予定です。

東南の角に集中する新しい住宅団地は、低価格の公営住宅と中間所得層向けの民間住宅を組み合わせています。高層棟はお互いが対面しないように巧妙に配置されています。砂地、芝生、敷石からなる円形広場は景観の基本的な構成単位で、小道の位置を示しています。「まず第一に、広場は小道に近道をもたらしています」。

ミルクリークの新しい住宅団地、特に高層および低層、所得階層をミックスした公営住宅、そして高層棟の配置は他の都市、とりわけデトロイトの計画にすでに影響を及ぼしています。

## 二種類のプランナー、ペーブメント・パウンダーとオリンピアン

『アーキテクチュラル・フォーラム』誌、一九五六年五月

フォートワースのために考案された素晴らしいグルーエンプランの作成者の一人であるエドガード・コンティーニは数週間前のある土曜日の朝、フォートワースでウォーキング・シューズを買おうと思い立ちました。[*1] けれども『フォーラム』誌の記者が訪問したところ、彼は買物を後回しにして都市について話してくれることになりました。

＊1　ジェイコブズはしばしば建築家ヴィクター・グルーエン（一九〇三～八〇）の作品、特にテキサス州フォートワースの彼の計画について書いた。ウィーンからの移住者であるグルーエンは、ミネソタ州イーダイナ初の屋根で覆い空調の整った全天候型のリージョナル・ショッピングモールであるサウスデール・センター（一九五六）と、それに続く多くのモールの建築家として名声を博した。ジェイコブズは彼の都市生活に対する愛情とデザイン面での都市的利用に特化した試みを称賛した。彼のフォートワースの計画は、彼がモールのデザインで学んだものをダウンタウンに逆戻りさせるものであった。その計画は作為をもって本物の都市の生き生きとした様と、郊外のショッピングモールの交通工学とを結びつけたものである。ジェイコブズのグルーエンの作品に関する他事例での分析については、この第二部の「ダウンタウンは人々のものである」「機能の減退」および『死と生』「第一八章　都市の浸食か自動車の削減か」参照。

コーヒーを飲みながらすぐに都市に関する話が展開されましたが、それは彼にとって都市を歩き回ることとも同義で、数時間で訪問者はなぜコンティーニがウォーキング・シューズを買い替える必要があるのかがわかってきました。一般の人が自分の住む街区を知っているのと同程度に、彼は徒歩によってダウンタウンの一・六キロメートル四方を把握しているのです。裏庭に寄り道し、路地をぶらついて、（いずれ歩行者の縄張りになる）通りの真ん中に飛び出し、（違っ

た角度の光景を求めて）階段を駆け上がりながら、彼は熱心にある商店の歴史、あちらの街区での活動、向こうのレストランの素晴らしさ、街角の発展の可能性について事細かに観察していたのです。

コンティーニは、増加中と思われるペーブメント・パウンディングタイプの都市プランナーです。フィラデルフィアの都市計画の最高責任者であるエドムンド・ベーコンもう一人の代表的人物です。ベーコンは試行錯誤しながら、ありふれた眺めや面白みのない通りが歩行者の目に入ることがない、（デラウェア）川から（スクールキル）川へとフィラデルフィアの全域をジグザグに通る道のりを見つけだしたことに喜びを感じています。都市に密着した調査に対する同様の熱意は、彼のスタッフにも一貫して見られます。スタッフの誰もが目的地での食事自体よりも、その店までの（だいたい長い）歩行の質の良し悪しによってランチタイムのレストランを決めているという印象を受けました。クリーブランドでは、都市計画部門の職員であるアーネスト・ボーンおよびジェイムズ・リスターとともに行った視察は、事前の話では車でということでしたが、実際は車にひと乗りして降りると延々と調査する、の繰り返しでした。サンフランシスコには、疲れを知らずに歩き回りかつ鋭い観察眼の都市計画担当理事ポール・オッパーマンがいます。カール・ファイスは、ワシントンの自宅にいようがたまたまよそにいようが足を棒にして歩き回ることでしょうし、幸いなことに似たような人はほかにもいます。

最近、もう一つのタイプのプランナーであるオリンピアン（訳注：秀でた者の意味。鳥瞰的に都市をとらえる合理的総合派）型の代表的人物と話したことで、余計にペーブメント・パウンダーへの評価が上がりました。匿名にしますが、ある都市でこのタイプの都市計画部門の役人とその同僚は、その都市の地図、人口密度の分布パターン、社会的統計、通行パターンを俯瞰的に入念に調査し、そのうえでクリアランスを決断しました。また、彼らは便利な「近隣」タイプの小規模店舗と、広域からの顧客をあてこんだ「地区」タイプの大規模ショッピング施設との違いのような単純なことを認識しておらず、隣接する近隣を経済的・景観的・社会的に踏みにじろうとしています。話合いの最中に、統計的には衰退地域とされている中にもよく管理が行き届いた界隈もいくつか混じっているという話になると、オリンピアンは「どこだ？」と本当に驚いて大声を上げました。ベーコンやリスターであったら、その場所を知っているだけでなくその理由も知っていることでしょう。

ペーブメント・パウンダーは近年の都市計画において最高に優れた水準に達しつつありますが、単純な因果関係の知見と直接体験して得た知識が同じように有益だとするのは疑問に思います。そうではなく、歩くこととよい計画は同じ取組み姿勢の裏表であり、ペーブメント・パウンダーがごく身近なレベルで引きつけられるものの裏表なのです。それは都市生活と都市での関係性、都市の発展や変化に対する非常に強い好奇心、「生き生きとした」都市へのあくなき関心、そしてそのすべての根底にある都市に対する愛情といった細部で成り立っています。

妙な話ですが、都市に対する愛情は過去においては必ずしも都市プランナーの特質ではありませんでした。シティ・ビューティフル運動の推進者たちは素晴らしい名所として都市の微細な部分を評価しましたが、「蟻塚（訳注：巨大な記念碑的建造物）」をほとんど無視し軽蔑しました。*2 二〇年前、最も活力のあるプランナーたちは、その最も活力ある思考を都市の再建ではなく都市分散のスキームに向けました。これには潜在的に都市自体に対する絶望感が含まれています。**ペーブメント・パウンダーは都市への根本的な嫌悪感からではなく、都市に魅了され都市を愛することから都市を変え再建することを望む新しいタイプの人たちです。**ペーブメント・パウンダーまたはオリンピアンのどちらか一方のプランナーとして感じ、影響を与え、行動することができる不動産業者や金融業者、プロモーターが徐々にペーブメント・パウンダーの仲間に加わりつつあり、都市の未来にも同様に希望をもつことができます。

＊2　二〇世紀の変わり目に始まった影響の大きな都市計画運動であったシティ・ビューティフル運動、すなわち大きな並木道、集会用の広場、市民会館、グリーンベルト、公園、そしてそういった新しいオープンスペースに彫像や記念碑的建物を配置することで都市を増大する産業化の影響から救いだすことを望んだ運動へのジェイコブズの数多い冷笑的言及の一例である。運動で最もよく連想される人物は「小さな計画を立ててはいけない」という有名な格言を残したプランナー、ダニエル・バーナム（一八四六～一九一二）である。シティ・ビューティフル運動により、二〇世紀初頭の多くの都市計画がバーナムの一八九三年シカゴ世界博覧会と帝都パリの都市景観からインスピレーションを得ることになった。ほとんどの計画は一部実施されただけであるが、今もボストン、シカゴ、ワシントン特別区、サンフランシスコ、ニューヨークのブルックリンのグランド・アーミー・プラザのような単一の記念建造物などでその遺物を見ることができる。

コンティーニと彼と同タイプの全員が最も快適なシューズを長く履き続け、履きつぶすことを願います。

## 都市再開発のミッシング・リンク

『アーキテクチュラル・フォーラム』誌、一九五六年六月

井戸が干上がるときの水のように、あるいは再開発された都会では建てられない近隣店舗のように、時になくなって初めてそのことに思い至る現象があります。たとえば、ニューヨークのイースト・ハーレムでは五万人の人々を新しい住まいに移し替える過程ですでに一一一〇の店舗が姿を消しています。

プランナーと建築家は、型通りに店舗を物資供給とサービスの単純な問題、すなわち単なる商業空間として考えがちです。

しかし、都市近隣の店舗はもっと複雑な機能をさらに発達させた格段に複雑な創造物です。それらは単なるみすぼらしい店舗ですが、都市近隣を単なる寝床ではなくコミュニティに変えるのに役立ちます。

一軒の店舗は一人のお店番にもあたります。スーパーマーケット一店は近隣の惣菜屋、屋台の果物店、雑貨店、肉屋の三〇軒に相当すると住宅公社の役人は説明します。しかし、それは三〇軒どころか、一軒の代わりになることさえありません。イースト・ハーレムの公営住宅の現場責任者は本来関係のないことに四分の三の時間をとられるといい、「私は四〇人のお店番の側の代わりをやらされている」と語っています。そういったことを担当する場合、彼は単なる一人のお店番と変わりありませんし、近隣の中心的人物や世話好きな人であることに喜びを感じてお店番をするわけではないので、同程度に長けているとはいえません。また、ほとんどの居住者は心から彼のことを嫌っていますが、彼がいわばそのスーパーブロックの公人である点で最善の人物だということになり、居住者は彼にお店番役を任せようとするのです。

店舗はそれ自体が社会的な施設です。特にバー、お菓子屋さん、軽食レストランがそうです。店舗はまた店「先」の空間を提供します。そういった店先はありとあらゆる教会、クラブ、社会的啓発活動に場を提供します。それらの店先での活動は大変な価値があります。店先は人々が自らつくりだす公共施設なのです。時にそれが有名になることもあります。都市を本当に光り輝かせるものの多くはこの道のりをたどります。全体として小規模で、奮闘している活動のほうが重要だったりします。

ほとんどの政治的クラブは店先にあります。古くからある地域が再開発されたら、下っ端政治家の誰それが支持組織を失ったという話がしばしば面白い冗談のように語られます。これは本当に笑い話ではありません。**もし、あなたが名もない人であったとして、名のある知人もいないとすると、大都市で自分の話を聞いてもらうには信頼できる安定したルートを通すのが唯一の手段です。**それらのルートはすべてみすぼらしいところから始まります。それらはマイクさんの床屋からか、判事と呼ばれるみすぼらしい事務所にいる男から始まり、市会議員のファビーニ氏を囲む会が開かれるトマス・ジェファーソン・クラブに行くことになり、やっとあなたの道が開けるわけです。そこに至るまでのすべてで信じられないくらいの話合いが必要になります。この種のプロセスの場の提供は、おそらく公式化することはできないでしょう。

みすぼらしい場所が失われると、異質の出来事がいくつも発生します。ニューヨーク市のストイフェサント・タウンはこの一例を明白に示しています。その開発は今、計画性のない雑然としていながら活況を呈する帯状の店舗群と、ストイフェサント・タウンの兵舎周辺の非戦闘従軍者に取り囲まれています。優れたプランナーはそんな一帯をうまく処理できます。ここには日雇いの人々の互助組合である看護学校、バレエ教室、日曜大工向けの作業場、かわいいエキゾチックなお店といった都市の大きな魅力が詰め込まれています。住民がストイフェサント・タウンのような中間所得層であれ、イースト・ハーレムのような低所得層であれ、これと同じプロセスが起こります。

これが何を意味するのか、あなた方はわかりますか？　都市の多くの魅力をかたちづくっている創造性に富む社会活動と活力という都市生活の非常に重要な側面は、新しく再開発されるような事態になると、新しい秩序に居場所を見出せずに昔のままの地域へと移っていきます。このようなばかげた状況に対して、その計画を立てたプランナーは愕然とするべきです。[*1]

＊1　ジェイコブズはこの講演で、彼女の観察結果を「街角には雑貨店をおける余地を残しておかなければならない！」という教義的なスローガンとして、ごく浅薄に理解した建築家がいたと主張した。『死と生』では「最初私は、これは単なる言い回しであって、多様性の全体を表す一例として雑貨店が挙げられているのだと思いました。でもやがて、郵便で送られてくる開発プロジェクトや再開発地域の計画書や図面を見ると、あちこちにものすごい間隔を開けて、文字どおり街角の雑貨店のための場所が用意されているのを見かけるようになったのです。こうした計画書には〝見てください、あなたのおっしゃることにちゃんと留意しましたよ〟という手紙がついてきます。この街角雑貨店の小細工は、都市の多様性についての理解としては薄っぺらい尊大なものでしかなく、一九世紀の村にならふさわしいかもしれませんが、今日の活気ある都市地区では繁栄できません」と書いている（二一七～一八頁）。ジェイコブズは、彼女自身の考えが思いがけないかたちで自分に跳ね返ってくる場合を含めて、どんなかたちであっても教義的な考えを軽蔑した。

再建が大規模に行われると、便利な古いものが残る地域はほとんどなくなってしまいます。イースト・ハーレムのあるプロジェクトでは、この苦境の中、人々は非常に宙ぶらりんの状態です。「コミュニティセンター」はありますが、子供向けのものです。セツルメントハウスワーカーの中には、大人が気楽に交流する場所を見つけられるようにと二〇〇〇人の人々の実情を精査した人がいます。大人社会の地域として機能している兆候があるまったくもって唯一の場所はクリーニング店でした。そのプロジェクトのプランナーは、コミュニティの中心が地下に存在することになろうとは夢にも思っていなかったのではないでしょうか。そして、クリーニング店を設計したときに、その建築家は何をつくっているのかまったくわかっていなかったのではないでしょうか。このことがかつて例のないほどの社会的貧困の一形式を表していることを、プランナーと建築家の両者ともまったく気づいていないのではないでしょうか。

一〇年前のプロジェクトでさえ、住民は古くからある近隣を何度も訪れる一方で、新しい近隣を訪ねる人はかなり稀です。新しい近隣はまったく退屈なのです。

程度の差こそあれ、こういったプロジェクトはみな似通っています。ショッピングセンターを配置すること、しかるべき地理的・人口的な規模で近隣住区の範囲を明確にすること、所得階層と住戸タイプを混合すること、ブルドーザーが更地化する場所には特別に気を配ることはすべての基本となります。こういったことに関して、行動までに至らなくともすでに考察がなされています。

四つの追加提案があります。

・第一に、都市で活力溢れるいくつかの古い部分を見てください。玄関前に階段のあるアパートと歩道に注目し、どのようにしてその玄関前の階段および歩道を人々が活用しているのかに注目してください。これはリビングルームでは代わりにならない別種の施設です。店舗と用途転換された店舗の店「先」に注目してください。納税者と高額納税者、ボーリング場、地元団体、あなた方のギター教室に注目してください。こういった一群をそのまま真似しろといいたいのではなく、広場に市場、公共広場のようなすべてが非常に見苦しくてその場しのぎのものであっても、親しみがあって堅苦しさがない、住民に大いに馴染んでいる例を検討すべきだといいたいのです。

・第二に、建築家はたとえば店舗のゾーニングと店舗の配置をもっと社会的観点から巧妙に行わなければなりません。幸いにも、小売業では経済的そして社会的な適切さは機会さえ与えられればよい結びつきとなりえます。

・第三に、建築家はたとえばランドリーや郵便受けが集まっている場所、行楽地での大人の溜まり場のような意図しない社交施設を最大限活用しなければなりません。それらの些細な場所が提供する社交的な要素を軽視する代わりに、活用するためにできることは数多くあります。

・第四に、私たちは外部空間を今よりはるかに気にかける必要があります。光と空気を屋内に取り入れられるだけでは不十分です。建物を建てなかった空間が、美術品である建物を展示するための一種の画架としての役目を果たすだけでは不十分なのです。ほとんどの都市再開発計画では、建物が建っていない場所は大いに退屈です。実現予定のないストノロフ、グルーエン、ヤマサキによるデトロイトのグラチオ計画、I・M・ペイによる南西ワシントン計画、ルイス・カーンのミルクリークのようないくつかのフィラデルフィアの計画は例外中の例外です。戸外空間は、少なくともスラム地区の歩道と同程度の活気に満ちていなければなりません。

空き店舗や地下室にどうやって活気をもたらすかが問題です。たしかに、古い安アパートやテラスハウスの空き店舗や地下室は誰かの計画のもとでそうなったのではありませんが、物理的に人々の生活に溶け込む場所があります。建て直された近隣ではけっしてそのように柔軟に対応できません。多目的の公的スペースを設けても解決になりません。それらは計画倒れになるでしょう。この対処策のための秘訣は、自分たちの居場所だと確信できる場所をもつことです。そのための解決策が見つからないかぎり、それが見つかるまで私たちが最低限すべきことは、都市の秩序概念にいまだに含まれていない独特の英知をもち、混沌に満ちた街路を根本的な意味で大事にすることです。

私たちは郊外を都市部にもちこむという議論で大きく判断を誤っています。**都市は固有の独特な美点をもっていますから、都市でない場所を不適切に真似して組み込もうとしても役に立たないでしょう。**出発点は「都市」生活でうまくいっているもの、魅力的なものの調査でなければならず、その点が再建された都市の建築の第一の特性とならなければなりません。

# 「余剰する」土地

『アーキテクチュラル・フォーラム』誌、一九五七年三月

ときどき「周知」の事柄の再検討が必要です。たとえば、市の役人も含めて誰もが、アスファルトとレンガで覆われた都市には広い建設用地がないことを知っています。誰もが、建設用地は都市と離れた田舎にあるのを知っています。そうでしょうか？

五年後、古きよき五〇年代を振り返ったときに、よかったと思えることの一つは、今はやっかいとされている穀物余剰かもしれません。信じられないかもしれませんが（とにかく、一九五八年度予算の農業補助金は過去最大ですし）、このままのペースで建造物が田舎を覆い尽くすようになると、六〇年代前半には人口と耕作可能な土地は微妙なバランス状況になります。それからは、ますます増加する人口の食を賄うのに十分な農地を確保することが問題になるかもしれません。そのうちに、建物と舗装道路を潰してどのように農地を増やすかの問題になるかもしれません。今日の学童が将来大人になったとき、食にありつくため農村開発の法律、助成金、（公有地払下げの）入札で四苦八苦するという想像は荒唐無稽ではないのです。[*1]

＊1　人口と総農地面積は、一九六〇年代には微妙なバランス状況になることはなかった。耕作農地の総量は、一九四九年の約四九万ヘクタールから二〇〇二年の約三六万ヘクタールへと特に大都市圏で大きな減少となった。しかしながら、農場の整理統合・専門特化・工業化は同時に各農地をより生産的（そしてより環境破壊的）にした。

この変化の将来見通しを唐突に思われるなら、わずか八五年前にスー族が地平線を埋め尽くす「天の星と同じで数えきれないくらい」のバッファローの大群を食用のためにほしいままに狩猟したことを思いだしてみてください――それから一〇年もしないうちに、バッファローは鉄道の運営のために駆除されたせいでほぼ絶滅寸前になります。我が国では物事の変化が早く、車輪のついたものが変化をもたらす場合には特にそう思えます。

自動車の出現の結果、現在も消えつつある空地の規模は一八七〇年代のバッファローの大量屠殺の規模に匹敵します。現時点の推定では、毎年約四五万ヘクタールを超える面積が農作地から郊外住宅地、工業用地、空港、高速道路その他同種類のものに変わっています。その転換傾向は年々減少するどころか、増加する見込みです。たとえば、新しい連邦高速道路計画は、単体で今後一〇年のうちに約四二万ヘクタール分の道路を設置予定です。自然保護か土地開発かを巡って足並みの揃わない論争が記憶に新しいカリフォルニア州選出の下院議員クレール・エンゲルは、軍隊の土地所有について調査を行い、現在の所有土地を帯状にすればサンフランシスコからニューヨークまで二三・三キロメートル幅の道路ができるだろうとの報告書を出しました。「今軍隊が要求しているものすべてが得られた場合、路幅は二八・九キロメートルに増えるだろう」と語っています。

誰もが空地は際限なくあるかのようにさらに土地を利用します。食料のことを考慮する時代がくれば、新しい建物用地の貯えがないか探し回ることになります。土地が供給不足になることが「自明の理」の場所である都市では、それはすでに時間の問題です。[*2]

＊2　多くの地域が「都市は一センチ単位に至るまで有効活用されなければならず、高額な建築費・生計費とバランスをとるためにはしばしば二重の役目を果たさなければならない」という考えをだんだんと受け入れた。マサチューセッツ州ボストンでは掘り込んだ高速道路と鉄道に蓋をして、その上に新しい建物用の空間を生みだした。ニューヨーク市では、最近のグリーン・インフラストラクチャ計画は洪水対策に取り組むのに合わせ、都市景観に緑化空間を加えることで新しいレクリエーションの機会を生みだしている。二〇一五年には、トロント市でさえガーディナー高速道路を高架にし、新しい公園をつくることを公表した。この公園のプロジェクトの建築家であるマーク・リャン

は『グローブ・アンド・メール』紙に「公共空間として従来のような場所はもう見つけられないのだと悟りました。（中略）セントラルパークはもうこれ以上つくれないのです」と語った。アレックス・ボズィコヴィク「遊歩道と文化スペースのついたガーディナー高速道高架下のライマジネス地域の二五〇〇万ドルプロジェクト」『グローブ・アンド・メール』紙、二〇一五年一一月一六日。

都市が土地活用の状況を調査することはごく稀です。しかしながら、そのわずかな調査はスラムが実はほんのわずかであり、都市の土地活用の大半は居住用ではないと実証しています。大半を占めるのは放棄されたり半ば打ち捨てられたりしている工業用地や、十分に活用されていない商業用地、そして未開発だったり、現在放置状態で何もないその二つのどちらともつかない用地です。**地図上では最も徹底的に利用されている地域と考えられる都心中心部でさえも、余剰または十分に活用されていない土地のストックがあります。**フォートワースの二五九ヘクタールのダウンタウンの建替えで、建築家のヴィクター・グルーエンは十分に活用されていなかったり、放置されている土地の累計は環状道路、六万台の駐車場・緑地帯、小売店地域の三〇〇パーセント増、オフィス空間の六〇パーセント増、ホテル空間の八〇パーセント、新しい市民館、文化会館、会議場の面積に相当することに気づきました。フォートワースは特別なケースではありません。トウィッデル・アンド・ホイーラー社の建築家ガーバーは、シンシナチ市都市計画委員会のコンサルタントとしてシンシナチの都心部を調査し、地図上で十分に活用されず放置された部分を白地のままにしました（68頁）。これはダウンタウンの外れの地図でありません、ダウンタウンそのものなのです。

都市には土地が比較的豊富にあるとの兆候は、価格、総費用中の土地代の割合ですでにわかります。ニューヨークの都心部の誰もが最もほしがる場所での建物の総費用に占める土地代の割合は、現在一七パーセント以下しかかかっておらず、郊外の居住用建物の平均二〇パーセントと肩を並べるほどです。

スラムクリアランスや住宅地開発を主眼にして都市再生の問題点と有益な点を考えてきた市当局は、どこでも厳然として土地が供給不足になりつつある最も基本的な必需品であることを理解してこなかったという事実に気づくべきですし、それに対して必死にかつ創造的になんらかの検討を始めるべきです。

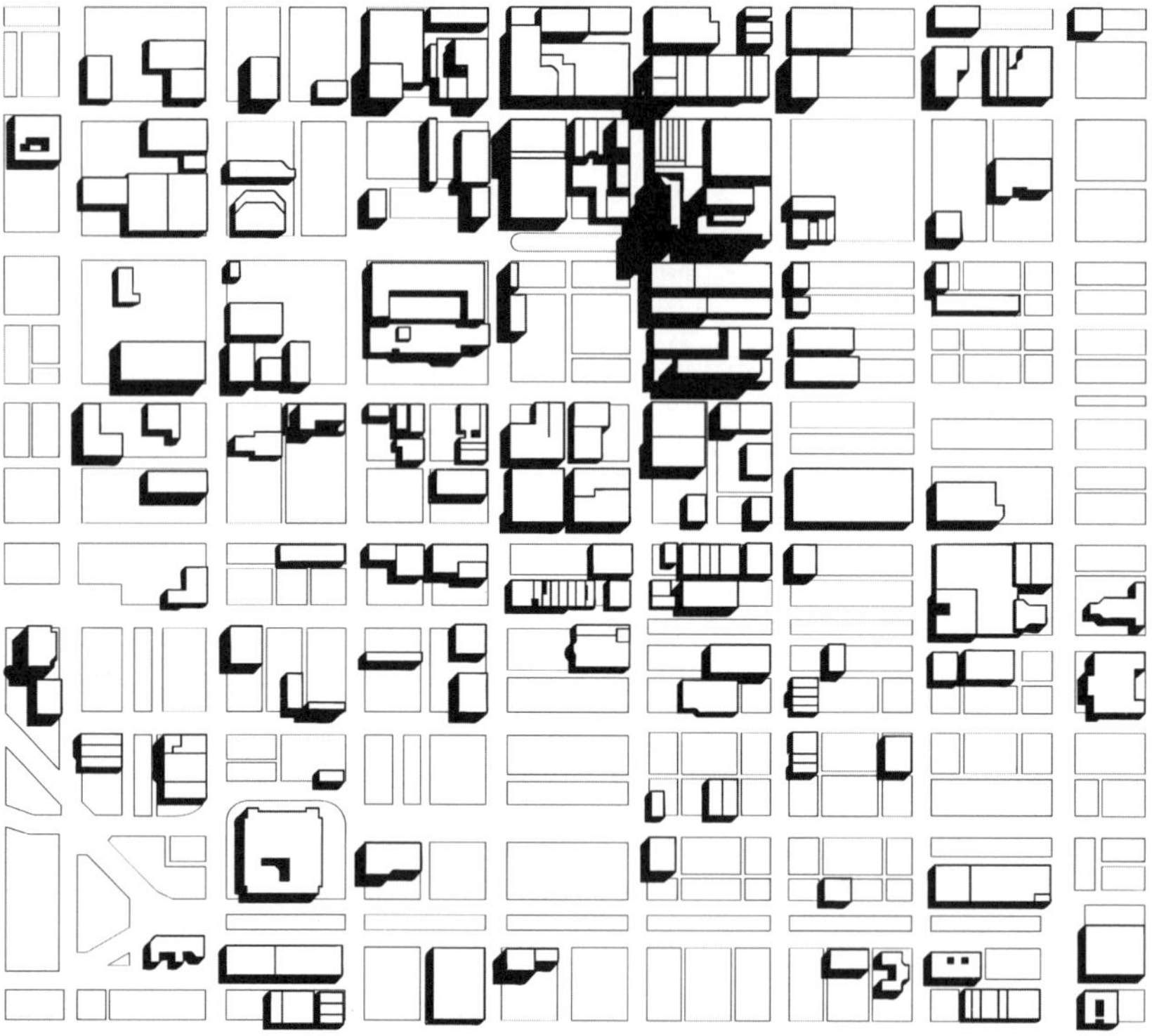

トウィッデル・アンド・ホイーラー社のガーバーによるシンシナチ市ダウンタウンの地図。建物が建っていない場所が多くあることを示す

今後一〇年間に五〇〇〇億ドルが支出される建設には土地が必要ですが、その資金は最大限土地を利用し、将来の食料供給やレクリエーションでの利用の際に最小限の不都合で収まるようにするべきです。その第一歩は、土地はあると考えられているところに無限にあるわけではなく、ないと考えられているところにほとんど気づかないまま豊富にあるということを理解することです。

# 理性、感情、プレッシャー以外には方法なし

『ヴィレッジ・ボイス』誌、一九五七年五月二二日

男性が二月の天候のせいで引いたひどい風邪を治そうと医者のところに行ったという、おそらく誰でも聞いたことがある話を思いだしていただきたい。「やれることはないし、自然に治すしかないよ」と医者はいいました。「しかし、私は治してほしいんです」と病人はいいました。

「よろしい、家へ帰って窓を開け、パジャマの胸をはだけて横になって部屋に風が通るようにしなさい」と医者が命じました。病人は「しかし先生、肺炎になりますよ！」といいました。医者は「そのとおり」と同意して、オーレオマイシンを見やりながら「肺炎の治し方ならちゃんとわかっているんだ」といったのでした。

これはグリニッジ・ヴィレッジの場合とよく似ています。ヴィレッジがウィリー、モーゼス両医師の診療を受けた例で示してみましょう。「まず、こうしてみなさい。家に帰って公園を明け渡し、そこを開放して車が猛スピードで走り抜けられるようにしなさい」とウィリー医師。「しかし先生、それでは私は荒廃地域になりますよ！」とヴィレッジがいいました。モーゼス医師は「そのとおり」と同意して、自分のブルドーザーを見やりながら「荒廃地域の治し方ならちゃんとわかっているんだ！」というのです。[*1]

＊1　ウィリー医師およびモーゼス医師は、T・T・ウィリー（一九〇八〜九九）と、もちろんロバート・モーゼス（一八八八〜一九八一）のことである。ウィリーは一九四九年から一九六一年にかけて、初代のニューヨーク市交通局長を勤めた。モーゼスはジェイコブズの生涯のいろいろな話の中で嫌われ者とされる人物である。モーゼスはその長い経歴の間に、ニューヨーク市と州の両方でスラムクリアランス、公園、

建設など、ありとあらゆる種類のプロジェクト企画の様々な責任者を勤めたが、おそらくトライボロー橋梁・トンネル公社の理事長の職にあったことで最も知られる。ここで述べている「乱暴な計画」は、ワシントン・スクエア公園を貫通してその象徴であるアーチ型の門をロータリーで取り囲み、五番街（通り）を南方に延伸するものであった。

## 癌のごとく

医療的な比喩は、去る三月の集会でスラムクリアランス委員会のブルック氏が、スラムは癌のようなものだと私たちに非常に丁寧に説明した際に初めて紹介されました。ワシントン・スクエアに向かう交通に、癌がいかに巧妙に植えつけられるかわかります。残念ながら医師たちは患者をモルモットと混同しているようです。

ワシントン・スクエアの乱暴な計画はそれ自体大問題です。けれどももう一つ重要な理由があります。私たちが理解し向き合わなければならないものが大変明瞭に現れているからです。すなわち、市は健全な近隣を維持し改善することに関心がないか、さもなくばやり方がわからないかのどちらかであるということです。

これは興味深い事態です。その一方で、市の有力者たちはかつて安定していた近隣が衰退し、中間所得層の家庭が転出し、マンハッタンが急速に大富豪と極貧層と短期滞在者の地域になりつつあると心配しているのです。市の有力者たちによるその解決策は再開発なのです。

## 最悪よりはまし

再開発を最も高く評価したとしても、場合によっては最悪のプランよりはまだまし程度のものといえるでしょう。ニューヨークで実践しているように、再開発はとてもひどいものです。何万人もの市民に悲惨な混乱と困窮をもたらします。混乱の影響を受けた地域では少年非行の件数が増え、スラムが広がるか悪化する兆候が強まっています。再開発は確実に洪水や竜巻以上に、計り知れない数のスモールビジネスを駄目にします。これは国税や地方税の納税者にも高くつきます。再開発は市の税収入を増やすという期待をかなえません。まったく逆なのです。

さらに、この出費と苦労をしてもすべてがさえない結末になるようですし、実際さえません。**都市の大きな長所は、その全損失を埋め合わせるのに十分なほどもともと興味深いということです。**ニューヨークの一部をつまらないものにするのは容易ではありませんが、再開発ならそれができます。

## 自力で

一方で、ヴィレッジは多くの中間所得層の家庭を含め、本当に多様な住民を引きつけ抱える力をもった都市の一地域です。周辺部を拡大し、価値を高めることが立証されている将来性のある地域です。公共サービスで戻ってくる以上の税金を支払う地域です。モーゼス氏とアルバート・コール氏[*2]との論争がなくとも、すべて自力で生活の場を拡大していく地域です。ここにはブルドーザー（訳注：再開発による強制的な全面取壊し）、（民間企業に払い下げる）土地価格の大幅な減額あるいは免税の恩典はすべて必要ありません。

＊2　ジェイコブズがこの意見書を準備していた頃、ロバート・モーゼスは都市再生プロジェクトの連邦政府補助金の認可権限がある連邦住宅局長であったアルバート・コールとはほとんど表に出ることはなかったが、不和状態にあった。ジェイコブズと支持者はその年の『ニューヨーク・タイムズ』紙の一連の記事でそのことを読み知ることになった。ニューヨークの都市再生プロジェクトのスキャンダルの発覚を気にして、コールはリンカーン舞台芸術センターを含むリンカーン・スクエア・プロジェクトから資金を引き揚げつつあった。彼はモーゼスが競争入札もせずに、都市再生プロジェクトのディベロッパーを前もって選んだやり方を好まず、都市再生用地での強制移転の社会的費用を巡って抗議が起きたことに腰が引けたのである。しかしながら、モーゼスは依然多くの支持を受け、ロックフェラー一族、多くの労働組合代表、企業幹部、宗教指導者、銀行役員、市の職員などからなるリンカーン・スクエアの多くの後援者による裏面での組織的運動が八月にはコールをおとなしくさせた。リンカーン・スクエアについてもっと知りたければ、サミュエル・ジップ『マンハッタン・プロジェクト』（一五七〜二四九頁）参照。

市の有力者が、何が私たちの地域をうまく生かせ、そこから学んでいるのかを理解しようとしていると思わないでしょう？　それとも、それほどの好奇心をもとうとすることはないにしても、少なくとも彼らはそのことを大事にしていると思いますか？

明らかにそうではありません。

しかしながら、私たちがこのことを認識しているかぎり、将来を絶望する理由がありません。仮に私たちが市役所に次々とその場しのぎで物事を処理させ、悲惨な結末、すなわち外科医モーゼスが待ち受けるようにさせないかぎり、ヴィレッジは衰退しません。

## 協力を期待できる人たち

悪いことが起こるのを未然に防ぎよいことを勝ちとるには、ヴィレッジの安定性でどれだけ自分たちが恩恵を受けるのかをおそらく理解していない二種類の協力者の支援があればなお役立つでしょう。その一つは、続々とできている新しいアパートのオーナーです。三月にそんなアパートの建設業者であるダニエル・ローズがここで講演し、ヴィレッジが一時滞在者向けの高額家賃のアパート地域になることは間違いないと話しました。もちろん、これは荒廃化に向けたよく知られたプロセスです。ニューヨーク市の数か所でこの悲しい最終段階を見ることができます。ローズ氏はワシントン・スクエアの魅力に賛辞を送りましたが、ヴィレッジが借主にとても人気がある理由は便利な輸送機関があることだと語りました。ナンセンスです。交通の便のよさで人気が決まるのなら、グランド・セントラル地域から一二分で土地も非常に安いイースト・ハーレムのほうが民間の新築が活発になっているでしょう。実際のところ、イースト・ハーレムでは一九四二年以来新築着工は一件もありません。それならチェルシーも活況のはずですよね。違います。本当の理由は、ヴィレッジの住環境がよそよりもよいからです。新築アパートのオーナーは環境のよさがヴィレッジの売りであることを意識して、借主が気に入っている環境が失われないように気を配るのがよいでしょう。

## 周りとほとんど関わりたがらない

もう一方の協力者はニューヨーク大学です。ニューヨーク大学はヴィレッジのかなめ部分にあたりながら、ワシントン・スクエアを貫通する高速道路計画のような「意見の分かれる」問題がもちあがるとほとんど関わろうとしない傾向があります。ニューヨーク大学は、市内の別の地域にあるその近隣地区が完全に荒廃した教育施設の恐ろしい問題を十分に観察すべきです。現在散見される危険な兆候を細かく気にかけ、グリニッジ・ヴィレッジ協会やワシントン・スクエア協会のように多様性と安定性という素晴らしい組合せを自身で熱心に育てるべきです。純粋に、大学自体の利益のためにです。ニューヨーク大学は、近隣と深い関係をもつことが価値あることなのかどうか、再開発が多くの未解決の問題を生んだ苦境を実感しているコロンビア大学や、マンハッタン音楽院またはニューヨーク市立大学に助言を求めることができるでしょう。

ヴィレッジを守りよくする主な手段には、以下のようなものがあります。

第一に、ヴィレッジを芸術やビジネスのインキュベーターとして成功させている（要素である）規模・多様性・素晴らしい柔軟性をもち続けるためのゾーニング

第二に、ひどい害をもたらすような交通計画によってヴィレッジが破壊されないようにするための交通規制

第三に、経年劣化と利用による損耗を修復するための賢明な改築

第四に、コミュニティに最もふさわしい公共施設にするための入念な立地選定とデザイン

三月の最初の集会でアルバート・マイヤーが示唆したような建設的で創造的なゾーニングの活用と交通規制は、私たちの未来にとってその他すべてを合わせたものより重要です。[*3]

＊3　アルバート・マイヤー（一八九七〜一九八一）はプランナー兼建築家、また異端の近代主義者で、近代住宅への関心や結局はル・コルビュジエによってデザインされたインドのニュータウン、チャンディガールでのマスタープランの取組みでよく知られる。ジェイコブズとはおそらくイースト・ハーレムで会い、そこで両人は近隣の公営住宅の影響を緩和する取組みでユニオン・セツルメント・ハウスのソーシャル・ワーカーを支援した。ジップ『マンハッタン・プロジェクト』（原書三二四〜五〇頁）。

手段はこうですが、私が話した二種類の協力者がいてもいなくても、ヴィレッジの住民はどのようにしてこういった手段を自分たちの幸福に役立たせるのか考えなければならなくなるでしょう。他の誰も考えてくれないのですから。ヴィレッジの学校間委員会の講演で、市会議員のスタンリー・アイザクスはその秘訣を披露しました。すなわち、あなた方が望むことに合意し、それを獲得するために理性的かつ感情に訴えたあらゆるプレッシャーを利用しなさい。ほかに方法はありません、と。[＊4]

＊4　スタンリー・アイザクス（一八八二〜一九六二）は、ニューヨーク市の政治家で長年市議会議員であった。住宅問題に積極的な発言をする人物であり、一九五一年にニューヨークにおいて公的支援住宅で人種差別を行うことを違法とする法案の起草と可決に際して市会議員のアール・ブラウンを支持した。一九五七年に彼のシャーキー・ブラウン・アイザクス法案によって民間住宅での差別も禁止された。一九五〇年代半ば、最も初期にロバート・モーゼスとは距離をおき、クリアランスされた場所から移転した人々が被ったトラウマを喧伝した政治家のうちの一人であった。

# 大都市の行政機関

『アーキテクチュラル・フォーラム』誌、一九五七年八月

草の根（市民参加型）タウンミーティングが盛んだったという伝承にもかかわらず、アメリカは大都市の国になりました。それも少なくとも他の国に比べて、新しい問題を抱えた世界中でも非常に特殊な大都市です。市境、町境、学区境、群境、州境さえも越えるスプロールで、アメリカの一七四の大都市圏は一万六二一〇もの個々の行政団体の奇妙なごた混ぜ状態になっています。シカゴ大都市圏はその断片の中でもトップに入る事例の一つで、そこには約一〇〇〇の隣接ないし重複する地方行政団体があります。しかしながら、似たような問題をどこでも抱えています。もともと対立する利害を体現する地方主権という、各自の目的が相対立して解決が非常に困難な大都市特有の緊急かつ巨大な問題に、大都市圏（これは行政機関としての実体を欠きます）はどのように取り組むのでしょうか？[*1]

＊1　ジェイコブズは『死と生』の「第二一章　地区の行政と計画」でこの問題に立ち返っている。しかし、そこでは彼女は違う結論を導きだしている。すなわち「実際的な大都市圏行政は、まず大都市の中で学習して利用されるべきです。そこには固定された政治的境界による妨害もないのですから」（四五四頁）。言い換えると、都市が地域レベルで効果的に行政と計画をするならば、あらかじめ近隣レベルでそういった問題を解決しておかなければならない、と。

モンスターのような交通量、存在しなかったり破綻したりしている公共交通、矛盾だらけの土地利用、アンバランスな税制がもたらすアンバランスな土地利用、かつての中核都市の人種的・経済的スラム街への変貌、大気と水質の汚染、

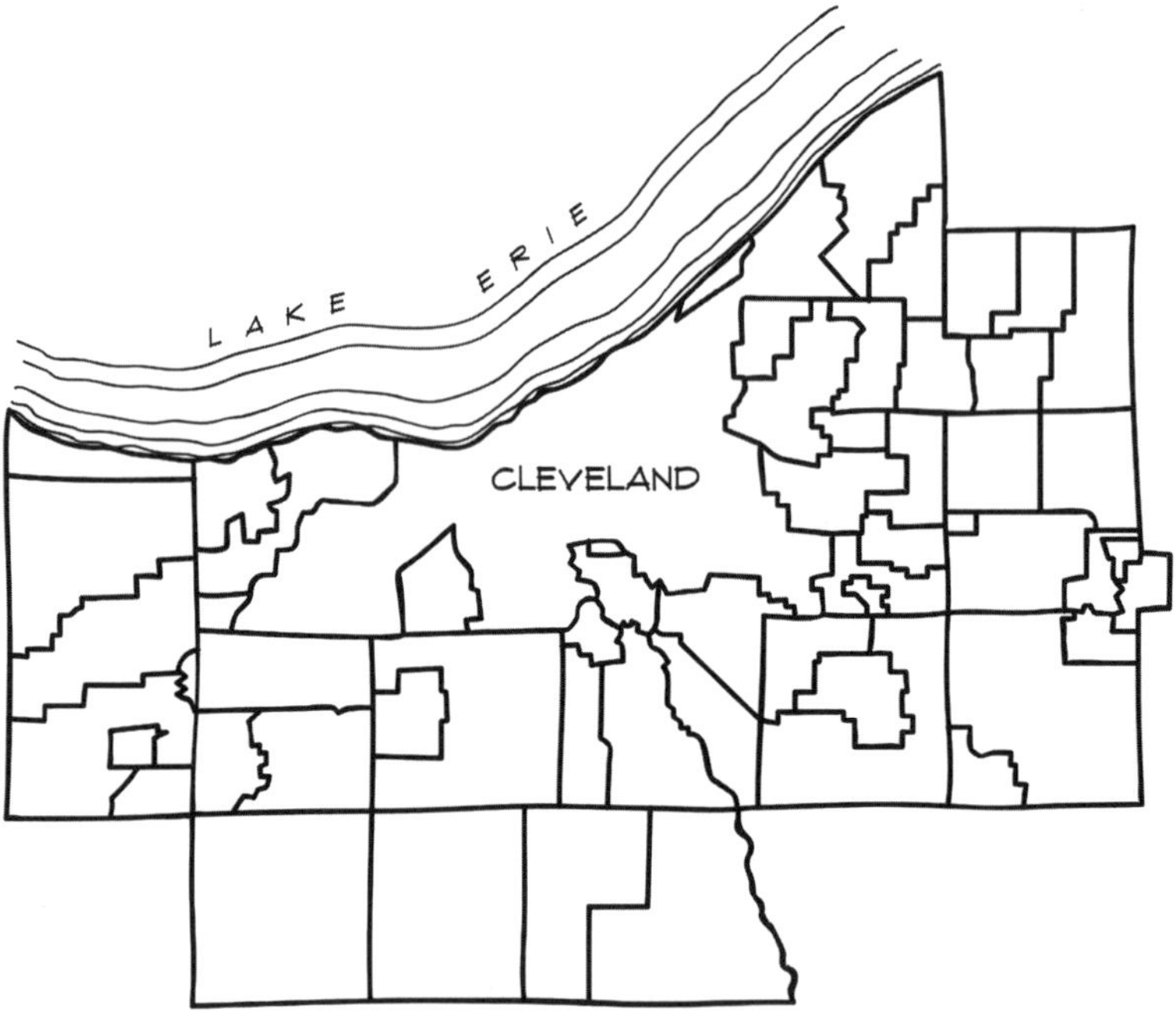


ジグソーパズルの行政機関：六〇あまりの市町村からなるクリーブランド大都市圏は、エリー湖沿岸の地域を合理的に計画できないばかりか、公共サービスの費用を公正に割り振ることもできない。この典型的な断片化した大都市圏は、ジグソーパズルと同様に別の二つの大都市圏に現在統合されつつある

その他たくさんの大都市問題は本質的に新しいものではありません。しかし、この問題は過去一〇年間で突然巨大かつ緊急なものとなりました。その理由として大都市圏人口の驚くべき増加が挙げられますが、これは自動車が可能にした眼を見張るような郊外への分散現象と軌を一にします。この問題は、現在の大都市圏人口が今後一八年間で推定五四〇〇万人増のおおむね九六〇〇万人になるにつれて、さらに巨大化するでしょう。

大都市問題の件数・大きさ・複雑性が絡み合って大都市圏の危機になるのは、先月の『フォーラム』誌に掲載したとおりです。[*2] 別の見方をすれば、大都市問題はいまだかつて誰も経験したことのない創意溢れる自治における素晴らしくわくわくする取組み対象の一つにもなっています。

＊2　「数千億ドルの疑問」『アーキテクチュラル・フォーラム』誌、一九五七年七月を参照。

**行政機関が都市の実態の完全な把握に至ったことはいまだかつてなく、これがトラブルの元凶です。**

行政機構は動態的な人口単位よりも静態的な領域単位に基づいています。わかりやすいように名づけられた郡に分割された州は、封建時代の領土戦争の領主から受け継いだ組織であり、領主が特権を与えられた「例外」として都市の政治体系に組み込まれたものです。都市の古くからの法的形式とその物理的実体は半世紀前、初期の郊外居住者が鉄道路線に沿って郡内の片田舎に居を構え始めた頃に乖離し始めましたが、建前的には都市は「例外」のままです。

しかし、州とその中の都市の立場は必然的に面倒な時代遅れの産物だという結論は、飛躍がありばかげています。アメリカ人の政治的な天賦の才は手近な手段を使って、必要に応じて新しい目標に向けた手段へと進化させる能力にあります。断片化されている大都市の救済策は、現在の知的流行である「都市を超えた」大都市の行政機関の新しい重層構造の創設の中よりも、既存の州の中に見出される可能性が高いと思われます。

いずれにしても、大都市の行政機関についてまず理解すべきことは、抽象的な論理ないしは見事な仕組みではなく、打算や利害対立との絡みで試行錯誤と大規模な社会実験を組み合わせた方法で取り組まれるべきということです。どんな結果になろうとも、活路はそこに見出されると思います。

## 方法

大まかにいって、大都市の行政機関には三種類のアプローチが可能で、一種類のアプローチが不可能になっています。可能なアプローチとは、㈠特別地区、権限、協定、契約、税制上の工夫のような既存の特定目的の手段（工夫）を大幅に拡大したり発展させたりすること、㈡必要な資金を連邦政府に大きく依存し、したがって必要な意思決定や権限も同様に依存すること、㈢大都市圏内の行政機関単位を連合化することです。㈢では連合した自治体の協議会化、あるいは州の分権機関化といった例が考えられ、地方の行政機関単位は特定の問題に関する権限を移譲します。

不可能なアプローチとは、少なくとも州境界線の内側にある大都市圏域を一つの巨大都市にする大都市圏内の市町村合併です。[*3] この発想を手始めとして、しばらくこの問題について考えてみたいと思います。というのも、この不可能なアプローチが他のアプローチにもあてはまる多くの限界と複雑さを最も明確に浮き彫りにしてくれるからです。

＊3　二〇世紀初頭以前にジェイコブズがここで特定した問題、すなわちアメリカの都市が競合する市町村によって多重構造になっている解決が非常に困難な問題の真っ只中にあることは比較的珍しいことであった。一九世紀に始まった長い産業界の好況の間、大都市圏外の市町村ないしは非法人地域は膨張する都市にあえて併合されることでインフラの改善費用を埋め合わせた。ごくわずかな排他的な住宅地区のみがあえて併合の勧誘をはねのけた。一九一〇年代および一九二〇年代までに都市が巨大化しその運営にさらに費用がかかるにつれ、大都市圏外の地域は段々と併合に抵抗するか、自らが運命の手綱を握るために合併しようと試みることが増えた。二〇世紀の半ばまでは大都市の周縁部にある多くの小さな工業都市、郊外、町では自活の可能性がずっと高まり、比較的高い税金、費用がかかり経年劣化したインフラ、そして階級間と民族間の緊張関係でますます混雑する都市からの避難先と位置づけられた。二〇世紀半ばの分裂した大都市の標準的な社会的全体像はこの抵抗と一体になって出現した。すなわち、衰退しつつある業務・商業系のダウンタウンをもつ都市が、民族的変遷を経た工業的近隣と数少ない白人の高級住宅街に取り囲まれ、好景気に沸く富裕層、中流階級、労働者階級の白人が住む郊外にその周囲を取り巻かれているのである。

## 合併は不可能

まず第一に、実際問題として対象となる大半の行政機関単位に属する市民は強く反対するので、市町村合併はありえません。たとえば、併合は今日ではまったくといっていいくらい行われません。昨年は都市としてはヒューストン、モビール、エル・パソだけが二五九〇ヘクタールを併合しました。これ以外の人口一万人以上の市町村の三四八件の併合面積の平均は一五五ヘクタールでした。そして、この数値は膨大な都市の分散と比べてあまりにも貧弱ですが、それでも第二次大戦以来で最もよい数字です。

一般に大都市が大きくなればなるほど、その外縁部に住む人々は「飲み込まれる」ことに激しく抵抗します。自分勝手で目先のことしか見ないかのようなこの恐れは、あるありきたりな状況が例証しているように架空のことではありません。フィラデルフィアでは、市役所は「都市内の郊外」問題に取り組む必要があります。そこは市が人口圧力と公共サービスのコストの観点から、より高密なゾーニングで負担を分散する必要のある市内の低密度住宅地域です。「郊外」に含まれる市民は併合反対を叫び政治的に活発であったにもかかわらず、総じて市内の少数派の声であるという理由でつねに敗北してきました。様々なかたちを呈してはいますが、まさにこの手の紛争が大都市の行政機関問題全体の中核部分です。

政治学者のエドワード・バンフィールドは次のようにコメントしています。「問題は、多くの人が考えるような、単に効果的な計画や管理のための組織をつくりだすことではない。それは、おそらく主として紛争の効果的な管理、特に拡大する人種と階層間の溝から起こる紛争のための組織の創生とその維持の問題でもある。それらの要請は相容れないところがあるかもしれない。たしかに区域全体に及ぶ計画と管理は、苦闘によってのみ解決できる問題を提起することにより否応なく対立を強めるかもしれない。紛争はいかなる代償を払ってでも避けるべきものではない。とはいっても、組織的な調停に明白な利点がないか検討してみるべきだろう。……（中略）……いくつかの重要な事業を不利な状況においたり妨げたりするとしても、組織的調停はお互いに対立する利害を切り離し守るのに役立つ」[*4]。

＊4　同世代では有数の保守派の政治学者の一人であるエドワード・バンフィールド（一九一六〜九九）は、リベラル派の社会福祉政策の批判、特に一九七〇年の『アンヘブンリー・シティ』の出版によりよく知られる。彼は下層階級特有の「文化」における犯罪と社会的混乱を非難し、その文化は未来志向の思想を否定して目先の満足だけを求めるものだと述べた。行政機関の寛大さはこの傾向を助長し「都市の危機」を深刻化させるだけだ、と。彼の考えは、一九七〇年代、八〇年代、九〇年代において軽微な秩序の混乱を犯罪扱いしようとし、都市の貧困層の活動や運動の取締りを強化する多くの保守的な社会政策、中でも特に「割れ窓理論」を主導するものとなった。ここでのジェイコブズは、大都市の分裂に対する地域的解決策は人種と社会階層を幾重にもわたって隔て、都市を分断している境界線に真っ向から対立するため現実性に欠ける、とのバンフィールドの議論に同意しているように思われる。後世の大都市の分裂危機の評論家はこれに異を唱えるだろうが、その意見は問題解決の現場での経験と困難性をよく反映したものかもしれない。驚くことではないが、大都市の分裂は今日でも都市にたえずつきまとう大きな問題の一つとして残されたままである。

政治的に不可能であり――そしてバンフィールドの見解ではおそらく政治的にも望ましくないことはさておいても――市町村合併は大都市の行政機関の全スキームに影響を与える以下の理由から、計画的解決策としては幻影となるでしょう。多かれ少なかれ、合併は衛星都市に囲まれた中核都市によってきちんと管理可能な取決めを前提としています。しかしながら、アメリカには現在一八の成長を続ける「都市域」があり、二つ以上の標準的な大都市圏が重なり合ったり隣接したりしています。環状や星型の都市構造であった大都市圏は、現在では形状がはっきりしない塊になりつつあります。大都市圏の中で最大のものでさえ、中核都市‐衛星都市の概念はいまだに多くの目的、特に通勤には有効ですが、総合交通・大気汚染・上水道のような問題解決にはほとんど役に立ちません。そのような問題の論理的な「管轄」は必ずしもお互いに一致しないだけでなく、今日ではおそらく二〇年どころか五年でさえ同じ範囲ではありません。

次に特定の行政機能に対して実際に運営可能な規模そのものの問題があります。効率性から見てあまりに小さすぎる学区、税基盤と子供の数がひどく釣り合わない郊外部の問題は周知のとおりです。一方で、九〇万人以上の子供が相手の巨大なニューヨーク市教育委員会は、懸命に計画を立てようとしていますがうまくいっていません。まったく大きすぎるからでしょう。たとえば、用地と施設建設の決定は密接に関連する「コミュニティ」とはどうしても非常に隔たってなされ、当然なされるべき意見交換や説明がないので、結果としてトップダウンのシステムができ、下からの激しい突き上げに見舞われて計画が紛糾するのがオチです。一般的に計画の実行は大きな単位で取り扱うと多くの失敗を被ることになりますが、同様にあまりに小さすぎる単位に限定されても失敗します。非常に多くの人員がいる省や局は、それぞれが小規模な帝国のようなものなので、より多くの調整の積み重ねを要しますが、一方で市長の補佐たちが事態の収拾を試みようと行動しても、だいたい無駄に終わります。

規模は地元の責任と仕組みそのものの問題を含み、活力のある自治とは不可分なものでしょう。どんな自治行政機関の部門も、職務が許すかぎり住民に寄り添うべきです。

要するに、大都市問題そのものが混乱しているのであれば、大都市問題に取り組む際には同様にさらに混乱することになるので、合併はそうした事態への解決にはなりません。

## その場しのぎの手段

特別地区、権限、協定、契約、税制上の工夫のようなその場しのぎの手段はどれくらいうまくいくのでしょうか？（これが第一の「可能な」アプローチだと先述しました）。大都市の混乱を逐一解決するのに、毎回多くの発明の才が注ぎ込まれています。たとえば、行政区界をまたぐ問題を処理するために創設された「特別地区」は、行政機関の部署の中で間違いなく最も急速に拡大する部門です。一九四二年以来、六一二四の特別地区が創設されました。三三〇〇の市町村（および一八四一の学区）をもつカリフォルニア州には、一六五二の特別地区があります。イリノイ州では一七八五か所です。特別地区すべてが大都市にあるわけではないのですが、大部分は大都市です。その原型は一八八九年につくられたボストン大都市圏下水道地区です。独立した借入能力をもつ機関の多くは、一九二一年につくられたニューヨーク港湾公社をモデルとしました。

こうした状況ないしは財政的・物理的な障害に取り組むための数十の新規対応策は、累進課税制によらない都市所得税（郊外居住者にも適用）、郡内自治（郡内にある大都市圏向け）、中核都市圏内での新規合併に関する州レベルでの禁止、その境界外の数キロメートル周囲まで及ぶ中核都市の計画権限などを含んでいます。

最も奇妙な新規対応策の一つがレイクウッド計画です。この計画は一九五四年に人口七万五〇〇〇人のロサンゼルス郊外部がロサンゼルス郡と合併し、そのほとんどすべてのサービスを郡に任せる協定を結んだものです。このスキームは大好評でそれ以来郡内での合併の引き金になり、なんと公共サービスを受けるための詳細な公共料金表が考えだされました。たとえば電話診療は一回三ドル六三セント、女性の収監が一日七ドル、同じく男性が三ドル五〇セント、警察の二四時間パトロールが年間七万三〇〇〇ドルです。こういったコミュニティは課税評価と税の徴収、都市計画とゾーニング、行政事務管理での技術的サービスに関し郡と協定を結ぶことさえもしています。これにより重複する行政上の間接経費や非効率の問題解決では前進しましたが、コミュニティにはまだ自治権がありますので、彼ら独自の政策――特にゾーニング――の決定権をもっていることが留意すべき点です。

現行手段の傾向に目を向けますと、二つのやや気掛かりなテーマが眼につきます。最初のテーマは「特別地区」アプローチの効果に関してです。「特別地区と権限移譲の大きなデメリットはその利用の累積効果である。一つの特別地区では大きな問題ではないかもしれないが、最終的にその利用は機能的崩壊へとつながることにもなる。これは政治、統制そして行政の問題であり、人々の価値基準を改めて秩序立てたり、コミュニティを一から機能的な単位でつくり直すことを強いるものである」と、政治学者のヴィクター・ジョーンズはコメントしています。

二番目のテーマは、土地利用計画政策に取り組むどの新規対応策も明らかに力不足だということです。多くの既存の取決めは、行政区界を越えて流動・飛散するもの、たとえば上水道、下水道、排煙規制、有害生物駆除、さらにある程度は交通・輸送手段にもうまく対処できています。流動・飛散するものに限って考慮するなら、私たちはそのうち大都市問題が既存の手段で妥当な管理下におかれることを期待してもよいと思います。

## 固定化した混乱

しかし、大都市問題にはまさに固定されたものが含まれています。それは土地です。土地の計画はまったく混乱した状態のままです。この混乱はすべてに影響を与えています。ある道路は高速幹線の支線として役立つように都市内でゾーン化されているのに、実際の都市路線内ではノロノロ運転を強いるロード・タウンとなります。[*5] 重工業が立地可能なゾーニングの郊外Aの隣には、住居地域のゾーニングになっている郊外Bがあります。学区Cは建売業者の開発に伴って素早く分割され、必要とする学校協賛金を調達する術がないということは事前に考慮されていませんでした。都市に息抜きとレクリエーションをもたらしてきた空地が突然消えてしまいました。古くからのコミュニティの中心部を引き裂いたり、学校から生徒を締め出すのは新たにできる高架式進入路です。中核都市では、低所得層とマイノリティ集団がこれまで以上に隔離状態で居住するようになり、亀裂や紛争を日々増加させていることに、バンフィールドは非常に関心をもっています。大都市はこれまで以上に長時間通勤です。自動車が流入し、緩衝地がないために荒廃地化してしまうのがショッピングセンターです。

＊5　「ロード・タウン」は、ジェイコブズがアメリカの大都市のスプロール効果を説明するために『アーキテクチュラル・フォーラム』誌の編集長ダグラス・ハスキルから承認を受けたキャッチフレーズであった。

土地利用計画の混乱は、解決を上回るスピードで新たな大都市問題をつくりだします。しかも、土地利用計画は大都市問題の中で触れられたことはありません。これまでこの問題に取り組んできた最良の例はナッシュヴィルで、そこはゾーニング変更案に郡が拒否権を行使する手段がおかれている唯一の都市です。マイアミとその近郊でも、デイド郡連合大都市行政庁の形態をとることがつい最近住民投票で決まりましたが、ゾーニングと計画作業は地元の市町村庁の管轄下におかれたままです。前記レイクウッド計画のようなスキームは、たいていの場合土地政策を地元市町村に完全に残すように設計されています。土地利用計画に関する政策は、自分の隣人にも、自分が所有する土地でどのような方法でどれだけ利益を得られるかにも影響を与えるからです。

地方ないし大都市の土地分野の計画が任意で強制力のない助言的な手段として定められているのは、誰もが政治的に手に負えないものと考えていることによります。しかし、ニューヨーク地域計画協会の計画担当理事ヘンリー・フェイギンが指摘するように、助言すべき相手である大都市管轄行政官不在の地域計画諮問委員会は「根なし草」集団で、名実ともに政治的に無責任です。「委員会が実際の意思決定者のように現実の紛争と取り組む必要はない。しばしば委員会の与える『教訓』は計画が無益・不要というものだ」と、フェイギンは語っています。フェイギンは、根なし草の計画委員会はこれからどのみち起こるであろうと現実的に考えていること——これは役に立つ情報です——を示唆するのが関の山だと考えています。これは主にデトロイトで見られるような地域諮問機関が果たす役割で、尊敬を勝ちとる程度にはうまくやっています。

法律学の教授チャールズ・M・ハールは、二二州で地域計画活動の根拠とされている規則を分析し、それらの州が調査、分析、マスタープランの草案づくりをいかに明確に規定しているか、計画に従い処理するかをいかに曖昧に保留としているかに言及しています。[*6]「公的支援を引きだせるようにするため、また一般市民または計画のスタッフと理事会のどちらか一方でも対象として、理解を得られるようにするための準備の手順でさえも文書化されていません。当然、採択手続きは計画の最終的な承諾が得られる前提で……（中略）……なされるわけではありません。その計画は、なんといっても多くの身近な面で市民生活に影響を与える基本的な目標を、単なる社会的関心事として掲げています。明確化しないかぎり相対する利害の調整が行われる期待はわずかなものですが、そうしなければ計画作業は単なる楽しい知的趣味にすぎません」。九〇の主要な計画の調査が大都市圏でなされましたが、そのうち三例のみがいくらか効果があったと主張できる程度だと、彼は指摘しています。しかし、希望は永遠に湧き続けます。六月にシカゴの市民グループが、大都市計画委員会（創設）を議会通過させることについに成功しました。それは諮問委員会になる予定です。なぜなら、それ以外に政治的に不可能ですので。

＊6　チャールズ・M・ハール（一九二〇～二〇一二）はハーバード・ロースクールの土地利用法の専門家で、大都市分裂による環境面と計画面の問題緩和のための土地利用規制の創設にあたって、市と大都市圏を支援する連邦法および州法を提唱した。

## 連邦政府による解決か？[*7]

本当に効果的な大都市土地利用計画に関わる政策の採択方法の欠如、というこのミッシング・リンクは、大都市行政庁という二番目の「可能なアプローチ」、すなわち連邦政府との連携、助成、権限の活用を考慮する際に肝に銘じておく必要があります。この方法の主要な論点は、連邦政府が地方政府から税収を確保する非常に効率的な方法をもち、それを歳出で還元して資金の分配権限を伴う決定権を行使できるところにあります。大都市には解決手段があっても州単位では解決できない問題を、連邦政府ならば解決するだろうという期待は、閣僚級の都市省の設立法案が審議中であることや、都市問題に関するホワイトハウスでの協議の提言に暗示されています。[*8]

＊7　ジェイコブズは、連邦が市町村と大都市圏に関与することの是非について第三部の「都市支援戦略」で立ち返ってさらに総合的に述べている。
＊8　一九六五年に、ＨＵＤを行政機関での閣僚級省庁とする住宅・都市開発省法が議会を通過した。

連邦政府は、すでに大都市の土地利用計画に非常に大きな影響を与えています。たとえば、連邦住宅局と公共住宅局のそれぞれの政策の相違は、中核都市の漸進的なゲットー化、郊外部の階級分離、大都市の分散形態といったことにおそらく他のどんな要因より大きく関係しています。しかしながら、こういった結果は十分に議論されてきませんでした。二つの局はお互いを考慮に入れること、まして全体としての大都市の状況を考慮に入れて政策を策定することができていません。着手されたばかりの大連邦高速道路計画は、良かれ悪しかれ現代の大都市の大掛かりな土地利用計画すべての合算を上回る影響を与えるでしょうが、法を制定する人々や法を執行する人々によってこのことが理解されている兆候はまったく見られません。そんな強大な勢力が、本当の大都市圏スケールで「プランニング」を行うと称して何もわからないまま失敗している一方で、都市再生局は効果は小さいながらもその埋合わせとして、市町村に自治体規模に合わせた計画をつくるように勧めています。

都市省に関する提言の大半が、この惨めな状況を認知してのものです。提言は省に提案する役割の一覧のうちに、都市に関する連邦計画のインパクト調査とそのような計画群の調整を挙げています。

そのような調整は現実に可能でしょうか？　その予算と権限のすべてを用いて、連邦政府は都市や州が失敗している合理性をもたらすことに成功するでしょうか？　第一に、連邦自体の多数のプログラム間の調整が困難です。「政府機関の問題全体に首を突っ込むようなコミュニティはいまだかつてない。なぜなら、歴史的にそんな方法は存在しないからである」と、社会学者のアルバート・J・ライス・ジュニアは指摘しています。このことは、まったくもって連邦行政機関にもあてはまります。たとえば、都市の再建をその生みの親である不況対策理論と誤って同一視している現状、あるいはHHFA（連邦住宅金融局）の調整役が歴史的に分離しているFHA（連邦住宅局）とPHA（公共住宅局）を調整できないのを見てもわかるとおりです。[*9]

＊9　これらの頭字語はそれぞれ連邦住宅金融局、連邦住宅局、公共住宅局を表す。ジェイコブズの解説は、ニューデール政策後の住宅金融の二重構造的性格をそれとなく示すものである。公営住宅は民間住宅プログラム（FHA）と公営住宅プログラム（PHA）へ流れる不釣合いな歳入制度に苦しんでいた。二つの制度は資金を巡る競合から互いに確執があり、総合的な住宅金融の監督を委ねる組織を管理するのは難しいままであった（HHFA）。

第二に、連邦プログラムを地元の事情に合わせて調整するのが難しいことがあります。「元来、計画は行政の役割の調整と統合を目指すものであり、計画にはコミュニティ資源のすべてに関与を求めるような総合的で継続を要する一面がある」と法律家のジェローム・J・シェスタックは指摘しています。最も楽観的になって、連邦政府が奇跡的に各政府機関の調整を行い大都市に対して影響力を行使できるとの想定でも、大都市圏にとって満足のいくような計画を立てる役割をこなすと想像することは難しいのです。「コミュニティ資源のすべて」とは、連邦政府ではまったくもって関わりがなく気づかない多くのことを指しています。逆に、もし効果的な大都市行政庁ができたときの喫緊の課題の一つは、もちろん特定の大都市圏に適用される連邦の助成金や規制の方向を変え、情報を与え、影響を与えることだと思います。

## 連合都市

ほとんどの大都市行政庁の研究者は、最も理に適った目標は三番目の「可能なアプローチ」という点で今では一致しています。このアプローチは大都市圏内で複数の行政単位が連合形態をとり、同時に大都市行政庁にその権限の一部を移譲するものです。

これはけっして「単純な」アプローチではありません。連邦・州間連携のこれまでの全状況を見ればわかるように、この二者に単純な関係などありえません。北アメリカで今までのところ唯一運用中の大都市連合——トロントと一二の郊外衛星都市（すべて同じ郡内にあり、他の二つの郡と重複するいくつかの計画権限をもっています）——は実際には少々単純すぎる例です。[*10] 大変多くの権限が大都市の地方議会、特に議長に与えられていますが、これをアメリカにあてはめようとすると、地方議会は多くの場合合併に異を唱える勢力の代表的存在となっています。

＊10　これに関連して、連合都市は共通の地域行政構造のもとにまとまった複数の市町村から構成される。連邦政府下にある州や属州の例と同様に、権限と責任は様々な方法で二つの政府レベル間で分割することができる。「衛星都市」は、大都市圏の都心を取り巻くより人口の少ないコミュニティのことを指す。偶然にもジェイコブズは一九六八年にトロントに移住し、大都市の行政機関ともなると単純であることがいかに難しいかという実例に遭遇した。彼女の一九九七年の講演である第四部の「合併反対」で、ジェイコブズはトロントの市町村合併を次のように語ることになる。「発足時に大都市行政庁の理想がなんだったとしても、今では崩壊した家庭のようになっています。家族はお互いに不信感をもち、お互いに集団で非難し合います。論争はすでに併合されている活動にも関係しています。実際に求められている公共サービスを調整している少数派の大都市行政庁は、今や地理的に的外れとなっています」。

アメリカで最もこれに近いアプローチは、有権者によって採択されたばかりのマイアミ計画（こちらも一つの郡内にある一つの中核都市とその衛星都市を含んでいます）です。マイアミのスキームは、それ自体は統一された計画をもつものではありませんが、たとえばスラムクリアランス、交通、駐車場の排水といった、実際的には土地利用計画の政策にとって多くの大きな課題となるような活動に対して統一された権限が与えられています。

このタイプの権限は、大都市行政庁が成功を収めるための非常に有利な条件になると思います。というのも、このタイプの権限は合理的に一元管理されたプランニングと管理を最もうまく扱うことが可能なものだと複数の官公庁が信頼をおくものですので。

ジョーンズは、たとえば単一目的の権限をもつ機関や特別地区をもつことで生じる袋小路から脱却する方法は、サンフランシスコ湾岸地域大気汚染管理委員会がつくられたように、その理事会を市町村や郡の選挙で選ばれた公務員で構成することであると提案しています。次の段階は新たな委員会がつくられた際にも同様に、その地方公務員たちを委員にすることです。同じ選挙で選ばれた地元の公務員で構成され遂行されるこの一連の理事会は、政府機関がもつ多くの一般権限を備えた大都市地区、多くの異なりながらも関連する問題の統一見解、最終的には理事長を公選で選出するといったかたちに進化することもできるでしょう。

ハールは、連合体——または少なくとも連合計画——の理に適った手段は州であると示唆しています。なぜなら、たとえば洪水対策、高速道路、学校といった大都市や地方の発展に影響を及ぼす多くの事柄において、すでに州は大変大きい役割を果たしているからです。州の司法制度は、土地利用に関するコミュニティ間の紛争を押しつけられることが増えており、すでに「『計画』権限の空白という壁に突き当たる」状況になっていると彼は論じています。

フェイギンは、実践的な第一段階では流動的な地域計画委員会という発想は捨て、大都市・地域計画を断固として行うことだといいます。その代わり、地域計画の担当者は地方・大都市開発の重要な局面で、意思決定権限をもつ地方機関の「実働部隊」として配属されるべきだと。この地方機関は、合同大都市協議会ないしは州の地方機関といったものになるでしょう。適切な管理のため、すでに多くの州が公園・道路・保健の管理を管轄区に分権化しています。そのような管轄区を書き替えて集約し、大都市レベルで機能するよう仕向けることもできるでしょう。汚染、公共交通や、その他現在州が特別区や公社に委任しているほとんどすべてに対する権限を付与してもよさそうなものです。重要なのは、これらの権限が広域計画というコンテキストを伴って自覚的に行使され、またその一方でその計画が本当の意思決定というコンテキストを伴って形成されることです。

ジョーンズと同様にフェイギンは、連合機関は選挙で選ばれた地方公務員で構成されるべきと考えていますが、フェイギンはこれに関係する地域から選出される数名を含めた公選による州の公務員、と付け加えるでしょう。州のいくつかの権限を地方に「下方」移譲したり、地方団体のいくつかの権限を「上方」移譲したりするプロセスを伴った実験を経て、組織案は正規化されるかもしれません。長らく国内の行政の場で落ち目のスターであった州は、国家・州連合の下級パートナーとしてより、州・市連合の上級パートナーとしての役割がより重要なものになることもありえます。

この連合構想であれ別の連合構想であれ、地域的に重要な問題に対して大都市機関か地方機関が「規約タイプ」といったような法律によってしっかり規定された場合にのみ機能すると、フェイギンは考えています。このことは、地域に共通する一定の最低限の基準の共同引受業務を除外するものではありません。一地域で一定の最低基準を保証するという考え方は、コミュニティ単位でその水準を局所的に上方修正してもかまわないとするオプションを備えており、州政府の多くの助成にもすでに取り入れられているものです。そのことは、あらゆる実際の意思決定の集中化と地方自治体の用務員的行政機関への変容を妨げるでしょう。たとえば、ニューヨークのブロンクヴィルの郊外で鉄道の駅周辺に都市計画上の商業地域の用途指定がどれだけ望まれているか、建築業者が住宅開発においてどんな地区内道路配置を選ぼうとも地域的に重要ではありません。しかし、ニューヨークがその臨海部に公営住宅や港湾施設を設置するのか、あるいはパークウエイがどこを走り何に隣接するのかはおそらく重要になります。訴訟によって、地元か地域かの間に効力のある線引きはなされるでしょうが、ハールが指摘したように目下のところ線引きを行う判事を支援する計画の枠組みや理論がありません。

州が大都市行政庁の新しい機能を引き受ける説得力のある理由がいくつかあります。大都市圏はダイナミックで固定されることがなく、（より広域をカバーできる）州の地域団体（たとえ地元の役人で構成されていても）は巨大都市の行政機関のまったく新しい階層に組み入れるのが難しい司法権とも適合する柔軟性をもつことができるでしょう。大都市圏が州境をまたぐところでは、州政府は共同体や共同プログラムの協定を結んだり、入念に企画したりするための理に適った単位です。最も重要なことは、州が大衆的な行政機関で地域とも協調し強固でよく理解されている伝統をもっていることで、こういった伝統はゆっくりと機をとらえて新しい管理階層にうまく組み込まれなければならないものです。

まだほとんど注目されていませんが、もう一つきわめて重要な理由があります。他のどこよりも未来を先取りしている場所だと思われるカリフォルニアでは、ロサンゼルス郡の「レイクウッド計画」に組み込まれた二つの地区は都市の浸食から自らを守ろうとして編入された地方の酪農地区となっています。農業の保全は、今後多くの場所で大都市問題に深く巻き込まれるようになるでしょう。[*11] したがって、これまでまさに都市の発展にとって長い間重荷であった州議会の「田舎主義」は、未来の大都市へのこの問題に取り組まざるをえないようにする貴重な圧力となるかもしれません。たしかに、農業の保全問題を無視したり、完全に都市の視点のみから取り組もうとするような連合構想は、怪物のように成長しつつある大都市のための計画方針づくりにはまったく適さないでしょう。

＊11　この第二部の「〝余剰する〟土地」参照。

もし大都市行政庁を実現する問題が厄介で、それを成し遂げる方法について考えることさえ大変な試みだと思えるのならば、誰も長い間このことに取り組んでこなかったことを覚えておいたほうがよいと思います。大半のプランナーと多くの理論家は、ジョーンズの『大都市行政庁』が一九四二年に出版されるまで大都市行政庁の構想に思い至りませんでした。大半の役人はここ数年でやっとその構想を学びました。中には、いまだに自分たちにとってのその構想の重要性を把握さえしていない人もいます。先代までの州知事たちは公の場でこの概念に理解を示すことはありませんでしたが、現職の知事数名、とりわけコネチカット州のリビコフ知事とミシガン州のウイリアムズ知事はこの考え方に理解を示しています。[*12] 実際、最初の実験と調査（クリーブランドやセントルイスのようにその大半は設立資金を伴っています）

がこれほど迅速に開始され、多くの精力的で実践的な人々の支持が得られているようだという事実は励みになります。

＊12　エイブラハム・リビコフ（一九一〇〜九八）はコネチカット州知事、アメリカ上院議員、ジョン・F・ケネディ大統領下の保健・教育・人間福祉省の長官でもあった。G・メネン・「ごますり」・ウイリアムズ（一九一一〜八八）は、ミシガン州知事であり国務省の役人であった。両人は連邦・州レベルで都市を支援するリベラルな都市政策の大変な支持者であり、一九六〇年代のリンドン・B・ジョンソンの偉大な社会と貧困撲滅計画の主要な後援者であった。

また、手際よく確信をもって解決できないだろうと絶望的になる人は、建築家ヘンリー・チャーチルの次の名文句を思いだすのがよいと思います。「公益性の考えうる最も広い枠組みの中では、無秩序は許容されるべきであり、そうでなければ人々が存在できないだろう。どんなかたちの新たな取組みも現状の無秩序化なのであり、民主主義が活力をもち続けるためには、抑圧ではなく激励が必要である」。

# ダウンタウンは人々のものである

『フォーチューン』誌、一九五八年四月

本年は都市の将来にとって、決定的に重要な意味をもつ年になるでしょう。国内中の地方自治体のリーダーやプランナーは、将来何世代にもわたって続く都市の中心部の性格を決めてしまう一連の再開発プロジェクトを進めようとしています。何ブロックにもわたる広大な土地が、徹底的に破壊されつつあります。新しいダウンタウンプロジェクトが、すでに着工済みなのは数都市だけです。しかし、ほとんどすべての大都市は建設に取り掛かろうとしており、計画はすぐにも準備が完了するでしょう。

そういったプロジェクトはどんなふうに見えるでしょうか？　広々として公園に似ており、混み合うこともないでしょう。遠くまで続く緑の眺めが特徴となるでしょう。変動が少なく、左右対称で整然としたものになるでしょう。きれいで、印象的で、堂々としていることでしょう。これらプロジェクトは、手入れの行き届いた厳めしい共同墓地の特徴をすべてもっています。そして、各プロジェクトはどれも互いに大変よく似ています。具体的には、サンフランシスコのゴールデン・ゲートの事務所・住宅施設の計画、ニューオリンズの官庁街、ピッツバーグのローワー・ヒルの公会堂・住宅のプロジェクト、クリーブランドのコンベンションセンター、カンザスシティのクォリティ・ヒルの事務所・住宅、リトルロックのダウンタウン構想、ナッシュヴィルのキャピトル・ヒルのプロジェクト、といったものです。どの都市でも建築家によるスケッチは、同じようなつまらない景色をたちまち出現させます。そこには個性や思い付きや驚きの兆しも、独自の伝統や趣のある都市の兆しもまったく感じられません。

そういったプロジェクトがダウンタウンを活性化することはたぶんありません。むしろ殺してしまうでしょう。というのは、それらのプロジェクトは本来の都市とは食い違う方向に向かっているからです。街路を消し去り、街路が本来もつ機能を消し去り、街路の多様性を消し去るからです。そんな中で注目すべき例外が、フォートワースのグルーエンプランです。皮肉にも、そのプランを真似ようとして計画する多くの都市はその要点を見逃しています。ほとんど例外なく、プロジェクトはあらゆる要求に応える一つの標準的な解決策をもっています。商業・医療・文化・行政機関といったどんな活動であれ、プロジェクトは都市生活の部分を切りだし、それをダウンタウンの喧騒から抜きだして、自給自足の孤立した島のように立派すぎて人を寄せつけないかたちで据えています。

もちろん、ダウンタウンをつくり変えるのには十分な理由があります。小売店売上の減少、危機に瀕した税収基盤、不動産価格の低迷、交通と駐車場のどうしようもない状態、大量輸送機関の失敗、スラムによる包囲です。しかし、こういった深刻な問題を過小評価するつもりはありませんが、**何が都心を魅力的にし、何が人々を都市に引き寄せ、そこで長居をしたくさせる陽気さ、驚き、愉快な大騒ぎをもたらすことができるのか、じっくり考える**ほうがもっと核心をついています。人を引きつける力がこの問題の最も重要な点だからです。ダウンタウンの価値のすべてはその副産物にあります。ダウンタウンの中に都会的な雰囲気をつくりだし、活力溢れるようにするのはつまらない目標ではありません。

私たちは、ダウンタウンについてあまりに堅苦しく考えすぎるようになりつつあります。建築家、プランナー――そして実業家――も、秩序の幻想にとらわれ、縮尺模型や鳥瞰図に魅了されるようになっています。これは現実そのものに代えて間接的にイメージするのに使われる方法で、不幸なことに現在主流となっているデザイン哲学を表しています。すなわち、最終目標は、都市は論理上こうであるべきという抽象的な概念に合うように都市をつくり直すこととされ、建物が最優先されるのです。しかし、これは誰の論理でしょうか？　そういったプロジェクトの論理は、大きなブロックで遊びながら「つくったの、見て！」と叫ぶような、自分本位の子供の論理と同類ですが、それが建築・デザインスクールで培われるものの見方なのです。もっと思慮分別をもつべき市民は、再建プロセスそのものに魅了されてしまい、結末は二の次になっています。

そのようなアプローチでは、時代遅れの遺物であるシティ・ビューティフル運動とほとんど同じで、都市にとってまったく役に立たない結果となります。シティ・ビューティフル運動は、今世紀初頭に都市を公園のように広々として記念碑のように堂々たるものにすることで活性化しようというものでした。しかし、基礎となっている複雑さと、そもそもダウンタウンを修復するに値するものにしている生活は、人工的に育まれることはけっしてありません。シティ・ビューティフル運動の人たちがしたように、パリの広い並木道を調べて私たちの都市に応用しようとしても無意味です。また、郊外の庭園都市を見たり、縮尺模型を利用したり、夢の都市を創案することも無意味です。

外に出て歩かなければなりません。歩くと、プロジェクトがよりどころとする想定の多くがはっきり間違いだとわかるでしょう。たとえば、立派で管理が行き届いた複合公共施設が、周辺環境の価値を必ずしも上げていないことに気づくでしょう（荒廃地域に飲み込まれた都市部の大学、セントルイスの市民公会堂やクリーブランドのダウンタウンのモールといった野心的なランドマークの周辺が次第に弱っていく状況をごらんなさい）。人々がダウンタウンに求めるものは、郊外の快適性ではありません（大変都会的なメロン・スクエアに入るために四二段の階段を上るのはいとわないのに、郊外を模したゲートウエイ・センター側へと道を渡るのはためらう多くのピッツバーグ市民をごらんなさい）。

分散することがダウンタウンの本質ではないとわかるでしょう。そこが驚くほど小さい場所であることに注目してください。小さく活動的な中心部のすぐ外側は、唐突なくらい未活用の地域になります。ダウンタウンはばらばらに散らばるのではなく、高密にさらにコンパクトになる傾向があります。この傾向は過去の遺産か何かではありません。中心部内で働く人の数は増え続けていますし、ホワイトカラー労働の長期間にわたる増加を考慮すると、高密化とコンパクト化は続くでしょう。高密化する傾向はダウンタウンの基本的な特質で、それには立派で理に適った理由があります。

外に出て歩いてみると、あらゆる種類の別の手掛かりが見つかります。どうしてダウンタウンの中心部は、あんなにもいろいろなものが混合しているのでしょうか？　どうして、ニューヨークの素晴らしいパーク街勤めの会社員は、レキシントン街やマディソン街と交差するやいなやそこで道を曲がるのでしょうか？　どうして、うまいステーキハウスはたいてい古いビルの中にあるのでしょうか？　どうして、短い街区は長い街区より活気がある傾向が見られるのでしょうか？

ダウンタウンを計画する最もよい方法は、今日そこを人々がどのように利用しているかを調べることだというのがこの論文の前提です。その強みを探して、有効に利用し強化するのが最もよい方法だということです。都市に二重写しできるような都市像の論理はありません。人々がその論理をつくるのですから、建物ではなく、人々の論理に計画を合わせるべきなのです。このことは次のような現状を受け入れるということではありません。すなわち、ダウンタウンは汚くて混雑しており、総点検が必要である。ただし、ダウンタウンには優れた点もあり、簡単な昔ながらの観察によって長所がなんであるかを見つけだせます。そして人々が何を好むかを見つけだせるのです。

## 街路はどれくらい役に立つことができるか？

手始めに見るのに一番よい場所は街路です。すぐにも見たほうがよいでしょう。プロジェクトは街路の騒々しい自動車交通を取り除くだけでなく、街路そのものも取り除きつつあります。街路の代わりは長く続く眺めと、ありあまるゆとりのあるオープンスペースとなるでしょう。

しかし、街路はダウンタウンの他のどこの部分よりも一番役立っています。街路は神経系統であり、嗅覚、触覚、視覚と通じ合っています。街路は取引とコミュニケーションの主要な場所です。ダウンタウンの利用者は街路を減らすのではなく増やすべきこと、特に歩行者用にさらに必要であることを非常によくわかっています。彼らは新しい特別な通路をつねに見つけだしています。たとえば、街区の中間にある建物のロビー、街区を突き抜けている店舗や銀行、駐車場や路地さえも通路にしてしまいます。ダウンタウンの建築業者の中にはこのこともわかっている者がいて、その秘密の街路沿いに貸しスペースを設けています。

ダウンタウンにとってプロジェクトがよいものである証としてしばしば引用されるロックフェラー・センターは、基本的な点だけでも今日デザインされているプロジェクトとは異なっています。街路を大事にしているのです。ロックフェラー・センターは、自らと交差するあらゆる街路をしっかりとつなぎ合わせています。その最も見事な特徴の一つが、よその街区では長すぎる街区を横切る本格的な街路を追加していることです。センターのオープンスペースは街路を引き込む渦のような存在で、コンパクトではっきりした特徴と活気があり、大きすぎず、人通りは失われず、退屈しません。最も重要なことは、センターは密度が高くて集中しているので、センターがもつ均一性はその地域内では比較的小さなことにすぎないことです。

その極端な密集状況の一つの結果として、ロックフェラー・センターは街路から溢れた活動を地下におかなければなりませんでしたが、このロックフェラー・センターのような成功したプロジェクトの場合にしばしば見られるように、プランナーたちはそこから間違った教訓を引きだしました。すなわち、地上面をさらにオープンにしておくために、プランナーたちは人々を地下の街路に送り込んでいます。オープンスペースの理論上の目的が人々にもっと多くの空気と空を提供することであり、少なくすることではないにもかかわらずです。最も活気ある活動と最も明るい光を地下に押しやること以上に、ダウンタウンの活力を削ぐうまい方法を考えつくのは難しいでしょう。しかしながら、それがフィラデルフィアのペン・センターやピッツバーグのゲートウエイ・センターで行われていることです。重要な地上階の空間を多くの街路に接する小さな地区にして利用するどころか、そういった地上階をオープンにするために地下階に人を送り込む方針にしたがって運営するのであれば、どんな百貨店でも経営がたちゆかなくなるでしょう。

## 活気に満ちた裏通り

街路には本物の可能性があり、しかも思っているよりもはるかに多くの有効活用の機会が潜んでいます。たとえば、サンフランシスコの風変わりな二つの街区にまたがる長さしかない狭い裏通りであるメイドゥン・レインを取り上げて検討してみましょう。百貨店となんの変哲もないビルの汚くておろそかにされている裏通りという特徴しかない当初の状態から、商人の一団がこの路地をアメリカで最も洗練された商店街の一つにしました。メイドゥン・レインには歩道沿いに街路樹があり、ブラブラ歩きする観光客、ウインドウショッピングをする人、買物客を引きつけるセコイアづくりのベンチが置かれ、歩道はカラー舗装され、日差しが強いときには歩道に大きな日傘が置かれます。商人はみな思い思いのやり方をしています。商品を置いたテーブルを外に置く者がいたり、植木箱を外に吊るして蔓草を育てている者もいます。新旧問わずすべての建物が個性的に見えます。最も著名なのは、建築家フランク・ロイド・ライトによる逆U字型の出入口のある壁一面が黄褐色のレンガでできた建物です。歩行者に日常的に気を遣っている点も素晴らしいのひと言に尽きます。最も人通りが多い日中でも歩行者は街路上にいられます。メイドゥン・レインは、圧倒的な親近感、陽気さ、開放感のあるオアシスのような心地よい場所です。メイドゥン・レインは、サンフランシスコのダウンタウンでも最大級の人を引きつける魅力をもった場所です。

ダウンタウンをメイドゥン・レインのような街路の集まりにつくり変えることはできません。また、仮にそうなったとしても、耐えがたいほど風変りに感じられるでしょう。ですが、説明したような可能性は、どの都市でもそれぞれの独自のやり方で実現できます。フォートワースのヴィクター・グルーエン共同事務所による計画はその傑出した事例です。この計画は周囲に巨大な駐車場を用意し、ダウンタウンを歩行者専用地区に転換するための配置案であることばかりが喧伝されてきましたが、しかし、その主たる目的は街路を多様性と細部へのこだわりにより活性化することです。この点は、グルーエン計画の交通原理を真似ようと真剣に検討していた合わせて八〇あまりの都市の大半が見逃していた点です。

ダウンタウンから単純に車を排除すれば、魔法のようにうまくいくものではありませんし、もちろん秩序や静かで活気のない空間を強調するのはもってのほかです。車を排除するのは街路の役割をもっと増やし、ダウンタウンの活動をコンパクト化し集中させ続けるという大きな可能性への道を開くからこそ重要なのです。そういった目標に向けて、素晴らしいグルーエン計画は街路の扱いとして、歩道のアーケード、ポスター用の柱、旗、キヨスク、陳列台、屋外カフェ、野外ステージ、花壇、特別な照明効果を盛り込んでいます。街頭でのコンサート、ダンス、展示等の活動は助長されるでしょう。肝心なことは街路をこれまでよりももっと驚きに満ちて、もっとコンパクトで、もっと多様で、もっと賑わったものにすることであってその逆ではありません。

フォートワースの計画の優れた点の一つは既存建物と連携していることですが、これはただのコスト節減策ではなくはっきりとした利点があります。どこでもかまわないので、人々が楽しめる都市の街路をいくつか思い浮かべてみてください。共通の特徴として、古い建物が新しい建物と混在しているのがわかるでしょう。この混在はダウンタウンの最大の強みの一つですが、それはダウンタウンの街路には高収益、中収益、低収益、無収益の事業が必要だからです。常連客の多いレストランやうまいステーキハウス、美術店、大学の同窓会施設、よい仕立屋、それに本屋や骨董店といった業種も、古い建物のほうがしっくりきます。ダウンタウンの街路は、建物の選択が包含するものをすべて暗黙のうちに――しかしよく理解したうえで――建物の混在とうまくやっていくよう努力するべきなのです。

## 大都市の小さな要素の意義

混在する建物の選択は、心地よさのためだけでなく経済的意味でも非常に重要です。建物が街路に混在していなければ、ダウンタウンは表面的に画一化されるだけでなく、機能的にも画一化されるでしょう。新しい建設は必要ですが、恩恵だけを意味しません。新しい建物の情け容赦ない経済は、古い建物であれば繁盛できる数百もの企業の命運を左右します。新しい建物が建つと、一階部分に入るテナントの業種・業態は通常はチェイン展開する小売店とレストランです。営業年数や間接的コストの多様性に欠ける点は大規模な新しいショッピングセンターの避けがたい欠点で、最も成功している例でも独自性を生みだすことができない理由の一つです。プランナーたちは、ダウンタウンのショッピングセンター計画においてこの点を見逃しています。

大都市には大企業がふさわしく、小さな町には小さな企業がふさわしいと考えられがちです。これほど真実からかけ離れたこともないでしょう。大企業はたしかに大都市に立地していますが、小さな町に合っていることがわかっています。大企業は巨大な自給自足状態にあり、必要とするたいがいの専門技術や装備を維持できますので、大きな市場に達するのに苦労することはありません。

しかし、専門分野に特化した小企業にとっては、すべてが大企業とは逆です。原料や技術を自ら外部から持ち込まなければなりません。その市場は非常に限られているので、何十万人の人々に広く知られる必要があります。集中した都市がなければ、そのような企業は存続できないでしょう。都市が大きくなればなるほど、小企業の数が多くなるだけでなく、その割合も大きくなります。大都市中心部は、主として小さな要素の巨大な集合体であるからこそ中心街として認識されます。その小さな要素を見ることができるのが、街路なのです。

## 歩行者目線

しばらく街路の物理的な側面を見ていきましょう。ダウンタウンの利用者はたいがい歩行者で、楽しく過ごすには街路上でたくさんのコントラストを目にする必要があります。歩行者は街路に視線を落としているだけで飽きることがないよう、街路がどこまでも続くものでも退屈するものでもないという確信が必要です。このように終点が視界内にある街路は、楽しいことが多いものです。頻繁にコントラストによって区切られている街路も同じことがいえます。ともにＭＩＴの教授であるジョージー・ケペスとケヴィン・リンチは、ボストンのダウンタウンで歩行者が何に注目するか調査を行いました。[*1] 最も多い回答の特徴はオープンスペースの割合だったとはいえ、歩行者はその少し離れた前方に現れるあらゆる種類の区切りとなる部分に大きな関心を示しました。空地、緑樹、出窓、教会、時計など、大きかろうが小さかろうが、歩行者は何か他から突出するものであればなんでも関心をもっていたのです。

＊1　ジョージー・ケペス（一九〇六～二〇〇一）とケヴィン・リンチ（一九一八～八四）は、リンチの有名な著書『都市のイメージ』（一九六〇）を生んだ「都市の美学」の研究に協働して取り組んだ。この本は、都市居住者が実際に都市空間を利用したり理解したりする方法への注目という点で、ジェイコブズに多大な影響を及ぼした。それらの研究はジェイコブズの調査と同様に、ロックフェラー財団の都市研究イニシアチブによって資金助成されていた。

狭すぎず（多くのボストンの街路がそうですが）、車で渋滞していなければ、狭い街路は歩行者が通りのこちら側やあちら側をたえず選べるので、見るものを二倍にして喜ばせてくれます。誰でも自ら狭い街路を選んで歩いてみれば、通りのあちら側とこちら側の違いを体験できます。

このことは、ダウンタウンの街路はすべてが狭くて短くなければならないということではありません。この点でも多様性がほしいところです。ですが、狭い街路か適度に広い裏通りには、ダウンタウンを再生させようとする人々にとって、無駄にせずにとことんまで利用すべき比類のない価値があるということです。また、歩行者交通向けと自動車交通向けに別々の街路に分離するのであれば、プランナーたちは歩行者に最も広く印象的な街路をあてるよりも、より狭い街路をあてるほうがよいということでもあります。単調に広く長い街路が歩行者専用に転換された場合、問題を起こすことになります。そのような単調に広く長い街路は、様々な部分に分割するともっと生き生きとして納得のいくものに変わるでしょう。たとえばグルーエンの計画は、フォートワースの長くて広い碁盤目状の光景をもつ地区に、ある地点では街路を狭め、別の地点では街路を広げて広場にすることで分割するかたちをとっています。ショーウインドウ、ストリート・ファニチャー、イマジネーション、ペンキを利用した街路の多様性、コントラスト、活発さを強調するのには最善の実行可能なショーマンシップになっています。しかも街路の小さな要素と、街路沿いの大きな銀行店舗、大型店、大きなロビー、一枚壁とのコントラストを十分に引きだす素晴らしいドラマにもなっています。

ほとんどの再開発プロジェクトではこんなことはできません。そういったプロジェクトは、都市内で自己完結して分離した要素である街区としてデザインされています。そこに接する街路はまさに境界であって、単独では比較的重要でないかのように考えられています。今後準備されているプロジェクトの公表された鳥瞰図をごらんください。周囲の街路を表示するところまで手間がかけられていたとしても、どの図でも当たり障りのないようにエアブラシがかけられ、ぼかされていることでしょう。

## 地図と現実

しかし、意味のある単位は街区ではなく街路です。商人が店を借りる際は、街区の反対側に何があるかよりも、街路の向かいや並びに何があるのかを考えて検討します。荒廃地域や改良地域が広がる場合、街路伝いになります。都市生活の集合体は、街区でなく街路にちなんだ名前がつけられます。たとえば、ウォール街、五番街、ステート通り、カナル通り、ビーコン通りがそうです。

なぜ、プランナーは街区に固執し街路を無視するのでしょうか？　その答えは分析技術での簡略化にあります。プランナーたちは街区ごとに建物の状態、用途、空室、評価額をマッピングしたうえで、街区別にデータをつなげていきます。データを集計し、適当な凡例で特徴付けるのに最も簡単な方法だからです。街路がどれほど個性的だとしても、各街区の街路の片側のデータはその街区の他の三つの辺の街路のデータと一緒にされます。街路は統計的にはまったく影も形もなく、埋没しています。プランナーは重要なものが示されておらず、大いに判断を誤らせるダウンタウンの図面をもっています。

自分の眼の代わりに街区地図に信をおいていて、開発業者はダウンタウンの街路を、本当は地域を一体化しているにもかかわらず、地域を分割するものととらえています。再開発に関する重大な意思決定は「良好な」街区か「貧弱な」街区かに基づいてなされ、たいていの無知な自由放任よりもさらにひどいばらばら状態へと導きます。

ニューヨークのリンカーン舞台芸術センターがちょうどよい事例です。[*2]この文化的なスーパーブロックは非常に壮大で、ニューヨークの音楽と舞踊界全体の中心となることを目的としています。しかし、街路はそれに対してどんな支援もできないでしょう。その東側の街路は主要なトラック輸送の幹線道路となり、工業地区とトンネルへ向かう途中の貨物トレイラーが非常にやかましく音を立てるので、歩道での会話は大声を出さなければならなくなります。北側の街路は、巨大で厳粛そうな高校に面することになります。南側の街路では、もう一つのスーパーブロックの施設であるフォーダム大学のキャンパスに面することになります。

＊2　リンカーン・センターの詳細な分析については、この第二部の「活発な人間関係のネットワーク」参照。

そして、このプロジェクトの一番の目玉となる新メトロポリタン・オペラはどうでしょうか？　旧オペラハウスは圧倒的な高層建築物と巨大なカフェテリアをもつことで、ファション地区の街路の真ん中で周囲とのつながりを欠いてきた事実に長いこと悩まされてきました。ここにプロジェクトのプランナーたちにとっての教訓があります。しかしながら公表された計画に従えば、オペラハウスは再び近隣との問題を抱えることになるでしょう。その裏側は事実上のエントランスになります。というのは、裏側が街路に面して便利である唯一の場所だからで、そこでオペラハウスへ向かう人々がタクシーや自家用車を降りることでしょう。ニューヨークの最も殺風景な公共住宅プロジェクトの一つである超高層棟が、街路の向かい側に沿って建っています。一難去ってまた一難とはこのことです。

ダウンタウンの再開発業者が簡単な現地観察ではなく、地図にこれほど大きく依存しなければならないのならば、彼らは網の目のように見える地図を描き、それから網の目の穴部分ごとではなく、網の糸ごとにデータを分析すべきです。そうすれば、五番街（のあるニューヨーク）、ステート通り（のあるシカゴ）、（ドヤ街である）スキッド・ロウ（のあるサンフランシスコ）を非常に明瞭に表すダウンタウンの実態図ができるでしょう。ただし、ダウンタウンの街路が、実際はそこを分断するものになっているという珍しいケースはその図に表すことはできますが、歩いて見てみる以外にそのようなケースを見つけだす方法はありません。

## お客様は神様

このように地図をよりリアリティの高いものとして頼ることで、**プロジェクトのプランナーとアーバンデザイナーは地図上の望むところに描いてつくれば、簡単にプロムナードをつくりだせると思っています。しかし、プロムナードには散歩する人々が必要です。**人々がダウンタウンのどこを歩くかには非常に具体的な理由があるので、人々を楽しませようとするのなら誰であってもその理由を提供するべきです。

ニューヨークの新たにつくり直された素晴らしく光り輝くように延びるパーク街（通り）は、歩く理由の強固さを表す実例です。ニューヨークにとって途方もない王冠の宝石のようなこの優雅な通り、リーバー・ハウスや新しいブロンズのシーグラムビルの価値を認めて、パーク街は本当なら大勢の人々が歩いているべきなのに、実際はそうではありません。そういった建物から溢れでた会社員や訪問客は、その多くが通り沿いに行かず、東のレキシントン通りか西のマディソン街（通り）のほうに曲がります。ダウンタウンの利用者を客と想定してなされるべき、お客様は神様の鉄則を考えると、レキシントン通りとマディソン街（通り）にはパーク街（通り）にないものがあるということは明らかです。

すでに整地済みの工事が延期されているアスター・プラザビルの敷地は、欠けている人々を引きつけるものを備えて、パーク街（通り）を何街区にもわたって本物のプロムナードとするための絶好のチャンスです。お高くとまって堅苦しくならないように、この敷地の地上階は可能なかぎり一、二階建ての店舗、テラス式レストラン、バー、噴水、ちょっとした隅のスペースといった最も商業的に巧妙で都会的な集まりとするべきです。そのような引立て役をもつことで、それぞれに広場がついたシーグラム・タワーとリーバー・ハウスはけっして過小評価されるどころか、荘厳さと個性の価値を存分に示すことができるでしょう。

実際の歩行者のことを考慮せずに入念に計画されたプロムナードは、フィラデルフィアで開発された最初の「歩行者専用道路」に見ることができます。樹木、広い歩道、計画的な眺めがありますが、ブラブラ歩きする人々はいません。ちょうど数十メートル離れて平行する乱雑な街路には、様々な店舗が軒を連ね、様々な社会活動の人々で溢れかえっています。[*3] この矛盾した状況をフィラデルフィアのプランナーたちは忘れていませんでした。次に計画する歩行者専用道路沿いには、少なくとも二〜三の商業施設を含めようとしています。

＊3　ＣＢＣのラジオ番組『ライター＆カンパニー』のエレナー・ワックテルとの二〇〇二年のインタビューで、ジェイコブズはフィラデルフィアの計画的なプロムナードと近隣の街路とが対照的なことを見て、現代の都市計画と再建の破綻に関する「覚醒の瞬間」として説明した。皮肉

にも、彼女は好評な都市の取組みを調査中だった一九五五年に、都市プランナー、エドムンド・ベーコンかルイス・カーンとの視察旅行でこの場面に出くわしていた可能性が高い。この第二部の「フィラデルフィア再開発の進捗報告」参照。

幸運にも、フィラデルフィアのプランナーと市民リーダーたちは素晴らしい歩行者ですし、その一つの結果が都市の街路の本来の魅力を強化しようとする珍しいまでの強い関心として表れています。「私たちは街路一つごとに対応しなければなりません。素晴らしい買物通りであるチェスナット通りを取り上げてみます。私たちは駐車場スペースのように街路を損なうものはすべて一掃しなければいけません。そして、代わりにふさわしい商店主を探し、移転案を売り込むのです」とN・W・エイヤー・アンド・サン社の会長であり、大フィラデルフィア運動の指導的人物であるハリー・バッテンは語ります。対極にあるのが、ペン・センターの向かい側にあるマーケット通りです。すなわち安売り店、占いの店、映画館、けばけばしい看板があり、たいがいの都市ではまさに荒廃地と見なされる類いの街路です。都市はあらゆる種類の人々がつくりあげるものだと考えるバッテンは、マーケット通りをもっと上品にする案には反対し、「マーケット通りはもっと光と色を加えて、さらにカーニバルらしくすべきである」と述べています。

## 焦点

ダウンタウンの街路がどんなに興味を引くものであれ、けばけばしいものであれ、優雅なものであれ、それ以外の何か、焦点となるものが必要です。焦点は噴水でも広場でも建物でも差し支えありません。どんなかたちであれ、焦点はランドマークとなるもので、ランドマークが驚くようなものでかつ楽しいものであれば、地区全体がその魔法の恩恵を受けられるでしょう。

**本当に素晴らしいダウンタウンの焦点は新鮮さを失うことのない驚きをもたらします。**何度タイムズ・スクエアを見ても、ソーダ水がはじけて流れ落ちるイルミネーション、動くティッシュペーパー、コーヒーカップから湯気が立ち上るネオンと辺りの群衆には、つねに目を見張らされます。ボストンのニューベリー通りに沿って何回目を凝らそうとも、アーリントン・ストリート教会の尖塔はいつも目を楽しませてくれます。

最も必要とされる場所、つまり群衆と活動が集中するところに焦点となるものが欠けていることがあまりにも多すぎます。その例として、シカゴは環状線内に焦点を欠いています。シカゴ以外の都市では、多くの人通りがある中にうってつけの点があっても、ほとんど活用されていません。たとえば、クリーブランドの殺風景な公共広場は多くの可能性に満ち溢れていますし、ピッツバーグの顧みられることがない旧ダイアモンド・マーケットは、ちょっとしたサービス精神を発揮すればゲートウエイ・センターへの素晴らしい玄関口になれるというのに。

残念ながら、現在計画されている焦点のほとんどは最初から失敗が運命付けられているように思えます。官庁街として知られる政府機関の建築の重苦しい集積は筆頭に挙げるべき例です。およそ二〇年前に建てられたサンフランシスコの官庁街が警鐘を鳴らしていたはずですが、デトロイトやニューオリンズは現在似たような仰々しく退屈なビル街を建設中ですし、それ以外の多くの都市で同様のものをつくる計画が進行しています。例外なく、新しい官庁街は空間を無駄に使っています。官庁街にはコンクリートの敷地が広がり、その中で何キロメートルも歩く必要があります。実際、プランナーたちは官庁街に多くの面積を望みすぎて、ニューオリンズがしているようにダウンタウンから全面的に移転するしか方法がありません。言い換えれば、非常に大きな空間が必要なようであれば、群衆から離さなければなりません。

しかし、市庁舎は多少の土地を必要とすることはあっても、多くを必要とすることはけっしてありませんでした。郡庁舎広場を必要とした理由を知っていた先祖たちは、その事実をよく理解していました。政治家を知ることを仕事とする新聞記者は、政治家が自分たちの都市が一種の政治的なヴェンチューリ効果をもつことをすぐにも発見するでしょう。すなわち、政治家たちが集まる場所から延びている歩道があり、正午にそこに立つと「まち中の誰にでも」会えるのです。[*4] 最も大きい大都市の中心地でさえ、政治的ヴェンチューリ効果のある場所が簡単にわかります。情報が生活の糧である弁護士、公務員、公務員志望者、いろいろなタイプの情報通や自称事情通が群がり活況を呈するのがこの場所です。この活気のある交流場所は、公式の市街図に場所が示されることはありません。市の建築家も「明日の田園都市」のような都市の未来図の中に、そのためのスペースか色分けを設けることはありません。実際、そのことを建築家に尋ねても、当惑した視線を向けられるかちょっと軽蔑されるだけでしょう。

＊4　ジェイコブズは、ここでは「ヴェンチューリ効果」を使用している。これはイタリアの物理学者バチスタ・ヴェンチューリ（一七四六〜一八二二）にちなんで名づけられた流体力学の原理で、狭くなったところを通って流れる流体はそこで速度を増して圧力を下げるというものである。彼女の「政治的なヴェンチューリ効果」は、人通りの多いところは人が集中しがちな集結点であるというものである。

大きなオープンスペースが、この種の都市の活動にとって役に立つことはありません。たとえば、ジャクソンヴィルの新設された連邦準備銀行にあるような歩道庭園や、フィラデルフィアの連邦準備銀行の建物脇の庭園程度の立派さと魅力が市庁舎や地方都市のオフィスにもちょうどふさわしく、地方行政機関と関わりをもたなければならない弁護士や圧力団体やその他の団体等の近くに市庁舎や地方都市のオフィスをとどめることになるでしょう。

## まったく同じことを繰り返すプロジェクト方式

プロジェクト方式の支持者は、巨大なスーパーブロック・プロジェクトがダウンタウンの再建の唯一実現可能な方法だとたびたび主張しています。いわく、プロジェクトならば、土地代と高い建物撤去・整地費用に政府の再開発資金の助成が受けられると。プロジェクト方式によれば、市内のオープンスペースを買ったり維持管理したりするのに、市の予算に直接負担をかけることのない手段が得られると。プロジェクトはビル一棟のみの建設よりも儲かるので、大手の開発業者から好まれると。プロジェクトは、一件の大きな貸付金のほうが、小さな貸付金の寄集めに比べて調査や意思決定の手間が省けるので保険会社の貸出部門に好まれると。プロジェクトが大きくなり周辺環境からより切り離されればされるほど、貸手側は周りからの悪影響をあまり心配する必要がなくなると考えているのです。そのうえ、プロジェクトでは土地収用権という公権力を利用できます。土地収用という手段を利用するにあたってプロジェクトは大規模である必要はありませんが、大規模にすることが可能なので、実際にはいつも大規模になります。

同様に、建築家はプロジェクトの外観と配置にはほとんど影響を及ぼせないと嘆きます。いわく、再開発の法律、通達、法律に起因する経済的状況が建築家の代わりにデザインを決めてしまうと。住居系のプロジェクトでは特に容積率、建蔽率、家賃の価格帯、その他実質的に似たような規定が建物の数、大きさ、配置を決定するだけでなく、その出入口やバルコニーのようなものを含めたデザインにも同様に強い影響を及ぼすのだと。非住居系のプロジェクトでの規制はそれより少ないものの、まったく同じ型にはまったものになっているので、オフィスビルのプロジェクトの多くが住宅ビルのプロジェクトとほとんど見分けがつかないくらいだというのです。

開発業者と建築家はその点で一理あります。一理というのは、役人とプランナー、開発業者と建築家は、都市の再建の解決策としてまず壮大なプロジェクトを構想し、その他のことはほとんど考えないからです。再開発法の制定とそれによる経済的状況はこのような考えから生まれ、今日建設中のプロジェクトと同種のプロトタイプのプロジェクトのかたちに合わせて設計されています。そのイメージがプロジェクトの仕組みに織り込まれたので、現在では仕組みがそのイメージを再生産するわけです。

## その場所らしさの重要性

プロジェクト方式は、このように都市の個性に何も付け加えることがありません。むしろまったくその逆です。大部分のプロジェクトは、都市の個性を消し去ることへの積極的な熱意を示しています。偉大な恩恵となる特質が関わっているときでさえも、プロジェクトは個性を消し去っています。たとえば、エリー湖の湖岸で何か印象的なことを行いたいと望むクリーブランド市は、孤立したコンベンションセンターの建設を計画中ですが、そのすべてが広大で平坦なコンクリートに覆われるか、その地下につくられることになっています。遠くの湖面の眺めを見ないかぎり、誰も自分が湖岸にいることにたぶん気づかないでしょう。

しかし、すべてのダウンタウンは自らの過去と現在、気候と地形、あるいは偶然の発展に関して、それぞれ特有の組合せを生かすことができます。ピッツバーグではメロン・スクエア（理想的な場所にある焦点です）がまさしくこの組合せを行っており、歩道が高い階段に代わるところでは階段は小さな滝によって活気づけられています。これはピッツバーグが丘の上にあることの見事なドラマ化ですし、街路が急な坂になるところでごく自然に利用しています。

水辺は偉大な財産だというのに、一部の都市を除いてまったく活用されていません。水辺にあるダウンタウンをもつたくさんの都市の中で、唯一サンアントニオがこの特徴を独特の魅力にしています。ニューオリンズへ行くと、ミシシッピ川を見つける唯一の方法はフェリー乗り場に通じる魅力に乏しい狭い通路を通り抜けることだとわかります。その眺めは行ってみる価値はありますが、河辺にはレストランや蒸気船を眺める小さな屋上レストランもなく、バナナの積み下ろしや掘削装置や泥さらいの作業を見られる場所もありません。ニューオリンズはフレンチクオーターとしての魅力的な過去が特徴ですが、単なる過去の特徴だけではどんな都市にとっても、たとえニューオリンズのような都市でも不十分です。

**その場所らしさというものは、結局多くの些細な事柄からもつくりあげられ、その中にはあまりに些細すぎて人々は空気のように当たり前に思っているものもありますが、いざなくなってみるとその都市の独特の趣が失われる類いのものです。**たとえば、高低差は頻繁にブルドーザーによって取り除かれます。様々な種類の道路舗装、標識、消火栓、街路灯、白い大理石の玄関口の階段も然りです。

## 二交代都市

私たちがここまで議論してきたダウンタウンの部分が全体をつくりあげていると述べる必要はないはずです。しかし、残念なことに必要なのです。現在主流となっているプロジェクト方式では、そのほとんどが規則にしたがった方法で活動を選別し、それを再配分するのが望ましいと想定する考え方をしています。これにより、シビック・センターはこちらに、文化センターはあちらにという具合です。

しかし、この秩序概念はダウンタウンが現実に機能している方法とはまったく相容れないものです。ダウンタウンを活気づけているのは、非常に多くの様々な活動がお互いを支え合おうとする点なのです。たとえば金融、ショッピング、劇場といった地区で、ダウンタウンを機能ごとに分割して考えることが慣例になっています。実際たしかにそうなっていますが、あくまで程度の問題です。ある地域が、もっぱら一種類の活動とそれに直接関連する利便サービスにあてられるやいなや問題が起きます。その地域はダウンタウンの利用者に魅力を失わせ、落ち目となる危険に瀕することになるのです。ニューヨークで基本となる活動が最も豊かに混合する地域であるミッドタウンは、ローワー・マンハッタンと比べて圧倒的に新築ビルに対する大きな誘引力をもつことが実証されています。一般的な本社ビルにとっても、ローワー・マンハッタンに所在をおいた場合、機能的に同類の巨大金融機関や法律事務所には近いのですが、それ以外のほぼすべてから離れてしまいます。

最も活力のあるダウンタウンでは、歩行者の往来の二交代制を後押しする基本的な活動を備えていることが見出せるでしょう。[*5] 夜になっても日中と同じく賑わっています。ニューヨークの五七番通りはそのよい例です。マンションやレジデンシャル・ホテルが近くにあるから、カーネギーホールがあるから、カーネギーホールから派生した音楽・ダンス・演劇のスタジオと特殊な映画館があるからという理由で夜中まで利用されています。通り沿いには小規模な事務所ビルがあり、東西方面には非常に大規模な事務所ビルがあり日中も利用されています。このような二交代の運用は、昼食と夕食の両方で営業できるのでレストラン業を活性化することになります。しかも専門化し、様々な人々を顧客にする必要があるあらゆる種類の小売店やサービス店を後押しします。

＊5　後年『死と生』の中で、ジェイコブズは街路が歩行者の往来が単に二種類ではない、おびただしい数の「交代」を引き起こすことができる実用性を有するのを観察することになる。それらの交代の入場と退場という役割間の複雑な相互作用が、彼女にバレエ――彼女の最も有名な言葉である「よい都市の歩道のバレエ」（六七頁）――にたとえるよう駆り立てた。

一例として、ピッツバーグが現在行おうとしている二交代運用を妨げるようなダウンタウン計画はばかげています。ピッツバーグは一交代のダウンタウンですが、理論的にはここは新しい市民会館プロジェクトとこれにのちに付け加えられる予定のシンフォニー・ホールとマンション群によって部分的に改善することもできるでしょう。敷地はピッツバーグのダウンタウンに直接接していますから、新しい施設をダウンタウンの既存の街路につなげることができるでしょう。郊外的ではなく、都会的な特徴をもつオープンスペースを創設することで、障壁とする代わりに焦点か娯楽に適した敷地、古いものと新しいものとを親しみやすく魅力的な連結点とすることができたでしょう。しかしながら、ピッツバーグの計画は肝心なことを見逃しています。たとえば、主要高速道路、広いベルト状の公園、駐車場といった考えられるあらゆる工夫が、新しいプロジェクトをダウンタウンから分離させています。乗り越えられない壁はさすがに計画の中にありませんが、ほとんど同じことでしょう。

このプロジェクトはダウンタウンの超高層事務所ビルからは素晴らしい光景となるでしょうが、ダウンタウンを再生するのならばそんな光景が見える場所も一緒にダウンタウンから何キロも離れた位置に設けるべきでしょう。この過ちは以前にもあり、結果は予想できるものです。たとえば、敷地と公共機関の建物によってダウンタウンとは隔絶されているセントルイスの公会堂とオペラハウスは、完成から二四年を経ても周辺にまったく活動を生みだしていないのです！

## 入念な下ごしらえを求む

文化的活動を配置するにあたって、プランナーはニューヨーク公共図書館から教訓を学ぶことができるでしょう。ニューヨーク公共図書館には、よい商人であれば誰もが選ぶであろう立地が選択されています。その本館が、ニューヨークの最良の角の一つである四二番通りと五番街の交差する立派な焦点に位置するのは偶然ではありません。遡ること一八九五年に、新しく結成された図書館委員会はどんな種類の施設をつくるべきかを議論しました。そしてできるだけ多くの人々に役立ててもらおうと決め、北に向かって発展し続けていた市の中央部とおぼしき場所を選定し、立地の要望を出して獲得しました。

今日、ニューヨーク公共図書館は、歩行者の往来が激しいところを試験的に拾いだして分館を設置しています。移動図書館を駐車させてその場所を試しに利用し、期待どおりの結果になれば一時的な実験図書館として店舗を借りるかもしれません。最も多くの利用者がやって来る理想的な立地であることが確実だとわかって、初めて図書館は建てられます。最近、五番街と五三番通りがちょうど交差するところに、主に貸出を行う素晴らしい図書館の新分館が開設されましたが、この分館は最も活気のあるオフィスビル地域の中心にあって、毎日の貸出が一挙に五〇〇〇冊単位で増えました。

繰り返しになりますが、重要な点は都市と連携することです。薄汚く酷使されているようですが、ダウンタウンはうまくいっています。そこに必要なのは支援であって、大規模な破壊ではありません。ボストンはコンパクトさ、多様性、コントラスト、意外性、個性、良好なオープンスペース、基本的な活動の混合という素晴らしい基礎条件を兼ね備えたダウンタウンの例です。ボストンの指導者が都市再生を進める頃には、フィラデルフィアとピッツバーグはどのような事業計画を組み立てるか説明できますし、フォートワースはどのように交通に対処するかを示すことができますので、ボストンは現存する最も素晴らしいダウンタウンの一つをもつことになるでしょう。

## 市民

ダウンタウンの素晴らしい複雑さと生き生きとした様は、少数の人々の抽象的な論理ではけっしてつくりだすことはできません。**ダウンタウンはあらゆる人々によってつくりだされてきたからこそ、あらゆる人々に何かをもたらす能力をもちえていました。**そして将来もそうあるべきです。プランナーと建築家はきわめて重要な役割を担っていますが、市民にはもっと重要な役割があります。何しろ、自分の都市ですから。市民がするべきことは他人がつくった計画の単なる受け売りではなく、自らが計画作業の根幹に関わっていくことです。

市民はプランナーでも建築家である必要もありませんし、次の適切な質問をする役割を無理に自らに課す必要もありません。

- 新しい建物・プロジェクトが、この都市のユニークな属性を利用するにはどうすればよいだろうか？　有効活用できる水辺があるだろうか？　独特の地形はあるだろうか？
- この都市が古いビルを新しいビルと結びつけ、その結果として互いを補完し、都市がもつべき連続性の質を強化するようにするにはどうすればいいだろうか？
- 新しいプロジェクトはダウンタウンの街路と結びつくことができるだろうか？　最上の利用可能な敷地はダウンタウンの外側かもしれないが、実際どれくらいダウンタウンとは離れているだろうか？　敷地の選定は通常の成長を見込んだうえのものか、それともその敷地はダウンタウンから何も支援を得られず、ダウンタウンに何ももたらせないくらい遠くに離れているだろうか？
- 新しいビルは街路の力強い属性を有効活用しているか、それとも実質的に街路を駄目にするか？
- 新しいプロジェクトはあらゆる種類の活動が入り混じっているか、それとも間違って分離しているか？

要するに、都市は面白くなるのか？　ということです。市民はこの質問に関して究極の専門家です。必要なのは観察眼、人々への関心、喜んで歩くことです。市民は自分の都市の街路を歩くだけではなく、訪問する都市ごとにその街路を歩くべきです。

機会があればその町の最も素晴らしい公園、最も立派な公共広場を一時間ほど散歩する意思をもつべきですし、手頃なベンチがあるところに座ってしばらくの間人々を観察すべきです。市民は自分の都市のことをさらによく理解し、いくつかよいアイディアを手に入れることもあるでしょう。

市民に望んでいる最終結果を決めさせれば、それにふさわしい再建の仕組みを導入することができます。新しい法律が必要なら、市民は法律がつくられるよう活動することができます。たとえば、フォートワースの市民は今このことを行っています。実際、大掛かりな再開発を計画しているすべての大都市の市民は、特別法の制定を強く要求しなければなりませんでした。

なんと素晴らしい挑戦でしょうか！　以前は、市民が都市を再形成したり、その都市の住民に好かれ住民以外にも好かれるような都市をつくる機会をもつことは、めったにありませんでした。もし、このことが調和していないもの、俗っぽいもの、風変わりなものを残す余地があるというのなら、それは挑戦の一部であり、問題だということではありません。

**夢の都市をデザインするのはやさしいことですが、活気ある都市の再建には想像力がいります。**

# 活発な人間関係のネットワーク

## ニュー・スクール大学での講演、ニューヨーク、一九五八年四月二〇日

プログラムでは「ニューヨークの未来を覗く」となっています。高校生の頃に、クラス仲間の予言を書かなければなりませんでした。その経験から予言者は無理だと悟ったので、今夜もあまり先のことまで考えようとは思いません。[*1] その代わりに、今まさに未来はかたちづくられていて、一〇年や二〇年後にニューヨークがどうなるのかを見つけだす最適な方法は、今日都市で起きていることを綿密に検討することだ、と仮定させてもらいます。そしておそらく、この明らかになりつつある未来のニューヨークにしっかりと目を凝らし、見えてきたものが気に入らなければ、未来は異なるかたちを呈することになるでしょう。

＊1　ジェイコブズは生涯にわたり予言を軽蔑し続けた。『壊れゆくアメリカ』に簡潔に述べているように「人生は驚きに満ちています。……予言は歴史のことをあまりにも知らなすぎて、人生が驚きに満ちていることに気づいていない人々のためのものか、ペテン師のためのものです」（原文二五〜二六頁）。同様に『経済の本質』「第七章　予測不可能性」あるいは本書第五部の「大農園時代の終焉」の未来に関する彼女のコメントを参照。

具体化しつつある未来のニューヨークを公式プロジェクトから見ていきましょう。都市に関する唯一無二の重大な事実を無視しているので、私はニューヨークの公式プロジェクトが好きではありません。それは、ニューヨークが途方もなく多様な人々と活動からつくりあげられた、入り組んで活発な人間関係のネットワークで成り立っているという事実

です。たとえば、二〇〇〇頁の『マンハッタン・レッドブック』を見てみれば、大部分のものは一つひとつはまったく小さいのですが、それだけでもニューヨークを構成している無数の要素のことがわかります。[*2] あらゆる種類の相互依存、たえざる適応、相互支援がニューヨークのような都市ではうまく機能する必要がありますし、実際にうまく機能していています。このことをよく考えてみてください。

＊2　『マンハッタン・レッドブック』または『レッド・ブック』は、二〇世紀にわたって重版され出版されたニューヨークの住所、住宅、官民の施設および主な名所の案内書である。

この入り組んだ支援関係は、たとえばロシア紅茶店、古くさい毛皮店、イギリスのスポーツカーのレンタカー店がカーネギーホール近くで繁盛し、あるいは同じ街区のアドバンスト・メタフィジシャン、ダイナミック・スピーカー、アソシエイツ・オブ・キャンプ・ムーンビームにはすべて、音楽用のスタジオにもなりうるスタジオにしっくり順応できるとの共通認識があるということです。また、イースト・ハーレムのプエルトリカン・オリエンテーション・クラブがおんぼろアパートの地下に実際にやりくりが可能な場所を見つけられるということです。そこは感じの悪い場所ですが、専用の場所ですし、誰のお世話になっているわけでもありませんので、こうして繁盛することが可能なのです。この入り組んだ支援関係はまた、ワース通りの織物会社が静かで人通りの少ない場所からアップタウンにある大混乱のアパレル地区へと引っ越すのは、織物会社が取引先の近くに所在を移すことがよりまっとうな理屈だと理解したということでもあります。観光客や四、五年間ニューヨークに滞在する短期滞在者は、グリニッジ・ヴィレッジの気まぐれなボヘミアン生活を楽しみ続けることができますが、それが可能なのはひとえにヴィレッジにはイタリア系家族や謹厳な中流階級の親たちが十分な数で強固に根づいていて、どこも同じような場所にしようとするモーゼス氏の計画に対して、ヴィレッジらしさを残そうと長年闘い続けているということでもあります。[*3]

＊3　この計画は、ヴィレッジのワシントン・スクエア公園を通り抜ける車道を走らせようとするロバート・モーゼスの企てであり、一九五〇年代にわたって多くの反対に合いながら進めたものの実現しなかった。ワシントン・スクエア公園とモーゼスのことをもっと知りたければこの第二部の「理性、感情、プレッシャー以外には方法なし」参照。

ニューヨークの人を引きつける力、就労機会、リーダーシップ、芸術、魅力、利便性、移民を満足させコミュニティに溶け込ませる力、自己再生能力と諸悪を正す能力のすべては、偉大で見事に入り組んだ人間関係によるものです。実際、お互いの命そのものが安全かどうかといった非常に根源的な問題になればなるほど、入り組んだコミュニティ・ネットワークの維持に左右されます。なぜなら、日常的なコミュニティの自己管理手段が崩壊しているところでは、警官がどれだけたくさんいても文化的生活を徹底させることなどできないからです。

こういったことすべては大変明瞭で、いうまでもないことのはずです。しかし、現実にはそうではありません。スラムクリアランス担当者、住宅部門の役人、高速道路のプランナー、第三セクターの開発業者は都市をあたかもたくさんの土地、空間、道路、その他の公共施設といった物質的な原材料にすぎないかのように取り扱っているからです。彼らは迅速かつ効率的にニューヨークの多様性を破壊し、その経済的・社会的関係を混乱させており、その効率のよさは再建資金が彼らを破滅させることができるのとまったく同程度といえます。

最も直接的な多様性の破壊はもちろんクリアランスに関係していて、これがスラム排除のやっかいな性質であることが認知されつつあります。そのことは『ニューヨーク・タイムズ』紙のハリソン・ソールズベリーによる非行に関する連載記事に上手に説明されていました。[＊4]「スラムクリアランスがある地域にやってくるということは、ただ乱雑に住宅を撤去するというだけではありません。人々は土地から追い立てられます。教会はなくなります。地元の商売は駄目になります。近隣の弁護士はダウンタウンの新しいオフィスに追いやられ、コミュニティの友好関係とグループの人間関係をつないでいる緊密な糸はずたずたにされ、修復不可能になります」とソールズベリーは報告しています。

＊4　ハリソン・ソールズベリー（一九〇八〜九三）は、ニューヨークの子供についてたくさんの続編記事を書いたが、この連載記事は同時に新しい社会問題として見られていた「少年非行」が共通するテーマともなっていた。連載記事は一九五八年に『しびれる世代』の題名で影響力のある本となった。

ソールズベリーのいう「修復不可能」は本当にそのとおりで、とびぬけて重大な問題点です。再建業者は自分たちが何を破壊しているかまったくわかっていませんし、損害を修復しようだとか、他の誰かが修復できるようにしようなどとは考えも及びません。都市再建の全理屈は、補助金を受けた改良事業はさらなる自発的な改良につながっていくという前提に基づいています。ニューヨークではそのようにはなっていません。生き生きとした商業地区の一部となっており、まったく情け容赦なくやみくもに切断されるので、残余のコミュニティは、生き生きとしたコミュニティは改良どころか壊疽《えそ》のごとく内部崩壊へとまっしぐらに突き進みます。

さらに、新築されたプロジェクト自体が人間関係の成長を抑えつけています。これこそが巨大な公共住宅プロジェクトの真実だということはみな意識していますが、この多様性と経済的・社会的関係に抑圧的なところが巨大なプロジェクトというアプローチ自体に必ずついてまわるものだという点は、まだそれほど意識されていないようです。その点は、プロジェクトが公共住宅でも民間住宅でもそれ以外でも関係ありません。

リンカーン舞台芸術センターを例にとりましょう。リンカーン・センターは、もっぱらあるホールのお隣さんは当然別のホールだという想定で計画されていますが、ナンセンスです。誰がメトロポリタン・オペラハウスからフィルハーモニックのコンサートに行き、それからさらにバレエに行くでしょうか？　ホールのお隣さんは当然、バーであり、花屋であり、屋外のレストランであり、スタジオであり、西五七番通りやタイムズ・スクエア沿いで、ここヴィレッジではオフブロードウエイ劇場によって生みだされて目にすることができる、あらゆる種類の施設であるべきなのです。たしかに、ホールと劇場はこの種の都会らしさと多様性を生みだすのに連帯して支えあう必要があるならば、お互いにとって手近な隣人として望ましいものです。しかし、リンカーン・センターは、その内部や周辺に多様性や利便性や都会らしさを機能させる余地をとても欠いたかたちで計画され制限づけられています。ニューヨークのユニークな固有資産だったものが、これらのホール建設のためにあらかじめ破壊されており、リンカーン・センターがあるかぎりはその状態が続きます。リンカーン・センターはその当初からまったく生気を欠いた施設ですので、とうていニューヨークのユニークな固有資産になりません。

このプロジェクトはミッドタウンにとっても有害だと思います。といいますのも、このプロジェクトは夕方や週末の利用を生みだす活動全体を仕事兼買物地域から分離し取り除いてしまうからです。ある都市で日中や夕方、日常の活動やレジャー活動が密接に混じりあうようにすると、レストランやあらゆる種類のユニークな大都市の多様性の素晴らしい発生能力が得られます。都市の魅力はこの種のことに頼っています。ミッドタウンの中にはこの手助けが必要なエリアがあります。[*5]

＊5　『死と生』「第八章　混合一次用途の必要性」の中で、ジェイコブズはそういった住居、仕事場、レジャー目的地のような利用者を引きつける強い力をもつ利用を「一次の多様性」と呼び、レストランのような付加的な利用を「二次の多様性」と呼んだ。彼女は市町村が市民の利用を別のチェスの駒のように利用者とともに使わせる「文化的なチェスの駒」のごとく扱うことができることも観察した。たとえば、オペラハウスは十分な夜間利用がない地域で立地可能である（一九四頁）。

過去に多くの都市が、文化を隔離して緩衝地帯を設ける過ちを冒しました。ピッツバーグ、クリーブランド、セントルイス、デトロイト、フィラデルフィアがその例です。こういった都市のすべてが、ちょうどリンカーン・センターがそうなりそうな、都市化されることもなく、目を引くものの退屈な多機能施設を抱えています。さらに、こういった都市のすべてにおいて、ダウンタウンは文化施設等の移設のせいで明らかに苦しんでいます。まさに旧態依然たる過ちです。

リンカーン・センターは、また別種の都会的な人間関係への冷徹な無関心も示しています。このリンカーン・センターは、築一〇年で八〇〇世帯が住む公共住宅プロジェクトであるアムステルダム・ハウスに壊滅的な影響を与えるでしょう。アムステルダム・ハウスは、現在では東側を除けば工場、鉄道線路、車庫、公共施設に接しています。その東側は、幸運にも道路をはさんでプロジェクトによらない、通常のコミュニティの一部である四八軒の活気のある近隣店舗に面しています。店舗とプロジェクトによらないコミュニティは、立ち退かされ更地化されたあとにリンカーン・センターとなります。それゆえ、アムステルダム・ハウスの居住者にはぜひとも欠かせない近隣店舗はもはやなくなり、プロジェクトによらないコミュニティライフに触れ合うこともなくなります。それに代わって、メトロポリタン・オペラができます。このプロジェクトはまったく独りよがりで、周囲のことを考えていません。そこの人々は激怒するだろうと思いますが。わざわざ大変な犠牲を払ってまで公共住宅とオペラ劇場を密接な隣人に仕立てあげ、各々が必要とする近隣を奪い去るとはなんとも無責任な行為ではないでしょうか？

人々のニーズとニューヨークのユニークな資産を恐ろしいほどまでに無視するかたちで、市の公共および第三セクターのプロジェクトがニューヨーク中で進められています。経済の専門家からの批判だけでなく、一般人からの批判も無視して補助金が浪費されています。

市内の再建された地区の広告に注目しましょう。今掲載されている一例がパーク・ウエスト・ヴィレッジの広告です。ここは以前のマンハッタンタウンで、中間所得層向けを一掃したあと、結果として高所得層向けに転換されたたくさんあるプロジェクトの一つです。パーク・ウエストの広告には、広大な草原上に建てられた三棟のタワー状の高層住宅が描かれています。その光景は、ニューヨークの三〇キロメートル圏のどこよりも田舎っぽく見えます。九七番通りとアムステルダム通りの交差する辺りですよ、ありえませんよね。「マンハッタン中心部のあなただけの世界」と広告には書かれています。この広告は客観的には嘘ですが、残念ながら主観的には本当です。ニューヨークのスラムクリアランスと再建プログラムの本質的な部分が、都市を根本的に拒絶しているのを正直に表す図となっています。

誰もマンハッタンのど真ん中に、自分だけの世界をもつことで勝手放題はできません。良し悪しは別としても、芸術家気どりが素っ気なくエアブラシで消し去るかのように、街路上での人との関わり合いを無視したらどうなるでしょうか、セントラルパーク——もちろんセントラルパークは準郊外の牧草地ではありませんよ——の変化はパーク・ウエスト・ヴィレッジにも影響を与えるのです。そして私たち全員にも影響を及ぼします。

もし、リンカーン・センター、コーリアース・フック、モーニングサイド・ガーデン、パーク・ウエスト・ヴィレッジ、ワシントン・スクエア・ヴィレッジ、ピーター・クーパー・ヴィレッジ、スタイベサント・タウン、フォート・グリーン・ハウス、レッド・フック・ハウス、タフト・ハウス、グラント・ハウス、ワシントン・ハウス、ジェファーソン・ハウス、マディソン・ハウス、フランクリン・ハウス、カーバー・ハウス、キングスビュー・ハウス、ベルビュー・ハウス、タイポグラファー・ハウス、ミートカッター・ハウス、アガルマメイティド・ハウス等々が本当にニューヨークの未来の予測だとすると、ニューヨークの将来像を見るのに予言者である必要はありません。[*6] 私たちは、これまではけっして存在していなかった都市の怪物をもとうとしています。その怪物とは経済的に分離された孤立した地区からなる偽物の都市であり、無数の恐ろしい影響を社会に与えます。偽物の都市は、大規模でどれも似たようなデザインで、相互に関連のない単調なビル群で構成され、経済的にひどい影響を与えるでしょう。というのも、未来のニューヨークでは変化を受け入れる力が次第に失われ、公式に任命された有力な建築業者以外は主導権をもつ余地が次第に失われ、ニューヨーク外のどんなものとのどんな関わり合いも次第に失われることでしょう。

＊6　一九五〇年代後半において、ニューヨークで進行中か完成していたこのプロジェクトの列挙には、都市再生と公共住宅プロジェクトの両方が含まれている。つまり、都市再生に関連する法律によって利用可能だった連邦資金を活用した民間の開発業者——非営利団体・大学・病院・保険会社・不動産開発業者・組合も含む——と同様に、公共機関、主にニューヨーク市住宅公社の双方によって建設されたものが含まれている。ここではジェイコブズの関心は都市の物理的なかたちへの影響にあるが、公共と民間のプロジェクトを一括するやり方は公共と民間のプロジェクト双方が、のちに彼女が呼ぶところの「破滅的な変化をもたらす投機的資金」がトップダウンで投入されていることによって可能となるという現実に異議を唱えていることも同様に示唆している。

しかし、未来の都市のすべてがクリアランス処理を受けることになるでしょうか？　はい、ほとんどの都市がそうなるでしょう、再建業者はあなた方が想定するよりもはるかに効率よく経済的な破壊と社会的な分裂の作業に取り掛かっていますからね。最終的にクリアランスを実施せざるをえないようにするために、地域の抵抗を弱める方法がいくつかあります。一つは将来のスラムクリアランス対象地域を指定する方法です。そうすると自動的に民間と公共の維持・改善作業のやる気を削ぎますので、地域がスラムでなかったとしても確実にそうなるように仕向けられます。

もう一つはコミュニティのまさに心臓部、すなわち致命的に脆弱な場所を混乱させるか荒廃化する方法です。その場所をつきとめられるならばの話ですが。たとえば私たちがいるグリニッジ・ヴィレッジを例にこの点を見てみましょう。ヴィレッジの致命的に脆弱な心臓部はワシントン・スクエア地域です。この心臓部が劇的に悪い方向に変化するようなことがあれば、ヴィレッジのそこら中でその影響を実感することでしょう。

深刻な問題を抱えながらも、今やグリニッジ・ヴィレッジはニューヨークの中でおそらく最もうまくいっているコミュニティですし、間違いなく観光客には最も人気があり、魅力的なところです。ヴィレッジはその縁辺部の地域を自然と拡大し格上げする力さえあり、その力はニューヨーク市内でも独特ともいえるものになりつつあります。都市とその潜在的可能性を尊重するプランナーたちはヴィレッジから学べることがたくさんあり、ヴィレッジから学ぼうとするだけでなくニューヨークのそんな資産を無用な荒廃化からもきっと守ろうとしてくれるでしょう。

ところがそうするどころか、公園局長のモーゼス氏、スラムクリアランス委員長のモーゼス氏、市の建設調整官のモーゼス氏、交通局長のウィリー氏は（一人三役＋一人の）四者全員で共謀し、このコミュニティの心臓部であるワシントン・スクエア公園をパークウエイにする決定を下しました。最終的にそして必然的に、拡幅したウエスト・ブロードウエイと拡幅した五番街の南方部分とをつなげる主要幹線として延長することを可能にするためです。四者はこれがどんな目的に役立つか、より合理的な代替案があるのかを判断するための通行量調査をしませんでした。この構想はまさに公営住宅とメトロポリタン・オペラハウスを一緒に並べるのと同じくらい場当たり的で気まぐれなものです。その構想はすべての価値に無関心であり、人々の往来や物資の輸送の価値さえも軽んじています。ただ一つ、この構想が確実に行うことといえば、うまくいっているコミュニティを荒廃化することです。原材料の典型的な誤用は、安物をもとにして高級品をつくりだそうとすることです。その点、建築業者は大したものです。建築業者はなんと一貫して高級品を安物に替えようとするわけですから。

グリニッジ・ヴィレッジは依然実質を伴って機能しているコミュニティですので、私たちはこの試みを阻止するために実力行使に訴えることにし、緊急車両を除きワシントン・スクエアを全面通行止めにしようとしています。そうしなければならないのです。なぜなら、これは人間らしい価値観そしてまさに都市らしい価値観が、この都市で存続することができるかという議論そのものに対する正念場の試練だからです。

つまり、ブルドーザーによるスラムクリアランスだけが未来の唯一の前触れではないのです。何か別のものもニューヨークの未来をかたちづくりつつありますが、それは目に見えるかたちで姿を現しつつある単調で非人間的な偽物の都市の形状よりもさらに重要な問題です。未来をかたちづくっているこのもう一方のものは目に見えません。それは人々の胸のうちで生じつつあるものです。ですが、判断力、価値観、アイディアも未来を予測する現実のものですので、ニューヨークへの無慈悲で原材料としてしか見ないアプローチは、きっと遠からず時代遅れになると信じています。

その代わりとなるのはなんでしょうか？　それでは、これから他の都市で起こり始めていること、そして私が出会った人たちの胸のうちで起こっていると思われることに基づいて、危ない橋を渡っていることを承知でいくつかの予測をしましょう。

計画もなくブルドーザーでスラムクリアランスするのに代わって、都市再生計画が行われるでしょう。具体的に地域から何を取り除き、何をそのまま残し、何をもとの場所に戻すのか、なぜそうするのかといったことにより気を配った計画です。都市計画委員会のウエスト・サイド都市再生調査は今週の水曜日に発表されますが、このアプローチの初めての小さな兆しとなります。[*7]

＊7　オリジナルの原稿のこの段落近くの欄外に、ジェイコブズは「えーと！」と殴り書きしていた。たしかではないが、このことはこの都市再生方式の変更に関してどれほど考え方を変えたかを示す彼女の回顧的な表現のように思われる。ウエスト・サイド都市再生調査はフィラデ

ルフィアに端を発するモーゼス型都市再生の改訂版として、地元の事情にもっと意を払いクリアランスを減らす前触れと考えられていた。ロバート・ワグナー市長は、モーゼスのやり方を巡る抗議に対する回答として調査を命じた。ここでいっているように、ジェイコブズは自身が「スポット再生」と呼んだものが現在のクリアランスと再建の乱用を終わらせることを望んだ。だが、数年後『死と生』の執筆が終盤にさしかかった頃、この原理に導かれた再生プロジェクトがグリニッジ・ヴィレッジで行われることが公表され、彼女自身が住む近隣に及ぼすであろう悪影響を理解したことで、彼女はこの都市再生の段階的な改定をまったく信用しなくなった。ボストンカレッジのバーンズライブラリーにあるジェイコブズ・ペーパーのボックス一九、フォルダー三を参照のこと。

過去の再建事業がそうだったように都市の悪い点だけに注意を払うのではなく、都市のよい点を調査し配慮することも始めます。私たちは、取るに足りないと思われたり、みすぼらしいという理由で進んで打ち捨ててきた都市の特性の中に組み込まれているとても多くの英知を見出すことになると思います。たとえば、見知らぬ人で溢れる偉大な都市が、自ら秩序を保つ方法がさらにわかるにつれ、古い都市はすべての目と活動の焦点を街路に合わせている点でそんなに愚かではなかったことがわかるでしょう。近隣は地理的な大きさではなく住民数によるものだとわかるにつれ、薬局の店主たちは他の薬局と十分な距離をおいて立地している点でそれほど愚かではなかったとわかるでしょう。大都市の求心力がさらにわかるにつれ、ダウリング氏はとっくの昔に悟っていたことだと思いますが、劇場主は活気のある場所に混じり込むことで、その場所をもっと活気づけるよう勘を働かせている点でそれほど愚かではなかったということにみな気づくでしょう。[*8]

*8　ロバート・ダウリング（一八九五〜一九七三）は、不動産投資家でありニューヨーク市の劇場界のパトロンであった。

私たちは土地利用問題全体の一部として、それから人々の輸送問題全体の一部として交通のことを考え始めるでしょう。たちの悪い小規模の破壊的な局所的な急場しのぎ策の観点で交通を考えるのを止め、ヴィクター・グルーエンがあざやかに実現可能な方法であることを示したように、前向きで建設的な枠組みとして交通を利用するでしょう。

ニューヨーク市内のどんなコミュニティであっても、コミュニティをうまく機能させるにはあらゆる種類の活動と人々が混合している必要があることを理解するでしょう。特に金持ちであれ貧乏人であれ、短期滞在者のみからなるコミュニティを発展させるのを避けるようになるでしょう。公共住宅は一九三〇年代の理論を脱却しなければならないと認めるでしょう。チャーリー・エイブラムスはその見解を長年主張してきました。[*9] ようやく今になって私たちはエイブラムスの主張に聞く耳をもち、公共住宅に住んでいる人々も通常のコミュニティの一員とする用意ができたのだと思います。

＊9　チャーリー・エイブラムス（一九〇一～七〇）は都市計画の専門家、作家、住宅のエキスパートであった。一九四〇年代に住宅供給における人種差別が大都市の社会的階層を形成したことに注目し、民間再開発への連邦補助金に最初に異を唱えた一人であった。後者のことを「ビジネス福祉国家」と名づけた（ジップ『マンハッタン・プロジェクト』原書一〇一～一三頁）。ニューヨーク市住宅公社の最初の訴訟代理人からニューヨーク州反差別委員会の委員長まで、長年にわたり多くの要職に就いた。ヴィレッジの住民でもあり、ヴィレッジ界隈の主要なビジネス地区の一つである八番街の商業地の地主であった。『死と生』の中で、ジェイコブズは地区の成功によってレストランばかりに占められる結果となったあと、この地区の商業的多様性を維持しようとする彼の試みを称賛している（二七三頁）。

光・空気を取り入れる公園、空地、健全な計画は、なんでもかんでも森の中のロビン・フッドの小屋風にしようとするのではなく、再建地域でそういった問題に直接責任をとり対策を講じるという単純な手段によって手に入るとわかるでしょう。今のところ、これを行うには公園を設置したり、交渉で費やす五年間の生活を賄うだけの体力が必要なため、相応の規模の開発業者を見繕う必要があり、それからさらに十分な敷地と十分な建築実績と十分なライトダウン（訳注：地方政府がスラムなどを買いとり、所定の基盤整備を行い、民間企業に払い下げる方式）の補助金をもっていることを確かめなければなりません。

構造的に堅固な建物を修復して、古くからのしっかりと地元に根づいた住民を追いださないで済む経済的な支援方法にたどり着くでしょう。今のところ、建物の修復と近隣の価値の向上は、都市が必要としている子供がいる中間所得世帯にとってまったくの災難にすぎません。一室七〇ドルで貸し出す新築アパートのために公的助成金を支払う資金力があるなら、実際に今はそうなっていますが、その資金を新しい暖房設備や浴室が必要な既存の住環境の修復に注ぎ込み、中間所得世帯を都市にとどめる手段も見つかるはずです。[*10] それは私たちが何を求めるかということだけにかかっています。

*10　これは二〇一六年の一室当たりおおむね五七四ドルに相当し、少なくとも「しっかりと地元に根づいた住民」にとって、当時は高い家賃と見なされただろう。

公共施設、たとえば学校、健康センター、福祉事務所といったものは、コミュニティ強化のためにもっと抜け目なく配置されるでしょう。このような配置に関し、今のところ私が知る唯一の公共団体は公共図書館の巡回部門です。図書館はコミュニティのネットワーク、住民とその通り道そして活動を調査し、図書館の配置にふさわしい場所を決めます。[*11] その重要性は今より強く認識されるようになるでしょう。学校がそのことを学べば、将来に向けた大きな飛躍になることでしょう。

*11　ニューヨーク公共図書館が分館の配置をどのように決めたかに関してもっと知りたければ、この第二部の「ダウンタウンは人々のものである」を参照。

何年も前に、私が運だめしにニューヨークにやって来たとき、[*12] 非常に大きな時計会社で職を得て、ピンクの書類に番号と住所をタイプする仕事を任せられました。ピンクの書類がなんなのか誰も教えてくれなかったので、いまだにわかりません。ただ、その番号と住所が、おびただしい数の時計がいろいろなところへ向けて送られていることを表しているのは非常によく理解できました。これで非常に幸せな気持ちになりましたが、「あらまぁ、世界中に時計を供給しているのね」と思ったのです。それから朝から晩まで、世界中に時計を供給し終えて、その仕事が終わりとなり別のことに取り掛かる日がくるまでがんばろうと、とにかくできるだけ熱心かつ素早くタイプをしました。

＊12　この感動的な言い回しで、ジェイコブズは『死と生』で「私の運を求めてやってきて、ボブ、ジミー、テッド、メアリーと出会うことでその運を探し当てたニューヨークへ」と献辞を述べている。ボブは夫、ジミー以下は子供の名前である。

しかし、一週間ほどしてこの仕事は終わることはないのだと、はたと気づきました。時計を使い古し、新たに時計を求める人はたえず、流通が途絶えることはありません。このことで悲しくなりました。私はピンクの書類に対する興味を完全に失って、次の日にはその仕事を辞めました、なんでもよいので、とにかく何かを達成できる仕事を見つけるためにです。

おわかりのように、私は大変若く、非常にせっかちでした。

ですが今、私は多くの人が都市の復興や再建の仕事について考えるときに、そのような感情によってしまいがちだと思っています。事前に思い至らなかったり、手間がかかりすぎたり、苦労が報われないようなものはなんでも望ましくない混乱として切り捨ててしまい、ある物事をやり遂げ、放置してそれでおしまいとする手法で都市の復興や再建を解決しようと望むのは非常に心がそそられます。しかし、ニューヨークは時計ビジネスと同じです。けっして終わることはないのです。これは一八歳以上の誰にとっても本来失望すべきことではありません。

実際、住民が無数の複雑で大小様々な調整を行う自由と機会をもち続ける、そんなやり方でニューヨークの復興や再建を考えるのはとてもワクワクします。大掛かりな一連の上からのお仕着せ策に代わって、新たに発生するニーズ、新しい使い道、新しい機会、新しい人間関係、新しい移民向けのオリエンテーション・クラブ、新しい「ニュー・スクール」といったものを増やす機会を得て改善していく、そんなやり方で復興を考えるのです。将来世代について考えたとき、将来世代は間違いなく独自の意見や考えや計画や課題をもっていて、それは間違いなく非常に大きな問題だろうと思うのですが、世界中で最も生き生きとして、刺激的で、興味がそそられる多様な場所はニューヨーク市だと、当然のように受け入れているだろうと考えるのはとても気持ちがよいですね。

それは私たちが受け継いだものであり、さらにその先の世代に受け渡す義務があります。そうできるかどうかは、あとどのぐらい悪い再建やコミュニティの破壊が続くのか、そしていかに早く上手に再建や復興をよりよくなすような仕事に取り掛かれるのかにかかっています。

# 巨大なアンバランス

リンドン・B・ジョンソン夫人が後援する第五回女性実業家昼食会での講演、ホワイトハウス、ワシントン特別区、一九六四年六月一六日

現代は都市アメニティがますます話題となる一方で、都市アメニティの供給はどんどん減っている時代です。多くの人の怒りがその名称に集中しています。貧困層、黒人、多くの家計で頼りにされているビジネスが、誰かの考えでアメニティとされるものの名目で、近隣での居場所を奪われています。あちこちで、私たちの都市はアメニティという巧妙で上辺だけの仮面をあてがわれています。しかし、異常とされたり、殺風景だったり、汚ないとされたり、活力がないとされたりするものは、ほかでもない近隣にあるからこそ個性、便利さ、視覚的楽しみ、活力といった都市においてアメニティとしてひと括りにされて大事にされるものへの私たちの心の底からの要求に応えられるのです。

**都市の魅力は、引き算のように問題のある要素を除外することで手に入れられるものではありません。その魅力は非常に多種多様で些細なもの、多種多様な小口の資金、多種多様な考えといったすべて非常に多種多様な人々の関心・愛着・考えから生まれるものからつくりあげられています。**どうやっても都市のアメニティを計画したり、大量販売（店）で買ったりはできません。都市アメニティとは「辺り一面を舗装にする」とか「辺り一面を芝生にする」といった二者択一をはるかに超えて複雑で移り気なものです。

**ほとんど気づかれず注目を浴びることもありませんが、都市では建設資金と運営資金との巨大なアンバランスが拡大しています。**私自身が住む近隣の最新事例から見てみましょう。ずっと前から、私たち住民は公園の修繕と修復を懇願してきました。その間、公園は徐々に荒れ果てていきました。先月になって、市はその公園を壊して新しい公園をつく

る提案をしてきました。そんな資金があるなら、なぜその公園や他の公園を修復しメンテナンスするために使わないのかと質問しました。公園局長は、公園部門はメンテナンス財源の不足に苦しんでいるが、建設資金調達のための財源は比較的余裕がある、と率直に説明しました。望みもしない新公園の建設用には七五万ドルを費やすことができても、ベンチの修繕や花壇の整備やゴミ拾いに資金をあてるのは難しいのです。

そのようなアンバランスのいきつく先は、ゴミの山や荒廃をはるかに超えています。施設を運営するのに十分な資金を確保できないということは、そのまま都市において幅広いレクリエーションと、様々なかたちをとる美点が存在する余地を排除することにつながります。そういったものは造成費用の多寡にかかわらず、通常の手入れ以上に手をかけることで得られます。病院長、住宅の管理人、公会堂の館長といった人でも、夏には暑くて単調なアスファルトと金網タイプのフェンスの維持・管理ができるくらいの予算は出せると事前に見積もっていて、大変殺風景な駐車場であっても維持管理は保証されています。このように、誰もが公共の水準は民間と同じかもっと低いということがはっきりとわかるようなありさまで、民間によるこの種の荒廃状態との戦いを進めることなどできるでしょうか？

公園と都市景観全体の多様化と個性化は、いかにそのアメニティの素晴らしさを口先だけで謳ったところで、公共のために作業を行うもっともっと多くの清掃人、修繕人、塗装工、植木屋をすぐにでも連れてこないかぎり、着実に難しくなっていきます。ちなみに、そういった仕事の多くは大した訓練の必要はありません。

建設資金と運営費支出とのひどいアンバランスは多くの自治体の行政サービスに見られる典型的なもので、すべての都市に存在しています。このアンバランスは高速道路、公共施設、公営住宅、ほとんどの都市再生事例の現在の助成形式と、単独で借入能力がある公共機関の調達手段によって形成されています。市に対するそのような助成の大半のケースでは、今日では特に高速道路に対する補助金の交付において、非常に大きな部分を地元納税者からの税収からあてています。その一方で、都市が高速道路へ補助金の交付をあてた分だけ生活保護、警察活動、社会福祉の市民負担を同時に増大させています。それにもかかわらず、補助金自体は建設のみに給付されています。補助金は同額の税収額のようには自由に使用できず、建設したあとの維持管理費の公共負担分の資金としてもまったく使用できません。プロジェクトに対して、市が交付金に合わせて給付する助成金は資本的改良のかたちで可能となります。この給付が頻繁に行われるようになると、不必要でばかげてさえいる新たな建設資金支出を促進することになります。地元の市はそのような資金助成に応じるくらいの借入能力はありますが、利子は維持管理費支出と同じ出所から拠出することになります。

建前上は、そういった形式の助成はすべて運営費用の削減または地元の税基盤の増強のどちらかを想定して行われています。ですが、まったくそのとおりになっていません。アンバランスは自然の成り行きでさらに自己増殖します。維持管理資金の調達が難しくなればなるほど、代わりに建設資金を巡る争奪が激しくなるからです。すでに、都市にとってなんらかの巨額な建設費支出を期待して状況が悪くなっていくのを容認し、そして支出が決まった時点で悪いものと良いもの、醜いものと美しいもの、非生産的なものと生産的なものをすべて一緒に一掃することが以前よりも容易になっています。資本的改良によって、実際は都市が自らを駄目にしていっているというパラドックスが見てとれますね。

## 機能の減退

「歩行者と自動車を分離するな」として『建築家年鑑』に発表、一九六五年一一月

都市の歩行者に配慮しようとすると、人車分離の問題に安易かつ当然のごとく取り付かれてしまうものです。この思い込みに至れば、模型でつくった「力作」を壮大な都心規模で実現できると考えるのぼせ上がりまであと一歩です。歩行者は、計画を進めるうちのどこかの段階で、総体としての多様な人間から抽象的な「歩行者交通」に変貌してしまい、人車分離は人目を引くけれどもインチキで、都市環境において融通が利かず制限を求めるような主張における言い訳と化しています。

この重視する点の変化とその嘆かわしい結末は、中心的な歩行者とタウンセンター計画全体としての傾向に見られるだけなく、特定計画団体や特定計画会社においても踏襲されていることがあります。一例として、ヴィクター・グルーエン事務所により提案されたテキサス州フォートワースの一九五六年度歩行者計画に注目してみましょう。そのうえで、その五年後の同じグルーエン事務所によるニューヨークのイーストリバーにあった十分に活用されていない土地の開発案イースト・アイランド計画と比較します。[*1] もちろん、二つの計画の初期条件は大変異なります。イースト・アイランド計画は制約条件がない実質的な白紙状態で描いたもので、設計者にとってフォートワース計画以上に自由度がありました。

＊1 イースト・アイランド計画は、現在ルーズベルト島として知られるところのために提案された。最終的にグルーエンのプロジェクトは実を結ぶことはなかったが、結果的に建築家フィリップ・ジョンソンとジョン・バーガーによる一九六九年計画によって再開発された。

フォートワース計画は、その巨大な駐車施設と車輛サービス用施設いっさいを都心では下位の存在として、複雑で多元的で柔軟性のある事業と設備群の集積とするものでした。その目的は、文字どおりその計画内において歩行者は賑やかな土地（舗装されていようがされていまいが）をすべて車輛とその関連施設から譲り受け、その土地を比較的多様で順応性があるフリースペースとするというものでした。

イースト・アイランド計画では、移動手段と区域分けの細々とした仕掛けそのものが目的となっています。歩行者だけでなく、生活のすべてがその仕掛けに従属させられています。屋外のわずかな土地で、最も純粋に歩行者用にあてがわれた領域は寒々しくもの悲しい駅のプラットフォームのようであり、既存の公営住宅プロジェクトではあまりにお馴染みとなった散歩する人がいない単調なプロムナードとほとんど変わりません。タウンセンターとして想定される施設は学校とともに地下におかれており、創意工夫に欠け生気を欠いた配置がずっと続く交通手段によって行き来できる模様です。イースト・アイランドの計画だけが特別おかしいわけではありません。似たり寄ったりの基本原理が、たとえばフィラデルフィア中心部やピッツバーグのゴールデン・トライアングル・センターの長期計画目標を決定しています。これは歩行者が利用するものはできるだけ地下におくという考えによるもので、歩行者にもっと光と大気をもたらすといわれています（歩行者はそこにはいませんけれども）。フィラデルフィアでは、そのような理想論はすでに存在する施設群があるという理由で妥協しなければなりません。ここで、精緻な都市歩行者計画に関する法則をあえて提示しましょう。「設計者に柔軟性を認めれば認めるほど、出来上がるものはより柔軟性を欠くことになる」という法則です。

歩行者を口実にして似たように手詰まりとなっている方法は、地下道以外にもあります。最もよく知られている役に立たないものの中には、ル・コルビュジエのマルセーユの集合住宅での中間階の店舗と屋上庭園があります。[*2] ほかには都市を丸ごと一連の関係のない孤立した地区に分断する方法があります。フォートワースの計画は、この孤立地区方式によるものでしたがそれはやむをえずで、ちゃんと都市らしく機能するそのように分断された地区は、すべてもともと一つの孤立した地区にあったからです。これはタウンセンターの計画でよく使われる方法ですが、大規模な都市では発展が見込めない不自然な方法です。交通と地区分断の細々とした仕掛けに都市の他の機能すべてを大変極端な形で従属させる手法は、おそらくルイス・カーンの理論的研究によるもので、今日のアメリカのデザインスクールで大変な影響力をもっています。[*3]

＊2　一九四七～五二年にかけて建てられたフランスのマルセーユにあるル・コルビュジエの「輝く都市」の名でも知られる最初のユニテ・ダビタシオンへの言及である。ここでジェイコブズが示唆するように、ユニテは多くの日常的利用をまとめあげ、自己完結する包括的に計画された一つの統一体となる「都市の中の都市」を目指したものである。

＊3　ジェイコブズは、この第二部に含まれている「フィラデルフィア再開発の進捗報告」を書いている間に、カーンの交通哲学を学んだ。要約すると、カーンはジェイコブズが「シティ・トラバーシブル」と呼ぶ持論に基づき、都市の道路と駐車場を水運の川と桟橋に見立てている。ジェイコブズは『死と生』の「一八章　都市の衰退か自動車の削減か」で、そのようなアナロジーを直接皮肉ったのであろう。その中ではプランナーが都市の街路をなくしたとしても、人の往来は水とは異なり障害物の周りを単純に流れ去ってゆくわけではないと指摘している。人の往来は消えてなくなるのである。ジェイコブズは、都市の複雑性によるこの現象をワシントン・スクエア公園の通行が試験的に封鎖されている間に発見した。この点はこの第二部の「理性・感情・プレッシャー以外には方法なし」でも主張されている。

この人間中心主義から巧妙な仕掛けを多用する方法へと移っていく流れは、今日建築デザインを総じて悩ませる困難を反映しています。その困難とは、機能を軽視する傾向と結果的な機能への関心の欠如です。であれば、アーバンデザインがこの重大な欠陥を共有しているのは驚くことではないでしょう。建築とアーバンデザインの二分野は、無意識の想定と意識的なアイディアに関して同じ知識の蓄積を参照しており、またしばしば同じ専門家を参照しているからです。

ほとんど気づかれることなく「機能」という言葉と機能という考えは、現代建築の形成期に理解されていたものとは異なる意味で解釈されるようになっています。当時の機能は「形態は機能に従う」というような場合に使われたものであり、その建物で必要とされている用途を主に指していました。構法と建築素材は用途を助け、表すためのものであり、ある程度用途に自由をもたらしましたが、用途を歪めたり隠したりするものではありませんでした。様々な建物タイプはそのような条件において分析・理解され、中には小学校や戸建住宅のように激変したものもありました。建築はいまだにこの機能分析の遺産に依存していますが、病院のデザインの場合を除けばそれは非常に不完全なかたちで継承されており、三〇年間にわたり機能分析にはほとんど付け加えられたものがありません。[*4]

＊4 『アーキテクチュラル・フォーラム』誌の学校と病院担当の編集者として、ジェイコブズは当時の教え方と学び方の新しい考えを反映させるために再編成された教室のような現代建築が、小学校と病院にもちこんだ機能的新機軸を熟知していた。病院の設計者である夫のロバート・ジェイコブズから受けていた説明もまた、病院のデザインは他のサブカテゴリのデザインに比べて時代の流れに沿っているとの彼女の見解に影響したのかもしれない。

そのような中で「機能」は、建物の用途ではなくその構造と素材の用途を意味するようになりました。今では機能に従う形態に関する著作を、構造および素材の議論に完全に限定して執筆することが可能です。実際、そうされています。**大文字のAがついた**（訳注：固有名詞化した）**アーキテクチャーは建築そのものへの関心をますます高めていき、建築を利用する世界への関心は段々と低くなっています**（したがって、劇的なトラス〝三角構造〟を利用する口実に使われる仕切りのない巨大な領域を意味する「ユニバーサル（汎用）・スペース」といった機能主義の含意をもつ用語が生まれています。そのような空間は汎用性とは似ても似つかず、巨大な公会堂としての利用以外にはまったく適していませんので、多用なニーズへの適応性という点では古い高級住宅の家並み以下です！）。[*5] 建築が建築自体の意匠にさらに執拗なまでにこだわり、建築を利用する世界からさらに遠のくことで建築は自己陶酔的になりますし、それは現実にも表れています。建築は真実から遠のいてしまった物事がすべてそうであるように――話題にするものがほかにないので建築そのものについて――世間をあっといわせるような主張を始めました。

＊5　「ユニバーサル・スペース」の根本原理は、影響力のある現代建築家であるルードヴィヒ・ミース・ファン・デル・ローエ（一八八六〜一九六九）によってつくられた。この原理の実施例は、イリノイ工科大学に建てられた有名なクラウン・ホールを含む二〇棟の低層建物（一九五六）に見ることができる。

ほぼ同様に、より精巧で野心的な歩行者・タウンセンターの計画は計画そのものとその目新しさおよび巧みさについて繰り返し吹聴しています。しかし、その計画は繁栄している都市の多様性、活力、複雑性、チャンス、順応性にはまったく触れていません。都市が多様性を生む方法を無視したうえに、ねじ曲げ、妨害さえしていますが、この多様性が都会らしさと呼ばれるものなのです。計画の多くが周囲の状況に応じて用いられていないかぎり、郊外のショッピングセンターと公園という、二つの非常に限定的なテーマから導きだした想定に大きく依存することになっています。都市とその街路が複雑に作用しあうことに関する豊富な蓄積があるべきなのに、まったくの空白状態になっているのです。

まずはじめに、都市の歩行者を救う壮大なまたは非常に抜本的な計画の準備が整っていないことを認めることが解決策になるだろうと思います。その下調べを終えていないのですからね。その準備を行うと同時になんらかの実績を出すためには、まったく謙虚に始めるべきです。単純に歩行者そのものを実態に即して十分に考慮することから始めるべきなのです。さらに、この考察は不便な目にあったり迷惑を被ったりしながらも、すでに大勢の歩行者によって利用されているような場所でこそ行われるべきです。ただちに思い浮かぶいくつかの地味な改善策があります。街路を横断できる場所をもっと増やすこと、歩道を拡幅すること（路盤に占める割合を大きくすること）、歩道の植樹を増やすこと、徒歩通行区分線の外側にせり出す余地を設けることです。たしかに、このような都市の歩行者への即効性があり実態に即した支援のいずれもが、自動車にとっての都合と相反しています。都市が長きにわたって目を背けてきた現実問題のうちの一例にすぎませんが、この問題からもう逃げることはできません。そしてまた、自動車の観点からもこれは差し迫った現実問題となっています。自動車そのものの過多に自動車自体もひどく苦しめられており、しかもこれまでその過多を調節し緩和しようとする一時しのぎの手段がさらに自動車の過多を助長しているのですから。

歩行者への視覚的支援に関して私が知るかぎり最も単刀直入で賢明なアドバイスは、ゴードン・カレンの著書『都市の景観』にあります。[*6] カレンがその親愛なる読者に示しているように、最も興味深い視覚的なアイディアはすでに存在するユニークな現実から示唆されるものですが、そういったアイディアは強調される必要があります。カレンのアプローチは、デザイン中心主義とはまさに対極にあります。大事に扱われているのはすでに存在する場所であり、目的はその本質を強化することですから。カレンの著書にある多様な視覚的観察とアイディアは驚くべきものですが、それでもそれは大いなる可能性の一端にすぎません。なぜなら「**すべての**」**本物の都市の多様性と複雑性は終わることがなく、それを明確化し称賛する方法は無限だからです**。そのための意識的な試みは、うんざりするほど繰り返されるショッピングモールの決まり文句にも、H・G・ウエールズの『宇宙戦争』の一場面にも似ても似つかないでしょう。また、それは素晴らしい恩恵なのです

＊6　ジェイコブズと『アーキテクチュラル・フォーラム』誌の同僚たちは『アーキテクチュラル・レビュー』誌のゴードン・カレン、J・H・リチャード、イアン・ネアンの仕事から影響を受けていた。『アーキテクチュラル・レビュー』誌は、一九五〇年代にスラムクリアランス、スプロール、現代建築と都市計画の批評を最も早い時期から開始していたイギリスの雑誌である。その影響関係はこの第二部の「ダウンタウンは人々のものである」で実を結ぶことになった。カレンはその記事の『フォーチューン』誌での初出の際にイラストを担当した。

写真は、トロントの一九七二年選挙で市議会改革を確実にすることを狙ったグループである
CO七二の集会参加を呼びかけるポスターに利用するために撮られたものである。
多くの改革派の候補を支援していたジェイコブズは「CITY」のYの文字を掲げていると見られる

第三部——

# 新しい仕事はいかにして生まれるのか

一九六五～一九八四年

ジェイコブズの人生における新しい区切りとなる時期は『アメリカ大都市の死と生』から始まった。彼女の街路と公園の観察は「思いがけない宝物探し」の門出となり、残りのライフワークを組み立てたことだろう。[1]「『アメリカ大都市の死と生』を書いている間にもし都市の経済が傾けば、都市はおしまいなのが私には明らかになりました。都市がほかに何かをもとうと、どんな壮大な寺院をもとうと、どんな美しい景観、素晴らしい人々、その他のものをもとうとも、都市の経済がうまくいかなければなんにもなりません」[2]と彼女はのちにインタビューされて語ったことがある。都市経済がどうすればうまくいくかに関心の目を向けながら、ジェイコブズは一九六二年に『アーキテクチュラル・フォーラム』での一〇年間の職を辞し、作家に専念する道を選んで二作目の『都市の原理』(一九六九)の執筆をスタートさせた。

ある面では『死と生』でさえ、要は経済学の書であった。一九三〇年代後半にコロンビア大学で公開講座の聴講生だった期間に、ジェイコブズは未解決のミステリーである散発的で爆発的な都市の成長パターンに夢中になった。彼女は未稿となった経済学の入門書である「経済のベールを剥ぐ新仮説」(第五部参照)をのちに書くことになるのだが、彼女の教授連の誰もが彼女が経済のことを議論したり、つきつめたりすることにまったくもって関心がないように思っていた。長年にわたり、彼女はそのテーマに関する証拠集めを続けたが、結局は手掛かりだけがいっぱい集まった。『アーキテクチュラル・フォーラム』で働いている間に、彼女は多くの現代の都市計画業務は実際には都市成長のカオス的影響(訳注：複雑性の科学でいうところのバタフライ効果)を抑制する欠陥のある企てだと信じ始めていた(これは彼女の著作を掲載した最初の小論集のタイトル『爆発するメトロポリス』でうまくとらえられているジレンマである)。現代の都市計画業務はインフラの負荷をはるかに上回り、コストアップに拍車をかけ、想定外の移住者を呼び込み、不平等を増加させ、不可能に近い未来を予測しようとした。ジェイコブズが『アーキテクチュラル・フォーラム』時代に自分の眼で観察したことを考えると、彼女はこの不規則な都市の自生的成長が繁栄、イノベーション、さらには『死と生』の中で褒めたたえた「歩道のバレエ」さえの本質的な部分ではなかろうかと思った。

ジェイコブズは雑用事を除いて、少しでも時間があればこのテーマを考えることにほとんどの時間をあてた。それは彼女が二作目の本を考えていた頃の一九六〇年代初期のある日のことであったが、一〇代の息子ジムに公共図書館に行ってそのテーマに関する資料を入手してくるよう言い渡した。ジムはこの都市成長の爆発的パターンがそもそも存在するのかをはっきりさせる任務を負って、アメリカ大都市圏の国勢調査のデータを掘り下げて分析した。実際に、彼はアメリカの人口が比較的安定した増加傾向にある一方で、個別の都市では経済活動の爆発的増加に呼応することを示唆する散在的で時期的にもばらばらな爆発的成長があったことを見つけた。この確証結果を受け、ジェイコブズは何が都市の成長を引き起こし、どのようにして都市計画の規制、経済力、統制が、都市の成長を規制ないし抑制するのではなく、それを招くことができるのかを見つけだそうとした。

彼女が『都市の原理』やこの第三部の小論「都市の自生的成長」で記述したように、これらの爆発的成長という出来事の源は、活気ある都市の経済が、人々が日々の問題を一生懸命解決しようとして生みだす新しいタイプの仕事であることをつきとめた。しかしながら、その新しい仕事は既存の経済的・政治的な利害関係者をも脅かす。そのため、彼らは問題が大きくならないうちに阻止しようとかなりの権限を行使する。困難な社会的・環境的問題を解決することに対するそのような抵抗勢力が引き起こす障壁を前提として、ジェイコブズは「アースウイーク」の討論会冒頭でのスピーチである「都市の本当の課題」の大半にこのテーマをあてた。

この対立により、ジェイコブズは市場における政府の重要な役割を理解した。それは古い仕事から新しい仕事を守る第三勢力としての政府の役割であった。[3] この第三部に含まれる「都市支援戦略」で彼女が説明するとおりとはいえ、政府で幅を利かせる戦略は多様で創設間もないとびぬけた企業への資金投入を阻み、既得権者の利益に与する逆効果をもつ傾向があった。新しい仕事とその都市的居住環境のダイナミクスをもっとよく理解することだけが、都市と経済をあまねく支援するにあたっての政府の将来的な役割を明瞭化するだろう、と彼女は論じている。

その一方で、ジェイコブズの著作活動は近隣住民、息子、彼女の生き方に対する「ばかげた」脅しのかたちでも妨害された。[4] 一九六五年までには、彼女のコミュニティ・オルガナイザーとしての最大の勝利者との名声は過去のものとなった。それどころか、彼女が「都市の本当の課題」に書いているコミュニティ主導のウエストヴィレッジ・ハウスの問題を抱えた建設計画のような、解決困難と思われる戦いにますます直面するようになった。同様に、一九六四年後半にニューヨーク市はローワー・マンハッタン高速道路計画を復活させたが、それはジェイコブズがそのほんの二年前に計画を中止させるのに手を貸した計画であった。計画は一九六五年に再び失敗に帰したが、一九六八年には地下道として三度目の計画が復活した。結果的に高速道路計画は一九六九年を最後に葬られ、ウエストヴィレッジ・ハウスは一九七五年に開設することとなったが、ジェイコブズがニューヨーク市民の時代にそれらの勝利を見ることはなかった。

ジェイコブズにとって、ニューヨークを去るきっかけとなる出来事はベトナム戦争であった。彼女と家族はニューヨークで戦争反対のデモを行い、さらに一九六七年一〇月の有名な国防総省前デモ行進を行ったが、そのときにはガスマスクを着けた兵士と連邦保安官はその大部分が平穏であるデモ参加者を手荒く扱った。ベトナム戦争は、彼女がワシントンからニューヨークに戻ってからも果てしなく続く闘争によって彼女の不安感を強めることとなり、さらにこの第三部の「市民的不服従について」にあるように、モラルに反する当局へのひどい嫌悪感を引き起こした。これを最後にアメリカでの生活からも離れた。徴兵年齢に達した二人の息子たちは、戦争にいくくらいならすぐにでも牢獄にいったほうがましだと両親に話したので、ジェイコブズ一家はわずか七年前に『死と生』を捧げたニューヨークを去り、安全なカナダに向かうことを決めた。かつて、ジェイコブズは自分を愛国心が強いと考えていたことがあった。しかし、自分の国の兵士に連行されたのちの一九九三年に、彼女は「そのとき、私は自分の国が嫌いになりました。ばかげたように聞こえるかもしれませんが、もはや自分がアメリカという国家の一員だとは感じませんでした」と記者に語っていた。[5]

一方で、トロントの新居では、彼女は「北アメリカで最も希望に満ちて健全な都市で、まだ駄目になっていないし、まだ選択の自由があります」と気づいた。アメリカとは著しく対照的に、一九六八年のカナダは楽観ムードで溢れていた。国は一九六五年に新しい国旗を採用した。モントリオールは過去最高の人出となった世界博覧会、エキスポ六七を主催した。一九六八年四月には傲慢で雄弁なピエール・トルドーを首相に選出した。

ジェイコブズが、トロントの都市美と住民紛争を私的な立場で気ままに支援するアクティヴィストになるのはニューヨーク時代と同じくあっという間であった。彼女はスパダイナ高速道路計画案に反対するキャンペーンに対して、その力強い声とローワー・マンハッタン高速道路闘争での経験をもとにその力を貸したが、その案はトロントのダウンタウンを分断して、たぶん市内で彼女の家族が最初に住んだ集合住宅の真上を走るものであった（この第三部の「高速道路という麻薬にはまりつつある都市」参照）。ただし、彼女は一九七二年のデビッド・クロンビー市長が圧勝して政権をとった市の議会改革の努力に対しても誇りをもっていた。都市計画、都市再生、行政に対するトロントの想像力に富んで思いやりのあるやり方への好意的な評価は、この第三部の最後の二つのスピーチを興味深いものとし、彼女のその後の著書やスピーチ等に表れ続けることとなる。そのトロントでのやり方は『死と生』の中のジェイコブズ自身のアイディアから着想を得たものであった。

ジェイコブズは次の主要著書『発展する地域　衰退する地域』（一九八四）に必死に取り組み始めた。その論点である「都市の原理」で詳しく調査・分析した都市の経済が、一般にどのようにして国家の経済を形成し、マクロ経済を活発にするのかを整理するのに数年を要した。執筆の気晴らしで始めた別のことからまずインスピレーションが現れた。別のこととは、ケベック州とカナダとの困難な関係に関する短期のラジオ講座で、一九八〇年に『分離主義の問題』として出版された。彼女はすでに国と地方と都市とをつなぐ複雑な関係について考え続けていたが、ケベックの急拡大する独立運動は、帝国自身が団結するためにどのように植民地をなだめたり抑圧したりを交互に行わなければならないか、を理解する手助けとなった。ケベック紛争は、帝国の拡大をとおしてまとめ上げたバラバラに広がる国々の様々な地域的経済状況を反映させるという国の通貨が有する困難さに対してもジェイコブズに注意を促すこととなった。『発展する地域　衰退する地域』は都市経済学の彼女の従前理論で、これらのまったく異なる観察結果を都市こそ――国ではなく――が経済研究にピッタリの単位であり、長く国家に独占された政治的権限の正当な継承者である、と明らかにする野心的統合へと結びつけた。

1　『死と生』の「モダンライブラリー版への序文」参照。
2　ロバータ・ブランデス・グラッツ「ジェイコブズの録音テープ」、ジェイコブズ・ペーパー、二二・五。
3　「第三勢力」としての政府の役割をさらに知りたければ『都市の原理』原書二九〇頁参照。
4　クラーク・ウエルトンとのインタビューで、彼女がニューヨークにこれまでに戻ったことがあるかと聞かれ（「ニューヨークに戻って来ませんか、ジェイン・ジェイコブズ？」『ヴィレッジ・ボイス』紙、一九七二年七月六日）、ジェイコブズは「ばかげた政府に応えてあなた方の生活をばかばかしいものにするのはばかげているわ」と否定的な返事をした。
5　マーク・フィーニー「都市の賢人」『ボストン・グローブ』紙、一九九三年一一月一四日を参照。

# 都市の自生的成長

王立英国建築家協会での講演、ロンドン、一九六七年二月七日

**都市に行く手順よりも太陽に行く手順のほうを本当によく知っているという人がいるとすれば、それは実にばかげています。**人類は数えきれない年月を都市に住んできましたが、都市がどのように機能するかについては本当のところよくわかっていません。

数年前、なぜ経済的に沈滞する都市があるのか（そのことは都市がどんな方法でも沈滞することを指します）、なぜ異常に長い期間沈滞を経験しない都市があるのかを疑問に思うようになりました。私がこの点に興味をもつようになったのは、アメリカではピッツバーグ、デトロイト、その他の小さな都市のような、沈滞しつつある都市にとっては大変な問題だからです。それらの問題は解決を上回るスピードで積み上がっています。

その点でロンドンには本当に感心します。もっといえば、ロンドンにはびっくりさせられますが、それには明瞭な理由があることに対してだけでなく、有史時代（おそらく有史以前）以来、ロンドンが世界中のどこの都市よりも中断することなく自生的に経済成長した、その長さに対してもびっくりさせられるからです。ローマやパリよりもずっと長い期間、経済的に低迷することなくやってきています。ロンドンの自生的経済成長とそれがどのように新しい経済活動を生みだしたのか、その研究は単にイギリス人だけでなく、全人類にとってもおそらく恩恵をもたらすでしょう。

この問題になると、私はどこから手をつけたらよいのかわかりませんでした。その両者の関係がよくわかっていないことに問題があるのは理解できましたが、これに対してよく返ってくる解答は表面的なものです。それらを比較すると定型的な解答がないことに気づきます。その答えは今もってわかっていません。私は、経済的に沈滞していない都市は

新しい種類の経済活動をたえず捨て去り続けている都市だ、という仮説を立てました。また、事業が民間企業のものであるか、公共団体のものであるかは大きな問題ではありません。そのことは、事業を管理する人や資金を提供する人の手配よりももっと重要なことです。

疑問が湧いてきます。なぜ、このような新しいもの・ことを生みだすような都市があるのでしょうか？　なぜ、ほんのわずかな間だけは創造的なのに、その後は駄目になってしまう都市があるのでしょうか？　これらのことについて抽象的に考えたりすると答えが得られないか、自分に都合のいいように考えてしまいます。おそらく、この問題にわずかでも光明を見出すための最善の方法は、昔の歴史家による成功したビジネスの歴史本を読むことだと意を決しました。特に重要ないくつかのパターンが現れるのを期待して、その当時革新的だったものを選びました。

パターンがあったことがわかり、そのことに本当に驚きました。現れ始めた支配的なパターンは予想をはるかに超えたものでした。そのうち、これらビジネスの歴史書はひどく退屈なものとなりました。それは同じ三つの歴史小説を何度も何度も繰り返して読むようなものです。登場人物は違う時代に違う衣服を身にまとい、違う装飾品を身につけていますが、それらは三つとも同じ昔の物語です。これらがアメリカのビジネスの歴史だったので、これはまったく特殊なことなのかを知りたいと思い、違う場所と違う時代のものを読むことに決めました。中世でロンドンよりもよいところはどこでしょうか。幸運なことに、私はジョージ・アンウィンが世紀の変わり目に書いたチューダー王朝とスチュアート王朝の時代のギルドと法人の経済的重要性についての素晴らしい解説書を読みました。[*1] 思ったとおり、同じ三つのパターンがありました。さらに特殊な例を探しましたが、日本、ロシア、中国の三つとも同じパターンのように思えました。四つ目は見つかりませんでした。確実にあったかもしれませんが、見つかりませんでした。

＊1　ジョージ・アンウィン（一八七〇～一九二五）はイギリスの経済史家。ジェイコブズは『一六・一七世紀の産業組織』（一九〇四）に言及しているが、その本は労働者と資本家ではなく、貿易業者と工場経営者の分岐に関するその時代の発展を説明している。

思ってもみなかった奇妙なパターンは、都市の経済の内部から現れる新しい経済活動でした。都市は巨大な混沌の塊とはまったく違います。都市は非常に入り組んだ、非常に見事に秩序だった構造をとっていて、たいていの場合は混沌としているように見えますが、それは私たちが正常に機能しているこの秩序もプロセスも理解していないからです。一つの都市には一つの輸出経済がありますが、そのことは国境をまたいで売られることを指すのではなく、アメリカ国内の大都市圏と呼ばれるものの外に売るのもすべて同じだということを指しています。のちに取り上げる例外もありますが、都市の輸出が落ち込むとその輸入も落ち込むでしょう。輸出が増加すると輸入も増加するでしょう。一時的にこの状況を逃れる方法はあります（ピッツバーグのように輸出が急速に落ち込んだところでは、たとえ人口が流出し国内の他都市からの厚生経済的支援があっても輸出の喪失とはバランスがとれるはずがありません）が、あまり意味があるとは思えません。長い目で見れば、都市の輸出品はその都市の輸入額の強い決定要因です。輸入のごく一部が直接的かつ迅速に輸出へと向かうことがありますが、それらは輸入の先取りです。ピッツバーグでは輸入された石炭と鉱石はただちに巨大な輸出品である鋼鉄となり、また輸入品の大きな割合を構成しています。

良好な発展を遂げた都市の内部経済はその輸出・輸入経済と比較すると非常に大きく、さらにそれは二つの部分に分けられます――住民経済と事業者経済です。[*2] 私たちは、たとえば理髪店、警官、学校、小売店――都市の住民に直接サービスを提供するもの――のような住民経済には、すっかり馴染みがあります。事業者経済にはあまり馴染みがないかもしれませんが、輸出や住民経済に向けた修理、部品、商品、サービスを提供する事業で構成されています。それらは長いチェインでつながってお互いに役目を果たしあいます。事業者経済はどこの都市の仕組みでもものすごく重要な部分です。

＊2　『都市の原理』で、ジェイコブズはこれら二つの部分を「消費財とサービス」と「生産財とサービス」として、それぞれに対してさらに頻繁に言及している。

初期の都市では、自生的成長はそのほとんどすべてを事業者経済に頼っています。その時点の住民経済は非常に小規模で都市以外のところとも非常に似ています。都市の事業者経済は目立つかもしれません。何が起きているかといえば、事業者経済と住民経済のいずれか一方のものが輸出になるということです。たとえば、ロンドンの住民経済であったカーナビー通りのアパレルは今ではロンドンの輸出品です。たとえば、あなたが私の子供たちに輸出をしたとします。これが内部経済から輸出経済へと向かう最も単純なタイプです。私はそれを「横滑り」と呼んでいます。[*3] 都市内の市場向けにつくられたものが、ちょうど都市外の人々に横滑りのかたちで供給されるようなタイプです。これは非常に古くからある歴史的なものです。アテネで複写された論文を書き写してアレキサンドリアの図書館に送る場合、あるいはローマの技術者がイベリアのいくつかの都市に水道をつくりあげた場合、これは内部経済から輸出経済への横滑りでした。文明の拡散と呼ばれるものの大半は、都市の内部経済からその輸出経済への横滑りにあたります。

＊3　地方企業がいかにして輸出をするようになるかに関する似たような概念は『都市の原理』に見られるが、「浸透」「変異」「浮遊」という用語はない。しかしながら、ジェイコブズはここに含まれる長ったらしい説明を避けるために『分離主義の問題』で一種の簡略化として変異体という用語を使っている。要するに「変異体は経済生活の分岐の最も重要な形態であり……、既存の企業は新しいアイディアをたいていは受け入れますが、大半のイノベーションは小さい、新しい企業で起こります」と彼女は語っている。

私は内部経済から輸出経済への突然の変化である「変異」を起こすこの動きを第二の方法と呼んでいます。戦後ロンドンでスタートしたレズニー・プロダクトと呼ばれる小企業は、照明器具をつくっている別のロンドンの企業向けに染色をする事業者経済に属していました。その会社が自社製品である最初のマッチ箱のおもちゃをつくると、ロンドンの企業向けにはまったくつくらなくなりました。事業者経済でのもともとの仕事はおもちゃ製造を加えて突然変化し、輸出経済となりました。アンウィンは、一四世紀と一五世紀に同種の状況が起こり、その当時ロンドンの商人向けに真鍮部品をつくっていたロンドンの人々はロンドンの外側の地域を優先して真鍮製のベルづくりを始めたのを、まさしく語っています。変異は内部経済で始まり、都市外と都市内の両方に売る非常に理に適った別の活動を内部経済自体につけ加えます。その活動は内部経済から起こるのです。

第三の方法は「浮遊」によってたまたま起きるもので、それは輸出経済で始まりますが、その都市にはすでに分業するほどに発展した事業者がいるにすぎないからです。眼を見張るような例はフォード・モーター社です。ヘンリー・フォードがデトロイトで自動車の生産を始めたとき、彼が最初にしたことは組立てだけでした。デトロイトの内部経済で事業者が行ったのはすべて一社で一品を生産する孤独な作業です。もし、それらの事業者がいないと、フォード・モーター社は事業を始めることはなかったでしょう。時間が経つにつれ、フォード社は自社向けに製造されたものを自社単独で製造したものにおきかえていきました。

変異は他の方法では現れるはずがないイノベーションをよく生みだしますが、横滑りが三つの中では最も重要だと思います。浮遊はつねに模倣する一連の作業です。しかし、基本的にそれらの結果はすべて同じです。

ナショナル・パッケージングという巨大なアメリカ企業を取り上げてみましょう。どうやってその会社はできたのでしょうか。その会社はシカゴでミルク瓶の紙の蓋をつくったのが始まりで、住民経済に対応する事業者でした。その会社が食肉用包装を事業につけ加えましたが、シカゴは食肉包装の中心地なのでそれは理に適っていました。それからシカゴの外側の人々へもその包装を売りましたが、それは事業者経済から輸出経済への移行でした。結果として、シカゴはより大きな輸出経済をもつようになりました。シカゴの輸入経済も自動的に成長するので、その輸入品の中には先手をうって新しい工場をつくっておかなければならないものもあります。先手をうたないと内部経済に向かうことになりますが、それも成長します。[*4] 事実上、内部経済から移動してしまったものがありますが、それにもかかわらず内部経済はそれ以前より拡大します。この同じことが再び起きるチャンスは以前と同じぐらい大きいだけでなく、以前よりも増大しています。

＊4　ジェイコブズが都市の経済的プロセスについてのこの初期の説明から省略しているのは「輸入置換」の概念であるが、それは都市が以前の輸入品を改良した地元の製品でおきかえるものである。そのプロセスはこの第三部の「都市支援戦略」に簡単に説明されている。

もし、私が正しければ、これは自生的成長のまさに基本的なプロセスです。こうして都市はまさしく自らの内部経済から新しい存在理由を生み続けます。都市は実質的に内部経済と輸出経済という二つの素晴らしい蓄積庫のようです。別の都市に物を猛烈に送り続けているある都市が、そのことによって自分から減らすことはけっしてありません。減らすどころか、まさにポンプのように送り続ける行為によってその都市は大きく成長し、他の都市に向けたさらに多くの蓄積となります。都市がさらに大きくなり内部経済になる物がさらに多様になると、都市内にやってきて行き渡ることを繰り返して……取引される物はさらに急速にかつ多様になります。

あらゆる種類の問題が都市で最もひどくなります。病気の問題はある意味で都市も田舎も同じですが、都市で最もひどくなるのは伝染病が急速に伝搬するなど、大変多くの人々に影響を及ぼすからで、そこでは問題を緊急に解決しなければなりません。大気・水質汚染、輸送、どんな社会問題をとっても、都市で伝染病を克服する問題の解決ほど難しいことはありません。こんなふうに問題を見ると、都市にはチャンスがあることがわかります。大気汚染問題を避けるのではなく、実際に解決し始めている都市は、自らの内部経済のためにこの問題をどうしても解決しえなかった他の都市に対して、大気汚染の抑制装置をたぶん輸出し始めるでしょう。

都市がつくりだす問題を理由に都市を中傷するどころか、むしろ都市の問題をチャンスだと認識すべきです。**都市の失敗というのは、都市が自ら解決可能な問題を実際には危機的状況にまで追い込んでいることです。**唯一恐ろしいのは、都市だけができることを行わず、都市自体の内部経済の中での問題解決を止め、しかもよその地域に解決策を広めるのも止める場合です。一か所に大勢の人々を集めるのは不健全だという都市計画にかなり受け入れられている考えは止めるべきです。これらの大都市を抱える国々は何倍にもなる最大の発展をしました。大部分が村である国々は発展することがありませんでした。世の中は新しい問題を投げかけ続けており、都市は新しい問題を解決できる場所でしたが、またこれからも間違いなく解決し続けるでしょう。[*5]

＊5　（ここでの）都市の問題と問題解決の先駆者として思いを巡らすジェイコブズの主張の要旨は、『死と生』の「最終章　都市とはどういう種類の問題か」と『都市の原理』の「第三章　都市の非効率と非実用性」の双方の間の橋渡し役ともなっている。

## 市民的不服従について

『ニューヨーク・タイムズ・マガジン』誌との往復書簡、一九六七年一一月一日、未発表の小論

個人が以下のような判断をするならば、市民的不服従の行為は正当化されます――実際にそうなることが必要です。たとえば、その政府が個人の我慢の限界を超えて意地悪くまたは愚かに振る舞うこと、それまで真剣に取り組んできた反対意見がなんの役にも立たないとわかること、法に対する選び抜いた抵抗のほうが様々なずる賢いかもっと暴力的な手段よりも好ましいこと、このような判断をする場合です。

良心に基づいたすべての決断が主観的なものに違いないのと同様に、これら市民的不服従も主観的な判断です。もし、戦争が外交の延長上だとすると、市民的不服従は克己の延長上にあります。[*1]

＊1　このような言い回しで、ジェイコブズはプロイセン人将校兼軍事問題の記者であったカール・フォン・クラウゼヴィッツ（一七八〇～一八三一）に言及している。現実主義的性向で知られ、死後に出版された『戦争論』（一八三二）での「戦争は別の方法による政治の延長である」という彼の主張は、幸福論に対する最も名高い貢献である。

ベトナム戦争は不服従を問いただしています。どんなに戦争への参加がもっともらしかろうとも信じがたかろうとも、どんなに「共産主義と戦おう」とすることが合理的であろうとも不合理であろうとも、私たちが戦争に負けたのは事実です。私たちは、十分にスピーディかつ効果的な政治的・経済的プログラムで進めることを許してくれたベトナム人の支援を十分に受けていながらも、ベトコンにもその次のハノイ政権にも打ち勝っていません。そうするチャンスはもう

ありません。

戦争に負けていながら、私たちは過去二年半の間、それに代わる戦争そのもの以上に異常で醜い企てに関わり始めました。失敗だと知られるのを先延ばしするだけが目的の大虐殺、餓死、破壊、追出しの企てがそれです。これが現在ベトナムに駐留する唯一の要点です。反対意見はこの恐ろしい行為を阻止するのに明らかに役に立ちませんでした。

その企て全体がベトナム人と同様に私たちの国の若者の身に直接かつ執拗に迫ってくるので、若者以外の徴兵招集への反対行動が直接、不服従という抵抗ができないぶん、弱くなるのです。このように、不服従による抵抗の精神的な負担は、徴兵される当事者である自分たちに全面的にのしかかる、という現実的な理由のために若者に偏ってかかります。しかし、実際の不服従は徴兵招集法への抵抗に限定されません。私たちはその限定がどんなものかをこれから考えなければなりません。すなわち、不服従は人々が当局の企てに具体的に妨害を加えるための方法を見いだす創造力によってのみ決められることになるでしょう。

たしかに、市民的不服従のすべてが具体的な妨害になっているわけではありません。その中には象徴的な妨害があります。徴兵招集反対のような具体的な活動は反対の象徴的な活動として始まります。両者には重なる部分があります。法律に対する象徴的な反対の極端なものが死です。焼身自殺を図るか断食を行う仏教の僧侶らの場合に見られます。[*2]

＊2　一九六三年六月の南ベトナムのサイゴンでは、仏教の僧侶クアン・ドックがアメリカの支援を受けた仏教徒を迫害するゴ・ディン・ジエム政権に抗議するために焼身自殺をした。それから数か月の間に、南ベトナムの何人かの他の僧侶が後を追った。それから数年のうちに、少数のアメリカ人がアメリカのベトナムへの関与に抗議して焼身自殺をした。その中で最も有名なのが、ノーマン・モリソンという名のクエーカー教徒である。彼は一九六五年に、国防総省のロバート・マクナマラ国防長官の事務室の窓の下で自らに火をつけたのである。二〇一〇年後半にチュニジア人の露店商人のモハメド・ブアジジの場合のように、アラブの春のきっかけとして大いなる前触れとなった、その戦術は現在でも実践されている。

**市民的不服従はそれが起こるというその事実だけで、支配層以外の人々も自らが判断し、勇気をもち、目的をつくり、自らの運命を意のままにし、自分の責任で行動する人々であることを肯定するものです。**他の人々の大半をいつも操ったり、無視したりする対象と（しばしば無意識に）見なす人々にとっては、そこから外れて自らに誠実に突き進む人々がいること自体が、無秩序、すなわちぞっとすることだと解釈されるようです。象徴的不服従の無難な行為——そういえば、国防総省で一線を越えること——は忌まわしいものとされ、あまり問題のない行為の犯人が容赦なく打ちのめされる理由はそれだと思います。[*3]

＊3　これが一九六七年一〇月二一日の国防総省での有名なデモ行進だった。ジェイコブズは他の六五〇名と一緒に逮捕された。

# 都市支援戦略

『アメリカン・エコノミック・レビュー』誌、一九六九年九月[*1]

＊1　結局、経済学者はジェイコブズの経済に関する理論的なとらえ方、特に多様な産業と「人的資本」が一団をなしていることについての彼女のアイディアを受け入れたが、一方で他のアイディアはおおむね無視した。経済学者としてのジェイコブズの受け取られ方の要約に関しては デビッド・ノーランの論文「経済学者たちの中でのジェイコブズ」『重要なアイディア』参照。

現在、アメリカ人は都市を支援していると思われる二つの国家戦略を利用しています。一つは都市に対し公平に、特定の物理的・社会的プログラムとして直接か州を通してのいずれかで連邦補助金を分配するものです。もう一つはあちこちの地方、しばしば都市ですが、企業に戦争や宇宙に関する補助金を与えるものです。その一方で、補助金は受け取る都市への経済援助と見なされ、それを理由としてその都市が高く評価されるという別目的の副産物があります。私は都市の成長メカニズムの観点からこれらのいずれの方法にも疑問を呈したうえで、別の戦略を提案します。

**「都市」が自生的経済を維持しないとついには停滞し衰退する**というのは、都市に関する抗しがたい事実です。このことは農村地域や町にはあてはまりません。新しい輸出の仕事はたいてい都市からの仕事を移植する企業によって町にもたらされます。農村地域は、成長する都市市場と、都市のつくりだした生産品と技術によって増加した生産性に基づいて、そこの生産物が直接利用される場合に繁栄します。しかし、都市に関していえば——都市が移植工場や移植事務所を受け入れる場合でさえ——スピンオフ企業は別の都市からやってきて、受け入れている都市の市場の発展ないしは大量の投入品目——たいていは両方ですが——によって「稼いで」きました。地方の技術は都市が未解決の現実的な問題には解決策とはなりませんし、地方の後背地がもたらす市場ではどんな都市であってもそこを繁栄させることも成長させることもありません。それぞれの都市は個別に経済的基盤を生みださなければなりません。総じていえば、都市は経済発展を可能にするイノベーションを生みださなければなりません。

都市は質的ないし量的な二つの主要な発展のメカニズムを用い、そのメカニズムのそれぞれが輸出を生みだし輸入を置換するかたちで、もう一方の発展メカニズムを積み重ねていきます。とにかく輸出基盤を維持するために、都市はつねに新しい輸出品を探しださなければなりません。それというのも、何よりも都市は町や田舎へ移植した生産品と従来の取引先であった都市で結局は生みだされるために失った輸出とを埋め合わせなければならないからです。もちろん、都市の古くからの輸出の多くはやがては時代遅れになります。都市の新しい輸出組織は、最初はその都市自体の市場のために生まれた商品やサービスの生産者から直接的に、さらにそれがもととなって次々と現れてきます。もう一方の主要メカニズムである輸入置換は――明白な理由のために――主に他都市から輸入品の置換を通してだけではなく、農村地域からの置換（たとえば、天然氷の代わりの人工的な冷凍）でも起きます。都市が輸入品を置換する場合、たいていはより新しいものですが、その購入を他都市からの別の輸入品に転換し、その量は農村の商品に匹敵するくらい大きいものです。輸入置換は大きな乗数効果を生みだし、こうしてその都市の優位点から将来有望な輸出商品とサービスの大いに拡大化し多様化した蓄積もつくりだします。[*2] そのような出来事の過程で都市に起きる大規模な問題解決のイノベーションとはまったく別に、単なる機械的なメカニズムと考えられるプロセス自体が都市経済の拡大とダイナミックな都市間交易にとって重要です。

＊2　ジェイコブズが『都市の原理』で書いたように、一般的な経済学の用法である「乗数」は「小都市の輸出が増えると、都市の地元経済も成長する」という考えによっている。それらの追加的な地元の仕事は、輸出経済の労働者のための消費者向け商品やサービスと同様に輸出用製品での利用に向けた生産者の商品とサービスをもたらす。ジェイコブズはここで、輸入置換は経済学で通常用いられるのと同様な意味の乗数効果をもたらすことを示唆している。輸入置換の乗数効果の複雑なメカニズムのさらなる説明は『都市の原理』（新装版一八五～九一頁）で見られる。

輸入置換という重要なメカニズムが関係するかぎり、国庫補助金戦略の欠陥はまさに国家的な問題です。補助金プログラムは、たくさんの様々な都市がまさしく同じような問題群に集中し、同じような方法でその問題に取り組むのを確実にします。いったん補助金プログラムが創設されると、それが原因となり商品とサービスのたくさんの標準化が自動的に追随します。都市ハイウエイを標準仕様の打合せもせずに連邦資金で建設することはありませんし、中には根拠のないものがありますが、その大半がその規定にもともと定められています。さらに、補助金は施設の崩壊やひどい誤り（たとえば、不十分な暖房設備の住宅、小さすぎる病院の看護設備）、あるいはそれらの目的が無効となるのを規制しなければならないので、それには最も「的確な」対応をルーティン化しなければならないということが結果として生じます。そうでないと、とてつもなく大きい現場仕事の場合に取締りは実行不可能です。このことは、要するに所定の補助金プログラムに参加する個々の都市は参加している別の都市の商品とサービス、それが輸入されたものであれ地元の生産されたものであれ、非常に似たようなもので対応しなければならないことを意味しているのにほかなりません。他の都市とは差別化した創造と都市のダイナミックな輸出創出および輸入置換という点がまさしく妨げられているのです。この欠陥は補助の金額的なものだけにとどまらない点で深刻です。補助金は現実的な問題に目が向けられるので、自動的に前々から後回しとなっている活動、たとえば住宅、輸送、保健を対象とすることになります。このような活動は、開発的な仕事を最も必要とする関連経済活動と一体になった課題であって、標準化につきものの早すぎる規定化が課題になるわけではありません。

もちろん、すべての国はアメリカほど都市がたくさんあるわけではありません。有力な大都市が一つしかない国もあります。デンマーク、キューバ、オーストリアは大都市が一つしかない国の典型例です。特殊ではありますが、香港もこれにあたります。大都市が一つしかない国では、国の補助金プログラムはある程度しか標準化の欠陥が伝わりませんが、それは単に大都市が一つしかない国では、中央政府の標準化された規定は自国内の都市と最も活発に取引する他の大都市圏にその効力が及ぶことがないからです。*3 このことは、デンマークで積極的にやっていける可能性がある戦略はイギリスでは本質的に有害だということを意味します。同種の違いは香港ないしマラヤ（訳注：シンガポール独立前の国名）

と、その何倍もの都市があるインドないし中国との間でも同じだといって構いません。キューバと複数の大都市があるブラジルないしソ連の間にも同じ関係があります。複数の大都市がある国では、国家の補助金戦略はプログラムがたとえどんな特別な内容や性質のものであっても、本質的に都市の経済的拡大・発達のメカニズムとは食い違う部分があるに違いないというのがこの問題の核心部分です。

＊3　『発展する地域　衰退する地域』の「第一一章　都市への誤ったフィードバック」で、ジェイコブズは複数の大都市がある国は、国の通貨からのフィードバックがあまりないせいで、大都市が一つの国にならざるをえないと論じた。要するに、そのような国の通貨の価値は最大の国際貿易を行う都市から最も影響を受けるが、同じフィードバックを受け取る国際貿易がほとんどない他の都市からは影響を受けることがない。ニューヨーク市はアメリカドルからのフィードバックによる恩恵を受けるかもしれないが、オクラホマ市ではそのようなことはない。

アメリカで補助金戦略の信頼が頂点に達したのは、大躍進政策が始まった一九六五年の貧困撲滅運動の時代だったといってよいと思いますが、現在では落ち目になっているかもしれません。ここ数年、私はこの仮説を、国の補助金に対する建設的な批判はほとんど全面的に戦術に関係していた——すなわち、積極的な批判が管理の細目、歳出予算規模、プログラムの強調および省略等に向けられていた——との観察結果に基づいて立てました。しかし、関心が高まっているのは、連邦税を巡って都市との配分を補助金プログラムの代替策ないし補完策のどちらにするかという点です。このことは単なる推測だとしても、補助金戦略自体に関係する疑念の増大を物語るものです。

軍事的なつながりに関して、大いに有利な立場に立とうとするアメリカの都市を支援するというもう一方の国家戦略は、都市の拡大・発達のプロセスと少しずつその食い違いを大きなものにしていくかもしれません。現代都市の観点からは生産された戦争物資は輸出品目です。このように戦争物資はしばしば極端に、かつ唐突に都市の輸出経済を増大させます。トラブルが起きるのは、戦争物資とサービスが都市では輸入されることがないからです。国の軍事班はすべて、戦争物資とサービスの支払いをすることはあっても、引換えに輸入品を受け取ることはなく、そうするとこの輸入喪失は都市の経済的メカニズムに否応なく影響を及ぼします。

都市は輸出と同じくらい確実に輸入に基づいてその都市の経済を発展させ強化します。すなわち、都市が従来の輸入品の多くを急速におきかえ、連鎖反応でその輸入品を別の種類の商品とサービスへと急速に移行させ続けるという爆発的な経済成長が周期的に起きている間に、都市は輸入に基づいた最も顕著な経済の発展、強化を行います。もし、輸入の喪失が一時的なものでさえあれば、輸入置換の先送りはあまり長い期間とはならないように思えます。第二次世界大戦末期のロサンゼルスに劇的な事例があります。[*4] これはおそらく朝鮮戦争の時代までのアメリカの場合と同じですが、大量の軍需生産に断続的にのみ携わる国がその都市の経済への長期にわたる抑圧効果をなんら招くことなく、刺激的効果を受けていることを意味します。

＊4　『都市の原理』で、ジェイコブズはロサンゼルスが第二次世界大戦後の新しい仕事や輸入置換によって加速された成長という出来事を経験したことを論じている（新装版一七六～八〇頁）。そのエピソードを要約した第五部の「経済のベールを剥ぐ新仮説」参照。

しかしながら、長期にわたる大量の軍需生産には別の問題があります。そのことは、単に長期にわたってその都市の人々や企業が代金を支払う大量の商品とサービスが輸入品として都市に届いていないために、都市が相次いで輸入置換を妨害されるかそのプロセスを決定的に弱められるかのいずれかだということを意味するからです。[*5] 輸出品の置換やシフトを積極的に行わない都市は、他の都市からの新種の輸出品のために市場を急速に成長させる役目を果たしていないということですから、それは都市の新しい輸出にとっても累積的な抑止効果となるに違いありません。あるいは、軍需生産を行う都市は自らが地元の経済に大きな将来性を秘めた新しいタイプの輸出の蓄積を築き上げることもありません。都市の輸出を新たにつくりだす潜在的可能性が低下すること、したがって他の都市からの輸入を獲得する潜在的可能性が低下することは軍需生産によって直接引き起こされた輸入の喪失を強めることになります。このことが輸入を置換する潜在的な可能性をさらに弱めることになります。要するに、お互いが前向きに築き上げるべき都市の経済メカニズムはそのような局面で衰退のメカニズムへと転換していきます。一国があまり長い時間にわたり国内都市の経済をごまかすことはできません。

＊5　軍需品と軍需サービスが「不毛な」輸入、すなわち都市が置換できない輸入となるのには二つの理由がある。第一に、輸入品の多くは政府の強い規制が伴う武器か軍服であり、それら輸入品が自由で共生的な地元経済に加われないからである。『市場の倫理　統治の倫理』の中でも軍需品と軍需サービスには商業的生産物ではなく、統治者の道徳律に支配され取引を禁じられている「統治者」の生産物という言葉が使われている。第二に、多くの軍需品とサービスは、残っている輸入品を自由に置換できる創造的な都市経済をもたない交戦地域と軍事基地に出回るにとどまる。この点や他の国家プログラムについてもっと知りたければ『発展する地域　衰退する地域』「第一二章　衰退の取引」参照。

私の推論が正しければ、その国の都市に投入されるその他の補助金がどれほど大量で長期にわたるもの（たとえば、援助資金提供国からの商品で構成される非常に大量で長期の対外援助、都市の商品とサービスの輸入を犠牲にした大量・長期の資本輸出）であっても同じ効果があるとして、補助金は続けられるでしょう。しかし、もし多くの新種の商品とサービスで復活し、ダイナミック化した都市間交易を活発化するのにその都市で補助金を使うことがないとすると、流用した補助金は同じように補助した都市自体に戻ってくるでしょう。私たちは再び画一性という欠陥をもつ補助金戦略に戻ることになりますし、それに今回、私は戦争のための補助金が単に都市補助金プログラムと同額の補助金におきかえられたとしても、その都市が必然的に繁栄すると想定するのは誤った推論だと指摘し続けていきます。

おそらく、アメリカ社会はすでにあまりにも錯乱状態にあるので、都市を支援する様々な戦略を秩序ある建設的な方法で策定できないほどです。目的を共有するという意味での共通の価値観と、偉大で規律正しい再変革の機会およびそれらの調整に必要な信頼は、すでに取り返しのつかないほど失ってしまったのかもしれません。しかし、アメリカにとってまだ改革が可能なら、これから私が提案しようとするものがその道筋です。

第一に、補助金戦略は連邦税を地方と分け合うほうを選択して廃止されるべきです。非常に多くの州がその中に大なり小なり複数の、多くの場合に長期の停滞状態にある大都市圏を含むので、都市に返還される税金（あるいはそれに代わる方策として、再配分する徴税権限）は、州ではなく都市自体に直接与えられるべきでしょう。このような資金や権限に付随する州が管理する基準または例外規定は、補助金プログラムの本来的な欠陥をより小さい規模で間違いなく再現することになります。そして、基準または例外規定が権限分担の項目にないとすると、州を導管として利用しても無駄です。都市の行政機関があまりにも腐敗しているかそこでは人種差別があまりに根深いので、都市には資金や権限を委ねられないというよくある反対論は本当かもしれません。もしそうだとすると、これはアメリカにとって改革がもはや有効でないか、都市はさらに停滞や衰退をするか、革命や反革命活動が起こるだけだというのを別の言い方をしているだけです。けれども、事態がそれほど絶望的でないとすると、特別交付金の代わりに都市に投入される資金は軍事支出から引き揚げた税金をあてて迅速に増額されるべきです。アメリカ法人の経営状況が危機に瀕したときの彼らの創意工夫と先の大戦後の経験を考えると、軍事契約を失いつつある企業の経営陣がその取扱い品目に新種の商品やサービスを加えるのに躍起になるのを私たちは期待してもよいかもしれません。このように経済は、産軍複合体による仕事の副次効果として長く期待を抱かせてきた民間技術のよく知られた「副産物」を手に入れるかもしれませんが、これまで実現することはほとんどありませんでした。戦時労働に頼るようになっていた地元選出の国会議員に対応する政府が、当然のことながらそんな措置をとることはできないしとるつもりもないと、反対するのももちろん当然です。

実際には、既存の戦略を犠牲にしたこれらの推奨された移行は、今や都市の正常な拡大・発達プロセスを妨害している障害を単に取り除くにすぎないでしょう。その意味で、改革には否定的だと思います。しかし、積極的な戦略は望ましくもありおそらく必要だと思います。その戦略の展開にはいくぶん長い時間がかかることでしょう。

戦略は理想的にはデータ収集を最優先した分析、行動の連続的なプログラムを必要とします。しかし、必要性を考えると、現実には分析と行動はデータ収集が始まるのと同時が望ましいでしょう。そうすれば、戦略全体が問題の中心である都市の経済的創造力に向けられるでしょう。

補助金戦略に関係の深いデータは都市の経済成長率でしょう。これらの経済成長率は、所与の年の所与の都市でそれぞれ生みだされた最初にデータを集計した公共のものであれ民間のものであれ、商品とサービスのすべての種類と金額により決められるべきです。私が提案した次回のデータの集計は五年後に起こり、それに続くデータの集計のすべてはそれに先行するデータの集計以後の、都市のみでずっと生みだした商品とサービスの種類および金額を区分していくことになります。これは、新種の商品・サービスの成長率を生みだす五年前のすべての仕事の集計値に占める割合として表されます。二回目の五年間の集計は、もちろん最初の成長率の数字にとって代わることになりますが、所与の都市の成長率を他の都市のものと比較可能にするでしょうし、それ以降の集計もそうなります。三回目のそれに続く集計（それに続く集計したデータのすべて）は、所与の都市の成長率が上昇するか下降するかも示すことになります。私はデータ集計の間隔を五年ぐらいとするか決めかねています。事態の緊急性からは五年間隔が強く支持されます。しかし、一〇年間隔では一時的な成長をかなり振り落とす一方で、短い期間ではできないような雌伏期間のあとのイノベーションによる急速な成長を重視することになります。おそらく、最も賢明な進め方は、当初は五年と一〇年のデータ集計を両方ともすることでしょう。実際、期間が短いことにより重きをおいた二つの連続的な五年間隔のものと、一定のたしかな成果を得られるほうに重きをおく一〇年間隔のものを比較するのは、非常に示唆に富むかもしれません。これらの関係はあまりにも知られていません。

成長率が低いか下落している都市でするべきことは、どんな要因が都市の人々の経済的創造力を阻害しているのかを具体的に分析することでしょう。この作業は柔軟性に欠けた先入見でもちろん取り組むべきではなく、仮説を立ててこれら作業をいつかは始める必要があるという理由だけで取り組むべきです。いくつかの成立可能な仮説、たとえばベンチャー・キャピタルの不足がただちに思い浮かびます。以下、思いつく仮説を挙げていきます。資本の調達に関係するかぎりでの人種的・民族的差別。独占の存在（たとえば組織犯罪、そうでなければ時代遅れのフランチャイズやライセンス、ゾーニング法と一体になったショッピングセンターの開発業者、によって強要されるもの）。地方行政機関が実験的で革新的な商品とサービス（たとえば公園・学校・公共医療サービス・清掃作業のため）の購入を渋ること。地方行政機関がそのサービス（たとえば公共交通、廃棄物処理）での競合を認める気がないこと。新しい事業をつくりだすことができる従業員のスピンアウトを既存企業が阻止すること。それを必要とするどんな潜在的生産者にも利用可能な独力で生産されるか、供給される投入品目が欠如していること。たとえば合理的なパフォーマンス・ゾーニング（訳注：計画が与える影響に応じて用途や密度を柔軟に決定するタイプのゾーニングのこと）によって可能となるような問題解決型商品やサービス（たとえば騒音に有効な材料、汚染物質排出防止装置）を購入するインセンティブの欠如。*6

＊6　パフォーマンス・ゾーニングに関してはこの第三部の「都市の本当の課題」参照。

これが私たちが法律の効果、ベンチャー・キャピタルの利用と調達先、さらに都市を建築する（同時に都市を破壊する）生き物としての私たち自身の多くの特性についての現時点ではほとんど知らないことを具体的に、詳細にそこから学び始めたいと思う調査作業です。学ぶことと学んでいることを公表することさえ、けっして正確であるべきものでもありません。そうではなく、仮に都市の権力構造と住民数が都市の沈滞に実のところ関係している都市で調査に着手すると、それが究明の発端となります。そのような都市では、その作業は都市計画に組み込まれた多くの不毛な計画のための調査やそのほかの割高で見当違いなことに現在向けられている資金を利用すれば費用を賄うことが可能です。もちろん、求められているどんな変化も阻止しかねない、遅すぎて改革できない、というような言い方での反対が重ねてあるかもしれません。

成長率のデータに戻りますが、その数字は繁栄する都市にとってつねに変わりなく有益で価値ある情報であり、その点は絶望的な問題を抱える都市と同じです。成長率のデータは繁栄する都市が停滞し始めた場合はそのことを示し、さらにその予防のための分析結果と対応行動が必要だとの合図を送ってくれるでしょう。成長率が高く上昇傾向にある都市では、その数字は並外れた開発的な仕事、すなわち経済全体に不可欠な革新的で問題解決型商品とサービスに関わるその都市の能力を知らせてくれるでしょう。このような能力を実際に発揮できない場合には、その理由を調査すべきです。成長率が非常に高くても下降傾向にあるところでは、その動きは都市の通常の成長サイクルの下降局面にあることを示しているだけかもしれません。しかし、下降が長く続いているようであれば、危険な兆候ということになります。都市や大都市圏内の様々な地区内の成長率は予測可能で、その数字は分析や行動にとってきわめて有用です。

都市の経済とそこで進行しているプロセスを多少正確に描写しようと思えば、以下のデータが必要でしょう。㈠輸入置換を代表する新商品や新サービス（最新の集計値に現れている）で、それらの中でもよそからの移植や地元ゆかりのもの。㈡新しい投入品目を代表する新商品と新サービス。㈢以前の集計以来なくなっていた投入品目。㈣なくなってしまった輸出向けの製品の種類および金額。㈤輸出された製品とこれら新種の輸出を代表する製品のそれぞれの種類および金額。㈥これらの輸出の発生源（すなわち、すでに輸出を行っていた企業、輸出を新たに始めた企業、地元市場だけに向けて以前から生産していた企業のいずれによって生産されていたか）。㈦古くからある企業からとびだしてつくられた新しい企業の種類と数。㈧その都市外から資金調達した企業とは区別された、地元で資金調達された新しい企業の種類と数、さらに投資期間。㈨以前の集計から続いている輸入の量と種類の変化。私はこれらのデータを収集するのが非常に大変な仕事であるのを一覧表からわかっていたので、それらを列挙するのはどちらかといえば気が進みませんでした。しかし、成長率のデータは、分析や支援に向けた作業がすでにかなり高度に開発されたところでさえも非常に有益でしょう。データが関係するかぎり、まず必要なのは成長率に関するものです。また、それらはぜひとも必要だと思います。

総合的戦略は、本質的に経済生活への問題解決型の追加戦略に相当します。すなわち、下降局面にあるときに割に合うだけにとどまらず、成長局面であっても十分割に合います。複数の都市がある国で、すべての都市でいっせいにこのサービスを始める必要はありませんし、単一の機関が支援する必要もありません。様々な都市で無関係に始めることもありえます。もちろん、有益な比較可能な成長率を入手するには、様々な都市で同じデータ編集と計算の方法を採用する必要がありますが、その場合でさえ最初のうちはいくぶん試行的なものから始める必要があります。なぜなら判定に関する多くの難しい問題は、必要とされる経済的なイノベーションや創造力の現実的な兆候を実際に誤って伝えることがないような方法で解決されなければならないからです。分析と改善策策定の作業は、当初は完全に試行的なものにしたいものです。どんな試行的作業にあたるところでも、取組み成果は当該都市が独占するのではなく、他都市が模倣するのを奨励するのが優れた基本原則です。この戦略が認められ、評価され、さらに――だといいですが――開放され奨励される他の創造的な取組みに対してと同じように、この基本原則が都市を支援する効果的な戦略開発に間違いなく応用されると考えたいと思います。

## 高速道路という麻薬にはまりつつある都市

『グローブ・アンド・メール』紙、一九六九年一一月一日

私たち家族が約一年半前にトロントに住むようになってほどなく、借りたアパートが計画中のスパダイナ高速道路のおそらくすぐ脇の小高い場所にあるのを知りました。その高速道路は掘り込み式だとか、いや高架だとか、六車線だとか、いや八車線だとか、高速道路下の地下道付きだとか、いや地下道なしだとか、すぐにも建設する予定だとか、いや長い間建設しないとか、いろいろいわれていました。それがどんなものであったとしても、架空のものではありませんでした。高速道路四〇一号線に乗ると、マーシャル・マクルーハンが発射台と呼んだ巨大ででんと居座るインターチェンジが辺り一帯のむき出しの地面の上に今にも襲いかからんばかりか、あるいはそれに続くまだ荒らされていない渓谷や南のほうの感じのよいコミュニティに侵入しようか、と身構えているのを目にすることができます。[*1] **それらの場所では、巨木群や高速道路ができる以前に倒壊したすてきなエドワード朝様式のベランダが想像可能です。**

＊1　マーシャル・マクルーハン（一九一一～八〇）は「地球村」や「メディアはメッセージである」という言葉をつくりだしたことで最もよく知られるカナダ人の哲学者でありメディア評論家である。ジェイコブズとマクルーハンはトロントのスパダイナ高速道路の建設阻止運動にともに取り組んだ。彼らは一九六九年に公開されたドキュメンタリー映画『バーニング・ウッド』の台本を協力してつくった。

しかし、まさかそんなことが実際にあってはならないと、私たちはお互いにそれとなく気持ちを伝え合いました。一〇年前、五年前ならいざ知らず、今なら市当局もボストン、フィラデルフィア、ニューヨーク、バッファロー、デト

ロイト、ワシントンが陥っている高速道路での大惨事——ますます可哀想な犠牲者が増えて、紛争とデモがここ何年も増加しています——に関する最新データのすべてを当然知っているに違いありません。[*2] もちろん、市当局は、ラッシュアワー時の巨大な高速道路上の車がウマやバギーが出すのと同じ時速一六キロメートルでのろのろ進み、貧民層は仕事にありつく実質的な手段をもっておらず、排出ガスは大気を危機的な状態に陥れ、高速道路、インターチェンジ、駐車場が疲弊して人のいないダウンタウンのおよそ三分の二を占めている、ロサンゼルスの教訓をこの計画案に反映しなければならないと私たちは考えます。

＊2　それらの都市のすべてで、近隣地区を通り抜ける高速道路建設を阻止するために住民が立ち上がった「高速道路の反乱」の光景が見られた。一九六五年九月一三日に落成したトロントの最新の市庁舎に関するジェイコブズの見解は、フィンランド人建築家フィヨ・レベルによる当時流行のコンクリート打放しでデザインされた事実に言及するものである。建物の写真については本書第三部扉（139頁）参照。

しかし、ほどなく新聞で読んだロサンゼルスはほぼ理想的な交通システムを保有していて、トロントが目指しているお手本を提供していると書かれています。新聞で引用されているその話し手は都市圏交通局長のサミュエル・キャスです。

彼がいっていることに呆然としたので、私はいろいろ調べて、スパダイナ（同じトロントにあるアレンではありません）高速道路が最も重要なものであるにもかかわらず、稠密な具体的ネットワークの中でその影響はキャス氏がまさにいっているように、トロントをロサンゼルス化しそうなほんのひと繋ぎの計画路線であることがわかりました。[*3] この政策を支持する公式・非公式のコメントを読んだり聞いたりして、私はとりわけその無知ぶりに衝撃を受けました。トロントは他の都市が経験した都心部を壊滅状態にした高速道路に幻想をもちつづけているように思えます。そんなのはほんの一部の人たちのばかげた夢だと思いましょう。

＊3　スパダイナ高速道路は、既存の環状線である高速道路四〇一号線からダウンタウンへの接続道路として計画されていた。全線の一部は高速道路が完成したあと、スパダイナ・ロードやスパダイナ・アベニューにおきかえられる予定であった。今日、計画されたスパダイナ高速道路のわずかに完成した部分は、大都市トロントのもと「スーパー市長」ウイリアム・R・アレン（一九一九〜八五）の名にちなみ、アレン通りとして知られる。

## 一　高速道路の費用は建設歳出予算で賄われているという幻想

建設歳出予算は高速道路費用のほんの一部にすぎません。スパダイナ実業家協会が的確に指摘しているように、ほとんどの人が聞いたことがなくても、市の高速道路によって立ち退かされた多くのビジネスはそれがもたらす働き口と一緒に市の経済から永久に失われることになります。存続する企業向けの新しい地区と新しい居住施設は、平均すると取壊し以上に費用がかかり、増加した支出に備えると純益増とはなりません。高速道路のランプに出入りする交通量増加の犠牲となって、市の街路は拡幅しなければなりません。高価な都心部の土地の多くを占める駐車スペースは増やさなければなりません。公園に適した地域と公園になる見込みがある地域——トロントにある峡谷——は犠牲にならなければなりません。[＊4]

＊4　はるか昔の最終氷河期後に、後退した氷河は現在のトロントを取り囲む全域にわたって砂と粘土の厚い堆積層を残した。五大湖に流れ込む河川や小川はやわらかな陸地を浸食し、一連の独特の険しい峡谷をつくりだした。トロントの低地一帯に巨大な物的損害と多数の死者を招いた一九五四年のハリケーン・ヘイゼルのあと、新設されたトロント地域自然保護公社は峡谷を土地収用しそれをパークランド（訳注：公園に適した地域）として保護した。それらは「公園の中の都市」としてのトロントの自己像を鼓舞するものである。

大気汚染や騒音をひどくすることに金銭的な費用負担をさせるのは困難な一方で、費用は現実にかかります。同様に、住民の広範な追出しや都市近隣の崩壊は膨大かつ増大する社会的費用を強いるものです。

私は多くのアメリカの都市で、住民が高速道路にかつて支払った政府歳出金をじっくり考えた経験から学んでいることをお伝えしているだけです。その経験とは、最近リチャード・ニクソン大統領の都市問題担当補佐官であるパトリック・モイニハンが財政上の絶望的な理由を要約し、その発言が社会的に大騒ぎになったという苦い現実です。発言は「他のどんなものにも増して自動車ほど二〇世紀のアメリカの都市の強みをなくし、その外形を破壊し、生活を粉々にして破滅させた単一要因はない」というものです。

私はこれまで建設資金だけについて話しています。高速道路の直接・間接の運営費用は誰もが想定する以上に大きいこともわかっています。

現在、一部のアメリカの都市では、改修と物理的な維持・管理費が年間で建設費の八パーセント以上に達しつつあります。言い換えれば、高速道路はいったん老朽化するとその建設費相当額を一二年に一度の頻度で、それ以降繰り返しかける必要があるかもしれません。

少なくとも、あるアメリカの病院は自動車事故の患者の治療コストを超えて、毎年赤字という興味深い事実を指摘しました。歴史上最も危険な都市の輸送形態を手助けする病院と医療サービスは、高速道路の隠された運営費用の一つにもなっています。

ニューヨークでは、裁判所はあまりに混雑していて司法行政の全体システムがほとんど機能停止状態であり、負担する業務のそのほとんどに交通違反や交通事故、その他の隠れた運用費用が含まれています。

土地が高速道路、インターチェンジ、ランプのために収用される場合、その支出は引き継ぎ項目と見なされません。けれども実際には毎年税金の無駄が起きています。この損失を埋め合わせようとする見掛け倒しの方法は、高速道路脇を税金が高い高層アパート用にゾーニングすることです。それらもまた、隠れた社会的・経済的費用を負担しています。

高速道路は都市の外側の田舎か都市の外れにあるとするのが妥当だとする原価計算法は、都市内の高速道路にもあてはめることができる、とずっと間違って考えられています。この二つについて単純な比較はできません。都市の高速道路の評価を公共交通の費用と比較すると、混乱がさらにひどくなります。比較は上辺だけの話です。

## 二　都市は高速道路システムの構築と公共交通の継続的発展を同時に可能にするという幻想

ちょうど今述べた理由により、そんなことをするほど裕福な都市はありません。高速道路が都市の資産を先買権により取得すると、公共交通は否応なく衰弱します。トロントが今の政策をこのまま進めていくと、これから一〇年もすると公共交通が現在よりかなりひどいことになるのを確実に予言できます。[*5]

＊5　ジェイコブズらしからぬ予言が実際にそうなるかは、トロントの「現在の政策」が進まなかったのでわかることはなかった。反対運動の何年もあとの一九七一年に、スパダイナ高速道路はついに取り止めになり、トロントの交通計画に転換点を画することになった。オンタリオ州知事のビル・デイビスは、高速道路計画の終結を発表した一九七一年六月の演説でそのときの気持ちを次のように大変うまく要約した。「都市は人々のために建設されたのであって、車のためではない。もし、我々が自動車に仕える交通体系をつくるつもりなら、スパダイナ高速道路はスタート場所にはたぶんよいだろう。しかし、人々に仕える交通体系をつくるつもりなら、スパダイナ高速道路は止めたほうがよい場所だろう」（ジョン・スーエル『都市の全体像』原書一七九～八〇頁）

## 三　高速道路計画が得策ではないとわかれば、都市がそれを中止できるという幻想

残念ながら、選択し損なうともとへは戻れない時点があります。なぜそうなのかを理解するには、高速道路はその進入口と退出口が制限されている点で、一般の都市街路とは異なるのだと気づかなければなりません。街角があるたびに出入りすることはできません。高速道路の特徴である進入口の制限は、開けた田舎や都市の外れを通り抜けてつくられる点で非常にうまくいっていますが、激しく利用されるランプの出入りでつながる都市街路の交通混雑を自動的につく

りだします。たとえば、スパダイナ高速道路のケースでは、多くのドライバーの目的地はたぶん都心部のブロア通り地区でしょう。東や西の少し遠くにある別の場所へと向かう車が区分されて交通の難所であるブロア通り地区を迂回しないかぎり、その交通混雑はたぶん我慢できないものになるでしょう。そのために、都心に向かう長距離の車が西でハイウエイ四〇〇号に、東でドン・バレイ高速道につながるクロスタウン高速道路へと迂回しなければならないのがブロア地区北部なのです。要するにいったんスパダイナ高速道路ができると、クロスタウン高速道路の先に行く選択肢がありません。トロントの高速道路網は理想的だと考えるキャス氏でさえ、その選択肢をとることができません。

さらに、交通量が時間とともに増大するにつれ、新しい交通の難所がクロスタウン高速道路によって生じます。さらに、スパダイナ高速道路とハイウエイ四〇〇号線が合流してガーディナーへと向かう場所にあたるブロア南部に別の交通の難所が現れそうです。ガーディナーはすでに限界に達しているので拡幅しなければなりません。[*6]

＊6　実際に、ガーディナー高速道はけっして延伸されなかったばかりか、一九九〇年代までに不十分なメンテナンス財源はなくなる結果となった。二〇一一年までに、市は救命用の高架の高速道路をただもちつづけるのに年間およそ一二〇〇万ドルの費用をかけたが、さらに二〇一五年には取り壊すか高速道の一部をつくりかえるか、議論が燃え上がった。

このダイナミクスが都市の高速道路プログラムがいつまで経っても終わることがない理由です。中止という選択肢の欠如は、システムそのものに組み込まれているのです。都市の高速道路計画は常習性薬物にかなり溺れつつあるようです。

## 四　高速道路が郊外居住者を支援するという幻想

この妄想はノース・ヨークの素朴な人々にとって特に魅力的なようです。もちろん、郊外居住者はすでに知っているダウンタウンへの同じ道のり、おそらくその改善版さえも思い描きつつあります。しかし、高速道路、インターチェンジ、駐車場がダウンタウンに急増するにつれ、地元の通りがこれまで以上に混雑して汚染と騒音が激しくなり、都市中心部の質は悪化します。郊外居住者が通勤時間帯に車を走らせると、あっという間の道のりだとの妄想を裏切られさえもします。

## 五　トラック輸送は都市高速道路に助けられているという幻想

街路空間を巡って乗用車とトラックが競合するのは都市の商品移動にとって最悪の状況ですし、高速道路はこの問題をただ深刻化させるだけです。自動車以外の方法で移動できる乗客が多くなればなるほど、商品の移動はさらに改善されます。

## 六　都市高速道路に代わるものはないという幻想

もちろん、これはまったく想像力に欠けています。徒歩、自動車、地下鉄、路面電車、バス以外の方法で都市を動き回る人間を思いつくことができない人たちの間で幻想は最もひどい状況にあります。

合衆国住宅都市開発省の依頼でシステムアナリストの会社が請け負った都市の輸送問題と解決策についての最近の分析は、地下鉄を新設したり既存の地下鉄網を拡大したりするよりも新しい輸送技術を採用したほうが――もちろん、高速道路網を設けたり延伸したりするよりも同様に安上がりですが――大都市（調査サンプルとなったのはボストンとヒューストンでした）にとって安上がりだと結論付けています。その輸送手段の経済性、利便性、早さに関する分析で最も好まれている方法は、遠出用の早い高速レーン上でつながる列車のような狭い専用レーンを走り、それから乗客の多様な目的地へとレーンを離れる、ダイヤルすると小型の車で目的地まで送ってくれる公的なシステムです。*7

＊7　実験的な輸送手段の分析をもっと知りたければ、この第三部の「都市の本当の課題」参照。

残念ながら、現実にはアメリカの都市はすべて予測しうる未来ではそのようなアイディアを利用するどんな選択肢もすでに失っています。アメリカの都市はすでに都市高速道路という一つのシステムを導入してうまくいっていませんが、だからといって別のシステムを導入するのは非現実的です。しかし、トロントはいまだそのような状況にはありません。

一方で乗り物ないしサービスは、一種類では大規模な現代都市の多くの複雑な公共交通の必要条件を提供できません。様々な新しい乗り物サービスがお互いを補完し合うことを求められています。すでにマスケグでは当たり前となったホーバークラフトは、湖や川の多い都市には明らかに役立ちます。[＊8]トロントではホーバークラフトは通勤手段として重責を担っており、ハミルトンへの非常に迅速なサービスを提供可能であり、したがってロチェスター、バッファロー、デトロイトにも広げて、空港の負担を取り除くことが可能です。そうであれば、港湾局長が臨海部から離れた都市間空港を画策する必要性はなくなるかもしれません。カナダ・ナショナル・エキシビション（訳注：移動式遊園地）や島々で現在娯楽目的に利用されているタイプを発展させたスカイカー（訳注：浮上可能な自動車）でさえ、人々をダウンタウンのある場所から別の場所へすぐに運ぶ実用的な役割を果たすことが可能です。[＊9]

＊8　「マスケグ」――アルゴンキン語（訳注：北アメリカの先住民アルゴンキン族の言葉）に由来する――は、カナダ北部に見られる泥炭湿原や他の湿地帯の景観を指すカナダの用語である。地上に浮かせるために空気をクッションに利用するホーバークラフトは多湿で厳しい環境に向いている。

＊9　ジェイコブズの執筆当時、カナディアン・ナショナル・エキシビションとトロント島の双方は吊り下げケーブル形式の輸送手段があることを催事会場の呼び物とした。

## 七　市議会はスパダイナ高速道路計画を実際に承認しているという幻想

たしかに、市議会は何かを承認しました。しかし、何を承認したのか私にはわかりません。九月二日時点で、市の運輸委員会はいまだに高速道路の計画書を目にしていませんでしたし、正直なところそれらの点と他の重要な質問、すなわちブロア通りの交通に何が起きるのか、どこがランプの出入口となり、なんという一般道路につながるのか、ガーディナー高速道はスパダイナルートから送り込まれる増加交通量をどのようにして飲み込むのか、これらの回答がどうなっているのかわかりませんでした。

おそらく、計画を告げられた運輸委員会は、翌年初め以降になって初めてその情報が利用可能になるので、市議会は市の都市計画局と同じくいまだに何もわからないままです。

**比較的最近になってニューヨークから移住して来た者として、私がトロントに十分にわくわくしているかよく聞かれます。私はわくわくしすぎるくらいです。ニューヨークであったような不安な状態はぞっとします。**ここトロントは北アメリカで最も希望に満ちて健全な都市であり、いまだに大きなダメージを受けたこともなく、いろいろな選択肢もまだあります。私たちの中で他都市の過ちから恩恵を受けることはほとんどありませんし、おそらくトロントも他都市と同じくこの過ちを冒すのがいずれ判明することでしょう。そうだとすると、私はその破滅前にこの大都市を楽しんでいることに少なくとも感謝しています。

# 都市の本当の課題

## アースウイークのティーチ・イン開会式での講演、ミルウォーキー・テクニカル・カレッジ、一九七〇年

『ソビエト百科事典』はよく利用していますが、事実上ミシンから電話までのすべての発明は誰だかよくわからない一九世紀のロシア人が最初に考えだしたと言い張っていたので、笑うのにはもってこいです。おそらく、そうだったんでしょう。しかし、そのアイディアは実際に利用されませんでした。**有益なアイディア、発明、方法を考えだすことと、日常の経済生活で実際に活用することとは決定的な違いがあります。**有益な発明、方法、サービスを必要とされるときに、日常的に利用できないかしない経済は停滞した経済です。

時間が経っても必要とする新しいタイプの商品、サービスを具体化することのない停滞した経済は、古い商品とサービスの生産にあまりに長期間、あまりにどっぷりとつかり、さらに世間に認められた団体や企業にあまりにも長期間頼っています。アメリカは現在、経済的に停滞しています。私は景気後退あるいは経済恐慌の話でさえするつもりはありませんが、非常に深刻なこと、それはいったん起きればもとには戻れないことさえあるかもしれないことについて話そうと思います。[*1]

＊1　一九七〇年のアラン・B・プラント記念講演での同様な講演で、ジェイコブズは、カナダ人の慎重に再考する傾向は自分が停滞を駄目なものと受け取るのを避けるのに役立つだろう、との期待を表明している。彼女は哲学者マーシャル・マクルーハンを引用して、アメリカがあらゆる種類の都市問題についてのカナダの「内蔵された早期警報システム」の役割を果たしていると述べている。第四部の「一緒に自転車に乗ること」で繰り返し述べている点である。

実例として、アメリカの輸送手段の状況を考えてみましょう。自動車とトラックは都市を汚染だらけにしています。都市の物理的・社会的な魅力のほとんどすべてが、町、海岸線、田園地帯の評価をますます落とす車、高速道路、駐車場、その他の同様な施設の犠牲になっています。多くの家庭は十分な金銭的余裕がなくても、車というそれなしではやっていけない高価な機器の購入費用と維持費の負担を負っています。病院と裁判所の負担は異様なほどです。自動車で出掛けることは、世の中でこれまで知られた最も危険な日常的輸送手段の形態です。その他にもいろいろあります。自動車とガソリンの膨大な生産量に起因する問題は延々と文書化され、説明され、報告されてきました。私たちが頼りすぎるもう一つの輸送形態である航空機は、それならではの関連する多くの問題を急速に生みだしつつあり、これらの問題も環境危機を高めています。

この問題の状況を見ると、輸送の実用的なアイディアはその間に自動車、飛行機、地下鉄がすべて徹底的な変革を遂げたおよそ六〇か七〇年前に使い尽くしたと考えるのが論理的かもしれませんが、当然のことながらそうではありません。現在、アメリカはたとえていえば、輸送手段用の未使用アイディアに関する独自の「ソビエト百科事典」をもっています。

たとえば、今年初めに『ニューヨーク・タイムズ』紙は、ニューヨーク市交通局が進めている新しい発案に当惑する何人かのアメリカ人や外国人のことを報じていましたが、それは市内を横断する地下鉄路線網を利用した「ピープル・ムーバー（訳注：空港のような比較的狭い範囲で運行される交通手段）」の一一五通りの異なる計画案を慎重に検討するものです。ほとんどの計画案は一〇年、二〇年、実に三〇年前のものもありますが、すでに考えだされていたものです。おそらく、その一つが一七年前に四二番通りの定期往復便として全面的に開発され、テスト運行に成功したカーベイヤーと呼ばれるシステムです。この交通手段は大変迅速で人手をほとんど必要としない経済的なものであったため、断念されたのでした。既存の交通機関にとって大変困った存在だったからです。

私は当局が一一五の計画案のどれが利用可能かを決定し、それから対応策をとる間ずっと固唾を飲んで見守ることをみなさまに勧めているわけではありません。この特殊な役所は、この計画案をじっくり検討するためと、二つの地下鉄駅の改装用の別の補助金を請求するかどうかを決めるための連邦政府からの調査補助金獲得に約二年を要するからです。

一〇年間かそこら、私はそれとは別の発明で料金を投入し目的地をダイヤルする小型でガイド付きの一人用カプセル「スターカー・システム」について文献調査をしています。[*2] このカプセルは快速列車が走る高速路線沿いの非常に多くの箇所でつながり、そこからさらに様々な目的地に分かれていくものです。昨年、連邦政府が資金を出し、調査事例地としてボストンとヒューストンを取り上げた都市輸送手段の大規模なシステム分析は、高速道路ないし地下鉄の建設を続けるよりもこのスターカー・システムを設置するほうがコストも少なくて済み、他の方法より早くて便利であり、市がその利用を決定すれば五年以内に開発できるだろう、との結論を出しました。このシステムであれば、六車線の高速道路よりももっと多くの人をもっと早く運ぶのに歩道ほど広い幅の通行権は必要ありません。汚染からコミュニティの破壊に至る環境面のあらゆる観点からも大変大きな改善をもたらしてくれるでしょう。もちろん、人間の知性はヘンリー・フォードやジョン・D・ロックフェラーで頂点に達したと信じる人以外は、誰もこのことすべてに驚かないはずです。それにもかかわらず、私はアメリカの都市の中からスターカー・システムを試すところが出てくるまで期待して待っていても無駄だと思います。すでに十分すぎるほど長い期間が経っているからです。スターカー・システムは、不便で衰退した時代遅れの公共輸送手段と、自動車およびガソリンのための非常に大規模で頼りがいのある市場を前提とする既存事業者をあまりに動揺させるからです。[*3]

＊2　グッドイヤーとスティーブンズ・アダムソンと呼ばれるベルトコンベアー会社が開発したカーベイヤーは、車一〇台をひとまとめにしてベルトコンベアーで運ぶシステムであった。四二番通りのルートを別にすれば、イーストアイランド（ローズベルトアイランド）のヴィクター・グルーエンの計画を含めて、他のプロジェクトの多様性のために提案されたものであるが、広く利用されることはけっしてなかった。イーストアイランドのグルーエンの計画は、ジェイコブズが本書第二部の「機能の減退」で非難したものである。一方、アルデンのスターカー

＊3 はウエストヴァージニア州のモーガンタウンの一人用高速輸送システムとして生まれ変わって常設されている。一九七五年に開業した。

最終原稿からの抜粋：誰もがアースウイークの期間中、環境への溢れでんばかりの大きな関心を素晴らしいと感じていますが、私はそれには疑問があります。ある意味で、私にはそのことが社会的停滞の承認・計画週間のように思えてしまいます。社会的停滞に起因するトラブルのすべてが、進歩と豊かさに起因するトラブルと同じくらいあまりに軽率に分析されています。しかし、豊かさは進歩と同じくすでに消えてなくなりつつあります。停滞した経済は未解決の問題や未着手の仕事を積み上げ、失業者の数を増やすにつれて、容赦なく徐々にひどくなります。これが現在、アメリカ経済に起きていることです。たしかに、停滞した経済でも大変なお金持ちはいます。お金持ちは不景気が深刻になるほど概してもっとお金持ちになりますが、貧乏人の数は増えます。そういうときは何をしても以前ほどにはうまくいきません。昔からのサービスでさえうまくいかなくなり、コストは増えます。さらに、深刻なまでの創造力のなさで、お金さえ問題の改善にほとんど役に立たないようになってしまいます。そのお金は、公的医療制度であるメディケアやメディケイドを通して病院や医療システムに流れ込み、医療や病院看護のコストを膨張させ、お金がどこに向かっているかを探すためにシステムを詳細に調べるすべての人の頭を混乱させる以外には、ほとんど無駄である莫大な補助金のように運用されます。

　私がこの点を恐れるのは、社会的停滞の承認・計画ウィークは進歩と豊かさが環境の略奪に起因するとの誤った思い込みのもとで、通俗的な反応が人口を抑制し、成長を減速させる週とされてしまう可能性があるという理由からです。単刀直入にいえば、そこでいっていることは過剰な自動車は過剰な人口によるものだという点です。もっと抽象的かつ包括的にいえば、エネルギーとその資源の我々一人あたりの使用と濫用は歯止めなく続けられないというものであり、それゆえにその答えは人口増加率を減少させろとなります。これは現状と社会的停滞を擁護するための計画です。もちろん、停滞した経済下では生活は山積する問題、執拗な貧困、未着手の仕事、失業に憤慨する人々でいつもしみったれたものとなります。人々が海外移住でいなくならないかぎり、そのような人々は既存状況にとって脅威が増す要因となります。

　この現状維持の問題に少し目を向けてみましょう。ニューヨークの地下鉄システムの責任者が当時の体制をカーベイヤーで妨害させないことを選んでから一七年経ち、そのシステムは当時のままではありません。サービス、装備、装備のメンテナンスは悪化し、その一方でコストは着実に上昇しました。このままでもそれ以外のたいがいの状況でも、現状を維持するのは不可能です。ほとんどの活動と、もちろん社会を全体としてとらえることにおいて、**私たちは創造的でなければならず、さもないと悪化に任せるがままとなります。これは現代の経済がどうしても避けて通れないことだというわけではなく、創造的であること自体が人間の避けて通れない条件だということです。**生存に最低限必要な農業の停滞は土地の豊饒さ、特にその微量元素をついには枯渇させてしまいます。燃料用の木材に非常に長い期間にわたりひどく依存してきた我々の経済よりずっと単純な経済は、環境に壊滅的な影響を与えます。

現状を維持することは実際問題として環境の悪化という犠牲を払って既得権益をうまく維持することを意味します。次の文章は現状体制の中心人物であるアメリカ石油協会の会長が、一九六一年にニュージャージーのスタンダード・オイルの社内報でこの点をどのように見ているかを示すものです。

それぞれの車が別々にたった数百キロメートルを乗り回すだけで、ガソリンの消費はほぼ一パーセント増える。これは毎週ドライバー一人ひとりがハンドルを握り始めてたった三〜四分で消費してしまうことを意味するが、一年間で消費するガソリンを一六九万キロリットル加算することになる……。私はガソリンとエンジンオイルの巨大な消費から目を覚まさせてくれるものとして、協会の新しい活動プログラムを心より支持します。

高速道路のための都市のコミュニティの破壊と、市場にもっと石油が届くように必死に努力した結果である油まみれによる浜辺の破壊とは、直接つながっています。都市近隣の脆弱な生態系と北極の脆弱な生態系は結束するか共倒れするかです。既得権益側を重んじて、増大する問題は都市では未解決のままなので、最外部の自然保護区はいよいよ脅かされています。

私は社会的停滞と、人口抑制のための現在の強力で資金力豊かなキャンペーンによってもたらされた社会的停滞に対する険悪な口調での言い逃れの説明として、輸送手段をずっと利用しています。[*4] しかし、不幸なことに輸送機関の低迷は問題解決に失敗した数多い例の一つにすぎません。私は悪いものの目録にリストアップする目的ではなくて、広範に広がった失敗の本質について何かしら示唆するために数少ない別の例を話していきます。私が理解しているパターンは、現実的な問題に最も身近で関わっている人々がその問題を解決するには無力だと描写されているものです。意思決定は上のほうから押しつけられます。発展が下のほうから現れることは許されず、こうして本当に価値のある大切な発展がどこかに現れるのはごく稀にしかありません。

＊4　トーマス・ロバート・マルサス（一七六六〜一八三四）の著書に啓発され、厳格な人口安定化は当時の環境保護主義者の間では、アースウィークの創設者であるゲイロード・ネルソンを含めて支持者が多かった。彼はこのイベントでジェイコブズと一緒に講演した。

この観点から、都市住宅に関する長い期間にわたる高くついた失敗を考えてみましょう。ここで取り上げようとする唯一の問題部分は、既成市街地化した都市に新しい住まいをいかにしてつけ加えていくかです。トップダウンで押しつけられた解決策には、非常に良好で再利用できる住宅を悪いものと一緒くたにして犠牲にしてしまう欠点があります。この点は、新しい建設が民間の開発業者であれ、公共機関であれ、はたまた両者の組合せであれあてはまります。民間開発業者と公共機関がともに全面的に取り壊してつくりなおすやり方の経済的効果は惨めな結果となります。最も必要とされながらすでに供給不足となっているタイプ――ほどほどの品質で低価格の住宅――の純減は避けられない結末です。すべてのタイプが純減となるのもしょっちゅうです。言い換えれば、単に都市住宅のコストを吊り上げる結果に終わるだけです。このような政策のもとで、これらのプログラムにもっとお金を注ぎ込んでも問題は激化するだけです。

都市の密集地域内での新築をおざなりにしてその代わりに――まったく同様にではなく、その代わりに――都市の外れないしは郊外の衛星都市の大きな空地に新築を集中させるのは解決策にはなりません。本当は、都市の密集地域は新築を必要としています。古い建物は痛みがひどい。火災が起きる。空いたままにしないほうがよい空地はたしかにある、等々です。要するに、これらの多くのタイプの建物は通常の摩耗があれば新築が必要です。さらに、都市の外れのさらに外側や郊外の衛星都市あるいはニュータウンに同じ問題が先送りされているだけです。新しいものはいつまでも新しいままではいられません。新築もいずれ摩耗するようになります。

都市の街路を歩いていると、役立つものなら何一つ壊さないで住宅がはめ込まれた隙間は非常に重要です。その隙間は決定的に重要なので、何百人もの近隣住民は「隙間を埋める」のが当然と思うようになります。新しい住宅建設を居住可能な住宅の供給で純増とすることが可能なかぎり、資源を目いっぱい利用するのは健全な考えだと誰もがこの現実的な見方をとっているように思えます。

私は約一五年前に、フィラデルフィアの貧しい黒人地区で最初にこの隙間を埋める要望のことを聞きましたが、それ以来多くの他の都市でも聞くようになりました。今のところ、私が知るかぎり、国内を見渡しても隙間埋め計画が進行中の近隣はたった一つだけです。その近隣はニューヨークにあり、そこを私はよく知っています。そこは私がかつて住んでいた近隣です。

このケースではお決まりの反対はすべて行われました。最初に計画案は住宅計画関係部門の官僚から徹底的に非難されました。彼らはそれを経済的でないといいました。これは奇妙な反応でした。というのは、近隣住民による計画のコストは、その同じ官僚によってもともと提案された計画の三分の一以下であり、その一方で住宅供給戸数の純増は費用のかかる官僚の計画によるもののほぼ二倍だったからです。たしかに、新しく、即席で、人工的なコミュニティは、有機的に育ったものよりよいだろうという論拠により大規模クリアランスを要求するうえからの計画は、そんなわけでコスト面に膨大な相違があるのは驚くにはあたりません。また一方で——これがさらに重要ですが——官僚はポケットサイズ建設と呼ばれるものを代替案として提案してきました。この提案は、経済的な建設にとって適正なサイズと形の敷地に埋め尽くすのが不可欠と考えられたかのような、住宅とビジネスを粉砕しただけの建物で構成されていました。何も壊すことのなかった近隣の隙間埋め計画案は、その論拠が経済性だけの破壊的な計画案よりも、さらに経済的であることもわかっていました。

近隣住民は解決策をちゃんと出してくれる建築家たちを選んで非常に幸運でした。建築家たちは、解決できない問題や現実的でないやり方をしていた住民たちと話すのに時間を無駄にすることはありませんでした。それどころか、頭を使い、新しい試みをしました。彼らは小さな基本となる建物を三つのわずかずつプロポーションを変えたデザインとしました。単独でも共同でも、基本となる建物は近隣の思いがけず利用できるようになった各々の敷地ごとに、それ自体の与えられた条件のもとでどれも有効活用できます。要するに、このやり方によれば、注文住宅の有利さはその経済的な不利さもなく達成されましたが、それは大量生産建物の経済的な有利さを画一性というその不利さなしで同様に利用できたからです。

その建物はきわめて柔軟な利用を認めるデザインであり、さらに近隣住民は次世代が望むと思われる変更タイプを見据えていたので、居住用から商業利用へと容易に転用可能ですしその逆も可能です。[*5]

＊5　この「隙間埋め構想」はウエストヴィレッジ・ハウス計画であり、もともとジェイコブズとその近隣住民によって、近隣のための市の都市再生計画に対する代替案として提案したものである。この建物群は一九七四年にオープンしたが、四二棟の五階建て、エレベーターなしの原案は数年の完成遅れと建設費上昇に苦しめられた。建築的に特徴のないウエストヴィレッジ・ハウスは、それにもかかわらず家賃の高い近隣の中では比較的手頃な家賃のインフィル型開発住宅のさきがけとして今も残っている。一九七〇年代に、ジェイコブズが自宅に選んだトロントの市役所は、手頃な家賃の住宅をさらなる成功とともにつくりだすために似たようなインフィル型計画を開始した（この第三部の「大規模計画は都市再生問題を解決できるのか？」参照）。今日、このやり方はさらに一般的になっており、その点は「インフィル」という用語を高く評価する声が増えていることにも表れている。環境保護庁の最近の報告書『成長抑制と経済発展：インフィル型開発への投資』（二〇一四）によれば、インフィル型開発はアメリカの二〇九の大都市圏で新築住宅建設のおよそ二一パーセントを占めている。

結果的に、官僚はちゃんと近隣住民とも協力しあいましたが、一つの近隣でのこの成功は別として、この話に大いに希望がもてるといったらうそをつくことになるでしょう。最終的に住民の計画案と一致した正式認可が下りるのとほぼ同時に、新しい条項が市の建築基準条例に追加されましたが、その条項はどこかよその近隣が似たような計画案を採用したり、やり方を丸ごと真似たりするのを不可能にする効果をもっています。

その一方で、他の都市でも隙間埋め政策を要請する人々は、それは実行不可能だとしていまだに言い渡され続けています。連邦政府内では、住宅・都市開発省により資金援助されている精緻でお金のかかる試験的な住宅プログラムはこの点に関する当を得た疑問提起さえしようとしません。

是が非でも必要とされる分野で、なぜインフィル型開発への事実上の抵抗がそんなにもあるのでしょうか？　おそらく、現状にとって大変動揺することなのです。計画案が最初に実現した七年前に、ある住宅局長が語ったひと言に表れています。「もし、この近隣計画を近隣住民自体に任せると、あらゆる近隣住民が自分たちの都合のいいように計画するのを望むだろう」。彼が懸念する点は私にも理解できます。その隙間埋め型の都市住宅政策によって巨大な連邦、州、市の住宅部門の官僚組織の大半が時代遅れのものになってしまうでしょう。建築家たちは住民と一緒に直接この隙間埋め型の計画案に取り組むことが可能です。おそらく、下のほうから現れた根本的に新しい方法の考え方そのものは、それ自体がバークレイの民衆公園やパリ五月革命での「民衆に力を」のスローガンと同じく、ギョッとさせるように思えます。

隙間埋め政策を抑え込もうとする理由がどんなものであれ、それが根本的に新しい考えを必要とし、提案しているのであればあまりに酷すぎます。ニューヨークの計画案は、けっしてこの方式によりどんなことができるかの最終案ではありません。私がその創造性を高く評価するトロントの建築家たちの中には、彼らの見解では都市の隙間埋め方式の基本単位は六・七メートル四方ほどの小ささで、これを垂直方向か水平方向に何倍かにすると、思いがけない敷地にさらに適用でき、しかも屋内の計画および将来の用途変更、さらには外装や窓の新設が可能だと語る者がいます。歴史的にある理由で始められた新しい方式は、まったく違う問題にも同じように解決策を与えてくれることがよくあります。

しかし、**経済が停滞していると、蜘蛛の巣のような抑圧的なネットワークは驚くほど連結し、広がっていきます。どこかの都市が政策転換しても、既存のある種のネットワークの配置状況が変化の妨げになっているように見えます。**抑圧的なネットワークが完全には整っていないところから抜けだすのがますます困難になり、見つかり次第、再び素早く取り込まれてしまいます。

特に助成金がつく国のプログラムは、それがすでに明らかに問題となっている事項に向けられるので、社会的停滞と戦うには役に立ちません。たしかに、増大する問題の存在を別にすれば、さらに理論的に理由をつけられるかもしれません。たとえば、住宅は必需品なので連邦政府の責任であるとときどき煽り立てられます。衣類も必需品です。それが必需品だからといって、誰も国家的な服飾プログラムを強く求めることはありません。もし、服飾業界が建築業界と同じくらい酷いことをするようだと、私たちはそんなプログラムをもつことになるかもしれません。それはないでしょうが、助成金がついた国のプログラムは住宅、運輸、汚染防止、健康管理などの問題のある活動と関係しているという事実を避けて通れません。さらにこれはプログラムが早すぎる指示事項制定と標準化ではなく、たくさんの新しい方式とたくさんの開発的仕事を必要とする活動へと自動的に向けられることを意味します。

国のプログラムは、ある問題が重要だと明確に規定されているまさにその事実から、標準化され練り切れていない規定を安心できるものとしています。たとえば、下水汚染に取り組むプログラムがその問題を下水処理場の必要性の問題として明確にしていると、助成金が下水処理場に使われるのは確実かもしれません。しかし、下水に取り組むよりもっとよい方法があるかもしれません。

いったん問題が重要だとわかると、原因に関わる多くの商品とサービスの標準化があとに続きます。要するにこれらのすべては、所定のプログラムに参加する各都市はそれが地元で生産されたか、別の都市からもちこまれたかのいずれであっても、他の参加者の全員と非常によく似た商品やサービスで対応しなければならないことを意味します。創造やイノベーションの可能性そのものが、熟考のうえであれ偶然であれ、不可解な既存ネットワークの配置状況のもとで抑え込まれつつあります。現状は乱されそうにないとか、発展は起こりそうもないとか、現在、私たちが抱える問題はいつまでも続いていくという点に決着をつける最も確実な方法は、問題の明確化とその解決に向けた資金管理の責任を集約することです。戦略それ自体だけで必然的に問題解決のゴールとはなりません。

実際に現在問題となっている多くのケースでは、いずれにしても上のほうからその問題を解決する効果的な方法は絶対にありません。このような状況の典型が、様々なタイプの汚染問題を克服するための主要な方法の一つである廃棄物のリサイクルに見られます。

『ニューヨーク・タイムズ』紙に要約された中国からの最近の報告によれば、上海企業の中にはスラグから建築材料を製造しているところもあれば、その一方でそこで従来から製造していたものではない約五〇種類ほどの化学薬品を廃棄物から製造している他の企業もあります。それらの企業の方針は「廃棄物をゴミとして積み上げるか、都市の空気や水を汚染するのを許すのに代え、再利用すること」と表現されています。報告書には廃棄物のリサイクル作業は上のほうからいわれて行ったものではないと書かれています。それは廃棄物を扱う作業員が始めたことでした。それから、報告書では作業員によって克服されなければならないより高いレベルでの無知や故意の妨害を大いに強調し続けています。おそらく、これはイデオロギーを見せびらかせるものですが、実際には北アメリカで数多く経験してきた廃棄物の検査に直接携わる作業員の重要性を指摘するものです。

ここに挙げる廃棄物リサイクルでは、むしろ数少ない先進例の多くは——たとえば、飛散灰の軽量コンクリートブロックへの転換、再処理加工工場へ送る古紙の回収、ゴミの軽量・乾燥化した堆肥への転換、中古機械を再利用した今非常に成功している産業——廃棄物を取り扱う非常に低い地位にある人々によって考案され実施されていました。

遡ること一九六〇年代初頭、ペンシルベニア州の石炭燃焼型発電所は、化学の大企業と共同で燃料を燃焼する煙突で二酸化硫黄をとらえて硫酸に変換する装置を開発し、試験運用もうまくいきました。しかし、その段階で残ったのは、今もありますが一九世紀にロシア人によって発明されたミシンや電話に似たものです。

アイディアを実際に日常的に利用するのは、方式をつくりだした化学の大企業や電力会社の能力をはるかに超えています。どちらかといえば、はるか底辺にある企業が——おそらくものすごく多くの企業——取引先を啓蒙し、設備を導入し、それを実際に使用し、硫酸をとりだし、卸売業者か再利用業者の流通経路に戻すのを率先して行わなければなりません。さらに、彼らはそうするために資本を探しだしてこなければなりません。

国内で大気中の二酸化硫黄にすべて関係するその仕事を行う人々がいないと、思い悩んで大気環境基準を定め、法律の策定および制定をし、私のような話し手への支払いにあてる資金のすべてはその問題にとってまったく無駄です。**誰かがその仕事を開発しなければなりませんし、それを行う過程でたくさんの失敗があるでしょう。新しい仕事が開発されるときにはいつも起きることです。**[*6]

＊6　最終原稿からの抜粋：私たちは、オートメーションがほとんどの製造問題を引き受けようとしている脱工業化時代に生きていると思い違いをした誰もが、新しいタイプの仕事が開発されなければならないという事実、それらが膨大な数にのぼるという事実をまったく忘れています。そうでなければ、方法、商品およびサービスがとっくに考えだされすでに定着し終えるまでは、誰もその開発にはどれだけ多くの努力とその積み重ねを要し、オートメーションがどれほどずれた論点かをまったくもって理解しません。

今、この国ではもしその調査作業を応用する小規模で底辺にいる組織がなければ大企業によるその作業はなんとも無駄であるのに、大企業や行政機関による大規模で全面的な解決策への試みであるかのように混乱させられて、そのことがほんのわずかの人にしか理解されていないように思えます。デュポンの会長は、数年前の防湿の携帯電話についての『フォーチュン』誌の編集者との回想で、喜んで機会をとらえ、様々な方法で製品を試し、そのうえで市場にもちこむたくさんの非常に小規模な取引先がいるという現実がなければその製品は失敗するだろう、と思い起こしていました。多数のユーザーはどれだけ満足のいく結果となったかがわかったあとでそれを選びますが、大企業は小規模な取引先のようにユーザーと一緒に経験することにも関心がありませんし、さらに重要なことですが一緒に経験するのに備えることさえしません。作業の規模それ自体がその目的にはふさわしくありません。私はこのことを、二人のデュポンの研究者が『サイエンティフィック・アメリカン』誌に昨年書いた論文で思いだしましたが、それは様々なタイプの機械的な雑音の除去材料を記述したものでした。デュポンは素材をつくりますが、ある意味でこれは最低限の仕事だと研究者は指摘しました。経済生活のありふれた事実として、騒音公害を減らすのに役立つ材料の使用は、材料を指示し、デザインし、用意する非常に多くのサービス提供組織の編成とその仕事――おそらく数百どころか数千だと思いますが――に依存しています。

二酸化硫黄汚染や騒音公害は数多い汚染タイプの中のたった二つにすぎませんし、それらのすべてが現場から現れる努力と率先した取組みを必要としています。しかし、膨大な数や種類の企業でもちろん必要なわけではありませんが、この国では現在、底辺にいる企業のためにとりたてていうほどの利用可能な資本はほとんどありません。そのような資本はつねに調達が困難でしたが、その状況はよくなるどころか悪くなっています。

実際に、求められているタイプの底辺にいる企業は出現が見込めるのでしょうか？　今の実情では疑問に思います。昨年、ニューヨークのハーレムのある地区のコミュニティの代表者たちは、モデル都市プログラムと呼ばれるその無益な巨大ネットワークに本当に有望で創造的な業務となる可能性を秘めたもの、すなわちコミュニティが運営する生ゴミ・紙屑の収集と処理の新しい業務を含めようとしました。[*7]　しかし、申込みはただちに市の役人によってプログラムから削除されました。私は、その決定に加わって削除に同意したあるプランナーから告げられたのですが、彼は、清掃員組合は市の申込受理の決定に賛成しなかっただろうし、市はあまり重要でない問題を巡って争う余裕がなかったのだろう、という点を認めました。現状維持が組合の関心であるのは、石油会社や住宅関係の官僚とまったく同様です。

＊7　一九六六年に議会を通過したモデル都市プログラムは、リンドン・B・ジョンソン大統領の貧困との戦いの一項目であった。都市再生時代の濫用を弱めて終わりにしようとして、そのプログラムはコミュニティグループが始めた住宅の修復や社会的サービスの提供における地元の取組みを支援する連邦資金を用意するものであった。市民参加——そしてプログラムの多くが公民権を剥奪された人々に政治への参加の道を開いたこと——を最大限強調するために、ジェイコブズが指摘するように、プログラムは都市の現在の有権者とよく衝突した。モデル都市プログラムは一九七四年に廃止された。

個人的には、自分たち以上にゴミを処理できると思うどんな近隣団体やそれ以外の企業を認可するのはもちろん、奨励し資金提供することほど重要なことはないように思えます。ゴミ処理に携わる上海の労働者が、どんな方法でハイレベルな無知と妨害をなんとか克服してきたかを知っておくのも価値があります。現状のアメリカのノウハウはそのノウハウを組み込んでいるようには思えません。

知性は生物学的には「生命体内および外部環境内の両方で、その組換えの潜在的可能性を増大させる、生まれつき備わっているものの機能停止」として定義されます。

たしかに、私たちは「生まれつき備わっているもの」にしがみつこうとしませんが、それは人間があらかじめ定まった本能的な行動にはたとえ戻ろうとしても戻ることができないからです。私が話してきた私たちが壊そうとしない障壁は、本能にも、ましてや知性とは比べるまでもないくらい役に立ちません。それにもかかわらず、私たちは官僚の決めたことを壊そうとも切り抜けようともしません。ますます、官僚制の定着はそれが民間であれ公共であれ、法人であれ労働組合であれ、私たちの制度の特徴となります。

様々な官僚的不動の姿勢は非常に優れ、高潔であるとして確立されているので、今では知性による攻撃に対してほとんど影響されることはありませんが、優れていて高潔な官僚的不動の姿勢の結末がまったく混乱していることを誰もがわかっている現実があるにもかかわらず、この有り様です。官僚的不動の姿勢を押しつける土地利用計画とゾーニングがその例です。都市と新規開発地に取り組む手段としての土地利用計画を疑問に思う人は誰であっても良好な環境の敵である、と勝手に思われてしまいます。けれども、何かがひどく間違っていると知るためには結果の観察が唯一必要なことです。

トラブルの本質を理解するために、実際の使われ方と土地利用計画等における土地利用との違いに注目してみましょう。私が住んでいるトロントの近隣の事例がその違いを説明してくれます。近隣には、その独特で人を引きつける点を大変褒めたたえられている一軒の素晴らしい古い住宅があります。ある婦人クラブが、そのクラブがおかれた地区のためにその住宅を買おうとしました。この申し出は、住居系の土地利用に用途指定されている通り沿いの人々と近隣の人々から反対されるどころか概して歓迎されましたが、その理由はおそらく建物を壊して駐車場として利用することも、もっている間は単に空家のままに放置する土地の投機家に買われることもなく、建物とグラウンドが現状のままで残ることを保証するものだからです。

しかし、クラブとしての建物利用は土地利用の変更です。そして、この利用を認めるゾーニングの変更はクラブがそんなに騒々しくないか、けばけばしくなくとも、あるいはその必要とする自動車の駐車台数がそれほど多くなくても、クラブのための土地利用変更で街路を脆弱なものとしてしまうでしょう。一つのクラブのために例外を設けることは説得力がありそうにもありません。まともな考えをもった人であれば、誰でもスポット・ゾーニング（訳注：特定の一部土地を周囲とは異なる用途地区にあてること）は不正なことだとわかります。もし、それが広く横行しているようであれば、土地利用ゾーニングの基盤そのものが破壊されることになるでしょう。土地利用ゾーニングは土地利用の用途区分を慎重に取り扱わなければなりません。そうでないとなんの意味もありません。

しかし、現実にトラブルは例外的ではありません。事態は深刻化しています。トラブルの原因は近隣住民が実際に行えることに関心がある一方で、官僚的不動の姿勢は土地利用という物理的計画のほうに目が向いている点にあります。

土地利用計画とゾーニングの制度下では、都市で騒音、悪臭などの深刻な問題が増加するにつれ、それを避けるために探しだした一つの方法がゾーニングでした。施設が悪い結果になるのを抑え込むか否かは重要なことではありません。そこで行われることが問題になっていたわけではないからです。その用途の区分方法が問題でした。この制度はより好ましい活動を促すのに前向きなことを何一つ行ってきませんでした。さらに、この制度は不適当な近隣住民による仕打ちから多様な土地利用を守るのに思いどおりには役立ってくれることさえありません。あらゆる種類の真に有害で破壊的な土地利用が防御策をすり抜ける点はまさにどれも同じで、全体的に無害で便利な土地利用の多くが不当にも禁じられています。この好ましくも崇高なはずの制度の主要な利点は、実際には主に土地利用の矛盾をうまいこと利用して頻繁に大金を手にする土地投機家を確実に生じさせる制度になり果てています。農場のレイアウト方法――果樹園はこっち、餌やり用の区画と小屋はあっち、トウモロコシ畑は向こうのほうにおく――をそのままもちこんで農業用語で意味付けする計画の哲学は、いってみれば都市での異なる状況に応用される時点でナンセンスです。

ゾーニング問題に関係するならどんな公聴会でもほとんど行きましょう。土地利用について語る専門家とそこで行われることについて語ろうとする世間一般の人々との違いに気づくことがよくあります。先日、気晴らしにゾーニングの矛盾を巡る紛争で一般の人々が指摘する、問題とされるタイプの項目を聞きとってリストアップしました。ここに挙げたのはそのうちの六つですが、私自身の関心と関連する基準のタイプについて短いコメントを添えておきます。

㈠騒音：基準は建物から漏れてくる許容可能なデシベル数によって設定可能です。この基準は私たちが必要とするそれらの防音設備事業にどんな仕事の場を広げることになるのか、考えてみてください。
㈡汚染：現在の技術段階では、基準を設けることで固体微粒物質と二酸化硫黄の放出を抑制することが可能です。
㈢規模：多くの街路、特に親しみやすい規模のものは視覚的にスケールアウトした建物によって崩壊してしまいます。これは土地利用とはほとんどかまったく無関係です。利用がまったく同じか非常に似た街路は、視覚的に規模と釣合いをとれないくらい混乱状態におかれている可能性があります。逆に、街路は建物デザインや用途の驚くべき多様性と同化可能であり、なおかつ調和のとれた規模なので、魅力的で調和がとれたものとなる可能性があります。実際に、街路の崩壊はほとんどつねに建物が大きすぎることによって引き起こされますが、大きすぎるのは必ずしも高すぎることを指すものではありません。大きな平屋建て建物は、親しみやすい規模の街路に悲惨な結果を引き起こす可能性があります。これに関連する基準は建築が可能な道路側の間口幅です。狭い間口幅はほとんどの場合、自動的に建物を高くして対処しています。道路に面する幅が似たような建物間では、高さが一階か二階かの違いは、親しみやすい規模の都市街路を眺めることによって容易に理解できるので、街路のスケール感を崩壊させるものではありません。すべての街路が親しみやすい規模である必要はありませんが、そのような街路を欠く都市は恐ろしく非人間的な場所だということです。
㈣サイン：基準は目立たない看板に始まり、イルミネーションに至るまでの様々なサイズに適用可能です。
㈤発生交通量：基準では許容駐車台数を指定できます。人々が交通量の発生者から身を守ることを求める場合、乗用車やトラックの交通量に対してであって、歩行者に対してではありません。現状では、同じ土地利用計画とゾーニングの区分に入る小売店舗利用は引き寄せる交通の種類、自動車か徒歩かで非常に大きく異なります。

(六)破壊：街路を歩いていると誰でもわかるように、何かにとってかわられるために破壊されるのは、そこで行われている活気ある光景です。基準は壊してはいけないものを指定し、今そんな保護をときたま——ごくときたまですが——受ける歴史的価値のある建物だけでなく、近隣住民が価値があると考えたものならなんでも、たとえば住民が一定の太さ以上の木だといえばそれも可能です。住宅が不足する時代や場所では、保護は居住可能な住宅すべてを対象にできます。

パフォーマンス・ゾーニングのもとでは、現状のゾーニングよりもはるかに大きな土地利用の自由が認められており、環境面への影響の点でも優れています。[*8] しかし、都市計画やゾーニングの方針におけるそのような抜本的な変化が、これらの問題を掌握する官僚によって始められると期待するのは望み薄です。結局、プランナーたちは、今は存在しないある種のゾーニング条例のことをほとんどわかっていません。

＊8 『壊れゆくアメリカ』の「第七章　加速する悪循環」で、ジェイコブズはパフォーマンス・ゾーニングについて以前とは若干見解を変えている。特に、彼女は「強制に応じないうえに正そうともしない違反者に対しては、強制するには罰金ではなく、もっと直接的に民事裁判所が違法行為をすぐさま中止させるか、土地の明け渡しを要請する命令によって確実化すべきです」とつけ加えている。

都市近隣の住民は、許容されていない土地利用の分類区分よりもその場所で行えることのほうに関心をもちますが、もしその彼らが望めば、そこで行ってもよいことを規定するパフォーマンス基準をつくるために詳しい弁護士にパフォーマンス・ゾーニングの規約作成を依頼し、それを申請するのがなぜ許されないのでしょうか？　最初に住民自らがつくった規約の中のパフォーマンス基準にきっと欠陥があるのだと思いますが、それをいえば現在の制度は欠陥だらけです。

もし、この方式がその利用を望む都市内の地元近隣で利用可能だとすると、私たちはこの結果が結局は新規開発にも影響するだろうと期待するかもしれません。今日、土地利用計画とそれに伴うゾーニングは、都市のそこら中でよく似た機能的でない非人間的なスプロール——ある評論家が表現するように「高い地位を手に入れた会計士によって無感覚にさせられた社会」の明白な証拠——を強引に推し進めています。開発業者は「役人は私たちに、こうすればいいんだよ、とそうさせた」と役人を非難し、役人は役人で「開発業者が勝手にやった」と開発業者をこれまた非難します。

約五〇年前、地域計画と呼ばれる土地利用計画運動は、都市は時代遅れになった、ということを示そうとして一種の推論的主張を始めました。その考えは、配電網はすべての土地をつなぎ、それによって人々の都市への集中はもはや必要でないという理由から、電力——もちろん、それはたまたま都市で生まれましたが——はもはや必要でない産業を集中させた、というものです。基本的に同じ議論が都市は時代遅れだと考える人たちによって今まで続けられています。彼らはもとの議論に、都市の分散が飛行機および自動車の旅行と現代の通信手段によって可能となった点をつけ加えています。

この手の推論は、既存の生産形態がどのようにして決まったのかという際立った疑問が残る、語られざる想定につねに依拠しています。地域プランナーやその継承者が想定するほどには多くないのですが、場合によっては都市から生産を追いだすのは可能です。実際、経営者が賃金の安い労働力を求めて都市を去った多くの企業城下町はその事実を証明するものです。

しかし、この議論は新しい仕事の形態はどうやって生じるのか、どこからどうやってもたらされるのかという疑問を無視しています。新しい仕事は必然的に古いタイプの仕事に、新しいタイプの仕事を追加するプロセスによって都市で生じます。このことが活発に起こるどんなコミュニティも、プロセスそれ自体のおかげで都市になります。都市が時代遅れになったと思うのは、社会がすでにもっている商品、サービス、方式、制度で十分うまくやっていけるし、未解決の問題は分散でどうにかして解決される、と想定するのと同じことです。もちろん、これは本当のことではありません。国の資金の非常に大きな割合をニュータウン開発事業に用意しているイギリスは、この方法でまったく何も解決していません。田舎そのもののニュータウン・カンバーノールドを覆う冬の大気は、グラスゴーを覆う大気と同じくツンと鼻をつく臭気でまさしく汚染されています。[*9]人口の拡散は問題を解決するどころか、問題を単に拡散します。

＊9　カンバーノールドは、スコットランドのグラスゴーの外側にある計画されたコミュニティないし「ニュータウン」で、一九五六年に建設が開始された。「ニュータウン」という用語は、第二次世界大戦後のイギリスでつくられた一連の現代的で計画的なコミュニティに言及するためによく使われるが、運動は戦前から始まりアメリカ、カナダ、ソ連、その他多くの国で類似したものや分派したものがあった。エベネザー・ハワードの田園都市の理想に啓蒙され、ルイス・マンフォードを含めた世界中の改革論者が工業都市の外側に最初から分散した居住用コミュニティの建物に資金を出すことを政府に勧めた。ほとんどのニュータウンは一つの開発に住まい、働く場、商業開発、生活利便施設のためのゾーンを注意深く表現するデザインであった。その意味で、ニュータウンは郊外ではなく都市であったが、その反・用途混合の土地利用計画はジェイコブズがここで表現するように、伝統的な工業都市が「時代遅れ」となったそのアイディアに頼っていた。結果として、多くの批評家がニュータウンを本質的に反都市と見なした。

**私たちの悩みの種は都市がいわば時代遅れだということではなく、都市がもはやクリエイティブでないことです。クリエイティブであり続けること、これが都市の本当の課題です。**都市が自身と都市同士のために実際に課題を創造的に解決すると、その解決策は小さなコミュニティにも利用できます。実際に、その解決策は田舎や荒野にも直接・間接によく応用されています。後者の例として、都市が考案したプラスチックを考えてみてください。クリエイティブな都市は同じ自然資源があまりにひどく、長い期間にわたり利用されるのを防ぎます。自然界に対して破壊的になるのが停滞した経済ですが、私たち人間社会も同様な状況になりつつあります。

私の論点は課題が増大するのは未着手と未開発の仕事のせいだという点ですが、その点は回りまわって都市で探しだすべき将来有望な創造性が抑え込まれ、失望感を抱かれ、消耗して、しかもこれは致命的結果になるという事実のせいだというのと同じです。

今日、都市の行政機関でさえ、創造的で問題解決型の都市を管理するには明らかに官僚的で中央集権化しすぎています。私は、最も緊急を要することの一つは都市内のコミュニティのたいがいの問題を彼ら自身に管理させ、彼ら自身の解決策を見つけ、その解決を任せるためには、彼らに自由にさせることと財政的な支援をすることだ、とずっと主張しています。おそらく、少しでもやり遂げたところはないでしょう。しかし、もし少し創造力に富んでいれば、そこから得るものはあり、成功する解決策がつねにクリエイティブな社会の中にあるように、彼らの解決策が真似され適応される可能性があります。現在は本当にどうしようもない状況です。

都市内の地方自治へのよくある反発は都市の住民が目先のことにこだわり、自己中心的で、社会全体の利益に対して無関心か敵対するというものです。その点は場合によってはあてはまる場合もあるかもしれないと思う一方で、**都市地区ないしは近隣地区の利益が社会全体の利益となんとも頻繁に一致するのに大いに感銘を受けています。**事実、**全体の利益は部分の運命とは無縁の抽象概念でないことが結局はわかります。**

住民への権限付与は実益がないか破滅的であると考える人々の陳腐な論拠――その決定的な証拠――は、もし都市のコミュニティが新しい高速道路計画を止める実効性のある権限をもてば、高速道路計画に疑問をもちだすことになり、コミュニティを通り抜ける計画を許すようなそんな都市のコミュニティはないと指摘するものです。まさしく陳腐そのものの論拠です。さて、輸送の問題に戻りましょう。

時間の経過とともに、高速道路計画の中止を懸命に試みて失敗に終わった自己中心的で目先のことにこだわる都市のコミュニティは、社会から支持されるようになりました。そこを高速で通り抜ける高速道路ができ、公園がパークウエイとなり、樹木は切られ、歩道は狭められ、家は壊され、空気は汚染され、街路はガソリンスタンドの用途に再区分される等々に都市地区が反対する場合、役人が一般道路で構わないとすることが本当に必要だと想定してみてください。その後で、都市の輸送問題を解決するには自動車に加えて、新しい手段の採用が必要にもなるでしょう。

そんな実情なので、全面的に自動車を禁止することをますます怒る声が大きくなるのは、住民の決死の覚悟が高まっていくことを考慮すると無理からぬところがあります。しかし、実際の問題として、禁止するというのはジェスチャーです。それは抗議団体に一種の自重を促す手段です。それですから、輸送問題は新しいサービスと乗り物の使い道がないまま放置されるでしょう。ゴミのリサイクルと汚染防止の場合とまったく同様に、解決策は今も実施されないままにおかれた仕事にかかっています。皮肉なことに、都市内の地方自治の必要性に関するワクワクするような説明——パリ五月革命のスローガン「民衆に力を」——が必要だというのはありきたりの反対、「住民が高速道路を妨害している」と同じで、そんなことはまったくありません。

私は気性的に楽観的なので、知性と創造力は合衆国内で課題を突破しつつあるといういくつかの証拠を目にすることがあるといいたいのですが、正直なところ、そうだとは思いません。

私が眼につくのは、関連する課題への取組み方を変化させるどころか、私たちが増大する課題と未着手の作業をその先に進めることではなく、人口の増加を減らすことで対処できるという想定である、社会的沈滞を受け入れる人々が増大している点です。

人口抑制プログラムは、新しいゴミリサイクル企業のたった一社でさえ発展させることになりません。プログラムは新しい運輸サービスや輸送手段を発展させるつもりがないので、海上のほんのひとかたまりの油膜さえ防止しようとしません。そのプログラムは、ニューヨーク・タイムズ社の巨大なパルプ工場によって汚染されたオンタリオ州北部の自然溢れる美しいアビティビ川をきれいにしようとはしません。タイムズ社は頻繁に、自然保護は人口増加の抑制次第である、という旨の社説を書きました。これはどういうことでしょうか？　人口抑制がアビティビ川を浄化するのを『ニューヨーク・タイムズ』紙の読者に十分に浸透させようとでもいうのでしょうか？　人口抑制はニューヨーク・タイムズ社のための言い訳です。石油会社のための言い訳です。それは何よりも、たくさんの複雑で困難でおそらくうんざりする現実に対する大掛かりで見境のない対応に、せめてもの慰めを求めるすべての人々のための言い訳です。

人口抑制は私たちを苦しめるものへの見当違いの対応策であるだけでなく、恐ろしく危険な対応策です。家族の人数についての私的な自由意思による決定の世界と、公共的な目標に関する公的プログラムの世界とはまったく違います。アメリカでは黒人と白人とで同様に機能するものはありませんし、私たちは、人口抑制が黒人と白人のどちらか一方にしか機能しないと固く信じている可能性があります。多くの黒人は人口抑制策を集団虐殺が目的の計画だと恐れています。私にはその恐れが非現実的だとは思えません。白人のリベラル層はどれだけ安易にかつ長期間にわたり、抽象的な社会的進歩の名のもとにスラムクリアランス、公営住宅、福祉事業、都市再生という狂気じみたことと蛮行を見逃したのか、正当化してきたのか——まだ行われているものもありますが——と思います。そうですから、大量虐殺の狂気と蛮行が、生態系の保護という抽象的な——ひどく抽象的ですが——名のもとに実施されたならば、白人のリベラル層によってどれほど安易にかつ長期間にわたり見逃され、あるいは正当化されることになるか知りたいと思います。考えるだけでは安心できません。現状では、明らかに人口抑制のために公権力を保持するのは適切な社会とはいえません。

## 大規模計画は都市再生問題を解決できるのか？

居住地・都市再生会議での講演、西ドイツ、ハンブルグ、一九八一年一〇月一二〜一四日

計画の中には、その本質からして大規模で詳細で将来へと何年も続くものでなければならないものがあります。よくある例は都市の地下鉄網を建設するための計画です。あるいは、もっとロマンチックな説明をするとすれば、土星への旅行が計画されている場合、構想全体が完了し、目標が達成するまで非常に総合的かつ詳細に掌握されていなければなりません。計画は大規模なものにならざるをえませんが、そうでないと役に立ちません。

私にはときどき、たくさんの都市や町のプランナーが、宇宙旅行のプランナーにイライラしているに違いないように思えるのです。しかし、都市、さらにいえば郊外、ニュータウンでさえ、その部分部分が土星に飛んで行こうとしているわけではありません。どこにも飛んで行くつもりもありません。都市そのものは、地下鉄網あるいは宇宙船で行われるような大規模で総合的で、きっちり管理された計画を要求されるわけではありません。都市の再生には、小規模な計画のほうが大規模な計画よりもふさわしいのです。まず初めに、大規模計画のデメリットをいくつかお話したうえで、どうしたら私たちの都市を都市再生にとってふさわしい方法で対応できるかを示していきます。

しばらくは退屈かもしれませんが、まず大規模計画のデメリットを考えてみましょう。大規模な計画づくりはプランナーを退屈させることはありません。実際、計画がより大規模でより総合的であればあるほど、それに携わる全構成員は増え、その計画にさらに興味をもち没頭することになります。しかし、結果的にはその人たち以外はうんざりします。アメリカ自然史博物館にずっと勤め数年前に退職したある研究者は、第二次大戦後の住宅プロジェクトと郊外の広大な土地を調査する新たな楽しみごとにほとんどの時間を割いていた話をしてくれたことがありました。そこで見たものに

彼はひどくショックを受けたのでした。時代を通じてあらゆる文化のもとで、人間が視覚的な多様性と精巧さにおいている価値のことを考えてみてくださいと、彼は話しました。人間は自分自身と自分で製作し建設する種々雑多のものを飾り立てる動物です。私たちはその特徴を粘り強く見つけ、他の種にも広げようとするなら真剣に受け止めるであろう、と彼は話を続けました。私たちは大変目につき誰もが知っている特徴が、当の動物の成功と何かしらつながりがあると推測することでしょう。彼自身の推測では、慌ただしい人間の頭脳は最初に発達させるべき非常に多様な印象と情報の絶えることのない流れを必要とし、それゆえに絶え間ない多様な流れで送り続けなければならないが、そうしないとそれを本当に奪われてしまうということでした。要するに、**退屈さは真剣に受け止めなければならず、特に視覚的な退屈さについてそのことがあてはまる**、と彼は話しました。退屈さを嫌うことは、感覚や思考を奪われることへの健全な嫌悪の表れかもしれません。逆説的ですが、もし私たちがしなければならないことが退屈から逃れることだとすると、不合理に破壊的でさえあっても振る舞うことはおそらく私たちにとってはそれゆえに合理的なのだ、と彼は話を続けました。

彼の分析が正しかろうがそうでなかろうが、じっくりと計画された都市に見られるひどい視覚的単調さへの彼自身の嫌悪は珍しいことではありません。私自身は、単調さは大人にはきつく、おそらく若者はあらゆる世代で最もきつく、小さな子供にはほとんど問題にならないと思います。彼はこの点に異議を唱え、本当の田舎か大自然の環境におかれた小さな子供は、成長期の間自然一つひとつの豊かな多様性にたっぷり浸かっている、と指摘しました。小さな子供たちは、様々な活動や景色が彼らの注意を引く都市や町の多様性豊かな街路を通してこそ育つのです。しかし、計画された都市や郊外の地区、特に大規模な地区では、小さな子供たちはどんな環境にあった子供たちも、いまだかつて経験したことのないような日常の多様な視覚的印象を奪われつつある、と彼は語っていました。

彼の発言を考えながら、私はこれらの小さい子供たちに非常に多く見られるテレビへの渇望が、彼らの生活の中の視覚的空白を埋めようとするもがきなのか、ときどき疑問に思うのです。非常に秩序立ったように見え、混乱して騒々しい侵入者からはたしかに隔離された家庭や遊び場は、情報に飢えた脳を満たせるものがほかにないので、テレビに夢中の子供たちには偶然にも理想的に計画されているのかもしれません。

大規模計画の視覚的退屈さを克服する方法はありません。大規模計画がごくわずかの人間の産物だというその事実に立脚しているからです。それらの人々が芸術的で思いやりがあるとしても、視覚的退屈さをほんの少し和らげることができるだけです。ただし、精々であり、ほんのわずかにすぎません。**建築環境の本物で豊かな多様性はつねに非常にたくさんの異なる人々の産物であって、最も多様性の高い状態は異なる狙いと様式をもった異なる時代の産物でもあるのです。**多様性は小規模な現象です。それは小規模な計画の寄せ集めであることが必要です。

大規模計画は理屈の上では未来への贈り物であるとして正当化されます。プランニングは、未来とは一体全体なんなのか、を洞察することにほかなりません。しかしながら、大規模計画ではあらゆるものはできるかぎりその中で予見され、それに代わる可能性と新しい展開を抑え込んできました。未来に向けて計画し、同時に今までにないような可能性を抑え込むのは、計画することとは明らかに矛盾します。

プランニングそのものに関する斬新なアイディアは、どこに現れその力を発揮するのでしょうか？　計画された区域内ですか？　違います、そこを探すのは一番あとです。私たちの時代の斬新な計画と建築的アイディアは、計画されていない場所かたくさんの小規模な計画の寄せ集まりの中に現れるので、私たちが今日予見できない未来や計画のアイディアも同じことがあてはまるに違いないと期待してもよいかもしれません。

プランニングには、デザインと機能とさらにその両者の結びつきが関係する服飾デザインあるいは他の産業や専門的職業ともちょうど同じように、そのスタイルと変更する論理的根拠があります。今日では、プランニングにおける流行は混合利用として計画することです。この新しい様式は今日存在する都市住宅プロジェクト、郊外の広大な土地、ニュータウンでは起きませんでした。それらは単に異なる様式の産物というだけではなく、計画的思考における他の様式がなんであれ、そこで生みだされるのを抑えつけました。したがって、皮肉にも計画自体に関係する新しいアイディアは、そもそも現れるにしても計画の影響がより小さいところで現れなければなりませんでした。人々は都市の一部にある現代のプランニング以前から存在する混乱した小規模計画の寄せ集まりのあちらこちらでゾーニングの抜け道を見つけ、さらに創作力の糧となるものも見つけました。古い工場ビルでは、見たこともないような新しい建築的な模範例が盛んに現れました。こっちの放棄されたスパゲティ工場が、あっちの廃止されたチョコレート工場が、さらに先の素晴らしい古びた倉庫が、天窓のあるガーデンレストラン、ダンスの練習場、小さな作業場がすべて一緒のごちゃ混ぜ状態となった一時的な施設として復活しましたが、ときどきはオフィスや集合住宅がこっそりついたりすることもありました。[*1] あちらこちらで人々が密かにもとのスペースを加工したロフト形式の建物へ家族とともに移り住み始めましたが、それはもとのあまり手が加えられていないスペースが自らのちょっとした計画によって変更可能な点を好んだからです。

＊1　ジェイコブズがここで言及している場所は、それぞれサンフランシスコのノースエンドにある旧スパゲティ・ファクトリ、同じくサンフランシスコのギラーデリ広場、ボストンのファニエル・ホール・マーケットプレイスである。同様な講演を一年前にファニエル・ホールでの世界大都市会議で行っていたが、ジェイコブズは大規模計画になるまでの先行する小規模計画を入念につくりあげていたこれら三つの計画を結びつける直接的なつながりを示唆している。実際、クインシー・マーケットの設計者であるベンジャミン・トンプソンは自らの店、デザイン・リサーチをギラーデリ広場に構えたが、そこで学んだことをボストンの「フェスティバル・マーケットプレイス」のために利用した。

たしかに、ある意味ではこれは新しいことではありません。これまでも人々は馬車置場を住まいに転換し、住宅に店舗を取り込み、大邸宅だったところを校舎に変えました。しかし、斬新なアイディアは、従前の利用が工場であったところで特に現れています。その建築的な改良は、しばしば驚くほど創意に富み人間味溢れるものでした。隣接する建物との共存と同様に建物内での共存にこだわる、まさに混乱そのものの活動は大規模計画の冷酷な支配下で、飽き飽きしてばかばかしく思うようになっていた建築的なイマジネーションを刺激するかのように思えました。結局、新しいちょっとした逸脱からだいぶ経った数年前に、建築家たちは混合利用のために新しい建物も計画することについて力強く語り始めました。今では混合利用のアイディアは混乱を伴いながらも、有名プランナーやディベロッパーの意識にさえ浸透し始めました。

ここで働いている原理は、プランニング自体に関する斬新なアイディア以上に受け入れられています。この原理は概して新たな可能性に関するアイディアを受け入れます。**新しいアイディアはすべて、それが出現する時点で小規模でまったく新しいアイディアをスタートさせ、それまで受け入れられていたやり方を無視します。**どんな種類のアイディアも大規模なプランニングに危険にさらされるまでには、アイディアとしてはすでに中年か老人です。大規模計画は小規模計画に賢くも寄生して生きていきます。大規模計画は、まさに大規模であるという理由で斬新かつ様々な可能性のための豊かな土壌となっているわけではありません。退屈さと同様に、その欠陥はまさに巨大さと統一性の中に形成されるのです。「再生」は化石化を意味するものではありません。この二つは言葉遣いにおいても矛盾しています。大規模計画をあらゆるものの中で都市再生にふさわしい手段として考えるのはばかげています。

私の大規模計画への三番目の決定的な反対理由は、いったん実施されるとひどく柔軟性を欠くことです。プランニングの規模が大きくなればなるほど、その結果はさらに柔軟性を欠いたものとなります。大規模計画自体に変化が及ぶと変化への適応が難しくなり、またしても欠陥が組み込まれることになります。それは総合性と統一性がもたらす代償です。たとえば、アメリカは輸送に関してひどく柔軟性を欠くようになっていますが、それは偶然ではなく計画によるものです。アメリカの巨大な高速道路プログラムは、一九五六年に採択された二〇年計画でした。それは地理的、時間的尺度のいずれにおいても大規模計画でしたし、国の郊外部の計画や都市のマスタープランのほとんどすべてもそうでした。今や時すでに遅しで、長いこと代替案が抑え込まれていて、この壮大な計画の副作用が見られます。たとえば、法外なエネルギー使用、汚染、荒れ地化、もはや費用負担に耐えかねた人々に課せられている個人的な輸送手段のコストがそうです。しかし、この輸送手段に合わせて建設された郊外とさらに輸送手段に合わせて再建された都市は、人と商品を運ぶ代替手段として不適当ですが、それらは自動車のためには代替手段としてちょうど都合よく計画されていたからです。

大規模計画は誤りを冒していますし、計画が非常に大きいと誤りも非常に大きくなる可能性があります。私が柔軟性と適応性を語るときに声を荒げて反対するのは、大規模計画が将来悪い計画に変わる可能性があるどころの話ではないからです。まさにその本質において、大規模で総合的な計画は失敗するのをほとんど運命づけられています。これは私たちが行うことはすべて世の中を少し変えてしまうからです。すべてのことには副作用と反動があります。他人が行うこともすべて世の中を少し変えます。私たちは変化の影響と反動のすべてを予測することはできません。大規模計画は、私たちがその策定時に予見していなかった変化に合わせることができないために、私たちを変化に適応できない状態にします。たとえば、私たちは変化が明らかになる頃は、それをほとんど認識することさえできません。私たちは大規模計画にあまりにも大々的にコミットするようになってしまうのです。

**人生はその場その場の出来事です。私たちが行うことすべては今あるものを変化させるという厳しい現実のせいで、人生はその間ずっと行き当たりばったりでやっていくしかありません。**これは物事をスケジュールのように見事に計画して、一度にすべてを決めるものと見なしたい人々には悩ましいことです。そんなことはあるはずがありませんが。

これらすべてのことは、計画を試みるのは無益だという意味でしょうか？　もちろん、そうではありません。将来を展望しようとするのは、計画をすることであり、大いに必要であり有益であるのは明らかですので、たいがいの人々はそれをたえず実践しています。私たちは一〇月にラッパズイセンの球根を植え、夜には目覚まし時計をセットします。都市の再生のために計画はできますが、今私が提案しているのはその目的は大規模計画ではなく、小規模な計画づくりを実践することです。私たちはそうするための技能を学び直す必要があり、しかも学び直すための方法があると思います。

私がいわんとすることを説明するために、都市再生プランニングの実践が私自身の住む都市トロントでどのように少しずつ変わってきているかをお話しましょう。私はトロントを必ずしも前衛的だとか、どんなことにも解決策をもっているという理由で取り上げているのではありません。そんな理由ではありません。誰もそんなことはしませんし、どこの都市でもその点は同じです。しかし、そこでの小規模な計画や大きな敷地での小規模計画の大きな寄せ集めであっても、計画方法とその理由に関しておぼろげながら理解されてきているようなのと、さらに私が変化の到来を自分の目で観察しているので、トロントの話をしようと思います。

その話は一九七三年に始まりますが、当時さびれた街路上では、大規模計画に対する市民の怒りは夜明け前のあるひんやりとした春の朝に最高潮に達しました。そこでは、その前日、建物解体企業の従業員が取り壊し予定の二〇棟の古い家屋の周りに仮囲いのための高い板塀を立て、一群の建物のちょうど真ん中にある最も美しい家屋の屋根に穴を開け始めたのでした。放置され利用されなくなったそれらの家屋は、その場所で建設予定のものに比べて興味深く人間味溢れるように見えました。その瓜二つの六棟のタワー状の高層共同住宅は、低所得の賃借人向けに州の住宅局により計画されたものでした。実際のところは、新しい住宅計画はよくあるような大規模計画ではありませんでした。その計画は細長い単一街区の半分も占めていません。しかし、それは大規模計画のように見えました。単調、無能、硬直的と叫びたくなる代物でした。

　計画されたものに反対するのに、その朝の夜明け前の暗い時間に集まった人々は市内の至るところにある近隣団体からやってきました。彼らは低所得者向け住宅に反対しているわけではありません。大規模な計画であり、さらにそれが都市をつくりあげているものを少しずつ破壊してきた大規模計画のように見えることに反対したのでした。彼らは解体作業員に作業を再開しないよう懇願する以外に、この計画案の止め方を考えつきませんでした。しかし、彼らが、作業員がやって来るのを待ちながら一緒に立ち話をしたり、寒い中で足を踏み鳴らしているその最中に、誰かが、建物周りに仮囲いの塀が立っていないとすると建物を壊すのは違法になるといいだしました。この発言は人から人へ、グループからグループへと繰り返され、ほかに何もいわないでもすべての人が行動し始めました。何百人もの大人や子供が、誰に指示されるわけでもなく、どれほど素早くかつてきぱきと頑丈に建てられた塀を取り壊し、材木をもとのところへ戻し、きちんと山積みできたかにびっくりすることでしょう。作業員が到着したのと同時に最後の板が山積みされ、彼らは塀を再建し終えるまでどうすることもできませんでした。

　トロント市長は何が起きていたのかがわかると、彼は反対する人たちが州の住宅部門を説得し今の計画を停止したままにしておくのを勝ちとるまでのわずかな猶予期間を利用して代替案を検討しました。代替案は彼らの計画案ほどには費用増にならないことを条件に州当局も同意し、同数の住戸として供給することでしょう。大規模プランニングが州当局の想像力や創造的なセンスを抑え込んでいたために、彼らはそれらの提案が出てくるとは思ってもいませんでした。しかし、それ以降数週間にわたり、市の住宅部門の本部長である市長と市内で最も素晴らしい建築事務所は、たぶん不可能と思われるような計画を策定しました。[*2] 州案の代わりとなる計画案は古い住宅をすべて残し、内部を改造して新しいアパートにしました。必要とされた残りの住宅、古い住宅の大部分ですが、裏庭にはめ込んだ新しい建物におかれました。新しい建物は独創的で、もっといえば少し狂気じみている必要がありましたが、その空間にうまく組み入れられ、さらに路地や小さな中庭も組み入れました。しかも、それら施設が調和するように、共同住宅は事実上お互いが似たものにならざるをえませんでした。古い建物を残す場合、その敷地に課される大きな制約のために、計画案は子供がいる家族向けの住まいから独身者、高齢の夫婦向けの共同住宅、さらに古い住宅のうちの一棟には高齢の男性向けの宿泊施設まで受け入れる必要がありました。どんな種類の標準化も、一つの敷地ではうまく進めるのが非常に難しいのですが、多様化ならうまくいきます。

＊2　この事務所は現存しないがダイアモンド・アンド・マイヤーズで、両名のパートナー、ジャック・ダイアモンド（一九三二～）とバートン・マイヤーズ（一九三四～）は独力で素晴らしいキャリアをもちつづけていた。このインフィル型プロジェクトは、ダンダス−シャーバーン住宅あるいはシャーバーン・レーンとして知られるようになった。

この代替案に同意して貰うのは容易ではありませんでした。州当局がそれに合意したあとでさえ、建設資金の貸し手である連邦の官僚とはごたごたがありました。あらゆる中庭と路地の間口幅は守らなければなりませんし、大きさと位置さえも決められた窓もありました。それにもかかわらず、有能な建築事務所の力を借りて市は提案どおりの計画案を勝ちとり、施設は建設されました。施設は六年近く利用されていますし、近隣に非常にうまく適合し、注目されなくなるどころか近隣の関心を大いに高めていますので、通りの向かい側のその古い住宅は利用されずボロボロでしたが、民間の会社が密かに買収し修復しました。そのような再生効果は、市の大規模計画のプロジェクトに接する街路沿いでは起きることがありませんでした。市内の別の場所で豪華なプロジェクトを行っていた建設業者はこの貧しい地区で行われていたことを大変気に入ったので、彼も古い建物が建ち並んだその後ろ側に、路地で二つの施設群を結びつけたプロジェクトを配置しました。これが、私が知る高級な建物が低所得者向け建物を真似た北アメリカで唯一の事例です。

公的融資を受けたこの最初のインフィル型住宅計画の成功は、市が散在する小規模計画用に別の敷地を探しだすことにつながりました。それぞれの敷地は様々であり、様々なプランニング上の課題を抱えています。どんな制約が課されていようとも、すべてのケースで古い建物は残され、壊されることはありませんでした。ときどき、近くの古い建物は新しい計画案に組み込まれ、修復も行われました。別のケースでは、新しい建物は古い建物の間の空地や駐車場であった場所に簡単にはめ込むかたちで建てられました。インフィル型建物には高層のものもありましたが、今ではほとんどが低層です。しかし高層であれ低層であれ、これらの小規模計画は都市という織物を構成する、ほつれるかほどけるかした場所同士を再び結びつけることがよくあります。

それが小さな穴ぐらみたいな場所を結ぶ都市再生の一つのかたちですが、それが大きなものだとするとどうなのでしょうか？　敷地が大きいので大規模なプランニングが必要と思える場所はどうなのでしょうか？　トロントで都市再生が最も必要とされる地区の中には、ウォーターフロント近くの巨大な用地もあり、そこはまず鉄道によって、それから鉄道に隣接する高速道路によって荒廃したのちに工場用地にとってかわられました。その後工場が移転してしまったので、あちこちに散らばる廃品置場、駐車場、雑草の生えた空地は古い工場、倉庫、変電所をそのまま残したままです。

ようやくそのような広大な土地は、市によって一九七五年に都市再生の対象に選ばれましたが、土地があまりに大きかったので、完成までに約一五年を要すると考えられ、建設は数段階を踏んで行わなければならないでしょう。[*3]ほんの数年前に、市のプランナーと政治家たちは、自分たちがここでまずするべきことは全体のための総合的で詳細な計画にすることだと考えたでしょう。しかし、私が話したインフィル型スキームにすでにそれ以前から取り組んだことがあるプランナー、役人、政治家たちは経験を積んで考えが変わっていました。今では彼らは小規模計画が創意工夫、機を見るに敏なこと、多様性をもつ点を尊重するようになりました。さらに、インフィル型計画の経験から、彼らはプランニング自体について考える新しい方法を学びました。この大規模な土地に関しては、結果的に大規模な計画としては完成しませんでしたが、その代わりに多くの小規模計画にとっては好意をもって受け入れられる計画となりました。このスキームのために彼らは五つの主要な仕掛けを利用しました。

＊3　この大きな土地は、おおよそ北でフロント通りに、東西をヤング通りとパーリヤメント通り、南で鉄道の線路に囲まれているセントローレンス近隣地区となった。この地区の説明文の中には、ジェイコブズがなんらかのかたちでこのプロジェクトに助言をしたと主張するものがあるが、歴史家のリチャード・ホワイトの論文『トロントのジェイン・ジェイコブズ、一九六八〜七八年』によれば、そのデザインに直接関与した関係者はこの話に反論している。ホワイトは、ジェイコブズの唯一の公式の役割はプロジェクトの主任プランナー兼建築家に彼女の夫の事務所のアラン・リットルウッドを推薦することであったが、彼は特に都市計画の正規の訓練を受けているわけではないと報告している。そうはいうものの、プロジェクトの中心人物たち全員が大きな影響を与えたものとして『死と生』を引き合いに出していたし、ジェイコブズを何気なく話題に上げることがよくあった。

第一に、大きな土地を都市から切り離されたそれ自体だけで一つの場所として考えるのではなく、北、東、西側で既存の都市に編み込むために、彼らはそれを都市の同じ織物の別々の一片であるかのように考えました。しかし、南側が鉄道と高速道路で遮られていたので、彼らはそこに編み込むことができませんでした。そこで、まず大きな土地を既存の都市街路に途切れることなく取りつける街路を計画しました。彼らはクルドサック（訳注：行き止まりにして車が通り抜けできない街路配置）で計画して、ホテルのドアノブの外側に掛けるドアサインと同じ「就寝中、起こさないでください」と記した標識で住宅地をその影響から和らげ、さらに大学（の学部）で学んだ各部分が他の部分とすべてつながる街路を大きな土地内に配置するやり方をまったく無視しました。これらは郊外や田舎のインチキな街路ではなく、本物の都市街路であり、端から端まで広い土地を通り抜ける公園か広場の長く狭い連なりと一体化した計画の骨組みとなる街路です。

第二に、この基本骨格を用意するのとは別に、彼らは最初から大きな土地全体を計画しようとはしませんでした。彼らは建設の第一段階のみを計画し、さらに、それを大まかにしか計画しませんでした。小中一貫校と集合住宅――混合利用の建物――の立地場所の選定とは別に、低層建物用の街路と高層建物用の街路の位置を指定するだけで我慢しました。

第三に、彼らは建物の見え方や収容予定の居住施設をどんなタイプにするかは、開発業者たちとその建築家たちに任せました。たしかに、開発業者たちには市の住宅部門を含みますが、同様に多種多様な単独で運営する住宅協同組合、民間開発者たちも含みます。住宅には居住用の賃貸と分譲とがあります。開発業者が住居と一緒に小売店、飲食店、劇場を混合したければ、そうできます。それらは小規模計画のための余地を残す役割があります。ショッピングセンターはありません。プランナー以外の人たちがうまくいくだろうと考える場所に店舗は思いがけず現れます。

第四に、プランナーは柔軟性という別の観点から検討を加えました。市独自の監督のもとで開発された建物では、今日家族向け戸建て住宅とされるものが将来アパートに再利用できますし、その逆も可能です。現在、居住用になっているものは、土星に向けて飛び立つつもりのない生き生きとした変化する都市で起きているのとまったく同じように、将来店舗に再利用しようと思えばできるようになっています。他の開発業者は、将来のいろいろな状況に柔軟な対応が可能か否かという観点からも熟考することを勧められています。

そして五番目に、以前はその荒廃地域の重要な要素と考えられた敷地内に散らばる数少ない古いレンガ造の工場は取り壊されることなく白紙状態になっています。それらすべてが再利用されて、建物の過去とその時代の様式とのつながりを提供するのに役立つようにと、大事にされています。その大きな敷地が過去からのものをほとんど含んでいないという事実は財産としてではなく、主要な欠点として考えられていました。最初に再利用された工場は現在住宅と店舗に使用され、今では見事な建物となっています。特に重要なのは、この敷地が再生に選定される以前でさえ、古い工場の一つがすでに素晴らしい若者向けの劇場に再利用されていて、もちろん今も残っていることです。

その大きな敷地の約三分の一は現在完成し利用されていますし、その街路は快適で驚きに満ちた多様性がそこら中に満ち満ちています。大変人気がありうまくいっているので、残りの建物はプランナーが当初想定したより早く再利用を始めるのが可能なほどでした。

最近、特に優れていながらいまだ手つかずのままの場所で進めようと考えていたことを、街路の基本骨格や公園の配置と学校用地の選定に生かそうとして、市の住宅部門に従事していた建築家に話を聞きました。「私にはそのようなスキームが適切か否かまったくわかりませんし、現在のところ誰もわかりません。私にわかるのは適切なアイディアが現れると、おそらく市はそれを認識するだろうということだけです。そのときまで、私たちはただ決定するだけのために決定してはいけないのです。私たちは、この近隣のためにアイディアをいくらかであっても一人占めすることはありません。どうして、そんなことをしなければいけないんですか?」と彼は答えました。

彼がこのことを話したとき、一九六六年に遡りますが私の記憶の中に以前ドイツを訪れたときの思い出がぱっと浮かびました。私はハノーバー市の建築家であるヒルブレヒト先生と過ごした一日を思い出しました。[*4] 最初に、彼は私に市の中心部周辺を案内してくれたのですが、戦争で破壊された市の骨組みを復興させるためにそこに新しい建物をはめ込んだその技能、感性、想像力に私は感嘆しきりでした。それから、彼は私を市の外れに連れて行って、すべての大規模計画と同じように退屈な大規模計画である大きな居住地を見せてくれました。おそらく私を元気づけるため、次に彼が見せてくれたのは、同じく市の外れにあるロマンチックな外観の空家となり壊れかけただだっ広い石づくりの建物でしたが、それはもし私の記憶が正しいとすると、かつて修道会が利用し周りを大きな木に囲まれた敷地でした。「あなたはこれをどんな計画にしようとしているのですか?」と私は尋ねました。「わからない」と彼は答え「ピッタリのアイディアが思いつかないが、私はそのことを心配していない」としてこう続けました。「すべてを決める必要はない。我々は次の世代に何かを残しておかなければならない。彼らにもアイディアがあるだろうからね」。

＊4　ルドルフ・ヒルブレヒト（一九一〇〜九九）は、ジェイコブズがいうようにドイツ、ハノーバーのチーフ・プランナーだった。彼は爆撃で被害を受けた市の歴史的な骨組みを保全し、できるだけ建物撤去を少なくする試みを称賛されていた。この一件以来、ヒルブレヒトは『死と生』

を読み終えたあとの一九六四年にニューヨークに、トロントに移り住んだあとの一九七〇年に再びジェイコブズを訪ねた。『死と生』のドイツ語訳のあとに、彼はドイツにその教訓を広める手助けをした。しかしながら、皮肉なことにヒルブレヒトのいたハノーバーは、当時のドイツ人プランナーによって車にやさしい計画のモデル都市とも見なされていた。さらに知りたければ、ディルク・シューベルト編集の論文集『ジェイン・ジェイコブズに関する今日的展望』中の彼の論文「ジェイン・ジェイコブズのドイツの都市計画と都市再生に関する認識と影響力」参照。

ヒルブレヒト先生に対する感嘆はすでに高かったのですが、その言葉で本当にいっそう高まったのでした。ここに将来のことを本当に考えている――将来を尊敬と希望と愛情をもって考えている――プランナーがいました。ダニエル・バーナムとはなんという違い、と私は思いました。バーナムは今世紀の変わり目に生きたアメリカ人建築家です。彼はアメリカでは非常に影響力のあることをいっています。「小さな計画はするな、そんなものには人の血を沸き立たせる魔力はなく、実現もしないだろう。大きな計画をすることだ、高い望みをもって仕事に励みなさい。崇高で論理的なダイアグラムはいったん記録されれば消え去ることがなく、むしろ自分の死後にもいっそう存在感を増して自己主張をする生きた存在となることを心に留めながら」と。当然、その格言は今日まで相変わらずアメリカ人プランナーたちに好んで引用され続けています。バーナムは将来を支配したかったのでした。

私たちすべてにとって、プランニングは実際に役立ち日常的に不可欠のものです。将来を展望することなくやっていける責任ある立場の人はいません。プランニングは私たちの最大の楽しみでもあります。実際、プランニングは大変楽しいので、大々的に計画を行う機会は巨大な権力を誘惑するものの一つですし、巨大権力を求める理由の一つでもあります。しかし、計画への強い衝動を満たすためのプランニング、プランニングそれ自体のために行われるプランニングはひどい代物です。もしプランニングで誤りを冒しているとすれば――何が完璧かがわからない以上、現在の私たちはそうですが――ゆるやかで、最小限に計画して、少し自由すぎるくらいにその場その場で対応するほうが、その逆よりもかえってよいのです。経験から得たよい方法は、**必要以上に計画を大規模なものとしないこと**でしょうし、絶対に必要以上のはるか将来を計画しないことです。大規模計画とするのかそれに代えて小規模計画の寄せ集めでいくのかをどこで選択するにしても、小規模計画の寄せ集めとそれがもたらす多様性、斬新なアイディア、柔軟性に関する有利性のほうを選びましょう。[*5]

＊5　一九八〇年九月に、ボストンのファニエル・ホールで開催された世界大都市会議でジェイコブズはこれらの見解の説明を行ったが、その中でクインシー・マーケットとファニエル・ホールを斬新なアイディア――しかし、彼女は「祝祭的マーケットプレイス」のコンセプトの繰り返しが長い目で見れば不毛な結果となる恐れがあることを警告した――とした「活気に満ちた小規模計画群」のすべてを賞賛した。ジェイコブズの考えの中核部分を要約するのにふさわしい方法は、都市の物理的・経済的・社会的活力の取組みを持続し更新するために、そんな「活気に満ちた小規模計画群」をつねに可能とし守らなければならない、というものである。その講演は「意見交換：サフディ・ラウス・ジェイコブズ」という題の『アーバンデザイン・インターナショナル』一九八一年版で見ることができる。

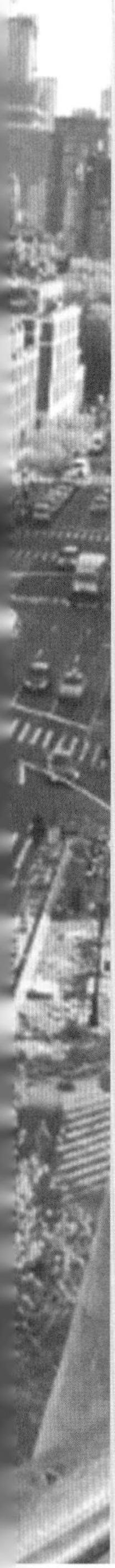

彼女が住んでいたトロントのアネックス地区の書店「ブックシティ」の前で
ウインドウショッピングをするジェイン・ジェイコブズ、
一九八三〜八七年頃

第四部——

# 都市の生態学

一九八四〜二〇〇〇年

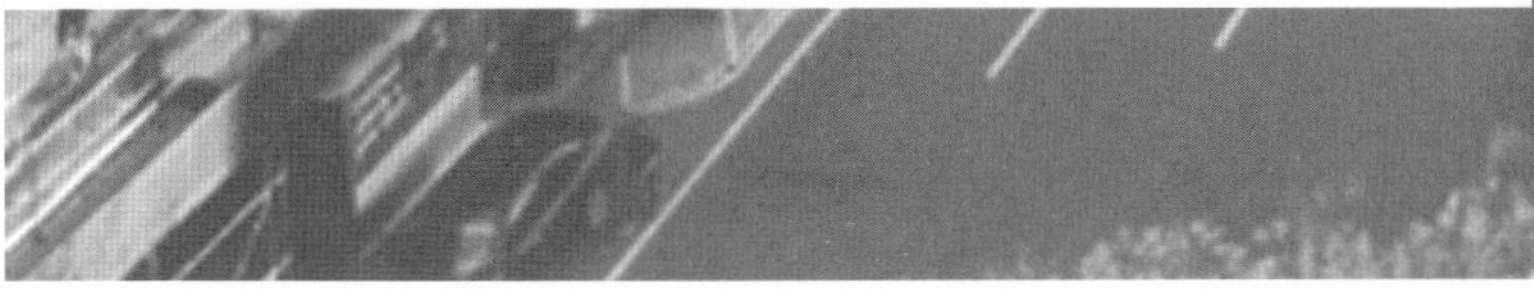

ジェイコブズはその生涯で、彼女を当惑させ失望させるような政治家や官僚側の行動に出くわすことがあった。なぜ、ニューヨークの行政機関は市民を欺くのか。なぜ、軍事的統率を得意とするリーダーは経済運営を大変苦手とするのか。ジェイコブズは彼らの多くが、彼女にとって基本的な倫理、常識だと思っていたことを実行しないのに困惑した。そんなわけで、著書『発展する地域　衰退する地域』の執筆後、ジェイコブズは一九九二年出版のソクラテス式対話の書『市場の倫理　統治の倫理』のテーマになっていた経済的生活の倫理基盤に次の焦点を合わせることとした。ジェイコブズの個人的な好みと過去の経験を考えると、この道徳と倫理の探求は他者の行動様式の調査であると同時に、彼女の個人的な探究でもあった。それは法規制や平等から統治や民営化に至るまで、多岐にわたる関連する問題への探求の好機にもなった。

一五年の間、ジェイコブズは執筆へのインスピレーションをたびたび駆り立てていた思い付きの一つを追いかけ続けた。また、この間に彼女は一般に文学作品の主人公が行っていたか、死亡記事や伝記にふさわしい人物とされる「高く評価される行動様式」の一覧表を収集し続けていた。そして、これらの道徳的な様式の多くには矛盾があることに気づき始めたのである。誠実と欺瞞、革新と伝統、反発と従属などがその例である。最終的に彼女がすべてに共通する美徳をまとめたり、取り除いたりして際立たせた特性をグループ化したところ、相互に排他的な特性をもつ二組の美徳の一覧表ができていることに気づいたが、それが彼女の困惑を解決する糸口となった。彼女が「統治者の道徳律」と呼ぶようになった一組の美徳は、行政、軍事、警察、法規制、保存、社会運動に従事する人たち向けにその人たちについての文体で登場したが、その一方でもう片方の一覧――「商人の道徳律」――は、商業、工業、科学に従事する人々向けにその人たちについての文体で登場した。これら二組の一覧はジェイコブズの『市場の倫理　統治の倫理』の基本軸を構成したが、その微妙な差異をこの第四部の「生計を立てるための二組の方法」の中で、保守派ジャーナリストのデイビッド・ウォーレンと詳しい議論を交している。

執筆の早い段階で、ジェイコブズは商業の道徳律に従う人々を「商人」、統治の道徳律に従う人々を彼女の当初の偏見を表すネガティブな用語である「侵略者」と、それぞれ名づけた。彼女にとって「侵略者」は、苛立たしい政治家、プランナー、政治の黒幕などの階層制、排他性、因習、従順性を重んじ、時には腕力や策略を用いて自分の思いどおりにするような人々を指した。ジェイコブズは一九八五年のインタビューで「私は本当に商人であり、その道徳律を信じています」と認めていた。何よりもまず、彼女は正直さ、寛容さ、意見の相違、新規性、交換――彼女が語っていたこれらの特性のすべては「侵略者」に敬遠されるものであった――を信じていた。しかしながら、インタビュアーに対し、「侵略者の道徳律によらない人も公平に見るように努めたい」と語っている。『市場の倫理　統治の倫理』が出版された頃には、彼女は『『侵略者』の処世訓もまた商人のそれと同様にモラル的に正当であり、また合理的な縄張り的関心に基づいていることがわかるのに時間がかかってしまった」、と自覚していた。[1] 最終的にジェイコブズは、彼女のような「商人」はほとんどの場合にその特性を信じるか理解することもなく、またその逆も然りと考え、統治する側のやり方にも共感を示すようになった（この後の小論「青空マーケット助成策の異常さ」として簡潔に記述されている）。

ジェイコブズは倫理に関する作業を単なる抽象的・哲学的な黙想としてとらえることはけっしてせず、彼女自身でその作業を発展させていたときでさえ、他の研究者と一緒に理論の検証に加わった。一九八一年から一九九九年にかけて、ジェイコブズは政府機関と環境保護主義の主流派の両方からなる統治者的価値観に対して、明らかに「商人的気質」の価値観で挑んだトロントに本拠をおく環境保護のＮＧＯ、エネルギー調査研究財団の理事会に仕えた。[2] ジェイコブズと同様に、エネルギー調査研究財団も新しい商品やサービスが環境問題に立ち向かうためのキイポイントと考え、政府機関の監視者的文化はそれらを提供するうえで不十分であると信じていた。一九九四年に、ジェイコブズは消費者政策研究所と呼ばれるエネルギー調査研究財団のプログラムを共同で立ち上げているが、この第四部の「消費者政策研究所への第一回ニュースレター」の中でも説明されているとおり、そこは郵便配達、輸送、エネルギーといった政府機関が独占している様々なサービス分野を民営化させるのをその使命とするものであった。しかしながら、ジェイコブズの民営化に対する支持は、ロナルド・レーガンやマーガレット・サッチャーのような政治家が提示した支離滅裂な「小さな政府」ドグマに駆り立てられたものではなかった。サッチャー政権下の社会的セーフティネットの崩壊は、ジェイコブズをぞっとさせるものであった。[3] 消費者政策研究所に寄せたニュースレターの中で、彼女が考えた政府機関としての明白な役割である規制――引き続き影響力を受けないまま変化する環境に対応し、創造性を喜んで受け入れるかぎりでの――を説明している。こういった彼女の考察の多くの微妙な差異（第五部の「効率性とコモンズ」でさらに詳細に説明されている）が、ジェイコブズを伝統的な政治的領域のどこに位置付けるのかを難しくしているのは有名である。

エネルギー調査研究財団の最も優れた功績の一つは州の電気事業であり、ジェイコブズが商人の事業と統治者の事業との「怪物のような道徳的混合」と呼んだものの一例であるオンタリオ水力発電所の民営化であった。一九八四年にエネルギー調査研究財団は、その公益事業の商人の役割と統治者の役割をすぐにも分離することを勧める報告書を作成した。報告書には、政府機関は電力の送電分野の所有と強く規制する側の役割を依然残したまま発電分野を民間に開放すべきであると書かれていた。この間、費用超過と経営の失敗に対するオンタリオ水力発電所を苦しめた批判を考えると、ジェイコブズはその失敗を統治者によって運営される商業組織に特有なものとして考えたが、エネルギー調査研究財団の計画は政治的右派が長年温めてきたプロジェクトとして見られなくなってしまった。実際には、与党である右派の進歩保守党がその提言を潰し、二つの野党、中道派の自由党と左派寄りの新民主党はともに計画を支持した。しかしながら、レーガン型の進歩保守党のマイク・ハリス州首相が政権を握った一九九五年になって初めて、民営化への勢いが増し始めたのである。ハリス州首相の「常識革命」の旗のもと、一九九八年、政権はエネルギー調査研究財団からの提言の多くを実行に移す「エネルギー市場の競争促進に関する法律」を通過させたのである。

一方で彼女の政治的信条の複雑さを表すように、ジェイコブズは「常識革命」が影響を与えたもう一つの問題であるトロントの合併と闘うこととなった。『発展する地域　衰退する地域』を執筆し、ケベック州の分離主義に頭を悩ませていた間、彼女は責任をもった機知に富んだ統治には都市主権がきわめて重要だと信じるようになった。技術革新の受け皿と国のドル箱として、都市は自らの運命をコントロールする力をもたなくてはいけなかった。この第四部に所収された一九八四年のアムステルダムでの講演でジェイコブズが語ったように「都市の第一の責務は都市自体に対する責務です」。一九九六年後半、これらの考えはただ思索するだけにとどまらなくなった。ハリス州首相のもと、オンタリオ州は表向きは政府機関の規模縮小と費用削減を目指すという理由で、トロントと周辺の五市町村とを合併させると宣言した。[4] ジェイコブズは計画阻止のために「住民主権を求める市民連合」という団体に参加し、講演や声明のかたちでその主張に支持を表明した（たとえばこの第四部の「合併反対」参照）。しかしながら、広範な反対とトロント大都市圏の投票者の七六パーセントが合併に反対した住民投票にもかかわらず、一九九八年一月一日に州は強制的に巨大都市トロントの合併に踏み切ったのである。

解説者の中には、彼女自身は一貫性があると考えている倫理、法規制、統治に関するジェイコブズの著作物を彼女の都市に関する以前の著作物からは逸脱するものと理解する者もいた。この第四部に含まれている一九九二年の「『アメリカ大都市の死と生』への序文」で彼女が示唆するように、こういった新しい著作物が過去の彼女の洞察を補完していたのである。それらを一緒にしたものは、一つの統一した研究分野「都市の生態学」として理解可能である。生態系が「物理的、化学的、生物的プロセス」により構成されているのとまったく同じように、都市は「物理的、経済的、倫理的プロセス」から構成されている、とジェイコブズは見ている。[5] 言い換えれば、経済的ないし都市建設的な事柄を前に進める社会的規範から隔絶して考えることは、都市生活というパズルの不可欠なピースであることを無視している。結局のところ、我々の住む大都市は共生的な倫理体系、つまり見知らぬ人同士を結びつける「偉大な信頼網」がなくて、どうやってそんなにもひしめき合っている非常に多くの見知らぬ人々を抱えることができるのだろうか？

1 『市場の倫理　統治の倫理』巻末注（訳書：三二四頁）参照。

2 エネルギー調査研究財団は一九八〇年に創設された環境政策の非政府系調査・研究機関。オンタリオ水力発電所を民営化する運動（本項217頁）に加え、同機関は原子力や対外援助に対して強固に反対する立場をとり、環境問題について市場本位の解決策を推奨していた。一九九七年に、ジェイコブズは自身が信頼していた同機関が政治的右派と結びついてさらに独善的になってきたと感じ、そこをあとにした。

3 リチャード・キャロル・キーリーのジェイン・ジェイコブズへのインタビュー『生計を立てるうえでの倫理：ジェイン・ジェイコブズ会議』（アトランタ：スカラープレス、一九八九）原文一八頁参照。

4 『郊外の全体像』の中で、ジョン・シューウェル元トロント市長は、州の隠された意図は様々な分野で州と定期的にやり合うトロント市議会の権限を弱体化させることであった、と明かしている。

5　ジェイコブズの第二弾のソクラテス式問答の書『経済の本質』（二〇〇〇）では、経済に生態学のアナロジー、すなわち彼女が大恐慌時代のニューヨーク市のニッチ経済を新しく手掛けるようになって以来追求してきたアイディアをあてはめた最も息の長い検討が行われていた。

# 都市の責務

オランダ王宮での講演、アムステルダム、一九八四年九月一二日

幸運にもアムステルダムを訪れたことのある人々と同じく、私もこの都市に魅了されています。この華麗な都市に、そしてこの壮大な王宮に来られたことを大変喜ばしく思います。

アムステルダムを満喫していることはもちろん、私はアムステルダムが「都市の空気は自由にする」[*1]という表現にふさわしいヨーロッパ都市の一つであることに尊敬の念を抱いています。アムステルダムは他のオランダ都市と同様、私たちの祖先の社会に存在した封建制度を克服し、封建的生活のかつての社会的硬直性、経済的制約、知的活動の制限をその都市独自の方法でとってかえるうえで、非常に重要な役割を果たしました。

＊1　ジェイコブズは『死と生』（四七一頁）を含む主要著書の中で、このフレーズを数回使用している。彼女は暗黒時代後のヨーロッパの経済的、文化的復興における都市と貿易の役割を強調した中世の歴史学者アンリ・ピレンヌから長期にわたり知的刺激を受けた。ローマ帝国の悪影響の中で、封建制度はヨーロッパを支配し、人々を貴族階級の地主とその土地を耕す農奴という身分とに厳しく分けていた。「都市の空気は自由にする」というフレーズは、商業がヨーロッパの要塞をまさにジェイコブズとピレンヌの両者が称賛する活気溢れる都市国家へと転換させたあとに、地方の農奴はその主人から連れ戻されることなく都市の城壁内で自由に生活を送れる市民――こうして自由な人間――になることが可能になったという事実を指すものである。

また、何世紀にもわたるその日常的革新に対して、私もアムステルダムに尊敬の念を抱いています。すべて自分たちの実用的な方法で、排水、浚渫、運河建設、造船、製造、マーケティングに関する自分たちの実際的な問題を解決する

ことと、近隣や遠方地域で生活必需品を探し求めることにより、アムステルダムは世界全体に非常に大きな利益をもたらす装置、方式、知識の先駆者であり続けてきました。

大将軍や帝国主義者にとって、この都市は幾度となく羨望の的とされています。しかし、侵攻、占領、暴政、諸外国の野心に耐え、生きながらえてきて、今日のアムステルダムがあります。おそらくそれ以上に注目に値するのは、重要かつ最新式の仕事の場としてその独自の機能を失うことも弱めることもなく、自国で帝国を所有し、また帝国を失いながらも生き抜いている点です。アムステルダムは、現代ではひどく貶められもしくは消滅させられてしまう可能性が高いスキームやビジョンに抵抗することで、その中核となるアイデンティティと美点をもちこたえて、古いものを守っています。その意味で、アムステルダムは偉大な生存者であり、私はそこでの生活それ自体の誠実さと粘り強さに対して、人が感ずるのと同じ畏怖の念とともにそのバイタリティに敬意を表します。

ずいぶん前の話になりますが、初めてヨーロッパを旅行した際、私にとっては多額の小切手を受け取りましたが、それをまったく馴染みのない銀行にもちこみ、小切手を見ず知らずの銀行員へ手渡し、ニューヨークの銀行へ送金してもらいました。領収書をポケットに入れ、私は何も心配することなく呑気に銀行をあとにしました。そのとき思ったのは、このこと――偉大な信頼網の中では私自身の信用は大変小さかったにもかかわらず、その中で非常に安全でありかつ保護されていると感じることができたということ――がどれほど驚くべきことなのかということでした。その信頼網や日常的な安全装置なしでは、同じように経済的生活をつくりあげ、非常に多くのその他の社会的取り決めを支えるやりとりの大部分に関わることはできません。[*2] アムステルダムの商人たちはオランダの他都市の商人たちと一緒になって、この非常に貴重な信頼網を発達させ、その基盤となる装置や技術をつくりあげるのに重要な役割を果たしました。

＊2　この個人的な逸話はのちに『市場の倫理　統治の倫理』の序章に、この著書の主題でもある経済の世界における「偉大な信頼網」として現れることになる。

以上の内容は私よりみなさまのほうがよくご存知のはずで、お話するまでもなかったかと思います。しかしながら、私がお話したい点は科学技術、貿易、芸術、市場、文化的慣習――それを都市から広めることで、国内外の生活の財産や特性となる都市生活の創造物――のクリエイターとしての都市の卓越性をみなさんに気づいていただくことです。国家は庇護者としての役割を果たしますが、都市は国家が庇護するのとまったく同じくらいクリエイターとしての役割を果たします。その関係の縮図であるのが本日お集まりいただいているこの宮殿であり、まさにその関係を象徴するものです（訳注：元来、市庁舎であった建物が今では王宮となり、王室行事のほかに市民も参加できる各種催しも行われていることを指す）。

残念ながら、私たちが今日どれほど大きく都市特有の活力や創造力に頼っているのかを思い起こす必要があります。私たちは都市を単なる便利なものや社会的な贅沢として矮小化し、あるいは社会的不幸そのものだとして蔑むことが知的流行だった時期を乗り切ってきました。

都市について、この国の都市計画の提案書やレポート、または都市の欠陥や必要性についての通常の会議からわかることぐらいしか知らない人であれば、通行を効率的に移動させ、住宅街を整然かつ厳格にパターン化して供給することが都市の最重要の責務だと思うことでしょう。**国際的に影響力のあるタウンプランニング運動は、都市を爪が清潔であるか、体のラインがきれいに出ているか、振舞いが上品であるかを確かめるのが主な勤めである頭が空っぽな若い女性であるかのような見方をしています。**

都市を分散したニュータウンに解体することを主張する反アーバニストたちは、現代的な通信手段、交通手段、発電は都市を時代遅れで不要なものにしてしまう、と主張しました。開発経済学者は都市の経済ではなく、都市の経済にも勝る巨大企業や巨大金融機関に信頼を寄せています。国や州の政府によって責任をもって執り行われるプログラムは、都市の社会問題はより上位の行政機関によってうまく解決可能であり、市町村は行政機関の部門や政策遂行の手段としては国や州に比べとるにたりない、ということを示すものとして実施されています。

都市で輸送機関、通信手段、電力が開発され最初に利用されたという現実があるにもかかわらず、この種の推論が一般人とまったく同様に専門家の間でもまかり通っています。巨大企業や巨大金融機関がその揺籃期を脱する以前に都市に現れ、地歩を固めたにもかかわらずです。さらには、国や州の社会的プログラムを支援する非常に潤沢な財政は、都市の企業や市民から税収をさんざん奪い続けてきたことによるものだという事情にもかかわらず、同じ状況があります。

ご存知のとおり、都市には昔から犯罪、目的意識の欠如、無気力な行動が特に若者の間で驚くほど溢れかえっていますが、国や州のプログラムはこういった都市の社会問題を解決するには至っていません。こちらも明白ですが、巨大企業にはこの種の問題を解決するうえでたくさんの仕事や収益をあてにはできません。そしてまた、強大な経済力があるにもかかわらず、あらゆる種類の現実的問題に直面しても彼らが大いに創造的であるということはありません。たとえば、酸性雨のような現実的な問題が国内および国際的な問題となるときに、誰もそれが現れた原因をしっかりと把握するまでに至らなかったという点が重要です。これこそが、たいていの都市で最初に発生する大変複雑な類いの問題なのです。汚染問題が今日広範囲に広まり、まさに手に負えなくなったのは、都市がこれまであまりに長い期間、有毒廃棄物に関する自分たちの実際的問題の解決を怠ってきたからです。その点でいえば、アムステルダムは過去に下水処理、上水道、伝染病抑制などの都市の現実的問題の克服を放置することがありませんでした。もし都市がこれらの問題解決に踏み出さず、その解決法が広まらなかったら、これらの問題も大変やっかいなことになっていたことでしょう。実際、創造的な都市の存在を欠く国家の多くで、これらは恐ろしい課題として残されたままになっています。

人をあてにし上品に振る舞うぐらいしか期待されず、本当に必要とされることもない人は成長できず機知に欠け、おそらくつねに不満を抱え退廃的にもなってしまうことは覚えておく価値があります。都市にも同じようなことがいっぱいあります。今日では都市の公的な収入の九〇パーセント相当は、上位行政機関からの、たいがいはあらかじめ使い道が決まっている交付金のかたちで賄うことができているという事実と、都市が今日深刻な公的課題の克服に際し独創性を失いつつあるという事実との間には関連性があるのではないか、と私は睨んでいます。

歴史的に都市の本質であり誇りとするところは、試行錯誤、新しい試み、イノベーションの偉大な実験室であるという点です。歴史的にこの創造性は、もともと都市で生まれ育った人々と、想像力と野心に満ち溢れた人々向けの仕事ないし、チャンスを求めて移り住んできた人々の両方を含めた都市のどこにでもいる市民集団の中から現れます。**私が「創造的な都市」「革新的な都市」「問題解決型の都市」という用語を使う場合、実のところ、より具体的に話そうとしているのは、本当に多くの普通の人々が自らの希望、洞察、野望、技術を試し、そして他人が予想だにしない、ときには自分たちさえも驚くようなものをつくりだせる都市についてです。**

都市特有の経済は市民の創作力を存分に発揮させるのと同様に、そこでの生活を支援するので、都市の最も基本的な責務は一般市民が経済的な新しい試みやイノベーションを行うのにうってつけであり可能な場所であるように見守ることです。

実際問題としてこれがどのような場所かというと、小規模で多様な企業の発生率が継続的に高い都市のことを指します。では、なぜ小規模で多様な企業なのでしょうか。

歴史的に見ても現代のいずれの都市においても、経済が高度に専門化したところはどこでも停滞し衰退する運命にあります。すべての卵を一つの籠に入れるなということわざにあるような、経済活動がごく少数の産業に偏りすぎると、リスク分散の観点から全体としてうまくいかなくなる可能性が高まるからです。皮肉なことに特定の産業に特化した都市の経済は、新しいアイディアや実践力に欠けるので、その専門性さえ独創的かつ最新のものに保てていません。

本当に新しいタイプの商品やサービスは、すべて小規模で始めようとする傾向にあります。既存の商品やサービスを単に改良しただけの多種類の仕事も同様です。歴史的に見ても現在においても、小企業のほうが既存の大企業よりも新しいことを取り入れるのに好都合です。同様に、小企業はトータルで見ると、既存の大企業以上に新しい仕事の占める割合が高いのです。

小企業は本質的に日々必要なものをお互い依存しあっています。小企業は自給自足というよりも、共生のかたちで存続しています。そのため、都市の小企業が発展し繁栄するためには、数の多さと種類の多さの双方が必須条件となります。

都市ではたえず古い仕事のほうからなくなっていきます。いったん、ある企業が大きく成長しそこで根づくと、他の地域へ首尾よく移転するか、さもなければ分工場や支店の開設へと向かうことが可能です。実際、住民が仕事や収入を必要とするにもかかわらず、都市がするようにはそれらを生みだせない町や村のために産業の移植をあてにできること、これこそが都市の偉大な貢献なのです。都市では陳腐化や競争のような別の理由でも、古いほうの仕事からなくなってしまいます。古い仕事がなくなることに不満をいったり、それがとんでもない不幸を表すかのように思っても意味のないことです。否応なく古い仕事の喪失は起きてしまうことがあります。経済的に勢いのある都市では、できて間もない今までなかったような仕事が、古い仕事の喪失を補っているのです。

都市の輸出企業のほうが、都市内だけで商品やサービスを生みだしている企業よりも重要だとするのは短絡的な考えです。特に、地元企業がかつてその都市が輸入していた製品に代わるものを現在ではその都市内で生みだしているか、そこの企業が革新的である場合には断然価値があります。このような企業が、将来その都市の輸出企業に成長することは頻繁にあります。貴重な経済的な突然変異が、その都市にしかない「遺伝子プール」の中で、どこにどのように現れてくるのか、あらかじめ知る術はありません。[*3] 確実なのは、都市に存在する企業数が多くなればなるほど多様性が増し、それだけイノベーションが起こるチャンスもさらに期待できることです。

＊3　これは多様な種類の地元の仕事の価値を表現する際に、ジェイコブズが気に入って使った比喩の一つとなった。たとえば、この第四部の「『アメリカ大都市の死と生』への序文」参照。また、これは『経済の本質』の中の生物学的・生態学的アナロジーを予示するものでもある。

**多様な小企業の高い起業率を享受する都市には、安価で多目的で多様な作業空間が必要です**し、さらに小規模か、試行的な仕事形態か、悪戦苦闘しているかのような企業がそこにあるだけで、まるでどことなく悪い評判が出回っているか、下着のようにきちんと隠されておくべき存在であるかのように見えない場所であることだけは必要です。結局のところ、より多くの市民が都市の経済的活力に目を向けるようになればなるほど、しかも市民が小さいものが根づくことが正常で当然のことだと理解できればできるほど、それだけ小企業が存在する経済はさらに多くの可能性があることを示す実例として役立ちます。次に、都市のゾーニングは見直しが必要です。全体的に見て、ゾーニングは経済的な創造力の促進を顧みることなく発展してきました。私からすれば、騒音、交通量、汚染の発生のような問題に関しては、特定の活動の実際の影響結果で規制するほうが的を射ているように思えます。土地利用をゾーニングという形態基準で区分するよりも、実際の影響結果で判断するパフォーマンス基準のほうが、立地選択の自由度をさらに実現するべく有害物質問題を克服しようとする企業にとって、よりインセンティブ付けになるでしょう。

健康や安全のために本当に必要とされている比較的少数のものを除けば、商品やサービスに関する国際間、国内、地方、都市により義務付けられた不要な標準化はどれも有害です。こうした標準化の多くは、単に特定の利益団体を優遇するか、官僚たちの都合で採用されてきたか、浅はかにも効率性という名のもとに取り入れられるかしてきました。*4 これらの点は見直しが必要です。標準からの逸脱が妨げられるか禁じられてしまったら、都市の生産者たちは地元市場でどうやって差別化を図ることができるのでしょうか？　そして、標準化により生産方法、材料、目的がこの先どんな結末をたどるのか、誰もわかりません。

＊4　「効率性信者」については第五部の「効率性とコモンズ」参照。

経済的豊かさに貢献するかそれを促進させる条件について、都市同士で学びあうことができます。多くの経済の観察者は、近年イタリア北東部の都市群で見られる共生的な小規模企業の急増と、それら小規模企業が行っている高質で独創的、技術的に洗練された仕事に大変感銘を受けています。もし私が、自分が住む都市の経済的豊かさの促進を試みようとする役人だとすると、このイタリアの現象を詳細に調査分析するでしょう。さらにいえば、他のヨーロッパ都市の小規模企業の起業家たちにイタリア北東部の視察を促し、その地が経験したことから彼らがどんなアイディアをとりだせるかを考えるのも、まさに価値のあることかもしれません。

生産者の商品・サービスにかかるどんなタイプの売上税も、都市の共生的な企業に対する差別です。都市の共生的企業の製品にとって、その事務処理はとてつもなく大きな負担になるのに加え、日々必要なものを内部調達できる大企業に課される売上税と比較すると、共生的小企業に課される売上税は生産過程において釣合いのとれない資金的負担となっているに違いありません。しかしながら、都市の行政機関がそのような課税政策を自分たちではどうすることもできないかぎり、共生的小企業の製品に対するこの差別形態を克服することは不可能です。

そこの住民だけで始める彼ら自身の企業をなかなか立ち上げられない貧困地区では、経済的にも社会的にも成長できない状態が延々と続いています。

民族や移民の経済的な意味でのスラム街は手の施しようがないとよく思われがちですが、もともとそこは経済活動のチャンスを欠いているわけではありません。エスニックフードの小売店やエスニックレストランが最も明らかな例で、彼ら独自の文化的特性が経済活動のチャンスを与えてくれることがあります。ほかにもその民族独特の服飾的・装飾的・娯楽的な好みは、その民族出身の起業家に別のチャンスをすぐにでも与えてくれます。地元産であれ母国からの輸入品であれ、民族工芸品の保存、生産、販売促進はエスニックレストランや民族的娯楽と同様に経済活動のチャンスを与えてくれるので、それらは一般に都市住民の興味をそそることができます。民族的コミュニティには男性と同じく女性にも熟練した技能の持ち主がよくいて、その技能は大企業が雇用するかたちでは売込み先を見つけることができませんが、スラム街自体の中では見つけることができます。

ここでいったん話題を変え、アングラ経済の話をしましょう。先進国でさえ、統計的にその経済規模を測ることが難しくなってきていますが、それは公式の数字では数多くの物々交換やアングラ活動を除外しているからです。たとえば、リマのような第三世界の都市は、生産の六〇パーセント相当と、職の三分の二相当をアングラ経済で占めると見られています。

アングラ経済は当然違法とされますが、それは多くの場合、製品が有害だからというわけでありません。それどころか、一方で製品やサービスのための、さらにその一方で職と収入のための、現実的で差し迫ったニーズを満たしています。違法にあたるのは租税回避、無免許営業、公的な必要手続きの回避です。これらの違法行為を悪だというのは至極もっともですが、アングラ経済の会社が違法に営業しなければ、そのうちの多くの会社は営業を続けられないという厳しい現実があります。それらの企業は最も安直な方法をとってやっていくしかないのです。これらアングラ経済活動を効果的に取り締まっても、必ずしも税収がさらに増えるわけではなく、むしろ貧困や無気力を拡大する結果となります。

だからといって、租税回避やその他の違法行為に対して見て見ぬふりをするべきだと主張するつもりはありません。法の目をかいくぐって活動することを倫理的に容認できると考えるのは大変危険な考えです。しかし、ここで私が提案したいのは、創業間もない小企業とおそらくそこの労働者に対しても同様に、通常の課税負担を適用除外とすることを真剣に検討することですが、これにより労働者の手取り自体を減額することなく、企業が労働者に支払う給与の総支給額を同額分下げることができ、結果としてコストを下げることにつながります。たとえるならば、自分の赤ちゃんや幼い子供に、彼らが成長し丈夫になり、経験も豊富になった頃に、おそらく当然と考える家事を今やってもらおうとは思わない、というものに似ています。私たちは、子供たちがまずやるべきことは成長し、学び、人生のよい足掛かりをつくることだとわかっています。彼らがそのことを達成すれば、その後は自分の役割を十分に果たすことができます。

これは一般的に、創業間もない都市の小企業が操業を始めたばかりのときに考慮するのが望ましい方法かもしれません。つねに貧しく停滞した経済状況下にあるスラム街では、こういった政策はただ望ましいというだけでなく、なんとしても必要かもしれません。ある意味では、そのような経済状況下にあるスラム街はもっと発展した経済の内部に定着したごく一部の第三世界の都市に似ています。

しかしながら、市町村が自分たちの経済に影響を及ぼす課税に関してほとんど監督権をもたない以上は、市町村がそのような政策を試すことはもちろん不可能です。おそらく、現代の都市とはほとんど類似点がなかったにもかかわらず、驚くほど豊かで創造性に溢れていた中世都市には、現在の都市が概してほとんどなくしてしまっている少なくとも一つのことが存在したことは覚えておくだけの価値があります。それは「税の独自徴収」と呼ばれる権利です。[*5] その権利は中世都市にとって大変重要であったので、たいていの場合、封建制度の支配者から苦労して勝ちとった都市憲章の不可欠の部分でした。たぶん、この税の独自徴収権は現在の都市にとってもほぼ同じくらい重要だと思います。

＊5　『壊れゆくアメリカ』の中で、ジェイコブズはこの言い回しを「ファーマー」の語源を通して説明している。「オックスフォード英英辞典で、"farmer"の意味で最初に記載されているのは、"税や収益等の徴収請負人"という意味である。これは中世フランス語の定額料金という言葉に由来する。英語では農民が地主に税を定額で支払わされていたことから、農民からの徴税を専門とする人という意味となった。都市の"税を独自に徴収する都市"という特権は、国庫、教会、地方軍事財閥よりも都市のほうに責任を負う独自の徴税官を任命することができるという権利である。こういった権限をもつ都市は、時に主要な地方や国家を上回って発展することもあった。ロンドンの商人がよい例で、彼らは海賊行為に反対するキャンペーンに資金提供を行い、イギリス海軍の基礎を築いたのである」（原書一九九～二〇〇頁）

話をエスニック経済のスラム街に戻しますが、もちろん、そこでの経済的欠乏状況は社会問題と絡みあっています。私は民族的差別、民族的隔離、文化的紛争につきものの困難な問題への簡単な解決方法をもちあわせていません。しかしながら、私自身が住む都市、トロントの経験は示唆に富むかもしれません。

歴史的な理由により、カナダはアメリカのような移民のための「人種のるつぼ」という理想をけっして受け入れることはありませんでした。カナダとアメリカには大いに異なる点が多々ありますが、これもその一つです。カナダ人の理想は比喩的に「モザイク」という言葉で表現されますが、この考えはモザイクのそれぞれのピースが一つの絵全体を構成するのにひと役買うというものですが、それでもなおこのモザイクのピース一つひとつにそれぞれの独自のアイデンティティが保たれているのです。[＊6]

＊6　ジェイコブズによると、この「モザイク」の譬えはほとんどがカナダの英語圏とフランス語圏との長きにわたる緊迫状態から得られたものだと語っている。カナダ政府は、国家としての統一の必要性とケベック州住民の独立および文化的差異への要求とのバランスをとるために、このモザイクの譬えを利用した。一九七〇年の『トロント・スター』紙のインタビューで、ケベック州をカナダから分離させたいかとジェイコブズに尋ねたところ、次のように答えた。「もし私がケベック州の住民であったなら、たぶん分離派だと思います。でも、私はオンタリオ州の住民ですので、ケベック州にはカナダにとどまってくれることを望みます。私はカナダの最良の国家的資質の多くは、ケベック州の存在感とその山椒は小粒でピリリと辛い的なところ、たとえば、州の権限を優先させて国への権限集中を抑制する力の必然的帰結だと信じています。つまり、るつぼというよりもモザイクというイメージです」。

アジア、中東、西インド諸島、ヨーロッパ――もちろん、特にヨーロッパの貧しい地域――からの移民の大量流入が過去三〇年の間に溢れだした頃に、都市としてトロントはこの概念に真剣かつ独創的な取組みを行い、実体化しました。トロント市庁やその他の都市の行政機関は市民間の民族的な違いを尊重し、この多様性を社会的・経済的豊かさの源であると強調し続けています。このモザイク化を行う独創的な方法の多くは移民自身により考えだされ、しかも支持され、奨励されて続けています。その後、トロントを首都とする州政府は、多文化庁を通して同様の措置をとるようになりました。学校では、子供たち自身が移民であるか、両親が移民の子供たちであるかによって、彼らのアイデンティティが評価され、両親の言語や母国の社会的習わしが尊敬されているかについて違いがあるのかを確かめるための特別の試み――そのすべてが実験的であり、中には議論を引き起こすようなものもあります――がなされています。私がカナダ国民になったとき、私を検査した入国管理局の女性審査官は自らも移民でした。彼女は、市民権を取得しようとする移民家族の子供たちには、両親が新しい国への移住を決めたことがどれほど勇敢なことであり、また、彼らの携えてきた言語、思い出、慣習がどれほど尊いものであるかをいつも真剣に話して聞かせるのだと語ってくれました。

私が見るかぎりでは、移民たちのトロントの生活とそこの社会的習わしへの同化はアメリカの人種のるつぼでの同化と同じ速度で起きていますが、人種のるつぼが強要する個人や民族グループの自尊心、あるいは子供たちの両親に対する尊敬への定例化した攻撃がないとしても、もしかしたらトロントのほうが多少早い程度です。トロントは、文化の違いを尊重するという創意溢れる考え方をとらなかった場合に比べてかなり幸福度の高い都市になっており、そのおかげで偏見、怒り、お互いの恐怖感、劣等感、紛争などがほとんどなくなっているのだと納得しています。また、それは些細なことではないと確信もしております。

都市の人口、規模、複雑性が増大するにつれ、市の本庁もこの変化への対応策を拡大してきました。これに加えて、国レベルの行政機関の中央集権化の増大と、権限と職責を住民からさらに遠くて手の届かない領域へと移しました。これでは、非常に多くの都市住民が自分たちの周囲の状況への影響力を無力と感じる――あるいは、あたかもそう感じているかのように行動する――のも不思議ではありません。大衆運動を通して政策を守るか行政機関の決定を具体化しようとする人々は、実際にはまったく彼らにそうしてくれと頼んでもいない人々の代弁をしているのだと主張しなければなりません。そのような権能を与えることはありえないことです。それが大衆運動団体の最大の弱みでありマイナス面ですが、その上に自称リーダーたちが権力を乱用し、不当な理由で権力を増大させようとすると、同じように大変危険なことになる可能性があります。けれども、関心のなさはそれよりもさらに悪いことです。非公式の活動団体の増加と横行が、時には彼らの絶望感も、深刻な制度的破綻を物語っています。また、別の機会に同じことを知ることもありますが、そのとき都市の住民は近隣で発生する問題について無気力となるくらいがっかりします。

私は都市内の行政機関の分権化を試してみる必要があると提案しています。[*7] しかし、それは一つの都市内の小さな町か村の行政機関を単にコピーすればよいというような課題ではありません。そこに潜む危険性がかなり違います。全体としての都市と都市地区、都市地区同士の相互関係は本質的に複雑です。地区や近隣地区の統制には大都市行政庁案とこの分権化案のどちらが適しているのか、または適していないのか、それは抽象的に答えを出せるものではなく、試行と経験を通してのみ可能です。このように**政治的、社会的、行政的な工夫と展開が求められている巨大な領域は、まさに都市自身の中で十分に検討されず、試されることもなく、放っておかれたままです。**現代都市は、中世の小都市が封建的方法を都市独自の方法にとってかえた、という素晴らしく創造的な功績を成し遂げた当時とまったく同じくらい独創的である必要があると思います。

＊7　彼女のここでの見解は、第二部の「大都市の行政機関」で答えを出していなかった疑問に一つの解決策を提供するものである。また。ジェイコブズは『死と生』の「第二十一章　地区の行政と計画」で、市町村庁の分権化について似たようなことを論じている。

論理的に試行的な分権化に取り掛かるための最善の方法は、市町村庁の特定機能をいろいろと分権化してみることです。そのためには、大衆の不満の主要な標的になってきたところから始め、それからさらに分権化した機能を追加し続けることです。たとえば、私の住むトロント市では、都市計画決定が市民を抗議と怒りに巻き込むような大きな問題となった際に、都市計画部門の権限の一部を住民に近い出先事務所に分権化を進めました。それにより、従来以上に出先事務所が多くの責任を負えるようになると、地元のニーズや要望にさらに責任を負えるようになりました。これは約一〇年続いており、市の出先機関と本庁の両者の視点からしても賢明な移行であると証明されました。

実際に、建築部門の一部が分権化されたので、構造・電気設備・配管・その他のリフォームを計画する家の所有者や、ちょっとした増築をしたい人たちは本庁の事務所へ出向くよりも地理的により近く、しかも彼らにとってより便利な夕方の時間帯に出先事務所で済ませることが可能になったということで、その分権化は大変うまくいきました。出先事務所の役人は計画の承認・非承認、工事完了検査にひたすらかかりっきりになるよりも、修正が必要な点および理由を説明し、やり方の提案をすることで大変頼りになる存在にもなりました。つまり、役人の仕事が曲がりなりにも以前より直接的、迅速、便利に遂行されるようになったので、この役所の業務を利用している住民の話によると、住民は行政機関が自分たちのために奉仕してくれていると本当に感じているとのことです。

ここまでは大変よかったのですが、よく見るとうまくいかなかったところもありました。建築部門の担当業務は、分権化されていた都市計画部門の担当業務と地理的にまったく合致していないのです。これは機能別に分権化がされている際によく起きる問題のように思えます。それぞれの役割、または部門が独自の分権化の論理的根拠を採用していて、それは他部門のものとは異なります。結果的に、非常に混乱し断片的で、その場しのぎの分権化形態となります。これは単に、市町村庁が分権化に対して忠実かつ真剣に取り組んでいないために起きたことかもしれません。あるカナダ人哲学者の「中央で分権化はできない」という言葉はそのとおりかもしれません。[*8] 理由はどうあれ、分権化に対するこの機能的なアプローチは混乱のうちに先細りになって消滅するのが通例です。それを価値がないというつもりはありませんが、分権化を導くための別の枠組みが欠如している状態での分権化には疑いの目を向ける必要があると思います。

＊8　問題になっているカナダ人の哲学者はジェイコブズの友人であり共同研究者のマーシャル・マクルーハンである。ジェイコブズはこの格言を好んだ。本書には三度登場する。

そのような別の枠組みとなりうるのは、たぶん公式な手続きで選出された正式な地区行政機関でしょう。最終的に、いったいどれほどの数の都市地区行政機関が必要になるかは、当該都市自体の規模と、都市内で一般に認められ、自然に形成されたコミュニティの数にもよります。独自の選挙制度とともに、都市の中央行政機関は必要であり続けるとの前提をおかなければなりませんので、都市地区は人為的に地理的な規模をすべて同一にすべき理由もなければ、すべての地区行政機関を一度に同時に設置すべき理由もありません。実際には、その独自の方法に強い興味を抱き、手始めに試験的に始めてみる市町村のほうが優位に立つことでしょう。

遅かれ早かれ分権的な行政機関と一体となって本気を出して首尾よく試行的に運用する自治体は、いくつかの徴税権と自らが管理可能な公金の多くの裁量的使用の専権とを分権化しなければならないでしょう。もしもそんな考えに不安感を抱くようであれば、私たちは都市の一般市民があまりにも無知で自らにとって何がよいことであるのかさえ判断できないか、あまりにも無責任で信頼できないか、そのように見なすことに嘆かわしいほどにとても慣れてしまっただけのことです。**私たちは住宅、社会福祉、教育、経済開発、その他多くの事項に関して、中央に集中した専門知識に大袈裟とも思える信頼をおいているので、一般市民の生活の知恵、常識、想像力、財政的責任を次第に活用しなくなっています。**これは社会的発展どころかその逆です。時計の振り子のように、偏りすぎるとそのぶん反動も同じだけ大きくなります。

中央に集中した専門知識ということは、都市問題に対しての画一的な解決策だということです。画一的な解決策とそれをもとに作成されたプログラムは、どんな個別地点においても実施可能な最良の解決策になることは実際にはめったにないかまったくありません。これらは扱いにくいうえに、状況の変化、新たに現れつつあるニーズないしその可能性への対応が本質的に遅いのです。最悪なことには、画一的な解決策とそのプログラムは局所的な創造性を抑圧し、多様な新しいアイディアと創作力を未然に摘んでしまうのです。

要約しますと、私がお伝えしてきたのは都市の責務の中でも最も重要なのが都市自体に対する責務だという点です。

都市は自らの経済を独創的な状態に保ちながら繁栄していく責任を負わなければなりません。堅調な都市経済が永続的に必要とする多様で小規模な企業の高い起業率を生みだせるのは、都市それ自体以外には存在しません。都市はそこの市民が心休まり誇りに思える都市を維持し続けることに関して、その社会をたえず巻き込み続けることに責任を負わなければなりません。他のどんな団体もその任務を担うことはできません。もしも都市自身がこれらの経済的・社会的な問題を満足のいく程度に解決できなければ、それは都市自体の経済的・社会的な崩壊へと運命づけられる結果となります。

言い換えれば、もし都市が新しいことを試し、創意工夫を行うのに市民の経済的、社会的な能力を活用しなければしないほど、都市はさらに衰退し、成長が阻害されます。またそのような場合、ほぼ確実に国内外に広まった現実問題はさらに未解決のまま山積されるに違いありません。

そのような悲観的な面を除けば、それと裏腹な楽観的な面もあります。都市がその一般市民の経済的・社会的な能力を創意工夫や新手法の開発にさらに役立たせることができればできるほど、都市はさらに有益で重要となります——都市の市民だけではなく、その都市が属する国民にとってもです。

# 一緒に自転車に乗ること

自転車活用を提唱するエネルギープローブ研究財団広報担当者会議での講演、トロント市役所、
一九八五年四月二六～二七日

おそらく本日ここにいらっしゃる方々全員が、安全にサイクリングすることは大切であると思いつつ、ある程度の不安を感じておられるのではないでしょうか。私がそうです。しかしながら、その不安がほとんどなくても、フィットネスバイクでペダルをこぎ続けるだけで戸外に出掛けなくても事故は起こってしまうと気づいていただきたいと思います。

アメリカでは一九八三年——数字は昨年のものが利用可能です——にフィットネスバイク、ローイングマシーン、ゴム製滑車がついたルームランナーのようなエクササイズマシーンを利用していて、病院で救急治療が必要なほど重い事故に苦しんでいる人たちが一万八〇〇〇人もいます。その事故は一九八一年以来、毎年七五パーセント増加していました。

それらの事故の多くは大変重いもので、その中には失明や首から下の麻痺のような悲劇的なものが含まれています。サンアントニオ在住のある女性はフィットネスバイクの使用中に重傷を負ったので、製造会社は示談により彼女に九〇万ドルの賠償金を支払いました。

私がこの件についてそのすべてを読んだ今月初旬の『ウォール・ストリート・ジャーナル』の記事は、別の現象についても言及していました。どうやら、多くの人は室内でフィットネスバイクをこぐことに飽きて、うんざりしてしまうようです。記者がインタビューしたヒューストンに住むある夫婦は、新しいフィットネスバイク——ちなみに、彼らは

フィットネスバイクに一五〇〇ドル注ぎ込んでいたとのことです――でエクササイズをしている間、テレビを見る計画を立てていました。もしも、それがどこにも行けないバイクにしては高額だと思うようでしたら、中には三四四八ドルもするフィットネスバイクがあることも考えてみてください。それらのフィットネスバイクはコンピュータを内蔵しており、乗り手がしていることはただ車輪を回すこと以外の効果をもっているのを確信させてくれます。人々は部屋の壁に景色を広げるビデオカセットを購入することで、もっぱら退屈さと闘おうともしています。

これらの浪費を不愉快そうにせせら笑うか、これらの不自然さを苛立たしそうに鼻で笑う前に、これらの可哀想な人々には実際の自転車に乗って出掛けるのに適した場所が本当にどこにもないという事実を考えてみてください。彼らはヒューストン、ダラス、ロサンゼルス、デトロイト、さらにはそれよりも小さな都市、テキサス州のニードヴィル、ミシガン州のカラマズーのような高速道路のある都市に住んでいます。このような人々にとっては、どこに行くにしても高速道路のガーディナーかオンタリオ四〇一を自転車に乗って行かなければならないのとまったく同じようなものです。[*1]

＊1　ジェイコブズはここで、トロントで有名な二つの高速道路の名前を挙げている。直後の文で「大都市圏行政庁」が出てくるが、これはヨーク、イースト・ヨーク、ノース・ヨーク、エトビコ、スカーバロー、旧トロントを含む、現存しないトロントの大都市圏レベルの行政機関を指す。一九九八年、オンタリオ州政府は強制的にこれらの市町村を一つの「メガシティー（訳注：都市圏人口が一〇〇〇万以上の巨大都市）」に合併させた。

これこそが、高速道路・運輸局の計画が市民運動により阻止されなかった場合に、大都市圏行政庁も似たようなものになるだろうと思われる状況です。局長であったサム・カスは彼の計画が実施されると、市内のすべての場所が主要高速道路から離れるにしても高々一・二キロメートルの予定だと一九七〇年頃に豪語していました。高速道路の出入口とインターチェンジはたくさんできるはずでした。そうすると事実上、市に残されることになる部分は、結局はクローバーの葉の内側部分のようなほんのわずかな部分だけとなってしまうことでしょう。[*2] これでは自転車にも公共交通にもけっして適した環境とはいえません。そのような環境下ではもちろん、真っ当な考えの人たちであれば自転車を室内に持ち込み、壁に外の景色を映し出すようになるでしょう。

＊2　高速道路のインターチェンジのパターンはよく四つの輪が組み合わさった形をしているが、それが四葉のクローバーの形と似ているからである。「クローバーの葉の内側のクローバー」だけが残るという表現は、高速道路へ入る車道がつくりだす輪の内側の、利用されたことがないうえにほぼ使いようのないほんのわずかな草地だけが残っていることを指す。

現在ちょうど進行中の計画案が私たちに警告するように、これこそがひょっとしたら大都市圏行政庁になっていたらそうなる可能性のあった事態です。私はそのような事態をレズリー通りの延伸案から思い浮かべていますが、その延伸案は被害を受けることになるノース・ヨークの近隣住民の反対を押し切って、トロント市の都市計画部門から表面上支援を受け、本格的にかつかなりお金をかけてちょうど調査段階にあります。私はブロア通りの地下を通すスパダイナ拡幅の最新案についても考えを巡らせていますが、この案は私の入手した情報が正しければ、すでにカス氏により暫定的に次年度予算に資金計上されたとのことです。悲しいことに、これもトロント市自体の都市計画部門の支援を得たようです。その計画案はまさにスパダイナ高速道路の南端の部分として、カス氏がもともと計画していたものです。この計画案は結局のところ、私がアメリカで慣れ親しんだ常套手段である南端、つまり住民の反対があった北端のノース・ヨークとは逆の方向から北に上って高速道路を建設することを意味しています。すなわち、もしも反対勢力が一方の端で高速道路を阻止すれば、そのときはもう一方の端から建設を始めるというものです。

かつてマーシャル・マクルーハンは、もし過去にアメリカで起こった出来事に気を配るほど機転が利くようであれば、カナダはそれを一種の早期警戒システムとして活用するようなものだと語りました。アメリカで起こったこととは、郊外とダウンタウン間の輸送に取り組もうとした高速道路網が、皮肉にも今では郊外を空間的な詰まり具合と時間的長さの両方で国内で一番ひどい交通渋滞の光景をつくりだすのに成功してしまったことです。

この現象について、これもまた今月初旬の『ウォール・ストリート・ジャーナル』の記事ですが、次のように始まっています。

ヴァージニア州フェアファックス郡のグレッチャン・デイビズは、毎週平日の朝、ヴィーナ近くのエア・ヒル雑貨店まで仕事に出掛けるのにフェアファックス・ファーム・ロードを運転します。なんとのどかではありませんか。

けれども、デイビス夫人が少し車を進めると、主要幹線道路であるルート五〇に到着します……川のようなおびただしい数の車の列が、郊外の静けさの中を轟音を立てて通り抜けます……かつては快適だった二〇分の通勤時間が、気が狂いそうになる限界寸前まで「延びて」います。

このような状況を乗り越えるためにデイビス夫人が自転車を選び、もしくは彼女に子供がいたら、一家が住む郊外のそこの中心部まで自転車で送っていくことを想像できますか。

この郊外で起きていることは、どちらかといえば、あまりにも一般的すぎるようになってきていますが、報告ではさらに続けて次のような貴重な事実を伝えています。大勢の郊外居住者がデイビス夫人と同様な不満を感じていること。アーバンプランナーたちは今、交通渋滞が郊外の主要な課題になってきているといっていること。ビジネス中心地のビル同士は歩くには離れすぎているので、ビル間のどんな移動にも車が必要になること。朝の交通量もすさまじいが、お昼時になると人々がオフィスビルから溢れだし、車に乗り込んでレストランへ向かうにつれて、さらにひどい交通渋滞をもたらすだけであること。郊外の高速道路が渋滞するにつれて、車は居住区の静寂を破りながらそこの狭い道路に溢れだすこと。ダラスやヒューストンの大都市圏は、現在多くの高速道路で一日に一二時間以上続く数珠つなぎ状態の交通量に悩まされていること。サンフランシスコ郊外の交通混雑は、現在、日常的に一日累計で二七〇キロメートル程度の長さの渋滞となっていること、等々です。

要するにアメリカからの警告は、郊外とダウンタウン間の輸送に対処しようとする高速道路システムから恩恵を受けてきたと長い間考えられてきたその郊外が、無情にもそのシステムの犠牲者になっている――その一例として、ノース・ヨークの政治家たちがまだ理解していないにもかかわらず、そこの住民が今まさに理解し始めている一つの教訓――と伝えるものです。

私は高速道路の愚かさについての説明を、一つには都市の輸送ニーズに応えようとするこの方法が自転車利用者を悲惨な状況へと導く点を強調するために長々と述べてきました。しかし、この点をより広い背景とも関係づけて見ていきましょう。多くの点で自転車利用者の関心は、都市と郊外の生活の質を深刻に憂慮する他のグループの人々の関心と一致しています。

たとえば、思いついたものを挙げれば、

- 都市と郊外を子育てに安全で楽しい場所として関心をもつ人々。
- 住宅地の静けさとそこの環境悪化の危機に関心をもつ人々。
- 渓谷やその他の自然の都市のオアシスを高く評価し、それを舗装化、交通量、騒音から守ることに関心をもつ人々。
- 公共交通の質、利便性、財源および財政的健全性に関心をもつ人々。
- 子供、年配者、貧しくて車を一台ないし――事情次第では――二台を所有できない人々の移動に関心をもつ人々。
- 酸性雨やその他の汚染に手を貸す排出物の反対運動に関心をもつ人々。
- エネルギーの大量浪費とその浪費が自分たちや地球にもたらす結果に関心をもつ人々。

これらのような関心をもつ人々は、当の自転車利用者がスポーツ、ツアーリングやその他のレクリエーション、実用のいずれを目的としていても、当然同じ仲間です。もともとこれらの人々の闘いは自転車利用者の闘いでもあり、自転車利用者の闘いはこれらの人々の闘いでもあるのです。なぜなら、これらの点は表面的にはまったく関心が異なるように見えますが、目指すところは同じだからです。要するに、彼らは全員が都市と郊外を人々にとって質の高い場所として維持しようとする人々――単に車で毎日を過ごしている人々ではなく、ウォーキング、散策、ランニング、サイクリング、遊び、ガーデニングをする人々――ついでにいえばウシガエルの声を聞こうとする人々、ということになります。

ウシガエルといえば、昨年、ある自転車関連の協会職員が、その協会も会員も私が今述べたようなその種のことやそれに同調する人々にはまったく関心がなく、しかもその協会はもしも新しい幹線道路建設や道路拡幅の計画案が自転車利用者の走行時間数分の短縮につながるのであれば、被害を受けることになる近隣住民が反対したとしてもその計画案をほぼ確実に支援するだろうというのを聞いて唖然とさせられました。彼らは、かつては自然そのままの渓谷であった場所を通り抜ける高速道路に対しも同じことでしょう。ウシガエルの生息環境の保護を本気で気にかける人のほうが、高速道路の建設業者、道路拡幅業者、交通プランナーよりも彼にとってはもっと本来的に手を組める相手なのではと彼にいった際に、彼が私のことを少し頭がおかしいか、とにかく非現実的だと思ったのではないかと怖くなりました。つい先週のこと、私は車にとってよいとされていることであればなんでも自転車にもよいという旨の、明らかに両方の乗り物が車道の上を走るという前提に立つ、別の自転車関係の協会職員の発言記事を偶然目にしました。

当然、そのような短絡的で都合のよい考えは、必然的にどこにも行かず室内でフィットネスバイクを黙々と走らせる結果を招きます。快適さを求めビデオカセットで景色を流しながら文字どおり一人きりでペダルをこぐのは、比喩的な言い方ですが、自転車利用者たちが彼ら自身やその他の理由のために、都市生活の質に関心をもつ他の人々に対して共感もせず、気にもとめないで一人でバイクをこぐ場合のあまりにも当然すぎる帰結です。

現在、自転車利用者たちは、彼らが必要とし望んでいる施設や都市の質を得ようとする際に強い影響力をあまりもっていません。私は思うのですが、もしそのような自転車利用者のニーズを支援するうえにおいてそれらの仲間から協力を得、お返しとして都市生活の質改善のために「彼ら」の闘いで当然のごとく仲間を手助けすること、たとえばウシガエルを気にかける人々、学童が道路を渡る場所の信号機を心配する人々、職場や自宅の強制収用の脅威を気にかけている人々と一緒に相互支援に取り組むこと、都市の自転車利用者の具体的なニーズや要望は人々が住み、歩き回るための非常に優れた場所としての都市のより広い文脈の中でのみ実現に近づけうるのを理解することで、将来にわたり協力しあえる非常に多くの潜在的な仲間と一緒にペダルをこぐなら、自転車利用者たちはより大きな影響力をもつことになるでしょう。

実際問題として、どのようにして都市のグループ間のゆるやかでありながら効果的な連携は生まれるのでしょうか。そのような多様な連携概念そのものは生みだされるか、偶然見出されるかしなければならないときに一度に現れるので、その説明として少々古い話をしましょう。遡ること一九五六年に、私はたまたまその当時住んでいたニューヨークの地区公園を護るグループ――高速道路計画案によって分断されるのに反対してそこを護ろうとしていた――の一員でした。[*3]

＊3　この公園はワシントン・スクエア公園で、ジェイコブズの情熱的で機知に富んだ公園の擁護は、第二部の「理性、感情、プレッシャー以外には方法なし」で見ることができる。

当初、私たちは反対運動をそれほど大きく前に進めることはありませんでした。ニューヨークの高速道路プランナーの責任者であり、その当時の「破壊者」であったロバート・モーゼスがある公聴会で語ったように、私たちは「ただの母親たちの寄せ集めにすぎない」存在でした。私たちは、なんの影響力ももちあわせていませんでした。

コミュニティにしっかり根づいている組織すべてに、それぞれが重点的に取り組む独自の重要な懸案事項がありました。冷静に考えれば、それら組織の大半が連携しあっているのが当然のはずですが、このことを認識した組織でさえあまりにも官僚化しすぎて効果的な連携をしようとしませんでした。もちろん、自分たちのことをそうは思っていませんが、実行委員会、理事会等のせいで、自動的に多少とも官僚化しました。彼らは困ったことに、この活動の支援を承認する議案を議論して通過させるのに、たいていの場合めったに開かれない会議で時間のかかる手続きを経なければなりませんでした。もし議題の最後にその時間をとれない場合、あっさりと片付けられました。さらにときどき起こる問題なのですが、もし理事の中に高速道路計画を阻止することに異議を唱える者がいると、ますます困ったことになりました。

　私たちは、請願書、投書、近隣住民との話合い、その他諸々の信用できる情報からわかるように、実際はコミュニティから——さらに市内の他の場所からも——離れてしまったまったくもって大きな支援を効率的に動員することができず、まるでハエ取り紙にくっついたかのように感じました。

　このような事態を受けて、市民団体でかなりの経験がある公共心溢れる男性が、この争点に関して彼が雨傘運動と呼ぶものを開始すべきだと私たちに提案したのです。この運動組織は公式、非公式、いずれかの方法で自然発生的に連携する人々を受け入れるために結集する組織であり、そのメンバーたちは私たちの目的と一致したそれらの闘いで当然のごとく連携する人々をいっせいに支援する組織です。[*4] 私たちが行ったのは「緊急車輌以外のすべての通行からワシントン・スクエアを護る委員会」と呼ばれる小さなチームづくりです。この方法はうまくいきました。私たちは連携する人たちを見つけ、高速道路計画を挫折させ、消防車、救急車等を除外したすべての車輌に対し、公園を抜ける既存の狭い車道さえ閉鎖しただけでなく、この過程においてもその他多くの建設的な目的共有に役立った別の人々と当然のごとく連携を進めました。

＊4　この公共心溢れる男性とはレイモンド・「レイ」・ルビノー（一九〇五〜九六）である。ルビノーは生涯を通して慈善団体の役員であり、環境保護主義者であり、カーネギーホールを残すのを支援したアクティヴィストでもあった。

一九七〇年代前半の間中、トロントでもこの類いのことがいっぱい起きましたが、その当時多くの近隣がそこを開発業者と交通事業者によるひどい計画案から護ろうとする闘いで重大局面に立っていました。近隣住民の団体同士はお互いに支援しあう雨傘連合のもと、一丸となって取り組みました。もちろんそれが唯一の役割ではありませんが、「スパダイナ高速道路計画を阻止し私たちの都市を護る調整委員会」は連携を開始するにあたり重要な役割を果たしました。

自転車利用者はごく自然な連携仲間から類似する支援を受ける必要がありますし、同様の支援を彼らに返す必要があるように思えます。それ以外の自転車利用者には、サイクリングのためにこの都市を改善することや、その過程において都市の生活の質について独自の理由から関心をもつすべての人々のために、その改善を支援することはとんでもないことのようです。

効果的な相互支援が発展するかどうか、私にはわかりません。しかし、相互支援の努力もしないか、**自転車利用者にとってよい都市がウォーキング、散策、ランニング、遊び、ウインドウショッピング、ウシガエルの鳴き声を聞く人々にもよい**ことだと理解する努力もしないで、相互支援が発展することは間違いなくありません。ウシガエルの鳴き声を聞くのを含めるかはあなた次第ですが。

# 『アメリカ大都市の死と生』への序文

モダンライブラリー版、一九九二年一〇月

私が一九五八年にこの本の執筆を始めたとき、都市の素晴らしい街路生活が何げなく提供する洗練されかつ楽しいサービスのことを記述する予定でした——そして、これらのサービスの強化を支援するどころか、これらの必要性と魅力を消し去ろうとする都市計画の風潮と建築的流行を非難しようとしただけでした。本書の第一部にそのいくつかがあります。それだけをやろうとしました。

しかし、都市街路や都市公園の扱いにくさについて学び考えることが、思いがけない宝探しへの門出となりました。私ははっきりと目に入る価値あるもの——街路と公園——が、都市の他の特性へのヒントと手掛かりに密接に組み合わさっているのがただちにわかりました。このようにして、一つの発見が別の発見へとつながり、さらに次の発見へと……。この宝探しで見つけたものの中には、この本の残りの部分に入れたものもあります。これ以外のものはそれらが現れるにつれ、この後の四冊の本の中に入りました。明らかにこの本は私に影響を与え、その後のライフワークへと誘い込みました。しかし、それ以外に影響はあったのでしょうか？　私自身の評価はイエスでありノーです。

日常的な用事を徒歩で行うのが好きな人々、あるいは徒歩でそれを済ませられるところに住んでいるならそうしたいと感じる人々がいます。それ以外の人々の中には、用事は車に飛び乗って行うのが好きな人々、あるいは車があればそうしたい人々はいます。自動車が現れる以前の昔には、四輪馬車か椅子籠（訳注：要人を運ぶための籠）を呼ぶのを好きな人々がいて、多くの人々はできるならそうしたいと思っていました。しかし、小説、伝記、伝説からわかるとおり、それらに乗らなければならない社会的地位にある人々の中には——田舎をぶらつくのを除けば——通り過ぎる街路光景をものほしそうに覗き、仲間に加わり、賑やかに動き、確実に期待できる驚きと冒険に加わるのを切望する者もいました。

ある種の簡潔なものの言い方をすれば、徒歩派と車利用派としても構わないでしょう。この本は、実際にそうであれ、そうでありたい人々であれ、徒歩派にはすぐに理解してもらえました。彼らは、この本に書かれたことが自身の楽しみ、不安、経験と合致しているとわかりましたが、そのことは驚くにあたりません。この本の情報の大部分が徒歩派の人々への観察や聞き取りによるものだったからです。調査では彼らは作業協力者でした。それから、この本は徒歩派の人々自身がすでにわかっていたことにお墨付きを与えることで彼らと協力して取り組んだものです。当時の専門家たちは、徒歩派の人々が知っていて評価していたことを尊重しませんでした。それらのことは古くさくて身勝手な――進歩のやっかいな障害だと見なされました。**いわゆる専門性が無知と愚かさによるものだとしても、専門の資格がない人々にとってそれがある人々に対抗するのは容易なことではありません。**この本はそのような専門家たちへの対抗手段として役立つようになりました。しかし、この効果を「影響」と呼ぶのはけっして正確ではなく、専門家に対抗する根拠として役立っていると見るほうが正確です。逆にいえば、この本は車利用派の人々と協力したり、彼らに影響を与えたわけではありません。私が見るかぎり、いまだに影響を与えてはいません。

都市計画と建築の学生の場合もその反応は同様に様々ですが、独特の点があります。この本の出版当時、経験と気質に基づいて徒歩派か車利用派かにかかわらず、学生たちは反都市と反街路のデザイナーやプランナーとして徹底的に訓練されていました。すなわち、学生たちはあたかも熱狂的な車利用派であり、他の誰もがそうであるかのように訓練されたのです。彼らの教師もそのやり方を訓練されるか教え込まれてきました。ですから、事実上、都市の物理的形態に関係する支配者集団全体（都市計画や建築のビジョンと理論を徐々に理解していた銀行家、開発業者、政治家を含めて）が都市生活に敵意をもつ形態やビジョンを守る門番役を演じました。けれども、特に建築の学生の中には、そしてある程度までは都市計画の学生の中にも徒歩派がいました。彼らにとって、この本は道理に適っていました。彼らの教師は、（全員ではありませんが）この本をがらくたか、あるプランナーが表現するように「喫茶店で不愉快でとりとめのない話をしているようなもの」と考えがちでした。[*1] しかしながら、この本は大変奇妙なことに――学生が実務家として、将来直面するであろう現場の状況の無知を気づかせ、あらかじめ理論武装させようとしたのではないかとときどき勘ぐったりもしていますが――必読書か自由選択図書のリストになんとか載るようになりました。実際、ある大学の教員はまさにそのことを私に話してくれました。しかし、徒歩派の学生にとってこの本は破壊的でした。もちろん、それらの破壊はけっして私がすべてしたわけではありません。他の作家や研究者――特にウイリアム・H・ホワイト――も反都市のビジョンが実行不可能なことやつまらないことを暴きました。ロンドンでは『アーキテクチュラル・レビュー』誌の編集者と寄稿者たちは、一九五〇年代の中頃にはすでに同じことを手掛けていました。[*2]

＊1　ボストン、ニューヘブン、ニューヨークのプランナーであり都市再生部門の公職にあったエドワード・J・ローグ（一九二一～二〇〇〇）は、『死と生』の書評を「ジェイン・ジェイコブズは、都市再生、公営住宅、都市計画を攻撃するのに大部分をあてた喫茶店での辛辣でとりとめのない話の四四八頁の本を創作した」という一文で始めた。皮肉なことに、ジェイコブズは本の中の謝辞でローグに謝意を表しているが、それはコネチカット州ニューヘブンで彼の仕事についてインタビューをしていたからである。この相反する対応についてリチャード・キャロル・キーリーとの一九八五年のインタビューで問われると、ジェイコブズはこう答えていた。「エド・ローグはいつも私を怖がらせたわ……、でも私は彼から学んだの」。

＊2　著名なジャーナリスト、編集者、ホワイトカラーの生活に関する影響力の大きい調査である一九五七年出版の『組織の中の人間』の著者であるウイリアム・H・ホワイト（一九一七～九九）は、ジェイコブズが『アーキテクチュラル・フォーラム』にいた当時の一九五〇年代には『フォーチューン』誌の編集者であった。両方の雑誌はともにヘンリー・ルースのタイム・ライフ帝国の一部であった。ホワイトは、本書でも再掲しているジェイコブズの論文「ダウンタウンは人々のものである」を彼の影響力ある『フォーチューン』誌の連載物「爆発するメトロポリス」に含めた。のちにいくぶんかはジェイコブズによって閃きを与えられ、ホワイトは都市生活に関わる彼自身の調査、特に「小さな都市空間の社会生活」に関する一連の著書、論文の執筆と映画づくりを始めた。

最近、多くの建築家と若い世代のプランナーの中には、都市生活を強化するための素晴らしいアイディア――美しく、独創性のあるアイディア――をもっている人たちがいます。彼らはその計画を実行する技術ももちあわせています。

これらの人々は、私が厳しく批判する冷酷かつ無頓着に都市を不正に操る人たちとは大違いです。

けれども、ここでいささか悲しい気持ちになります。**傲慢な守旧派の門番役の数は時が経つにつれ減少したにもかかわらず、門それ自体は別問題で残ったままだからです。反都市のプランニングは、アメリカの都市では驚くほどしたたかに生き残っているのです。**そのことは数千の法令、細則、条例、さらには慣例に依拠する官僚的な臆病さ、大衆の考えを顧みることがないスタンスを長年にわたり続けたことによる硬直化にいまだに具現化されています。それゆえに、新しい様々な目的に役立つよう再生利用されている、都市の古い建物の連なりを見ることができるどんなところでも、これらの障害に直面して計り知れない献身的な努力がされているのは確実だとして差し支えないでしょう。同様にしかるべき位置——その街路上の歩行者の往来が慌ただしくて大量なところ——で舗道が拡幅され車道が狭められているところ、オフィスが閉まったあともひと気がなくならないダウンタウン、街路利用の新しくきめ細かい混合がうまく育ったところ、新しい建物が古い建物の間に細心の注意をもって挿入されて都市近隣の穴と裂け目を編み上げてあるので補修したことがほとんどわからないところ、このようなところはどこも同じことがいえます。外国の都市の中には、これらの点でかなり成果を上げているところがあります。しかし、アメリカでそんな気が利いたことをやり遂げようとしても恐ろしい試練を経験するのが関の山ですし、また、たいていの場合は悲痛な思いをするだけです。

この『死と生』の第二〇章で、私は都市内の自ら孤立したプロジェクトの一階部分は徹底的に消し去り、二つの目的を念頭において再構成することを提案しました。たとえば、たくさんの接続街路を新しく取り付けてプロジェクトを普通の都市につなげること、さらにそれらの追加された街路沿いに新しい施設を追加することで、プロジェクト自体を都会的な場所に転換することです。もちろん、ここで問題となるのは新しい商業施設が経済的にうまくいくことが必要だという点ですが、それは本当に役に立ち、インチキなものではないという尺度にもなるからです。

この種の徹底的なプランニングの見直しが、この本が出版されてから三〇年以上経っても——私の知るかぎりでは——試みられていないのにはがっかりです。[*3] たしかに、一〇年経つごとにこの提案を実行するという課題は、ますます困難であるかのように思えてきます。その理由は、反都市のプロジェクト、特に巨大な公共住宅プロジェクトが周辺都市の衰退を引き起こしがちで、結びつけるべき隣接の健全な都市は時間が経つにつれますます減ってゆくからです。

＊3　トロント市は二〇〇九年に「タワー状建物再生」戦略を試験的に始めたが、翌年からは永続的なプログラムとした。プログラムはタワー状建物の所有者が自らの建物を環境にもっと優しいものにするのと同時に、ジェイコブズが『死と生』で示唆したのとまったく同様の混合利用を認める新しいゾーニングとインフィル型開発を含めて、隣接する近隣地区の建築環境の改善も支援する狙いがある。

たとえそうでも、都市のプロジェクトを都市に転換するためのよい機会はまだあります。簡単なものは学習課題という前提でまず試してみるべきで、やさしいケースからまず始め、さらに難しいものへと徐々に進めることがすべての学習にとって得策です。郊外のスプロールが際限なく広がり続けることができるとは思えないので、この学んだことを郊外のスプロールに応用する必要に迫られるときがやってきます。エネルギーの浪費、インフラの浪費、土地の浪費による代償はあまりにも高くついています。しかしながら、資源の節約のほうを選んで既存スプロールの密度を上げようとするなら、魅力的で、楽しくて、安全で、持続可能な高密化し連鎖化する方法を——車利用派と同じように徒歩派も——学び終えている必要があります。

ときどき、この本は都市再生やスラムクリアランスの計画を中止させるのに役立ったと高い評価をいただくことがあります。これが本当だとすると、喜んでその栄誉を受けるのですが、そうではないと思います。都市再生とスラムクリアランスは、この本が出版された以降も長年にわたり大掛かりな暴虐行為を続けたのちに、自らの失敗と立ち往生で敗れ去ることとなりました。今でさえ、開発業者に貸し出される破滅的変化をもたらすに十分な投機的資金と、大いなる政治的尊大さや公的補助金によって扇動されて希望的観測と健忘症が入り込むと、そのような計画はまた不意に現れます。たとえば、最近の例では、ロンドンの荒廃した波止場地域と、住民に愛された今はなき控えめでアニメ映画『犬が島』のような隔離されたコミュニティだったところに孤立して組み込まれた、壮大ですが破産したカナリー・ワーフ計画があります。[＊4]

＊4　カナリー・ワーフ計画は一九八〇年代に始まって今日まで続いているが、これは『犬が島』（訳注：『犬が島』に隔離された愛犬を探す少年とイヌの冒険を描いたアニメーション映画）のような旧ウエスト・インディア・ドックスをオフィス地区に再開発したものである。一三〇万ヘクタールを超えるオフィスや小売店舗のスペースはすでに建設され、また計画された居住スペースと商業スペースからなる高層棟の一団は、ロンドンのスカイラインを変え、シティ・ロンドンの新しい金融地区をつくりだし、さらに、ジェイコブズが書きとめているように、ジェントリフィケーションが起きた「犬が島」とこれに隣接する別の勤労者階級のコミュニティとのジェントリフィケーションを巡っての際限のない論争の火付け役となった。

街路で始まった宝探しと一つのことが次々と別の宝探しにつながった話に戻るとしましょう。それらの過程のある時点で、私は自分が都市の生態学の調査に携わっていたのに気づきました。これだけだとアライグマが都市の裏庭やゴミ袋から餌を漁っていること（私の住んでいる都市では、ときどきダウンダウンでさえやります）、ひょっとしたらタカが超高層ビルの谷間に巣食うハトの数を減らしている可能性があることなどに気づくような類いの話に聞こえます。しかし、私がいう都市の生態学は、そのテーマに取り組む野生の研究者の自然の生態学とは似て非なるものを指しています。自然生態学は「任意の大きさの時空間単位内で機能する物理的・化学的・生物学的プロセスから構成されるもの」として定義されます。一つの都市の生態系は都市とその親密な依存関係にあるものの内部で、所与の時点に機能する物理的・経済的・倫理的プロセスから成り立っています。私はこの定義をアナロジーによってつくりあげました。[＊5]

＊5　ジェイコブズは『経済の本質』の中で、さらにページを割いて都市の生態系と自然の生態系のこのつながりを詳しく探索している。彼女の生態学の定義は独創性に富んだ生態学者であるレイモンド・L・リンデマンの一九四二年の論文「生態学の栄養動態論的側面」に由来するように思われる。

二種類の生態系は――そのうちの一つは自然によりつくられたもの、もう一つは人間によりつくられたもので――

共通する基本原理をもっています。たとえば、両方の生態系――それらが不毛なものではないと想定すると――はそれ自体を維持するのに大変な多様性が必要です。どちらの場合も、時間とともに有機的に発達し、変化に富んだ構成要素は複雑な様式で依存しあっています。両方の生態系とも、生命と生活の多様性のためのニッチが多くなればなるほど、生命体を支える能力も大きくなります。両方の生態系で、たくさんの小さくてはっきりとしない構成要素――表面的な観察ではたやすく見落とされます――は、それ自体の規模や累計量の小ささとはまったく不釣合いなくらい、全体にとっては不可欠であるとして差し支えありません。自然の生態系では、遺伝子プールは欠かすことのできない宝物です。都市の生態系では、仕事の種類が欠かすことのできない宝物です。さらに、仕事の形態は新しくつくりだされる増殖組織の中で再生産されるだけでなく、それがハイブリッドもつくりだし、類いを見ないような種類の仕事にさえ突然変異します。そして、その複雑な構成要素の相互依存によって、この二種類の生態系は脆弱で壊れやすく、簡単に混乱させられるか破壊されてしまいます。

しかしながら致命的な混乱がなければ、これらの生態系は頑健で復元力があります。さらに、そのプロセスがうまく働けば、生態系は安定しているように見えます。しかし、深遠な意味では安定しているというのは思い違いだとわかります。ギリシャの哲学者、ヘラクレイトスがはるか昔に述べたように、自然界のものはすべて流動的です。私たちが静態的状態を見ていると思っていても、現実には始まりと終わりが同時に起きているプロセスを見ています。静態的なものなどありません。その点は都市と同じです。このように自然と都市、いずれかの生態系を調べるには同種の考え方が必要です。「もの」に焦点を合わせると、それだけでかなりのことが明らかにできると期待してはいけません。**プロセスがつねに最重要です。ものは良かれ悪しかれ、プロセスに参加することで重要性をもちます。**

このものの見方はできたばかりで非常に目新しいものですが、おそらくそれが自然の生態学や都市の生態学を理解するために知識の探求がとても尽きることがないように思える理由です。ほとんどのことがわかっていません。まだ理解すべきことはいっぱいあります。

私たち人類はこの世で唯一の都市を建設する生き物です。社会的昆虫の巣とはその発達の仕方、その役割、その潜在力において根本的な違いがあります。都市はある意味で自然の生態系でもあるのです——私たちにとっては、都市は使い捨てではありません。地域社会が衰退するよりも、むしろ社会的・経済的に成功しているいつの時代のどこの場所でも、創造的で実用的な都市がその現象の中核にありました。都市は自らの役割以上のものを果たしてきました。今もその点は同じです。衰退する都市、下降する経済、増大する社会問題はいっせいにやってきます。この三つが一緒に起きるのは偶然の一致ではありません。

人間が都市の生態学をできるかぎり理解することは、都市のプロセスのどの段階から始めようとも喫緊の課題です。良好な都市街路と都市近隣のおかげで、そこで行われる慎ましくも重要なサービスは出発段階としてはおそらく他のどんなものにも勝るとも劣りません。したがって、モダンライブラリーが新しい世代の読者たちのためにこの美しい新版を出版するのは、大いに元気づけられる思いですが、それら読者がさらに都市の生態学に関心をもち、その驚異を尊重し、多くの発見をするようになることを期待しています。

# 生計を立てるための二組の方法

デイビッド・ウォーレンとの対談、『アイドラー』誌、一九九三年夏号

## 二組の道徳律の混合状況

デイビッド・ウォーレン(D・W)[*1]:早くも一九八五年には、あなたは「交易商人」や「侵略者」という言葉を二つの生計を立てる方法とそれとセットになった二組の道徳律を表現するのに使用していましたね。何があなたをこの苦難のジグザグ道を歩き始めさせたのですか?

*1 ディビット・ウォーレンは『アイドラー』誌の編集長および『オタワ・シチズン』誌の物議を醸すコラムニストとして有名な保守派のカナダ人ジャーナリスト。

ジェイン・ジェイコブズ(J・J):『都市の原理』に熱心に取り組んでいたとき、未開な状況であった中世初期でさえ、船が貿易のために集まり、初期の市場がイギリス、バルト諸国、その他の地域においても開かれていたというのは、なんとすごいことだろうと思いました。互いに物を奪いあうのではなく、商品をやり取りするとはなんと驚くべきことでしょう。

これとはまた別に、どのような行動様式が是認され高く評価され、またそうではないのかに気づき始めました。私は高く評価される行動様式のリストをつくり、多くの項目が相反し、すべての種類の項目がもう一方の項目とは相容れ

ないことを発見しました。そこで、私はこれらのリストをつくり続け、私の著書の中の登場人物、ケイトそっくりに――この目的に対しては高く評価されるのに、その目的に対してはそうではないと――それらの項目を選別し組み合わせ始めました。[*2]『発展する地域　衰退する地域』の終わりのほうで、軍事において大きな成功を収めたカストロや毛沢東やその他大勢の人物が、経済運営をしようとするとただの大失敗をしでかす人物にすぎないことを述べています。このような人々は、経済的制度を創設してきた人々が抱くものと違った期待、洞察、前提をもっています。その頃までには、私は二組の道徳律に分け終えていました。

＊2　「ケイト」は、ジェイコブズのソクラテス式の対話形式の著書『市場の倫理　統治の倫理』に登場する人物の一人である。ロバート・カニーゲルの伝記『街路に注がれる目』によると、ジェイコブズはケイトを自身の娘、バージンと二人の姪を混合した人物としてイメージし、三人全員を一人の意欲的な動物行動学者に束ねている。

D・W：あなたの著書の登場人物は、あなたが「統治者の道徳律」と「商人の道徳律」と呼ぶものを発見し、それについて詳しく説明していますね。進化的な順序では、取引をしたいという衝動はあとのほうで発生し、そういう意味では「統治者の道徳律」が先だと思うので、まず「統治者の道徳律」から議論しませんか。

J・J：ええと、私は商人の道徳律で始めたわけですが。「私たち」にとって統治者の道徳律のほうが基本的なものだとは思いません。類を見ないくらい人間らしいことは、一般化されたことよりも私たち人間にとってもっと基本的です。言葉がどれだけ重要であるか考えてみてください。もし私たちが何かを話すつもりなら、唸ったり手で掴んだり、いろいろな方法が可能ですが、話すほうがもっと自然に出てきます。ギリシャ語を語源とする「道徳律」という単語は「混合するもの」という意味です。それは状況を特徴づける一群の兆候という意味で使用されています。このような処世訓、道徳、価値観の集合はある種の状況や実際的な状況を特徴づけます。

D・W：「道徳律」という言葉を聞いて、虫唾が走ることはなかったのですか？

J・J：いいえ、その言葉は私が使用する専門用語にすぎませんし、今ではとても一般的になっていると思います。道徳律の中の項目は分離しておらず、それらは相互に関係しあっています。それらの項目が無関係に存在していると考えることは間違っています。

D・W：それでは商人の道徳律から始めましょう。「暴力を締め出せ」「自発的に合意せよ」「正直であれ」「よそ者や外国人とも気安く協力せよ」「競争せよ」「契約を尊重せよ」「独創性と積極性を発揮せよ」「発明性と新規性を受け入れよ」「効率的であれ」「快適さと便利さを促進せよ」「目的のために異説を唱えよ」「生産的な目的に投資せよ」「勤勉であれ」「倹約的であれ」「楽観的であれ」――私にはこのすべてがトーニーとウェーバーのプロテスタントの労働倫理のように感じられます。[*3]

＊3　リチャード・H・トーニー（一八八〇～一九六二）とマックス・ウェーバー（一八六四～一九二〇）の両人は、カルビン主義者の倹約と生産性の道徳規範が資本主義の隆盛に貢献したことを示唆したウェーバーにより始められた理論「プロテスタントの労働倫理」の考えについて議論している。

J・J：しかし、このような処世訓は、新教はもちろん、キリスト教が始まる以前から存在していました。その処方箋はプロテスタントの労働倫理と呼ばれるものに具現化されていますが、それらは新教の教義を聞いたことがなかったところにそれ以前から存在し、今日ではプロテスタントの教義がゆきわたっていない地域に存在します。これら処世訓が取引の機能と取引のための生産に役に立つというのがその理由です。

D・W：このような特性をもつものをどこで見つけだしたのですか？

J・J：私たちが知る最古の交易商人の中でフェニキア人は――実際に早くから交易商人であることを運命づけられていた――あちこちの港を旅しました。彼らは進取の気性に富んでいました。彼らは生産目的で投資をしていたのですが、これらの投資がなければあのような船や大量の油などをもつことはなかったでしょう。その当時、彼らはおそらく効率的でした。「暴力を締め出せ」についていえば、彼らは海賊を嫌っていました。古代の交易商人はみな、海賊が嫌いでした。ローマとギリシャの商法典、そして実際にハムラビ法典ではその中で契約が尊重されていました。なんと、フェニキア人にはこれら特性のすべてを見ることができます。「楽天的であれ」ということに関してはわかりませんが、あなた方はもちろん、現代でも古代同様、交易商人と生産者が楽観的であることや、自分たちはやっていけるという前向きな考え方が称えられるという期待をもつに違いありません。

D・W：人間には、A型の道徳律の人は私たちのような人間で、B型の道徳律の人は彼らのような人間だといういい方で、どちらか一方の側につく傾向があります。これに引きつけられましたか？

J・J：いいえ。うーん、初めはそうだったのかもしれませんが、でも初めだけです。

D・W：著書の中で、商人の道徳律を明らかにしたことが特に気に入っていたようですが。

J・J：いいえ、そんなことありません。

D・W：それがあなたの気質だからではないのですか？

J・J：私の気質かといわれればたぶん違いますし、道徳律は一方がよくて、もう一方が悪いというものではありません。それぞれの道徳律はそれぞれの役割に対してはよいのですが、もし混同すると――たとえば行政をビジネスであるかのように運営しようとすると――最悪の結果になります。また、ビジネスを行政であるかのように運営しようとすると、同じように最悪の結果となります。この道徳律は両方ともなくてはならないものです。間違ったところにあるとそれぞれがひどいことになりますが、その適切な役割を果たすにはそれぞれが不可欠であり有益です。

D・W：統治者の道徳律は、「取引を避けよ」「勇敢であれ」「規律を遵守せよ」「伝統を堅持せよ」「位階を尊重せよ」――私のトーリー党員としての胸のうちはすでに熱くなっています――「忠実であれ」「復讐せよ」――ああ！　復讐というのは間違いかもしれませんが、なんと甘美な響きの言葉だろう……。

J・J：まあ、復讐は正義の根底にありますが。私たちはみな、正義を信じ、権力者が正義をなすのを確かめなければいけないと信じています。

D・W：私は「目的のためには欺け」と「目的のために異説を唱えよ」とは対立するものとして受け取っていますが……。

J・J：実際にそれらは敵対するわけではありません。「目的のために欺け」は「正直であれ」と対立します。「目的のために異議を唱えよ」は「従順であれ」と「伝統を堅持せよ」に対立します。

D・W：「余暇を豊かに使え」には芸術や詩を思い浮かべますが。

J・J：それに、スポーツも。

D・W：それから「見栄を張れ」「気前よく施せ」「排他的であれ」「剛毅たれ」「運命を受け入れよ」「名誉を大切にせよ」ですね。あなたはこれらの特質を公務員だけでなく、警察、軍隊、あらゆる種類の用心棒代の取立てに対してあてはめるのですね。

J・J：裁判所に対してもです。それらは同じ特質をすべて同程度に強調するものではありませんが、すべてがそれらの特質で満ち満ちています。また、統治者の道徳律は行政機関外の人々にもあてはまります。それが、私が支配の道徳律もしくは領土の道徳律と呼ばず、そう呼ぶ理由の一つです。私たちの市民生活は自称統治者で溢れかえっていますし、彼ら——言論出版の自由に関わる人々、政治的・社会的運動を始める人々——が不可欠なこともわかっています。環境保護主義者たちも自称統治者です。私たちはこれらの多くのもの——博物館とその理事会、図書館、多くのボランティアをおいている多数の公的機関一般——を当たり前のように思っています。

D・W：取引を避けるボランティアの人々ですね。

J・J：そのとおりです。公共サービスを行う場合は、収入を最低ラインだと見なされない程度とすることで取引を避けなければなりません。そしてもしも取引を避けなければ、すべてめちゃくちゃになってしまうでしょう。博物館の理事会がもつチャンスを考えてみると、理事会の誰かか、友人が収集品を実際に手に入れたい場合に、それが価値のないように見せかけて安く売り払うことに理事会は抵抗しなくてはいけません。ご存知のように、博物館の理事会は自称統治者で構成されています。たとえ理事会が寄付金だけで公金を受け取っていないとしても、理事たちは統治者の行動規範に忠実でなければなりません。

D・W：カナダ人の公的生活がますますアメリカのものに似てくる一方で、私たちカナダ人はさらに威厳を保ち続けています。私たちはこれまでずっと統治者の行動規範のほうに安心感をもっており、おそらくそのおかげでカナダでは多少政治的腐敗が少ない傾向が見られます。

J・J：そうですね、見栄を張るのは政府や権威に対して敬意を払わせるための一つの方法です。裁判所であるならば、飛び抜けて仰々しいつくりのビルを建築するのはまったく問題ありませんが、オンタリオ水力発電所は営利事業を行っていながら、どういうわけか自分たちをその身の丈以上の尊敬を受けているかのように見なしています。すると、どんな混乱が起きるかおわかりでしょう。

D・W：これらの道徳律を混合したことにより不正が生まれますね。

J・J：それぞれの道徳律を間違った目的に使用するか、それらを混同するからです。明らかな例はマフィアです。いくつかの例外はありますが、マフィアは統治者の道徳律のもとで運営されています。例外というのは取引する場合ですが、商人の道徳律が取引するために命じる使い方ではありません。マフィアは、新しい取組みを高く評価するにもかかわらず、暴力を締め出すわけではありませんし、自発的な合意を尊重するわけではありませんし、正直ではありません。

D・W：ソ連の崩壊以来、共産主義者がマフィアそっくりに働くのを誰もが目にすることができるようになっています。

J・J：共産主義者は、統治者の道徳律で商業を運営しようとしています。構造的に彼らはマフィアに似ています。動機が異なり、歴史が異なりますが、構造的に両者は酷似しています。

D・W：ソ連が崩壊した理由の一つに、アメリカが冷戦を続行する中、軍事支出と通商国家の技術的発展についていけなくなったことが挙げられます。そして、ソ連の経済全体が軍事を中心につくられていたにもかかわらず、ソ連経済は破綻しました。

J・J：ソ連は軍事支出を支える商業的な成功には至りませんでした。アメリカはそのどちらにもあたらないといって差し支えありません。これは非常に油断ならない事態ですが、――ほとんどの帝国は様々な理由が組み合わさって哀れな結果となります――ソ連は商人の道徳律を極端に軽蔑していたので、ソ連経済はかなり早くに大失敗してしまったのです。

D・W：裕福な家柄の間では、商人の道徳観から統治者の道徳観へと徐々に切り替わる傾向があります。私はかつて「私の祖先は君の祖先でさえお金を稼いでいた一世紀前に同性愛者になった」と、イギリス貴族の子孫に自慢していたイタリア人のことを思いだします。

J・J：そのような一族は、もしかしたら彼らの財産がもともと取引によってもたらされたのではないかと恥じて、取引を見下すようになります。

D・W：しかし、なぜたった二組の道徳律なのでしょうか？　三組目があるという可能性は考えられませんか？

J・J：私たちには二組の基本的な生計の立て方があり、誰もが両方を生まれながらにもっています。占取と取引以外の方法を見つけようとして知恵を絞ることができます――私もとにかくやってみました。人は贈与品、遺産、パトロンからの援助やなんであれ依存して生活できますが、でもそれは誰か他の人々が必要な資金をつくりだしていることを意味するにすぎません。これにたじろいで、人々は占取か取引以外に何かあると思いたいのです。彼らはすべてのものが魔法のように欲している人のところにちょうど落ちてくるユートピアを考案しますが、そのようなユートピアは長続きしません。

## プラトンが先行した二組の道徳律の識別

D・W：道徳律は「人間の堕落」の補完版を提供しているのではないかと思いますが。

J・J：何からの堕落のことだかわかりませんが。それは大変抽象的なので、私は道徳律の現実世界での役割を取り上げてみようと思います。

D・W：私は抽象的なものについていっているのではなく、どんな道徳律であっても危害を及ぼす、大失敗する、礼儀知らずの人を受け入れる、人間の基本的な傾向のことをいっているのですが。

J・J：それはわかるのですが、いつも（人間に）「マン」という言葉を使わないでいただきたいのです。この言葉はヒューマンのことで、マンと同様にウーマンにも利用しますので。

D・W：安心してください、女性にもあてはまるのはわかっています。昔から使われている包括的な意味で「マン」という言葉を使っているだけですから。

J・J：ええ、私はそれが嫌なのです。なぜなら、このような道徳律を全面的に利用してきた人たちの歪めた考えになるからです。女性だって同様に利用していますし、それらは男性と同じくらい重要です。商人の道徳律についていえば、女性のほうがもっと重要かもしれません。[*4]

＊4　いわゆる女性の仕事と商人の道徳律との関連についてのジェイコブズのさらなる考えを知りたければ、この第四部の「生まれながらの起業家としての女性」参照。

さて、あなたの質問に戻るとして、私たちは占取と取引の両方をする潜在的可能性をもっており、そのどちらか一方を利用するのに適したタイミングがあります。もしそれを不適切に利用すれば、やはりその結果として人々はひどい状態となり、物事は結果として悪い方向へ向かっていくことになります。あなたが取引にかこつけて自発的な合意がなく人々に強制するか、取引しようとすることに不誠実だとすれば、不道徳ということになります。もしもあなたが統治者の道徳律のもとで賄賂を貰ったら、それは不道徳です。**たしかに、人は熱心に戦争や殺人を行うことのために混乱を招き残酷になる計り知れない可能性をもっていますが、よい行いをすることも善良である可能性ももっています。また、もしそうでなければ、世の中はまったくもってうまくいかないでしょう。**私たちは罪や暴力を強調しますが、私たちはまた芸術や利他行為の素晴らしさ、人々がつくりあげたものや人々の存在そのものの素晴らしさも強調すべきです。ですから、それを「人間の隆盛」と呼ぶことができます。

D・W：自然法の伝統は自然と調和することは善であり、自然に反することは悪であるという点で独特なものです。

さてあなたは二つのタイプを識別しています。これはすごいことですが、世の中には新しいものは何一つありえません。あなたが苦労して探しだした識別方法は誰がつくったものですか？

J・J：ええと、プラトンです。彼はすべての活動をこの素晴らしい二組に分けました。もし私が自分の処世訓を理解し始めようとする前にプラトンを読んでいたら、多くの労力を省けたことでしょう。その後にプラトンを読んで「なんとまあ、最初にここへいきついていたのはプラトンなんだ！」と思いました。ちなみに「統治者」と「商人」という用語を使うことにより、プラトンへの敬意を表しています。しかし、プラトンは私の処世訓と全面的に一致するというわけではありません。

D・W：どこが違うのですか？

J・J：プラトンの考えでは自称統治者を認めません。彼の道徳律はときどきファシズム的と呼ばれます。それはまったくカースト制度の考え方そのものの枠組みです。また、カースト制度の中には大変プラトン的な部分があります。昔の日本がそうでした。プラトンによると、統治者階級は生まれながらでなければなれず、階級をあちこちと切り替えることはできないと考えました。彼は、国家に対する不正と最悪の危害はすべてこの二種類の仕事を混同することに由来するといっていたので、その点で先駆者です。人間は誰一人として、両方の種類の仕事をうまくできないと彼は考えていたように思います。その点において、私はプラトンとはたしかに異なります。人々は時に二種類の仕事を上手にこなしていますし、それぞれの仕事において道徳的です。ベンジャミン・フランクリンはその素晴らしい例です。

D・W：けれど、プラントンの『国家』と『法律』を違った解釈で読むことも可能です。たとえば、国家を人間の魂の比喩としてとらえることです。

J・J：そうですね、でもプラトンはそこで罠にはまったと思います――そして私がこのようにいうのは大変おこがましいのはわかっています――が、彼はそうなってしまったのです。彼はすべてのことを統一しようとする罠にはまり、それだからそれに合わせようとして物事を歪め、無視しなければなりませんでした。占取と取引を一体化させるのは不可能です。それらは共生することなら可能ですが。

私が思うに、一般的に哲学者たちは、道徳に適った支配と道徳に適った私生活の二つのことを強調しています。彼らはこれらを調和させようとすると、ある程度まではできます。しかし哲学的な伝統は、商業とその道徳体系を無視しなければなりません。私は、それは哲学者が自称統治者だからだと思います。彼らが商人の道徳律全体を無視しないでいる場合は、それを恥ずべきこと、もしくはあまり重要ではないことと見なします。あなたが統治者を先にもってきて、次に商人をもってきたいようだったのに待ったをかけた理由はそれだったんです。あなたはまさしく統治者志向です。政治学者もそうです。彼らは政府とその他の統治業務——さらには政府の政策の一側面としての取引——について必死に考えます。ただし、彼らはもともと商業に大いに興味があるわけでも、尊重しているわけでもありません。

D・W：それなのに、アダム・スミスは哲学者でした。

J・J：アダム・スミスは類い稀な人物でした。アダム・スミス以後の非常に多くの経済学者たち——そしてスミス自身にこの傾向があったものの、けっして彼に続いた経済学者たちほどではありませんでした——は、支配者に助言していたので実際は統治者の道徳律に親近感をもっていました。商業に対する助言者はいわゆるミクロ経済学者であり、統治者に対する助言者はマクロ経済学者である傾向があります。そして、これらのうち後者の人々は統治者が経済を運営できると考えます。

D・W：では、あなたは自らミクロ経済学から「ランクを徐々に上げて」いったのですね。

J・J：ランクでも知的なヒエラルキーの問題でもありません。**マクロ概念はミクロ概念ほど重要ではありません。マクロ概念はミクロ概念からつくりだされています。**

私は、もしもプラトンが統治者と商人との「役割」を区別する理由についてさらなる検討を行ってさえいれば、彼は統治者層を商人層から区別することに大いなる真理があることを理解したと思います。しかし、一人の人間がすべてを行うことは期待できませんし、彼以前にその基礎を築いた人は誰もいませんでした。私がびっくりするのはプラトンのあと、誰も彼のそれらの洞察を引き継がず、それらを論理的帰結へと進めなかったことです。

## 統治者の育成法

D・W：私には、心の広さはどちらの道徳律の特質でもないように感じます。つまり、人はどちらの道徳律からも心の広さをもちうるのではないでしょうか。

J・J：そうですね、この点で別の見方が可能だとすると、誰かをこれらの道徳律の両方の立場から物事を理解可能な寛容な人だと考えなければならないのは悲しいことだといえませんか？　普通の人はみなさん、占取と取引のどちらも行う能力をもっています。ですから、何が自然かを話したいのであれば、単に両方のことを行うばかりでなく、両方のことを正確に行うのが自然です。もう一方の道徳律をまったく理解できないかそれを単に不道徳と見なす人がいる、もしくはもう一方かどちらの道徳律内でも正確に働けない人がいるという事実は、人間のもって生まれた能力が洗脳や教育によってずっと歪められ抑圧されていることを意味します。そして、このことは教育システムへの厳しい告発です。幼い子供たちは占取する能力——お互いに物を奪いあい、泥棒ごっこをし、ロビン・フッドが大好きで、彼らは占取側に全面的に共感や同情ができます——をもっています。彼らはロビン・フッドのような略奪者を英雄扱いします。

D・W：子供たちは生まれながらにして保守的です。

J・J：ある程度はそうでしょうが、でも子供たちは新しいものも大好きです。彼らはまた、交換や取引の能力ももっています。私が子供の頃、海賊ごっこと称して古い切り株やそれに類するものに厚い板を渡し、その上を目隠しして歩かせたりして遊んだものでした。しかし、私たちはトレーディングカードゲームのようなこともして遊びました。カードは候補者の顔写真の載った選挙カードでした。私たちはそれを取引したものでした。子供たちは大変幼い頃から自然に取引をします。彼らは自宅の庭先で行う不用品販売や自分たちが売り子となるレモネード屋台が大好きです。彼らは生計を立てようとさえ思えば、そうできる前に一方が取り除かれていないかぎり、両方の生計の立て方の能力をもっています。

D・W：以前、あなたは二種類の教育があるといっていましたね。教師がロールモデルの徒弟制度のもの。もう一つは、教師が生徒より社会的に低く見られたかつての貴族型のもの、たとえば幼いアレクサンダー大王を教育したアリストテレスや機密保持責任を負う貧しいイギリスの女性家庭教師です。

J・J：商人の教育制度に弟子入りすることも可能です。しかし、大部分の学校は統治者の機関です。そのような機関は服従を求め、忠誠心を求め、自分たち職員間の序列化を求めます。そこは官僚組織なので、学校が大きくなればなるほどより官僚化します。小学校の子供たちは教師に弟子入りしています。そこで最も優秀な子供たちは大人になると自分も教師になりたいと思っている、そんな幼い女の子たちがごく当たり前のようにいます。高校に上がる頃までに彼らは役人に弟子入りするようになり、さらにそこで最も優秀な生徒は役人に向いています。私たちが将来有望な子供たちを見習いに出すのはそういうことですし――そして大学が伝統的に行っていることは教会（ほとんどの大学を創立した）もしくは国家のために学生を統治者となるように訓練したのはそういうことです。

技術的な職業向けの教育機関が行ったような、科学が大学で扱われるようになったのはかなりのちのことというのは暗示的だと思います。オックスフォード大学やケンブリッジ大学のような古い大学では、学生に古典と国会議員、裁判官、弁護士にふさわしい人間にするのに大切なことを教えました。科学はそれより下位におかれていました。最初の科学の単科大学は工業大学から分かれて生まれました。つい最近になって総合大学はそれらの単科大学を吸収し始めました。科学は知的に尊重されて無視できなくなり、アメリカの大学にあるような物理学部と、博物学部――それは最初自然哲学と呼ばれました――であるケンブリッジ大学のキャヴェンディッシュ研究所のようなものができました。[*5]

＊5　キャヴェンディッシュ研究所はケンブリッジ大学物理学部にあり、一八七四年に設立された。

学校制度において最悪なのはまた統治者の原理を受け継いだことであり、しかも中学生――七、八、九年生に相当する――をその他の学年から分離していることです。これは階級制の軍隊の考え方です。中学校は大変なところだ。その年代の子供たちはやっかいだ。そのような考えは彼らを孤立させることはあっても、教養のある人間にはしませんでした。思春期の間は、できるだけ子供たち全員に啓蒙的な影響を与えたいものです。低年齢の子供たちのために思春期であることを配慮して育てたいですし、年上の子供たちから授かることができる大志に触れさせたいものです。私は、公的教育制度における恐ろしいまでの衰退は小学校と中学校の分離に始まると思います。高校へいくときまでに、子供たちは中学での悪い経験をすでに終えています。

D・W：かつての貴族の教育はどうなのですか？

J・J：それはまさしくあらゆる人の目と鼻の先にあるものですが、私はその知識をイヴァン・イリイチから得ました。[*6] ある日話し合っていて、彼は現代における素晴らしい教育者が生徒のために奉仕しているだけではなく、生徒の能力や個性や魅力に畏敬の念も抱いているといっていました。そういった意味で、そのような教育者は自分たちを生徒よりも劣っているとさえ見なします。彼は、それらの人たちが大変素晴らしい教師である理由はその点だと考えていました。

＊6　イヴァン・イリイチ（一九二六～二〇〇二）は哲学者、おそらく一九七一年の著書『脱学校の社会』が最も有名で、制度化された普通教育に対する過激な批評家である。親としての自身の経験は別として、ジェイコブズは『アーキテクチュラル・フォーラム』誌の学校担当の編集者をしていた期間中、有力な代替案と同様に公立学校の課題についてもちろん学んでいた。たとえば「明日の高校」（『アーキテクチュラル・フォーラム』一〇四号）と題された一九五六年六月の匿名記事があり、高校教育のための実験的な「不定期課外授業」モデルを検討しているが、それは学習の場を町の基本的骨組みに、その周辺に住む市民を教室体験にそれぞれ巻き込むものである。その実践的で終わることがないコミュニティに基盤をおく方法の中で、この提案はここでのジェイコブズの説明とイリイチが提言するさらに徹底的に分散化した仲間同士の学習ネットワークを予示するものである。

D・W：なぜ、教育はこのような方法をとるのですか？　ハーバード・リード卿によるプラトンの詳しい解説のとおり「芸術を通した教育」という原理の無視は終わるのでしょうか？[*7]

＊7　サー・ハーバード・リード（一八九三～一九六八）は、若者のための芸術を基本とした教育の推奨がライフワークであった詩人であり、批評家である。

J・J：私にいわせれば学校は統治者の機関で、みんながその原理に従わなければならないという過ちを冒しています。現在、学校制度にとって正しいことが生徒にとって必ずしも正しいとはかぎりません。私の考えでは、芸術は教育制度の中から生まれるものではまったくなく、芸術が教育の中に取り入れられているのです。芸術がそれほどまでに教育に取り入れられているので、芸術が教育の基本をなすと考えられるようになりました。しかし、極論すれば、学校と学習と仕事は遊びとなります。そして、あなた方はそれが仕事であるという理由で読めるようになることはけっしてないでしょうし、多くの人が学ぶのに苦労する数学もすることはないでしょう。私は芸術が余暇から生まれたものだと確信しています。狩人たちにはたっぷり余暇時間がありますし、女性の採集者たちにも同様にあります。少なくとも今日存在する集団ではそうですし、これは過去においても真実であったと推測してもよいでしょう。彼らにとって休みをとることが必要不可欠だったのですが、そうしないと自分たちの縄張りを経済目的ではないことに過剰利用するからです。彼らは獲物を絶滅に追い込んでしまうでしょう。

では、余暇時間に何をしますか。ゴロゴロすることもできますが、そうすると自分の潜在能力は退化するでしょうし、また不愉快で退屈です。さもなければ、要求が厳しくて興味深いのですが経済目的ではないことを追求することもできます。それがスポーツやゲームというものであり、さらに多くの芸術もそうです。芸術は狩人と採集者の（私たちの用語による）最も原始的な集団に見られます。また、読み聞かせ、宗教的儀式、踊り、音楽づくり、販売したりパトロンからの支援を受けることもない本当に芸術のための芸術である美しいものの制作にも見られます。歴史を通して統治者団体には道化師や吟遊詩人、大聖堂や衣装や競技会が見られます。愛好家の貴族的な伝統ですね。貴族たちは技術や風車などをつくった技術者に対しては支援をしませんでした。科学の多くが、おそらくそのほとんどが、技術によってもちあがる問題から生まれます。もしも科学が統治者任せだったとしたら、科学はいまだに厳密な意味での形而上学のままだったでしょう。

## ユダヤ教の宗教指導者と飲食店について

D・W：ボードレールは、詩人としてやっていける経済は今のところつくりだされていないと語っています。

J・J：悲しいけれども、彼は重要な真実をそこに見つけましたね。もちろん、詩人が生活していける場が必要です。しかし芸術やスポーツは、もし私が正しければ、占取と取引のどちらからも生まれたというわけでなく、その枠外にあります。それらは特に占取形態であったことはなく、今日に至るまで芸術家たちは生計の立て方に苦労しています。最初から、芸術家たちは芸術により生計を立てているわけではなく、狩猟か何か別のことで生計を立てていました。

D・W：何世紀もの間、ユダヤ教の宗教指導者たちは取引をしなければなりませんでしたね。

J・J：そうですね、今日の多くの芸術家たちも同じ必要に迫られています。それで彼らは郵便局で働き、それ以外のところで詩や音楽をつくります。俳優たちはよく飲食店で働きます。多くの場合、芸術は芸術家の生活費のほんの一部をもたらすにすぎず、彼らはいきあたりばったりの生活を送っています。昔から、パトロンからの援助は芸術家にとって大変重要ですが、さらにパトロンからの援助がしばしば領土や政治体制への忠誠を意のままにすることにつながるので、政府、一般的な支配者にとっても大変重要なものです。様々な芸術――音楽、ダンス、演劇、小説、詩、彫刻――は領土に人間的意味を与え、そして芸術のない領土や政治体制は、もしあなたがそのようなものをイメージできたらですが、忠誠を意のままにすることはまったくないでしょう。人々はそんなものにあまり愛着を感じることもないでしょう。

D・W：たとえば、オンタリオ州からスカイ・ドームに気前よく注ぎ込まれた金額は、あなたの考えでは筋が通っているということですね。[*8]

＊8　その特徴的な開閉式屋根から名前がつけられたトロント中心街のスタジアム、スカイ・ドームは一九八九年にオープンした。二〇〇五年にロジャーズ・センターと改称されるも、多くのトロント市民にいまだにその古い名前で呼ばれている。

J・J：それはまったく当然なことで、オンタリオ州、トロント市、メガシティ・トロントにとって、トロント芸術評議会に資金援助することも当然のことです。すべての文明化した政治体制は芸術を支援しており、それらが封建制度や様々な独裁政治から民主主義へ移行したという事実に変わりありません。

D・W：私はボードレールの「サロン」のうちの一つでの発言を思いだします。彼は路上で無政府主義者を殴っている警察官を見て、心の中でいいました。「殴れ、もっと強く、もう一度殴れ。おお、愛する警官よ！　君が捕まえている男は文学と美術の敵だ！」と。私は、サッチャーやレーガンの新自由主義の時代を通して芸術家たちがどれほど国家にべったりか、ビジネスや「民営化」の亡霊がどれほど恐ろしくて逃げだしたかに気づきました。支援者がいなくなることを恐れるあまり、彼らは知らぬ神より馴染みの鬼とばかり、どんなひどい支援者であろうとすがりつきますから。

J・J：もちろん、ここには非常に大きな脅威があります。ソ連がかつて行ったように、国家は芸術家たちに対して服従を求めて非常に無礼な態度をとる可能性があります。しかし、芸術家たちは実際には両方の道徳律の枠外にいて、彼らが国家の手先になるよう強制される場合は、彼らが芸術を商業化し商業的収益のために芸術の品位を落とすように強制される場合と同様に、芸術にとっても芸術家にとってもまったくひどいことなのです。カナダでは、対等の立場で芸術家たちに政府資金を与えることを大変上手に行ってきました。

**芸術家たちは自分たちの自由を守るため、自ら気を配らなければなりません**。彼らはそのことを心掛ける必要がありますし、彼らを雇用して利用する誰かの策略や企てに対して、今まで以上に芸術にうちこまなくてはいけません。芸術の商業的な支援の多くは実際には商業広告です。

D・W：そして、それも腐敗の一種ですよね。私は、大いに才能をもちながら自分に自信をもてない人々が、何らかのかたちの商業広告で消耗したのを見ています。

J・J：広告自体が腐敗しているというつもりはありません。私がいいたいのは、公共テレビ番組を見ると、石油会社だか製薬会社だかが、この名作劇場の特別版を支援しているという点です——それも商業広告のかたちをとっています。それは企業広告ですし、また企業広告とは独立させて行うことも可能です。ときどき、企業がなんのために資金を注ぎ込んでいるのかがわかって驚かされることがあります。スポーツイベントと芸術イベントのスポンサーとなるタバコ会社を例にとってみましょう。タバコ会社が称賛されるのは適切でないとされ、このようなイベントに資金提供を続けるべきだけど、企業名は削除されるべきだとそれとなくいわれる場合です――それこそ、そんな資金提供はすべてなくなってしまうでしょうよ。これがタバコ会社に全面的な資金提供を頼っている多くの芸術団体を恐れさせることです。ところで、もしもそれが本当の慈善事業であるなら、もしもスポーツや芸術を本当に愛するがゆえに行われるのなら、間違いなくその企業は社名を出さなくて構わないというでしょう。そんなことはまったくありえませんし、もし企業名が宣伝されなければ、彼らはそれに資金提供をしなくなります。

D・W：そういうケースではなくて、産業デザイナー、梱包のプロ、広告のイラストレーターなどの人々を実際に雇用するかたちでのパトロンからの支援を考えていましたが。勤勉であること、所有物を実用的に利用するところに商人の道徳律の本質があるわけですね。礼拝堂の天井ではなくて、チョコレートの箱に絵を描く人を雇用するのもそうですよね。

J・J：この点をすべて軽蔑するようではいけません。長い間、高潔な人々は営利目的であるという理由で映画を軽蔑していました。彼らが初期の映画を振り返り、それを見て中には芸術作品としてどれだけ素晴らしいものがあるのかがわかるのには時間を要しました。なんとチャーリー・チャップリンやバスター・キートンが芸術家であったのがわかるのにも時間がかかりました。芸術というのは現れるところに現れ、お高くとまっても仕方ありません。

D・W：芸術家自身は、よく自分の才能をお金のため売り渡すといいますよね。

J・J：人によりますし、あなたは理由もなく特殊なケースを見ないでお高くとまっていますよ。

D・W：しかし、あなたは私たち統治者を軍隊や警察やその他のまったくどうでもいいようなものと一緒にしているではないですか。今度は私たちから芸術まで取り上げようとするのですか？

J・J：芸術は経済的に統治者のものとはけっしてなりませんでした。芸術は占取ではなかった、それが物事全体を考えるうえで難しい点です。それが、芸術家はできるだけ自分たちだけでうまくやっていかなくてはならない理由ですし、実業家からお金を受け取ること自体は別種のパトロンからお金を受け取るにすぎず、本来卑しいことではありません。卑しいか卑しくないかは、芸術家が自分の時間とチャンスにどんな対応を行うかによります。

D・W：芸術の伝統継承機能についてはどうですか？　というのも、最も独創性があり、革新的に見える場合でさえ、偉大な芸術は伝統を具象化させ発達させるからです。

J・J：そのとおりです。シェイクスピアと同じくらい高い独創性の持ち主である芸術家たちは、伝統の枠内で作品をつくっていました。国内の光景、通り、市場《いちば》を描いたオランダの画家たちはその当時では大変先鋭的でしたが、彼らはまた伝統の枠内でも作品づくりに取り組んでいましたし、同じ芸術家が古典的絵画や宗教画を描くこともありました。通常、伝統的な文脈内にある芸術作品と偉大な芸術家たちは、伝統の中に新しい可能性を識別している人々である傾向が見られます。たいてい、思われているほど伝統を捨てきれていないにもかかわらず、すべての伝統を意図的に捨ててしまいたいというある種の独創性が存在し、その点は私たちの時代にまったく顕著です。小説について先鋭的な考えの持ち主だったヴァージニア・ウルフを思い浮かべます。その当時は、この先鋭的な考えが多くの人々の興味をそそることはありませんでした。しかし、彼女は自らが大いに尊重し愛した素晴らしい文学の伝統の中で小説を書き続け、年月が経つにつれ彼女の書いた小説はますます評価されるようになっています。ですから、芸術家は時代に先んじることができるといわれますが、それにもかかわらずより偉大、ないしは包容力のある伝統の中にもいることができます。

　ところで、どんな芸術のかたちであれ、伝統が怒りないし強いうぬぼれにより捨て去られると、皮肉なことが起こります――それはすぐに時代遅れとなってしまう傾向があります。現代建築が装飾を避け、支柱を立て、それ自体を箱にして、社会的にはまったくの象徴的意味しかないものに堕してしまったとき、それはたちまち時代遅れとなってしまいました。

## 豊かな現代生活を手に入れること

D・W：それではこう言い換えてみましょう。保守を貫き通しているコールリッジは、重要なことを象徴する、明らかに無意味なものまで含めた、制度を擁護しました。カナダ上院を例にとりましょう。おそらく「冷静な再考」という考えの象徴として、たとえ上院の会議が儀式にとどまっている場合でさえ、本当に年間二億円の価値に相当します。[*9]

＊9　上院とはカナダ国会の上院のこと。アメリカ連邦議会に大変よく似ていて、カナダの上院議員は議員が民選される下位レベルの議会（下院）と釣合いをとりながら、国の各地域を平等に代表させようという狙いがある。しかしながら、カナダでは上院議員は首相の助言に基づき総督により任命される。つまり、公職を理想的な――意見が分かれるところであるが――パートナーシップと財政的支援双方の手段にするものである。二〇一六年の時点で、上院改革の議論が継続中である。

J・J：少し待ってください。上院にはもう一つ大変実用的な役割があります。現に熱心に政治に取り組むか、過去にそうしていた人々がいるにもかかわらず、彼らは選挙で選ばれて仕事に就いてはいません。そのような人々にはどんな仕事があるのでしょうか。彼らだって生計を立てなければなりません。そんな人々を支援する制度が必要です。小規模なものですと、かつてニューヨークには「ポットホール（訳注：道路にできた穴の意味、地元密着型）検査官」がいたものでした。彼らは区の政治的リーダーたちであり、重要人物であってよく働き、よい結果のこともあれば、悪い結果のこともありましたが、政治体制において自らの役割を十分に果たしました。彼らはどうやって支援を受けるつもりだったのでしょうか？　そのケースでは、彼らは地元に密着するポットホール検査官という名前とはまったく異なるインチキな仕事で支援を受けていました。このような人々をそのままにしてよいはずがありません。もし上院議員がいなければ、彼らに判断を任せる恐れがありますが、そちらのほうがもっと悪いでしょう。

D・W：ですが、政府専売や独占的な営業許可の長い伝統があります。独占が当然でないものはありますか？　鉄道はどうですか？
J・J：本当に重要で不可欠な政府独占は、権力の行使の範囲を超えています。文明化した政府はすべて、つねに復讐と武力を独占するように努めなければなりません。政府の独占が成功しないかぎり——私的な殺人もしくは恐喝、強盗、組織犯罪、テロ組織、自警団、群衆によるリンチなど——現代社会とその安全性は崩壊してしまいます。もちろん、政府は武力の行使により自ら野蛮になり下がることもできますが——まったくあまりにも明らかなことに——文明化した政治体制の中で武力に関しては政府独占の必要性が否定されることになりません。

しかし、独占の権限を基本的に営利目的である鉄道や郵便事業のようなものにまで広げるのは大変ばかげています。ご存知のように、鉄道は飛行機、バス、自家用車と競合するのはまったく明らかです。そうであれば、他の鉄道となぜ競合しないのでしょうか。輸送機関には独占権がないのは当然です。
D・W：サッチャーやレーガン政権には、政府部門をより小さく、市場に任せる部分をより大きくという公約で権力の座についた政治家の逆説的ともいえる側面がありました。けれども、あなたが特にサッチャーを調べてみたら、統治者タイプそのものであったことに気づいたのですね——彼女は小うるさい女アッティラ（訳注：アッティラは『セサミ・ストリート』のビッグバードの名前）と呼ばれていました。この矛盾を考えると、民営化は成功すると思いますか？
J・J：はい、民営化は失敗を避けられないというわけではありませんから。
D・W：つまり、もし民営化が実際にうまくいけば、政治的には失敗のはずではということですか？
J・J：すべて、ケースバイケースです。何がどのように民営化されているのかを考えなくてはなりません。たとえば、オンタリオ水力発電所が配電にこだわるつもりなら、発電部門を手放し、発電部門を民営化することになって、配電と発電に区分されるそれぞれの部門はむしろうまくいくことでしょう。しかし、何を、どのように、民営化しようとしているのか理解しなければなりません。

カナダ政府はかつて郵便事業に競争を認めていませんでしたが、郵便事業が大変悪化してしまったので、このまま無理に続行することができなくなりました。民間の宅配便会社が現れると、政府自体は緊急を要する配達物があるとそこを使用することに困惑しました。郵便事業は独占に見切りをつけ、部分的に民営化してきたといってよいかもしれません。ところで、これはかつての「郵便局」をある種の民営化半ばの国営企業とするものに分類できますが、それは本来の民営化とは別物です。

D・W：そしてめったに満足されることがないものです。それはいまだに利益を最大化しようとするビジネスではありません。けれども、それは古代ペルシャのウマに乗った郵便配達人についてヘロドトスにいわしめた精神、「たとえ雪が降ろうと雨が降ろうと猛暑の中であろうと夜の闇の中であろうと、これらの配達人が指定された巡回を速やかに終えるのを止めることはない」、を失ってしまいました。

J・J：そして彼ら配達人にやる気があり、若く、大して郵便配達の仕事がなかった時代には郵便事業は極端なほどに誠実でした。やる気のなさ、非効率性、怠惰が少しでもあれば、もはや郵便制度を信用できません。郵便物がひっきりなしに盗まれます。

D・W：私は最近、あなたと同じことを強調していた退職した税関職員と話をすることがありました。たとえば、税関職員たちは今、タクシー料金のようなかつてはポケットマネーで支払っていたものを日常的に役所に請求するそうです。彼らはもはや納税者のお金を節約することなど思ってもみません。彼によると、古い倫理観は世襲によって伝わるのだそうです――税関職員の息子はしばしば税関職員になりました。公職のしきたりは子供の頃から息子に育まれました。

J・J：そうなんです。賄賂を渡すのが慣習となっている社会があり、公職に就くように育てられた人々は幼い頃からそのしきたりの中に身をおくわけです。彼らは昔から取引を避けよとの統治者の処世訓に違反していました。

D・W：しかし、私たちカナダ社会はそのうちの一つではありません。先日、私の知人のジャマイカ人女性がロティ（訳注：東南アジアに多い無発酵の平焼きパン）ショップをしている別の例が話題になりました。彼女はアルコール販売の免許を取得するのに賄賂を払わなくてはなりませんでした。彼女はそのようなことはカナダでは起こらないと思っていたのです。

J・J：賄賂は取引なので、これは明らかに取引の処世訓の腐敗です。ところで、税関職員の息子は税関職員になるという世襲の罠というのがありますが、世襲が期待されているという理由で仕事をする人々があなたの周りにいるとすると、そこは不適任者でいっぱいになる、というものです。ビジネスをするよう強いられる芸術家がその例です。

D・W：では、統治者の行動規範が冷ややかに見られて使われなくなると、名誉を重んじるその行動規範をどのようにして復活させるのでしょうか？

J・J：それが、私が本を書いた一つの理由です。人々は異なる役割の人と協力して何をしたらよいのかについて大変混乱してしまったので、彼らはこれらのことについて混乱しないようにする必要があると思います。いくらなんでも間違ったことをしているときに、彼らはそのことに気づかなければなりません。

D・W：私たちは過剰課税により故意に堕落させられていないのでしょうか？

J・J：パーキンソンはそのことを詳しく調べました。[*10] 実際、彼は人々が当然のこととして支払うほど小さい税率は何パーセントかを見分けるくらいになりました。自分たちの領土を通過する交易に課税をしていた昔の封建制度下の権力者たちは、パーキンソンがいうには、通常は脱税や反乱を防ぐ程度の低い税率にしていました。

＊10　ここでのパーキンソンとは、おそらくシリル・ノースコート・パーキンソン（一九〇九〜九三）のことで「仕事の量は完成のために与えられた時間をすべて満たすまで膨張する」という、パーキンソンの法則で最もよく知られるユーモア作家であり官僚制と課税に対する批評家である。ジェイコブズは、彼のあまり有名でない本の一つ『法と利潤』（一九六〇）の一部を引用している可能性がある。この本は「支出の額は収入の額に達するまで膨張する」というもう一つの法則を中心に展開されている。

D・W：課税の社会学をイメージさせますね。

J・J：そうは思いませんが。社会学《ソシオロジー》にはテーマがあり、おそらくそれは地域社会《ソサエティ》の科学でしょう。それこそが社会学が自らを正当化した方法であり、その名称に「学《ロジー》」を加えた方法です。社会学者はそれらのテーマを科学とすることはなくて、時間を潰しているだけです。自惚れに聞こえるかもしれませんが、私たちが今話していることは社会学よりも地域社会の科学のほうで対応すべきことです。[*11]

＊11　ジェイコブズはよく社会学についての不満を述べたが、そのことは少なくとも彼女がコロンビア大学にいた一九三〇年代後半まで遡り、そこで彼女は社会学のつまらない授業を受けていた。また、特に社会科学の絶頂期の二〇世紀半ばに、社会学はジェイコブズが好んだ個々のヒントから包括的な結論へと、いわば個から全体へとスケールを上げて論ずる帰納的な方法よりも演繹的な方法――理論的なカテゴリーを通して人々と社会を分析する――に向かう傾向がある。皮肉にも、彼女を最も有名にしていると思われる著書『生と死』は、しばしば本屋の社会学に区分された棚におかれるテーマだと推奨された。

D・W：賛成です。社会学は死んでいます。さて、税に話を戻しましょう。

J・J：パーキンソンは税率が一定のパーセンテージ――何パーセントか忘れましたが――に達すると、多くの人々が不正行為を始めると書いています。これはもちろん、一国の一般的風潮にとって大変よくないことです。そして税率が実際にさらに高くなると、すべての人がごまかすか税の抜け穴を見つけます。オリバー・ウェンデル・ホームズは、豊かな現代生活を手に入れたつもりになるので積極的に納税するのを楽しむようになり、それで明るい気分になると書いていました。[*12]私もそんな気分になることがよくありました。ホームズがその本を執筆中には、税は比較的低かったのです。もう、そんなふうに感じる人々はいないでしょう。それにもかかわらず、税金の大部分は豊かな現代生活を手に入れるのに回されています。しかし、これら政府援助による営利目的の巨大プロジェクト全体についてはどうでしょうか？　それらは予算のばらまきです。私は政府が巨大プロジェクトを生産的であると信じるように自らをいいくるめていると思います。それに現在数十億ドルもの資金が、これら巨大プロジェクトや別種の商業助成金に投入されています。

＊12　オリバー・ウェンデル・ホームズ（一八四一〜一九三五）はアメリカ合衆国最高裁判所の判事で、歴史上最も引用された法律家で法律に関する書き手の一人であり続けている。彼の現実主義者としての際立ったブランド力や格言に関する才覚は、ジェイコブズにも伝わっているに違いない。というのは『死と生』の引用句として彼の言葉を選び、次のフレーズに要約していたからである。「人生はそれ自体が目的であり、人生が生きるに値するかどうかの疑問だけは人生に満足しているかどうかにかかっている」。

D・W：先日『スター』紙の見出しに「国民民主党の一〇億（カナダ）ドル雇用創出プロジェクトが六七〇の雇用者数純増を実現」というものがありました。

J・J：ということは、あなた方は豊かな現代社会を手に入れようとするのではなく、浪費と堕落をしているにすぎませんが、それはもちろん豊かな現代社会に反しますよ。

D・W：しかし、右派の政府だけが過剰な徴税は堕落につながると理解しているように思いますが、いろいろな意味でそれは市民を落胆させるだけでなく、善悪の判断力も弱めます。

J・J：あなたは先ほど「人間の堕落」について話していましたね。誰にもとても我慢できないレベルの誘惑があり、独自のやり方で政府が人々を誘惑して罠にかけるのが不道徳なのはよく知られています。実際に、税金は人々を罠に落ちようという気にかなりさせるレベルまで達する、というふうに税金を見ることができます。統治者は自分の領土内の人々の道徳的、精神的な福祉の面倒を見ることになっているのに、これはとんでもないことです。

D・W：そして、いったん堕落が魂へと入り込むと癌のように広まります。

J・J：そうなんです！　この神学的な考え――堕落が一か所に入り込むと、すぐにほかのところも巻き込むというもの――は、私が道徳律の混同で説明しようとしたダイナミクスです。もう一方の処世訓は自然の成り行きで堕落し、さらに好都合なことにそれ以外のものも途中で脱落します。

D・W：経済学者たちは、あるタイプの課税制度は別のものより進歩的だとときどき主張します。あなたが好まれるものはありますか？

J・J：一般的にいって、所得の大きさに基づく支払い能力に応じた応能原則で課する税は進歩的です。もちろん、学校の支援のためないしは税金を注ぎ込もうとするものがなんであれ、収入の高い人々と同じように大変貧しい人々に課税するのは望まれません。しかし、税はこれまで公共施設や必要なものの支援のためだけというより、はるかに多くの目的を達成しようと操作されているので、課税制度はひどく混乱し、それについてまわるあらゆる種類の不正を抱えています。しかし、課税レベルが本当に高くなりすぎると、そのような事態は部分的には避けられません。なぜなら、そのときには税の抜け穴が現れ、不正が現れ、ごまかしが現れるからです。

D・W：減税を望む政府であれば、どこの国の政府であれ、レーガンがアメリカ連邦議会との間で抱えていた問題にぶちあたることになるでしょう。大統領は、もし自分が連邦議会に対して増税を拒否したら、彼らは歳出を抑えなければならないだろう、と考えました。しかしながら、とにかく議会はさらに多くの歳出を増やしたうえで、赤字支出をレーガンのせいにしました。

J・J：そうですね、税金が耐えがたくなると、税収はある程度は脱税から、ある程度は実務上の理由から減少するレベルに達するので悪循環となります。

D・W：それはサプライサイド経済学の考え方のように思えますが。

J・J：むろんそうです。私は先日、シベリアの鉱山労働者に関するものを読んでいました。国家は彼らの産出量の五分の四を搾取しますが、残りは鉱山労働者がただちに輸出するのも自由です。このやり方は彼らの産出量と収入を増加させるので、国家はそんなにたくさん支払う必要がなくなると考えられていました。しかし、そこの鉱山では、交換可能通貨に相当する輸出割り当て分にかかる様々な税額が、交換可能通貨で得られる金額を上回ります。これはまったく耐えがたいレベルに達した税の極端でばかげたケースの一つです。スウェーデンでは、税が大変高くなってしまったので、政府の大きな懸案事項の一つは課税を避けるために途方もない量の物々交換が行われるのではないかという点です。**国家が抜け穴をつくらなければ、国民は自分でそれを見つけます。**

## 失敗は成功のもと

D・W：しかし、あなたがもともとひどいと感じている課税形態があるにしても、まだ話されていませんよね。

J・J：ファミリー・ビジネスはごく小さいか、中くらいか、大きいかであるとして差し支えありません。それがごく小さいようでなければ、相続税は税を支払うためにビジネスの売却を余儀なくさせる可能性があります。そのとき、ビジネスは複合企業体ないしは巨大機関の手にわたる可能性があります。このように、それら相続税は経済力の集中化につなげるのにひと役買っています。さて、そのことはおそらく最初に話そうとしたことではありません。そろそろ、その点に話を移してもよいでしょう。ゆきづまった買い手市場では、企業を買収できるそんな状況に前々から関心をもつグループがいます。

　税制上認められた慈善事業に寄付をすると、税額控除を受けることができるという類いの別の状況があります。そのことは、この認可を受けた機関に寄付をせずにはいられない気持ちに大いにさせる一方で、この認可を受けられない機関もいっぱいあります。これが慈善事業の権限集中化の方法です。なぜ認可された慈善機関だけが、寄贈者に税額控除を与える権限をもつべきなのでしょうか？　さらに、もし行政機関がその団体を厳しく検査しなければ、詐欺師や悪党がこれらの税額控除を大袈裟に騒ぎ立てるのは確実だとして差し支えありません。これが収益を上げることとは区別して、社会工学的な目的のために課税方式を利用するあらゆる試みに不可避的に組み込まれた複雑さ、差別、有害な副作用の一例です。統治者は、歳入からの配分資金を気前よく使う社会工学のために、たくさんの裁量の余地をもっています。

D・W：トロントでは最近、市内中心部の地方税納付者たちが猛反対をしている郊外区による「市場価値評価」で、固定資産税を課税しようとする試みを巡って大荒れとなっています。その何がいけないのでしょうか？

J・J：そうですね、ある課税形態は都市にとって有害であり、しかも都市を停滞させるつもりがなければ、都市は新規ビジネス、イノベーション、あなた方が必要とするすべてのものにとって、最も肥沃の地であることから非常に重要です。そして、小規模なビジネスは、お互いに大いに依存しなければやってゆけません。このことが起き得る場所があることが都市の素晴らしい商業的価値なのです。これが都市の土地、すなわちこれらの集中とこれらの機会、土地だけでなく建物も、高価なものとします。税金をその種の価値を基礎として課そうとすると、大いに逆効果となるように社会工学を利用することになるので、都市の有利性全体を下げてしまいます。

D・W：メガシティ・トロント議会における軽薄な議論は「我々は多くのアメリカ都市が試している方法を採択しているだけだ」というものでしたし、もちろん、たまたまそれを見ていた聡明な人であれば、誰でもそれらの都市に起きたことを考えるのはたじろぐでしょう。

J・J：付加価値税も都市とイノベーションにとって大変ひどいものです。付加価値税はすべての商取引にかかる売上税です。現在、その業務と仕入れの多くを自給自足する大企業は、その過程の最後まで付加価値税を支払う必要がありません。一方で、多くの外部の仕入れ先に頼る企業は、取引の段階ごとに付加価値税を支払い続けなければなりません。それはとりわけ、都市の取引や生産の有利性と必要性に打撃を与えます。これらの税制をつくりあげる人々は、この点をまったく理解していないと思います。

D・W：この議論は、連邦政府が高く評価する物品・サービス税にあてはまると思います。

J・J：小規模な都市ビジネス――ご存知のように、それらは巨大事業ではありません――はしばしば軽蔑され、家族経営の店の意味で「パパ・ママ」ストアと呼ばれています。都市のビジネスは、家族経営の店で成り立っているわけではありません。それは下のほうで支える多くのその他の仕事の上に浮かんでいる状態です。

D・W：大きな組織は、政府機関のような大きな組織と取引するのを好みます。ところが小規模企業の実業家は、大きな官僚組織の要求に備えているわけではありません。この場合、大きな官僚組織は、家族経営の店に多国籍企業と同じ報告義務を満たすことを期待します。

J・J：すると、それは家族経営の店にとって追加費用です。さらに、たとえ彼らが官僚の要求に合わせることができても、何度もやり直さなければならないという実態は大変な追加費用です。

D・W：では、どうすべきでしょうか？　税の反乱でも起こしますか？
J・J：結局私たちは、統治者のこれらの評価基準がどのように利いて、どの場合に利かないのかをさらに理解することに頼らざるをえないと思います。ここでも私たちの周りには、これらのことを理解すべきなのに明らかに理解していない経済学者や法律家がいっぱいいます。もう一度いいますが、彼らの受けてきた教育がこれまでずっとひどいものであるといってよいでしょう。

## 素晴らしき混乱状態

D・W：ここ何年かで仕事のやり方は変わっていますか？
J・J：いいえ、変わっていませんし、それが私の仕事が遅い理由の一つです。本を書き始めるときにはいい考えがあるのですが、それから先にうまく進みません。自分が何を書くつもりでいたのかわからず、しまいには私の考えが変わってしまうので、自分が当初思っていた本を書けていないことに気づきます。もし取り組もうとしたことがわかっても、けっしてそこに至ることはないでしょう。物事にはあまりに多くの思いがけない結末やヒントや手掛かりがあるので予測することは不可能です。私は本を書き始めるときにしようとしたことが本当はわかっていないので、**できるだけ手当たり次第に読書をし、人の話を聞き、物事を考察します。大混乱状態です**が、私は何かに興味をもつことが頻繁にあってもそれが的外れと思うことがよくあるので、何が興味深いのかに関して自分を信じることが身についています。「さあ、仕事に戻りなさい」と自分自身によく言い聞かせては、この興味深いことを放り出しそのことを忘れようとします。それからあとになって、まさにそのことが必要だったと気づいたものでした。そのことには密接な関係があったのです。私は自分自身を信じ、もし自分が何かに興味をもてば、それには潜在的な価値があるものと考えることが身についています。
混乱していても、私はとにかくそのやり方を続け、さらに書くことは私にとって考えることの厳格な形態ですので、よく早い段階で執筆しようとしています。それらの白紙に書きだしていくと考えていることに矛盾があるのに気づきます。私は原稿をたくさん書き、たくさん破り捨て、さらに私の文章の組立てが間違っていると気づくことがよくあります。つまり、出だしとして使えると思ったことよりも以前に、その大変重要なことが書かれている必要があった、と。『都市の原理』では、結果的に第五章となった内容から書き始めるつもりでした。書いたそのつど、私は本題からそれ始めてしまうことがよくありましたが、それがあまりに度を超すと、本の組立てがどこかおかしくなっています。私が本題からそれるのは不可欠でしたが、当初のひどい組立てのせいで各組立て部分の配置換えを強いられていた点が誤算でした。

D・W：独創的な思想家であれば誰もがしなければならないことで、四苦八苦ですよね。

J・J：一つお話していないことがありますが、それはこの混乱の真っ只中に私は書いたものすべてをそこら辺りの資源ゴミの袋の一つにいったん放り投げておいて、それから逃れようという誘惑にいつも駆られていることです。ときどきそんな絶望状態になります。この混乱の中にいることは大変不快ですが、書いたものをすべて捨てないのには二つの理由があります。そんなときにほかに何をしろというのでしょうか？　そのうえ、もしうまく書きあげないと、いつもこの混乱の中にいることになるのです。そんなわけで、私は書いたものを放り投げないで、ただ書き続けるだけです。*13

＊13　ジェイコブズは書くことを完全に投げだすことはけっしてなかったが、執筆していたすべての原稿を捨て、ゼロからやり直すということを習慣にしていた。息子ジョンによれば、ジェイコブズは主題を通して考える一つの方法として書くことを利用し、それで著作物を編集している間に論拠に間違いを見つけたら、それについてもう一度じっくり考える必要があるサインだと受けとっていた。

D・W：本当の統治者なら、そうするでしょう。

J・J：まあ、続けるより止めるほうがもっと悪いですから。すると、あるパターンが独りでに語り始めます。それは私が考えていることではありません。つまり、意識してそれらのことを考えているわけではありません。本当に、その経験ってワクワクします。

D・W：でも、それらのことに気づいたのはあなただったのですよね。

J・J：それらのパターンはその間ずっとその混乱の中にあるのですが、私はあるところにくるまでそれらのことに気づきませんでした。私は大変ゆっくりと試行錯誤をいっぱいし、コツコツと作業を進めながら、もっと早く、もっと効率的な書き方が多少でもわかればと思いますが、経験から教えられたことは少しもありませんでした。

D・W：あなたは二〇世紀の終わり頃に「科学的方法」、つまり大胆かもしれませんが、目的論的推論の復活に参画しているといってもよいでしょうか？

J・J：実のところ、いわゆる科学的方法は私のやり方にしばしば役に立っていると思います。あなたはどうだかわかりませんが。何を探しているかがわかるようになる頃までには、すでにそれを見つけています。何を新たに見つけだすことになるのか、事前に知ることはできません。文章をひねくり回す以外に、どうやって見つけだせるのですか、そんな方法があるわけないでしょう。

D・W：そうですけれど、科学的方法の一つの普遍的特性として、どこから始めようと最後にはわかった！　というふうに終わります。

J・J：ええ、そのとおりです。ペニシリンを発見した人をご存知でしょう。彼がシャーレーに様々な種類のバクテリアを繁殖させていると、細菌がそのうちのいくつかのシャーレーに入り込んでバクテリアを殺しました。その結果は、彼が予期していたものではありませんでした。彼は汚染されたシャーレーを価値のないものだと見なしました。それでこのことを約一八年間、記憶の隅にしまい込んでいたのですが、それから突然彼は閃きました――「わかった！」、細菌がバクテリアを殺しているのだ、「おいおい！」と。

D・W：なぜ『市場の倫理　統治の倫理』では対話形式を利用しているのですか？

J・J：私がその本を他の本と同じようにエッセイのかたちで書き始めたところ、それにうんざりしたのです。また、私はいつも頭の中で対話を繰り広げていました。私の生涯を通じて想像上の仲間が二人います。トマス・ジェファーソンとベンジャミン・フランクリンです。私は生まれてからこのかた退屈しないようにと、頭の中だけで彼らと対話を繰り広げています。だから、とても長いエッセイを書くのに飽きてしまったときに、対話形式で考えるのは私にとって自然なことでした。当初、私は対話形式などで書くことについて何もわかっていなかったので、それをばかげていると片付けてしまいました。

これが何かに興味をもったときに自分を信じるしかない、もう一つの例です。私はだんだんと次のように考えました。**もし何かが私たちを救済することになるのであれば、それは道徳的問題についてお互い話しあう人々でいることでしょうし、さらにその問題を隠すのではない、**もし何か間違ったことをするようにいわれても、その場を去るか、黙ってそれに従うかの二者択一の選択と考えない**人々でいることでしょう。**それでは十分だと思いませんが、これらのことについて話しあうべきです。

対話はこのテーマにとってピッタリの形態です。なぜなら人は道徳的論点と取っ組みあう必要があるからです。考え直すこともあります、各々の適性もあります、経験から英知が生まれることもあります。道徳的問題に関する著作物がしばしば対話形式であるのは、偶然ではありません。対話形式はテーマを扱う問題にふさわしいのです。私は芸術家ではありませんが、この形式をとるのは内容と一致しているので気に入っていますし、それに注ぎ込んだ労力を隠せるのも気に入っています。

D・W：そしてなぜ、対話の舞台をニューヨークに設定したのですか。

J・J：最初はここトロントをイメージして始めました。登場人物はあまり多く浮かんできませんでしたが、カナダ人だとうまくいきませんでした。カナダ人は大変礼儀正しいからです。私はこの礼儀正しさが好きなのですが、それと比較してニューヨークはそれほど優しくなく、非情でさえあります。私はその場ですぐに適切に異議を唱え、自分の異議を隠そうともしないか、議論のテーマを変えようともしない登場人物が必要でした。そこで、私は登場人物をニューヨークへ移すと、小説の登場人物のように彼らは独り歩きし始めました。

D・W：おそらく、哲学にとって対話形式は不可避です。この本は『純粋理性批判』でも読んでいるように感じさせます。各人の考えないしは関心は、ドラマチックな個性的なものを想定しています。カントでさえ、かたくなにありふれたものにしようとしたにもかかわらず、まったくそのことを抑え込むことはできませんでした。登場人物には自らの登場と退場があり、その間に舞台で演じる役者のように言い争います。

J・J：そうして、彼らは登場人物になりきれます。私は様々な語り手に応じて散文的なリズムを変えるのに成功したとは思いません。散文の多くの読者は気がついていないにもかかわらず、もし散文的文体にリズムがあれば共感させ、リズムがなければ不愉快にさせます。著者ごとに文体に無意識のリズムがあり、それがエドマンド・ウィルソンの作品と同じくらいわかりやすい文体であるときでさえ、文体の一構成要素です。彼は素晴らしくわかりやすい文体の持ち主です。その点を気づかれていませんが、彼の文体にはリズムがあります。それがウィルソンの表現の仕方です。[*14] 私は登場人物の話し方に違いをつけようとしましたが、望んでいるような基礎的な方法ではできませんでした。登場人物の各々に、各人独特の文体のリズムを与えるほうがよかったかもしれません。対話形式の文体の達人のやり方ですが。

＊14　エドマンド・ウィルソン（一八九五～一九七二）はアメリカの影響力のある作家、文芸批評家、文化コメンテーターである。彼は様々な時期に『ヴァニティ・フェア』誌と『ニュー・リパブリック』誌の編集者や『ニューヨーカー』の書評の責任者であった。『アクセルの城』（一九三一）、『フィンランド駅へ』（一九四〇）、『愛国の血糊』（一九六二）を含む、二〇作品以上を書いている。

D・W：素晴らしい書き手は、自分の作品より他の書き手の作品のほうをさらに上手に読むといいます。しばしば、あなたの対話形式の著書は、登場人物が特定されないまま何ページも続くことがありますが、私個人としては誰が話しているかわからなくなることはけっしてありませんでした。

J・J：そういっていただいて嬉しいですね。

D・W：題名に「道徳」という言葉があります――道徳的基盤であって、倫理的基盤ではない。なぜでしょうか？

J・J：道徳は倫理という言葉より包括的だと思います。倫理は、倫理に関する分野のような、多くの例に見られるそんな少しつまらないことの意味にとられるようになっています——ジャーナリズムの倫理、医療の倫理……。

D・W：倫理は道徳を欠いた人々のためのものであり、道徳は愛に欠けた人々のためのものだと。

J・J：いいえ、愛は両方の道徳律に反します。愛は統御不能です。

D・W：愛は両方の道徳律を「超える」ものだと。

J・J：超えるといっているのではなく、愛は枠外にあるということです。先ほどのように私は社会常識的に考えているだけです。階層的だとするつもりはありません。あなたは先ほどからこれらのものをすべて階層的だとしたいようですね。私はそのような見方をしません。私はそれらすべてを人生の構成要素だと思いますし、一方が他方より優れ、あるいはどんな状況下であれば優れると誰がいっているのですか？　愛は道徳律の枠外にあり、超えているわけではありません。

D・W：そうはいっても、我々は愛を通して真実をつかみます。これはいつも間接的ながら、あなたがそれぞれの本で触れていることではありませんか。

J・J：**人々が嫌うものを改めようとするのは、人々にとって大きな過ちだと思いますよ。なぜなら、彼らの破壊主義的な感情が、その命じる内容に滲みでてくるからです。**それが都市計画に関する大きな悩みの一つでした。都市計画が都市を心から嫌う人々によって形成されると、それは都市にとって破壊的にならざるをえません。都市を愛する人々こそ、自分たちのために計画づくりを行うべきです。マルクスは商人の道徳律をひどく嫌っていましたが、それにもかかわらず商業、生産、取引に対して規則を定めようとしました。人間が好きじゃない医者は嫌でしょう——まあ、女性はときどきそういった医者に出くわしますが。奉仕の対象を尊重する人々のほうが望まれます。だから、愛でも尊敬でもどちらでもよいのですが、それらはとてつもなく大事なものです。それに関して否定はしません。

D・W：この先に待ち受けていることをお尋ねしてもよさそうですね。回想の中では非常に明確な道筋と思えるようなものをたどっていますよね。それは、はっきりと見通せるようになり始めていますか？

J・J：まったく、明確ではありませんでした。そうだったらよかったのですが。

D・W：あなたの著書には、都市という有機体を介した公園と街角に関する最も初期の著作物から公的生活の原理まで、方向についての素晴らしい一貫性がありますよね。先を見通せる場はどんどん上がって……。

J・J：そんなに上がっているわけではなく、外に広がっただけです。

D・W：わかりました。「外に広がった」ですね、まいりました。それで、今後はさらにどんな展開をお考えでしょうか？

J・J：もし私が次に書くとしたら、どんな本を書こうとしているのかと聞いているのですか？　それについては本当にはっきりしていません。いくつかのアイディアはあるのですが、それらをもちだすのは時期尚早でしょう。私はまったくもって何かの予言者ではありませんし、自分自身の予言者でもありません。

D・W：これまでずっと、世代交代について、若者の有用性を主張されていますね。また、古いものを新しい観点から見ようとされています。では、若者に優る年長者の利点とはなんでしょうか？

J・J：**年長者の利点の一つは、とても多くの未解決の事項にじっくり取り組めることです。**少し前に起きたこととそれがどんな結果になったかを理解すると、あなたを当惑させたこととそれらをわかりやすく説明するのに役立つそれ以降の展開を理解します。すると、ただ長く生きるという経験だけで、必然的に短い人生では得られない多くの興味深い知識をすっかり身につけることになります。私の膝はガタがきていますし、目もよくありませんが、概して物事がどのような結果になるか見届けたいので、老いることに逆らうことはしません。そして最後に、もちろん私は死ぬことになりますが、そうすると私が非常に残念に思うのは、どれだけ多くのことが今後起きるかを目撃することがない、ということでしょうか。

# 消費者政策研究所への第一回ニュースレター

エネルギープローブ研究財団ニュースレター、一九九四年

親愛なるプローブ財団サポーターのみなさま

手頃な価格の便利な公共輸送は不可欠ですが、それにもかかわらずカナダ国内の都市は費用がかかる不十分なシステムに苦しんでいます。自らが思うがままに使える公的資金をもっている交通機関の経営者と政治家は、再三再四常識的な代替案を意識的に、革新的な考えを無意識のうちにそれぞれ無視する一方で、ばかげた非常にお金のかかる方策を受け入れます。それらの決定は、高い料金、顧客の喪失、ひどいサービス、増税による補填、機会損失といった報いを受けることになります。生活環境は自動車の過剰使用、汚染、エネルギーの無駄な使用、とんでもない市街地のスプロールに苦しんでいます。

公共サービス独占は「無駄な」競争がなくなり、規模の経済が生まれることの恩恵を受けるだろうと論理的に考えられることがよくありますが、そんなことはありません。郵便局がよく知られた例です。その独占が破綻し始めて初めて、ぜひとも必要な自営業からのたくさんのイノベーションが役に立つようになります。もしくは、長距離乗車の鉄道サービスが独占によってずっと悪化したままなのに、さらに費用がかかるようになっていて、恥ずかしいくらいなのを考えてみてください。

うまく統制するには、政府は商業的サービスの独占を自ら止めるだけでなく、他の事業者による独占を助長させるようなことがあってはいけません。政府は公正な規制を阻んだり腐敗を招いたりする利害を巡る争いを避けるために、ビジネスとは中立の立場である必要があります。[*1] 良好なサービスを届けることは、顧客の変わり続けるニーズに敏感に

対応する必要があるということであり、顧客の選択の幅を制限したり政府の特別扱いを勝ちとることで、失敗を回避して顧客を守る必要があるということではありません。楽に稼げる仕事にありつくには、本業ないしは何か他の成功した商業サービスを運営するしか方法はありません。

＊1　『市場の論理　統治の論理』で、ジェイコブズはどのようにして「商人」と「統治者」の価値観がそのような「道徳体系全体の腐敗」を引き起こすのか、そのメカニズムを詳しく検討している。この第四部の「生計を立てるための二組の方法」も参照。

それにもかかわらず、事業者と規制者とが距離をおいた関係であるべき点を曖昧にする産・官プロジェクトや「パートナーシップ」を耳にすることがますます増えています。私たちの首都や州都が企業の利益のために動くロビイストでごった返しているのは、企業が顧客よりも政治家のご機嫌をとるほうが儲かることがわかっているからで、さほど不思議ではありません。環境が犠牲になろうと、私たちが消費者・納税者・市民として三重の被害者になろうが、あまり驚くことではありません。

だからこそエネルギープローブ研究財団は、私がその開始以来の所長を務めている新しい部門、消費者政策研究所の設立を決めたのです。財団内の他のグループは主に環境・資源政策に取り組みます。消費者政策研究所は公正性、選択性、安全性、信頼性、価格の妥当性を増大させる目的において消費者に役立つことでしょう。

カナダが強力な企業の影響力と政府独占に対決するための用心深い研究志向の消費者の監視・支援機関が必要と信じていただけるなら、どうぞ財団に加入してこの切望されている新しい機関の共同創設者に加わってください。

敬具

ジェイン・ジェイコブズ

## 生まれながらの起業家としての女性

カナダ女性起業家年間優秀賞式典での講演、メトロ・トロント・コンベンションセンター、トロント、一九九四年一〇月二九日

私はガラスの天井――みなさまご存知のように、ビジネスのトップの地位における私たちジェンダーの割当て分に到達するのを妨害しているように思える天井――現象について、手短に触れることで始めたいと思います。。客観的にいえば、その割合はおよそ五〇パーセントあたりであるべきです。現在はそのたった一〇分の一に近い数字です。

これらのひどい統計数値は起業家精神と結びついています。企業を設立した起業家であれば誰でも、少なくとも当分の間はその企業の所有者です。また、当然のこととして、ビジネスのオーナーはそこのトップの地位を占めます。トップの地位にあるものにとって、そこにはガラスの天井はありません。

私たちの国では、既存のビジネスの大半が、たとえ事業の発端やその産業の初期の歴史がどうであろうが、男性によって運営されています。

女性だけがガラスの天井に失望した人たちではありません。歴史的に見て、北アメリカではユダヤ人、アジア人、中東の人々、アメリカ先住民、アフリカ民族のような宗教的な少数派か、イタリア人、カソリック教徒のアイルランド人、カナダのフランス系カナダ人のようなその他の民族的集団に属する人々にはガラスの天井が塞がっています。

ある集団では、ガラスの障壁は現在では少なくともかなりはっきりと解消されていますし、それが解消し始めている集団があったり、さらにその天井が身がすくむくらい塞がれたままの集団もあったりして、いろいろです。

ガラスの天井が本当に解消される場合、望んでいるからといって解消されることはありません。法律が制定され、

そうしなければならないと書かれているから解消するわけではありません。私のような作家がそれは筋が通っていないというので、解消するわけでもありません。そんな理由ではありません。ガラスの天井を破れなかったあちらこちらの集団のメンバーたちが、自分たち自身でビジネスのオーナー経営者となるために一念発起し、それを成功させ発達・拡大させながら運営を続けたので、ガラスの天井は解消するのです。これは、かつて外集団（訳注：自分たちとは異なる、通常敵対する集団を指す社会学の用語）の人々がそのことにより有能で評価に値する人々として認められ、能力と実績からいっても当然だとして昇進する場合の重要な手段です。特定の集団内に成功した起業家や経営者が一人も現れないか、非常に少ないならば――どんな理由であれ――その集団全体のメンバーは、なかなか中間管理職から抜けだせないままにおかれます。そのことを腹立たしく思っているとしても、ほとんどつねに彼女らはそこが自分たちの居場所だと受け入れてさえしまうのです。

その点に関しては、同じジェンダーである私たちの団体のメンバーも同様です。女性自らがビジネスを立ち上げ、さらにまずまずであろうと華々しかろうと、事業を量的にも質的にも発展させながら経営を続けるという、両方を引き受ける女性はほとんどいませんでした。

非常に多くの女性が生まれながらの起業家であり、おそらくこれまでもつねにそうであるのに、これはおかしなことです。一六、一七世紀のイギリスで、実業家が使っていた驚くべき数と種類があるコマーシャル・カードやコマーシャル・アナウンスメントは、女性実業家によって発行されていました。彼女らは女性としては当然といえる仕立てや家具の調達はいうに及ばず、他の企業に燃料の輸入や納入を行うのを生業とする経営者でした。

経済が発展途上にある国の市場に目を向け、どれほど多くのお店が女性がオーナーとなって運営されているかに注目してください。あまり目につきませんが、その国の経済活動でそこの社会の男性よりも圧倒的に才覚がある遠来の商人は、実はアフリカやカリブ海諸国出身の女性なのです。

ラテンアメリカでは、小企業向けの少額融資を行う銀行家は、その借り手の優に半数以上が女性実業家であり、しかもその割合は増大しているのをずっと気づいています。

『グローブ・アンド・メール』紙には、カナダの実業家たちによるあまった古い備品を外国の小規模起業家に利用してもらおうという彼らの支援を奨励する公共サービスの広告が繰り返し掲載されています。広告は「道具を与えていただければ、仕事を片付けます」と熱心に語るラテンアメリカ人の男性で飾られています。私はそのような立派な試みにケチをつけるつもりはありませんが、『グローブ・アンド・メール』紙が世の中に実際に起こっていることをじっくり考えれば、女性が「道具を与えていただければ、仕事を片付けます」と語る写真を代わりに掲載するでしょう。しかしその場合に、結局『グローブ・アンド・メール』紙はカナダの事業経営者にその訴えを向けており、その目的のためにはこのプログラムを彼らに信用できるものとするためと、その広告が悪意に満ちた二重の意味をもつ表現になるのを避けるための両方の目的にとって適切な性別を選んでいるのでしょう。悲しいかな、両方とも無視できないのです。

今日の小口金融プログラムがより大規模となりさらに成功するにつれ、従事する女性起業家の絶対数と同様にその割合も大きくなっています。カナダでは、この現象はアメリカ先住民プログラムと同時に起こり続けています。

バングラディッシュのグラミン銀行は、女性に役に立つとはまったく予想さえしないまま男性の小規模起業家に貸出を始めました。しかし、銀行が九〇〇支店に急増し、約九〇万人の借り手に事業資金を提供していた約一五年のうちに、その借り手のうちの女性の割合は九〇パーセントにも膨れあがりました。それは二年前のことで、今では女性の借り手の割合は九五〜九六パーセントあたりをいったりきたりしている、と聞いています。バングラディッシュはイスラム教国家であり、そんな国では最初の女性の借り手は並外れて勇敢で危険を顧みないことが求められるので、いっそう驚かされます。銀行は男性を差別待遇しているわけではありません。貧しい女性のほうがその国の男性よりももっと当たり前に、もっと急速に、起業家精神を発達させているのは当然です。

どうしてそんなことが可能なのか、それを理解するのに考えるべきことの一つは、人間が一般的に女性はある伝統的な責務をもち、男性は女性とは別の責務をもつ、と自分でそう考えてしまうことです。ずっと以前から、女性の伝統的な仕事には小さな子供に食事を与えてその他の世話をするだけでなく、たいがいの食事の準備とお給仕が含まれていました。衣類の糸紡ぎ、織物、染色、縫製。皮なめし、革製の衣類づくり。寝具類と家庭用のその他の快適な品々の考案。

仕事用に必要な装備の洗浄、清掃、改良。お産の介助と病人の看護。火の見回り、燃料集め。籠づくり。水運び。化粧の準備……。リストは延々と続けることが可能です。

童謡は語ります。

巻き毛よ、巻き毛、あなたは私のもの
あなたはお皿を洗うこともブタに餌をやることもないわ
(明らかに両方とも女性の仕事)
ただ、クッションに座り、すてきな縫物でもして
(もっと女性らしい仕事)
それから、イチゴ、砂糖、ミルクでも召し上がれ

クッションは女性の仕事の産物でしたし、クリームは酪農の女性のお手伝いさんが担当し、イチゴはたぶん女性や子供が摘みとり、へたをとりました。砂糖は男性と女性両方の奴隷が生産しているかもしれません。

要するに、日常生活のほとんどの種類の原料の生産は伝統的に女性の仕事でした。仕事の大部分の範囲と、それゆえ大部分の種類の技術は女性の手によるものでした。

男性の伝統的な仕事には動物の皮剥ぎや食肉処理と一緒の狩猟かヒツジの毛を刈ること、畜牛やヒツジのような比較的大型の動物の世話、戦争の遂行や軍隊の他の作業の指揮、税の徴収、法律の策定と施行、儀式の監督、魚の養殖、石の切り出し、石材と木材による建設、採鉱と冶金作業を含んでいました。[*1]

＊1　あまり明確にはいっていないが、ジェイコブズがここで女性と男性との仕事の種類の違いを分類する方法は、彼女が『市場の倫理　統治の倫理』で提案した「商人」と「統治者」の仕事のそれぞれの倫理的区分に酷似している。その本の中でジェイコブズは、この講演で男性と

関連付けていた活動、すなわち戦争、統治、狩猟、探検は忠誠、排他性、伝統を強調する一組の道徳上の教えにより導かれるが、一方で女性に関連する物質的生産や交易は誠実、包容性、新奇性を好む対立する一組の処世訓により導かれると論じている。ここでジェイコブズは、その商人的な生活様式の大半は過小評価されている家庭内労働に由来することを示唆しており、そのことによって彼女の見立てでは人類の大半の歴史の様々な場面が女性の領域内であったということになる。

税の徴収、急増した法制化、戦争の仕事は明らかに今でも私たちに大いに関係があるにもかかわらず、伝統的な男性の仕事の大部分は経済が著しく発展したところであればどこでも減少しています。この点は日常生活への男性の伝統的な経済的貢献が関係するかぎり、特にあてはまります。狩猟は全体から見ると、経済的にほとんど重要ではなくなりました。家畜の群れの管理は、全体から見ると労働者をほとんど使いません。石材、がっしりとした木材、金属さえも現在では彼らがかつてよく利用したのと比べれば、材料のうちのほんのわずかな割合でしかありません。そうしているうちに、女性の伝統的な仕事から生まれた大量生産される複製品や派生商品は急増しています。

ウィリー・サットンは、なぜ銀行強盗をしたかと尋ねられたとき、彼は「そこは金のあるところだから」と答えました。バングラディッシュやボリビアでは、なぜ小規模な起業家に女性がそんなに多いのかと尋ねれば、そこが仕事のあるところだから、がその理由です。

今ではもう私たち自身のような経済は、ほとんど不可解なくらい膨大で多様な女性の伝統的な仕事とそこから派生した仕事、たとえば市場向けの食品の加工・貯蔵・調理、繊維・アパレル産業、洗濯・清掃の工業用洗剤とその付属品のいっさい、化粧品産業、当初は女性によって事業が始まった女性用ハーブの調合物から直接派生した医薬品の特許をもつ医薬品会社が、さらにその医薬品を専門に扱うために設立した医薬品会社、その他諸々を含んでいます。

仮に、私たちのような経済的に進んだ社会の男性全員が、伝統的な男性の仕事やそこから派生したものを除いたすべての仕事を突然奪われてしまうことを想定してみてください。風邪薬の宣伝をする男性向けの仕事はありません。パン焼き、チーズ製造、缶詰製造、洗剤製造を行う法人顧客をあてにする弁護士にはこれ以上仕事はありません。フランス料理のシェフや高級紳士服の仕立屋の仕事はありません。ミシン、冷蔵庫、病院向け消毒剤のセールスマンの仕事はありません。籠や茣蓙のような、紐からできたあらゆる種類のケーブル、それからロープ、紐は伝統的に女性がつくったものだったので、金属ないしハイテクのファイバー・ケーブルの工場主にとってさえ仕事はありません。

伝統的な女性の仕事とそこから派生した現代の仕事がとてもたくさんの男性を吸収したのは喜ばしいことですが、そうしないと膨大な数の男性が経済的に余剰――まるで、ひどい後進経済で経済的に自分の役割を十分果たしていない非常に多くの男性がいる一方で、同時に女性は忙しくてしょうがないような状況――になるからです。

私は、商いに発展した女性の仕事の数々の事例が、私たちすべてに女性実業家の存在を声高々に繰り返し知らせている、と指摘しても強引とは思いません。**男性は概してそれが商売として儲かり、それゆえにまずまずの仕事である可能性があるとわかるまでは女性の仕事にはよりつきません。**ですから、当然、男性でなく女性がその一連の仕事を始めなければなりませんでした。象徴的に問題を表現するならば、どこのお宅でも赤ちゃんのおむつを手で洗おうとする男性はほとんどいませんし、仮に男性がしたとしてもそれをいい広めることはありません。しかし、男性は商業的なおむつサービスの集荷や配送、使い捨ておむつを製造する企業で働くのをためらうことはありません。これらの仕事は、ずっと以前から汚い洗濯物を一般人から引き受けてお金を稼ぎ始めた家庭にいる女性の仕事を遠回しに引き継ぐものです。

もし、女性が自然とすぐにも起業家精神に徹し、無報酬の家事の仕事を商いへと転換するのに指導力も発揮したならば、私たちはこう尋ねるに違いありません。どうして男性は商業経営者としてそれらの女性にとってかわらないのかと。経済の世界で、ガラスの天井はこれまでどのようにして私たちジェンダーをなんとかつくりあげ、失望させてしまったのでしょうか？

女性の小規模企業に取り込まれる最初の男性は、家族の一員であるということになりがちです。他の人たちが購入可能な金属製の窓とドアフレームをつくることに没頭したボリビアのラパスの貧しい女性の一例を取り上げましょう。彼女は他の仕事をしながらその商品を市場《いちば》の露店で販売しました。この事業に賛同してくれた最初の男性は彼女の二人の息子でした。彼女と同じ女性借入サークルのメンバーのおかげで、彼女はますます大量の材料を購入し、店舗と作業場を借り、機械の購入を計画し、従業員を雇うのをじっくり検討することができました。この時点で、数百キロメートル離れた建設プロジェクトで働いていた彼女の夫が自宅に戻って事業にも参加しました。

同じように、ニューヨーク州のロチェスターでの最初のイタリアン・レストランはこれに似た典型的なかたちで始まりました。結婚して子供もいるとある女性は、当人が独身か妻がまだ母国にいてこちらに来ていないイタリア人男性相手に、自分の家のキッチンで食事を提供してお金を稼ぎ始めました。一般的に、夫が妻の仕事にあとから加わる場合のきっかけとなるのは夫が失業したときでした。ロチェスターにはたまたま歴史家がいて、彼はそこでの初期のレストランがどのようにして発展したかに興味をもち、その起源を詳しく調べました。間違いなく、まったく同じことが多くの都市で繰り返し起きていました。この仕事を始めたばかりの頃の男性の一般的なその順応プロセスの別の例は、婦人服仕立て店の二人の女性によって設立されたメイドゥンフォーム・ブラジャー・カンパニーです。彼女らが会社を設立し、成功を目指したそのあとで、彼女らの夫は仕事を辞め販売や製造担当の役員としてビジネスに加わりました。

私は女性によって設立された会社に、男性があとから加わるべきでないといっているわけではありません――そして、この点を特に強調しておきます――が会社が女性によって設立されている場合に、必ずしも女性がそのうち経営権を失うことにはつながらないといいたいのです。

そしてまた、起業家精神に溢れた女性は、伝統的な女性の仕事の枠内に起源をもつものに仕事を限定するくらい狭めるべきだと論じているわけでもありません。その点も強調しておく必要があります。私たちの社会では、これまで女性の仕事を奪おうと、男性の仕事を奪おうと、世の中での新しい仕事であろうとも、仕事の仕方はすべてどんなかたちでもオーケーとなっています。

私が導きだそうとしている論点は、女性が設立したビジネスさえも男性がその経営権を独占ないしはほぼ独占すべしとするのはおかしい、という点です。

昔、人々は、通常は自分の名前にちなんで会社名をつけ、ジョセフ・ブラウン・アンド・サンかウィルソン・ブロスのように名づけるのが一般的でした。ジョセフ・ブラウン・アンド・ドォーターー、またはウィルソン・シスターもまったく道理に適っており、象徴的にいえば、現在ではまったくもって必然的です。

成功する会社を設立することは女性実業家にとって重要ではありますが、それだけでは十分でありません。さらに、もう一つの段階が必要とされます。女性の起業家は成長がゆるやかであれ目覚ましいものであれ、会社が内容的にも規模的にも発展するにつれ、一緒になって経営トップとしての責任を共有できる娘、姉妹、親族でない女性を意識的に探し求め、テストし、働きかけることができます。

そうでなければ、それは女性が経済の世界で一歩先に進める場合に、商いの世界に対して女性が本来的に有利であるにもかかわらず、一歩後退して部分的にそれを男性に譲るということを意味します。歴史的にそのようなゆっくりとした経済的進展には、悪い理由とともに様々なよい理由があります。しかし今日では、そのことにはもっともらしい理由がありません――私たちがおかれている環境や現代においては当然のことです。

ガラスの天井を解消するにはもう少し時間がかかるでしょう。しかし、私はみなさま方とみなさま方のような他の女性が、どれほど急速に女性による事業経営のニューウェーブに乗っているかをこれまで見てきています。それは私の生涯に起こっている非常に大きな変化の一つです。もし、あなた方がいったん始める店を人に譲らないのなら、あなた方の人生においてどれほど急速にガラスの天井が解消するかがおわかりになると思います。

## 青空マーケット助成策の異常さ

オープンエアーマーケット・ネット（ウエブサイト）、一九九五年

些細なことですが本当の話です。数年前、ダラスのある移民地域に住むベトナム人が、市の所有する大きな空地で週に一回開催されるマーケットの出店許可を求めました。マーケットがうまくいき、拡大すると運営時間や運営日を追加される可能性がありました。市役所は計画案に賛同しました。市のプランナーたちはどんなマーケットが好まれるか、どのように規制するか、どのように飾り立てるかなどを調査しました。その間にも、彼らはそのような費用を賄うために行政機関の助成金申請を行いました。

市はできるかぎり迅速に手続きを進めましたが、この書類作成と検討作業すべてに当然時間がかかり、一年以上経過して助成金交付と計画は実施されました。それまでにベトナム人の商人は、すっかり諦めてダラスからいなくなっていました。行ったことすべてが無意味でした。商人や職人が生計を立ててゆくには、空地では待つことができた方法のように自身の計画や生活を待たすことはできません。

東南アジア出身の人々は、屋台マーケットの企画、設置、運営の仕方に関し、世界中でも最高の専門家に属するので、この失態は特にばかげています。市がなすべきことは、この現実を認識し尊重して二つの条件をつけて区画の利用許可を与えることに尽きます。その条件とは、コミュニティ内の（合法な商品を扱う）商人すべてが参加自由とすること、マーケットが終わったあとは満足のいく程度の後片付けに責任をもつことです。打合せやヒアリングを考慮したとしても、許可にかける期間はせいぜい一か月程度であるべきです。

教訓：経済的かつ迅速に自然発生するものから大きな取引をするためには公務員の性向に気をつけましょう。

# 合併反対

オンタリオ州議会の委員会に先立っての証言、トロント市のクィーンズ・パーク、一九九七年二月三日

私は、トロント、ノース・ヨーク、エトビコーク、スカーバラ、ヨーク、イースト・ヨークの合併に、他の人々が反対するのと同じ多くの理由で反対しますが、都市が中央指令型のプランニング——メガシティ・トロントのプランニングを含めてですが——によって繁栄することはないと強調するのに一〇分間を使うつもりです。

**社会的・経済的活力のある都市は、信じられないくらいの量の細部と差異を包含しこれを育てます。**細部と差異を尊重することは絶対不可欠です。たとえば、小さな町はすべてかなりの程度経済的に同質——すなわち、一つの単位として同じように繁栄するか衰退——である可能性があります。しかし、一つの都市内でも、別の地域では繁栄しているか安定している同じ時期に、社会的ないし経済的に困難な状況にある傾向が見られる地域が中にはあります。このように一つの都市の行政機関には、同じ所定の時間内で様々なニーズやチャンスに対して、全面的に応えるだけの柔軟性がなければなりません。たとえば、昨年市長と議会の主導でトロント市は、深刻な問題を抱える二か所の小さな特定のダウンタウン地域に新しいプランニングの指針を導入しました。偶然ではなく、変更は辛抱強い徹底的な民主的手続きと権利保護手段を伴って行われました。[*1]

＊1　この戦略が指針にニックネームとしてつけた「二つのキング」は、どちらもトロントのダウンタウン側にあるキング通りとスパダイナ通り、キング通りとパーリャメント通りのそれぞれの交差点を中心とする二つの十分に利用されていない工業地域であった。バーバラ・ホール市長とチーフ・プランナー、ポール・ベッドフォードの指導のもとで、土地利用のゾーニングはこれらの地域で緩和され、住宅と非工場系の職場は既存の工業系利用と一緒に移転が許された。既存建物が取り壊されないのは差止請求の仮処分があったからである。

巨大都市の官僚制度では、この種のピンポイントの認知策や対応策を採用することはありません。彼らの権限があまりに大きく、かつ複雑なので採用できないのです。トロント市は、ここでお話する類いの正確で柔軟性のある対応がぎりぎりで実現可能な都市だと思います。

ニューヨーク市コミュニティ・プランニング委員会のような指定近隣市民団体は、巨大都市の欠陥のための救済策ではありません。私は長年、それらのコミュニティの理事会の一つに仕えていたことがあり、私たちは一生懸命頑張り、また理事会もより良心的で公正なものの一つでした。それにもかかわらず、私たちが現在、幸運にも保持しているヒューマン・スケールで直接公選の地方行政機関と比較すれば、そのシステムは大失敗だと断言できます。

官僚組織はすべて過ちを冒しますが、メガシティ・トロントの官僚組織は大きな大きな過ち——たとえば、高架式のガーディナー高速道路のような——をしがちです。さらに悪いことに、それ以降も彼らは、誤りを正したりそこから学んだりすることに関して、麻痺症状を起こしたかのようにほったらかしにしがちです。たとえばトロント市は、約二〇年前のクロンビー市長時代の社会住宅のすべてにわたり自主的な管理を許可した際、社会的・経済的により優れたインフィル型住宅供給を選択して住宅プロジェクトからただちに切り替え、プロジェクトの弱みより都市の強みに関して入念にモデル化を行ったセントローレンス近隣地区もつくりだしました。これを今に至るまで役に立たず、そうでなければ悪名高い実績の北アメリカで三番目に大きな家主であるトロント大都市圏住宅公社と対比してみてください。

明らかに、オンタリオ州政府は混乱と重複を取り除き、サービスを改善し、無駄を減らす目的でトロントと周辺五市との合併を望んでいます。狙いはよいと思いますが、うまくいくかどうかは現実の生活で発生するそれらの狙いと矛盾すると思われる合併の副作用次第です。合併はこと細かな現実をうまく処理できなくなり、納税者や国庫を犠牲にして情実や隠された課題に対しさらに鈍感でさらに脆いと思われるので、現在よりも責任を負わなくなる行政機関をもつことになる六つの市のビジネスと住民を苦しめるという共通感覚を無視するものです。

現在が物事を成し遂げるにあたり、創造力に富みよりよい方法を喜んで受け入れる必要がある、急速に変化する時期にあたると私たち全員が認識している、と私は思います。多くの伝統的な独占的公共サービスは、よいアイディアをもつ起業家や他の人々――もし、彼らが率先して行うことが報われるならよい勤め口も――に解放される必要があります。輸送や下水処理からサービス、製品、技術の再利用までの非常に大きな活動範囲は革新的な開発をもたらします。しかし、政府は自らが伝統的に独占してきた分野に、民間企業が踏み込んできて率先して事業を試してみるのを思いとどまらせ、さらに妨害するか遅らせることができますし、頻繁にそういうことも行っています。中央指令型のプランニングは、すべて複合的で多様な実験的事業とは相容れません。たしかに小規模な官僚組織は、大規模な官僚組織と同じくらい役に立たない可能性がありますが、少なくとも多数であればその中の一つの官僚組織が「ノー」というか、それをしようともしない場合、卵を一つの籠にすべて入れるな、という古いことわざにある危険分散策にあてはまります。

発足当初の大都市圏行政庁の長所がどんなものであったとしても、ただちに機能不全の家族のように振る舞うことになります。そのメンバー市はお互い疑心暗鬼で、お互いに団結します。論争になっている点はすでに併合された活動に関係するものです。本当に必要とされる大都市圏行政庁が調整する数少ないサービスは、現在では地理的に意味のないものです。

徹底的な合併後に調和が優先され効率性が支配すると想定する誰もが、良識に欠けることとなります。これらの六都市は実際には様々であり、その違いはすべての人にそれ以外のすべての人の課題を思いださせることになるでしょうし、彼ら自身のものとは異なる地元のあらゆるビジョンを抑えつけようとするすべての人によっても消されることはないでしょう。『ゴールデン・リポート』誌は、大都市圏行政庁案を廃案にすることによって地元市の行政機関を強化することを正しく理解していました。*2 選び出した責務を実際に機能に適った規模でさらに小さく、さらに注意深く調整しましょう。

＊2　ジェイコブズは彼女の同僚であるアン・ゴールデンが委員長となった『グレーター・トロント：グレーター・トロント・エリアの調査特別委員会報告書』に言及している。報告書は地元行政機関の強化だけでなく、グレーター・トロント・エリアの五つの地方行政機関が合併し、そのプランニングと調整の役割を明瞭にすることを提言していた。

最終的に、固定資産の課税方式を巡っての大都市圏行政庁での醜い争いが起きますが、その理由はオンタリオ州内の市が税を取り立てる唯一の方法である固定資産税が、年を追って大規模で不適切な重荷として積みあがっているからです。固定資産税は、貧困層の借家人や彼らの財力に比べその税額がひどい不釣合いなためにもがいているビジネスを直撃します。その理由は、徴収される固定資産税のうち、福祉費にあてるものが現実性に欠け不公平でもあるからです。同様なことが、基本的に別種の社会的移転支出である公立学校の支援にもあてはまります。両方とも国と州が課税する所得税を充てるべきものです。

保守、リベラル、新民主のいずれが与党であれ、州政府の誰も彼もが州民がじっと我慢していることに驚いています。しかし、固定資産税の混乱の不公平とその場しのぎの状況は今や解決困難です。固定資産税にさらに不適切な負担をかけることは、どんなに歳入をプールしようとも、すぐに解決困難で我慢できないものにするでしょう。

もし大都市圏行政庁が耐えられないほど有害になったときは、州と市との関係についての解決策はあります。考えられる一つの逃げ道としては、新しい州サウス・オンタリオを創設する方法が可能性としてあります。その場合には、サウス・オンタリオとノース・オンタリオは各々が望ましいと思う税やその他の州政策を定めることが可能です。もちろんノース・オンタリオは、依然サウス・オンタリオ経済からの交付金にひどく頼ることになるでしょうが、間接的にオタワを介しさえすれば、まるでノース・オンタリオが一つのカナダ大西洋州（訳注：カナダの州のうち大西洋に面している四つの州の総称）であるかのようになるでしょう。それにしても、私たちは本当に素晴らしい現在のオンタリオ州でその現実に賢明かつ勇敢に向きあうことで、内的・外的両方の要因による崩壊へとつながる容認できない未来を避けることがずっとずっと賢明でしょう。

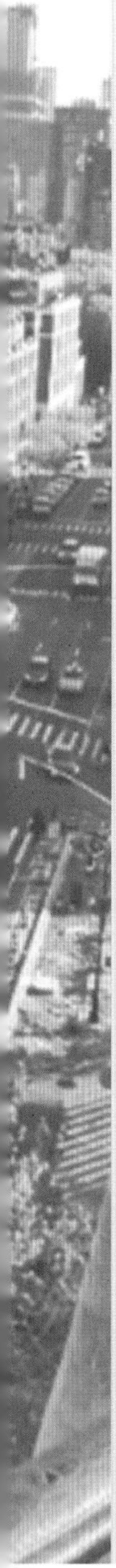

娘が撮ったジェイン・ジェイコブズの重ね合わせの写真、一九九六年。
フラクタル配置の自己相似特性の効果を真似たものである。
このフラクタルというテーマは、ジェイコブズが『都市の原理』と
この第五部の「経済のベールを剥ぐ新仮説」で探求したものである。
一連の写真のうち最も小さいものは、
トロントのアルバニー通り六九のジェイン・ジェイコブズの自宅前に姿を現したときのもののように見える

# 第五部——

# 未来の発達のパターン

二〇〇〇～二〇〇六年

人生の終盤を迎えて過去を振り返る気分の中、ジェイコブズが戻っていったところは、現代の諸問題に対する新しい視点を求めて、何年にもわたって自分があれこれ考えてきたアイディアだった。高齢ながらかなり名前が通っていたジェイコブズは、大小様々な話題――過去に彼女が批判していた人たちからのものでさえ――に意見を求められた。世界銀行の役員との対談では、喫緊の課題であるグローバリゼーションや対外援助とそれを促進する貿易政策を取り上げた。彼女は借款ベースの開発戦略を都市再生の根底にある古い近代化の衝動になぞらえて、単に帝国主義の濫用の復権にすぎないのではないかと主張した。ほかには、この第五部に収録されているインタビュー「効率性とコモンズ」でもそうであるが、ジェイコブズは『市場の倫理　統治の倫理』の中で探究してきた市場と規制のどちらからも距離をおく姿勢に戻った。民営化の嵐がことごとく吹き荒れていたときに、それによって公共生活の土台が蝕まれるのではないかと彼女は心配した。統治者と商人の間のバランスが崩れ、公教育、科学、刑事裁判、医学などの専門分野――彼女が自身の遺作『壊れゆくアメリカ』（二〇〇四）の中で取り上げることになる関心事――が影響を受けていた。

その間に、カナダの都市の主権を求める闘いを続ける中で『分離主義の問題』や『発展する地域　衰退する地域』において、彼女が要求していた権限移譲にも回帰した。以前にトロントの合併の阻止に失敗していたにもかかわらず、二〇〇一年にジェイコブズは実業家で博愛主義者のアラン・ブロードベントやカナダ最大の大都市圏の五つの都市、トロント、モントリオール、バンクーバー、カルガリー、ウィニペグの市長たちの活動にも加わった。これら五つの都市は、チャーター五（C五）という集団の旗印のもと、州に保証されるものと同等の権限を獲得することを希望していた（「カナダのハブ都市」参照）。しかしながら、連邦政府が都市に対する基金を増額すると――政治体制内での都市の立場に基本的な変更はないまま――わずか三度の会合をもっただけでC五の活動は挫折してしまった。

おそらく、経済の領域を振り返ったことがジェイコブズにとって最も重要なものだった。彼女はこれまでの仕事を見直してみて、自分の経済学的な考えを一つの包括的な理論にまとめあげることができなかったと感じたのである。彼女は『経済のベールを剥ぐ新仮説』というタイトルの新しい本を書き始めていたが、その狙いは都市の成長、イノベーション、マクロ経済学についての考えを何年も前に彼女が発見していたパズルの各ピースそのままのかたちとしてではなく、論理的な整合性のあるものにして包括化の問題を修正することであった。その過程で、以前のコンセプトを興味が湧くように改善したり、明確化したりする機会も見つけだした。こうした改訂のいくつかは、彼女が人生の最終段階を迎えていたこの当時、タイプの手伝いをしていた息子のジム・ジェイコブズとだけ議論したものだった。後者のケースでは、未完に終わったその著作からの抜粋の注釈として本書に追加している。

これらの回顧的な省察に加え、ジェイコブズは最古の文明からまだかたちになっていない未来の文明に至るまで、文明がたどる道筋を解明する本を書くことにも着手していた。彼女の言葉によると、まさに人類の短い伝記を書こうとしていたようである。ジェイコブズは長いこと社会の興亡に興味をもっていて、一〇〇〇年紀の変わり目頃には北アメリカ社会が向かう先には困難が待ち受けているのではと心配し始めていた。絶筆となった『壊れゆくアメリカ』はこの最後の仕事の先駆けとなるものであったが、現在および未来について悲観的な見方をしていた。二〇〇六年に彼女が亡くなる二年前、二〇〇四年に出版されたが、その中で北アメリカの社会生活における五つの制度の機能不全を検証していた。すなわち、家族とコミュニティ、利用しやすく効果的な教育、科学的なものの見方、責任ある政府と税制、専門的職業集団の自己管理についてであった。こうした文化的道徳観の安定した影響力がなければ、北アメリカが新たな暗黒時代に陥るのを防ぐ手立てがほとんどなくなるとジェイコブズは感じていた。それは何世代にもわたる山積する問題、深刻化する貧困、絶望などにより、アメリカ人あるいはカナダ人であることが何を意味しているかを文字どおり忘れてしまうような時代である。しかし、彼女は未来を抵当流れにするような何も対応をとらず失ってしまうことにずっとためらいを覚えていて、『壊れゆくアメリカ』の結論部分は次のような曖昧な書き方にした。「所定の時間に、文化の生と死のどちらの力が優勢か見分けることは難しい」。

この小論集の最後の「大農園時代の終焉」は、暫定的に「人類小伝」とでも呼べる二冊目の未完となっている著作の唯一知られた断片である。この講演は超高層ビルからルイス・マンフォードへの追悼に至るまで多くの様々な話題に及んでいるが、その中心にあるのは実際には文化の力が優勢であってほしいとのジェイコブズの願いである。彼女は『壊れゆくアメリカ』の最終章で簡単に触れている理論をさらに展開しているが、それは一〇〇〇年前、ヨーロッパの暗黒時代に最初の都市が出現し始めて以来、人類の歴史の偉大な時代を次々に経る中で西洋の社会は長い時間をかけて変質してきているというものである。何世紀もの間支配的であった大農園時代は少し前から徐々にポスト農業時代に道を譲り、食糧生産に従事する人の割合はきわめて少なくなっている。生物学者ジャレッド・ダイアモンドは広く読まれている歴史書『銃、病原菌、鉄』の中で、長い間には農業中心に再編された文化は興隆し、狩猟採集中心の文化は衰退したとしている。ジェイコブズはこのことを引合いに出し、彼女がいうところの「人的資本の時代」を真に内包する最初の文化が新しい「文化の勝者」になるだろうと述べている。まだ出現してはいないこの時代には、交易や新しい仕事を受け入れる能力が成長の原動力になり、一方、帝国主義的な拡張や資源支配は権力を保持する手段としては色あせたものになるだろう。集団がもっているものすごい能力を利用して知恵を働かせたり、都市生活の秩序立った複雑性を活用する社会は産業や農業の日雇い労働から市民を解放して繁栄するだろう、と。

人間がもつ潜在能力の解放の可能性がいつになく非現実的に聞こえるとすれば、ジェイコブズがこの新しい時代は人間の争いを終わらせるのではなく、それをひっくり返して再編成することになるのを示すのに慎重だからである。大農園時代の歴史が主に土地と資源を求める争いであり、ヨーロッパの帝国主義においては血なまぐさい深刻なものとなったり、ナチスの「生存圏」の追求に至ったとすれば、人的資本の時代においてはもはやそれは繁栄を確保する主要な方法ではないかもしれない。土地や資源は「占有することができる」が「創意工夫はそうはいかない」とジェイコブズは述べている。この欺瞞的とも思える単純な見解は、都市や経済についての彼女の初期の洞察に対して新たな解釈をしていることを示している。人的資本の時代の都市に焦点をあてた価値観がたとえどこで芽を出そうとも、新しい繁栄のパターンは定着するだろう。この点を考えると『都市の原理』で彼女が主張したとおり、日本のような資源に乏しい小さな島国がその都市の創造性の上に繁栄できるのは道理に適っている。あるいは『分離主義の問題』や『発展する地域　衰退する地域』の両方で彼女が詳述しているが、世紀の変わり目のスウェーデン王国の国民はノルウェーのような分離主義の一派に領土のかなりの部分を割譲することで実際には利益を得ることができた。なぜならストックホルムもオスロも、どちらも当時独自の政府があり自分たちの経済に対応する通貨ももっており、後背地には創造力に富み権限をもつ都市が一つではなく二つあったからである。あるいは彼女がこの第五部の最後の講演でいっているように、世界の大きな穀倉地帯はかつては巨大帝国のためになくてはならないものであったが、今ではそれを維持するために巨額の補助金と保護が必要である。それらは国の推進力でもあるが重荷でもある。要するに大農園時代が土地、労働、資源の支配が権力を保証するゼロサム・ゲームであったとすると、人的資本の時代はより複雑で予測不能で――願わくば――公正なルール集合からなる非ゼロサム・ゲームである。

人生の終わりに近づいたとき、ジェイコブズはいくつかある中で特定の未来に好意を示すことにためらいがあった。「大農園時代の終焉」の中で「おそらくこれは希望的観測ですが、唯一はっきりいえることはチャールズ・ディケンズの『二都物語』冒頭のことば、〝それは最も悪い時代でもあったし、最もよい時代でもあった〟を繰り返すだけです」と彼女は述べている。私たち誰もが、彼女のアンビバレントな気持ちにいくつかの疑問をもつ。私たちは気候変動、不平等、景気停滞などの複雑に絡まりあった課題を克服するのだろうか、それともそれに屈服して新たな暗黒時代に入るのだろうか。ジェイコブズが称賛する「活気に満ちた小規模な計画群」が広がっていくのだろうか、あるいは単により巧妙で油断のならない大農園の形態へと漸進的変化を遂げるのだろうか。ジェイコブズにとってはいつもそうであるが、その答えは決まっていない未来に向かって単独であるいは集団で努力しているすべての人にかかっている。「息絶えたけれども埋葬されていない大農園時代からの難しい移行処理を行うのに、限りない懐疑心と好奇心をあわせもった、限りなく自立した思考をする人が必要です」とジェイコブズは語っている。

# 近隣の味方としての時間と変化

ヴィンセント・スカーリー賞受賞講演、国立建築博物館、ワシントン特別区、二〇〇〇年一一月一一日[*1]

＊1　ヴィンセント・スカーリー賞は、建築の学識、批評、実践、建造物保存、アーバンデザインにおける優れた業績を称えて、国立建築博物館が授与する賞である。スカーリー（一九二〇～）は有名な建築史家で、一九四七～二〇〇九年までエール大学で教えた。ジェイコブズは、スカーリー自身に次いで二人目の受賞者であった。

時間の経過とそれに伴う変化によって改善されたり価値が高まったりするものがあることを私たちは当然のことと思っています。樹木は大きく生長します。生垣はこんもりしてきます。古い立派な建物がもともと想定されていなかった用途に使われ、まさにこの建物がそうですが、時間の経過とともにますます価値が高まることがあります。[*2]しかし、時間の作用によりその価値が上がるとか改善されることがめったにないものもあります。概して、都市や郊外の近隣地区には、時間と変化にうまく対処したという不確実な記録しかありません。都市の近隣地区にとっての四種類の共通した失敗について簡単に考察し、いくつかの提案をしようと思います。

＊2　国立建築博物館は建築家モンゴメリー・メイグズ設計のアメリカ年金局一八八七年本部の中にある。

私の最初の提案は移民に関してです。今現在、ワシントン特別区の大都市圏縁辺のヴァージニア地域やニューヨーク大都市圏縁辺のジャージー地域からロサンゼルス縁辺地域に広がる大都市周辺部では、パキスタン、バングラディッシュ、インド、中国、フィリピン、ラテンアメリカ、カリブ海諸国、アフリカなどからやって来て懸命に努力している移民たちがさびれた都市の郊外に定住しています。こうした都市の郊外に対して、時間は思いやりを示しません。今、新たにやって来た人たちは、小さな食料品店や衣料品店、中古品店、小さな輸入クラフト会社、貧弱なオフィス、質素だけれども異国風のレストランなどを開き、退屈でつまらない通りを活気づけています。

生まれたばかりのこれらの移民の近隣地区がたどる運命は二つのうちのどちらかです。一つは、新住民とその子供たちがそこでたちゆくようになり地域に溶け込む場合、社会階層の一番下のところには引き続き、おそらくまた別の人たちがやって来るでしょう。これまでの十分な経験からわかることですが、移民たちの飛躍台としての役目しかもたない近隣地区は一、二歩前進、二、三歩後退を繰り返していくうちに時の経過とともに容赦なく荒廃化が進んでいきます。

対照的にさほど有名ではない事例もありますが、多くのリトル・イタリーやチャイナタウンが証明しているように、一生懸命努力している住民をうまくつなぎとめられる移民の近隣地区は、時間の経過とともに改善されていき、社会的、物理的、経済的なあらゆる面で市民の財産となります。[*3] 住民の側の進歩が近隣地区に反映されます。収入、職業、野心、教育、スキル、結びつきがますます多様になり、それらすべてが多様化する近隣地区に反映されます。そのような近隣では、時間は敵ではなく、味方になります。

＊3　『死と生』「一五章　スラム化と脱スラム化」参照。その中でジェイコブズは、近隣の再活性化は生活状況を改善させながら住民をつなぎとめることでもっともうまく達成される、と説明している。近隣の着実な「脱スラム化」に関するジェイコブズの考えは、最初期のニューヨークでの経験にまで遡る。一九三〇年代から五〇年代のグリニッジ・ヴィレッジが、この現象の素晴らしい例であるとジェイコブズは考えた。

いかなる民族の出身であれ、自尊心の強い人たちは自分たちが住むところが威厳のない無礼な場所であるという固定観念をもつようになれば、その場所を去っていきます。そこで私の提案です。賢明な市町村はこうした認識に対して、それらが定着してしまわないうちに反論するべきです。ぐずぐずしている時間はありません。それには生まれたばかりの移民地域が、きちんとしたアメニティに加えて、市町村の生活環境保全、公共物の維持管理、コミュニティの治安維持、司法サービスなどの本当によいものを確実に受けられるようにすることです。交通安全対策や街路樹のことが頭に浮かんできますが、人々から要求があれば面倒な手続きなしですぐに青空マーケットをつくる許可を出したり、低料金の路線バスを走らせたり、あるいはなんであれ、彼らが自分たちのために備えておきたい生活改善に必要な対応を行うことです。

今述べたような類いの単純で直接的な市町村の投資や官僚機構の微妙かつ柔軟な調整は、都市の巨大プロジェクトで要求されるコストや調整に比べると小さいものです。しかし、もしこうした少ない経費とちょっとした調整によって新しく来た人たちが地域に愛着をもち、そこに慣れるにつれて誇りや所有者意識も感じることができるようになれば、あとあと、彼らは都市に対して巨大な利益をもたらす可能性を秘めています。こうして、時間と変化はこれらの近隣の味方になっていることでしょう。

私の二つ目の提案は、コミュニティが社会的ないし物理的中心をもつことの必要性とその関連の問題、本来適当ではないところに商業主義が侵入することにより近隣がダメージを受けることに関わることです。コミュニティに社会的中心があることが望ましいことは今日ではよく認識されています。新しいコミュニティのための中心をどうデザインするか、またコミュニティの中心を失ってしまった、もしくは中心をもったことがない地域にどう組み入れるのか、試行錯誤しています。その目的は、買い物や他の用事で歩いている人たちがその途中で自然にお互いが出会える場所をつくることにあります。そこで自己主張したり、苦情をいったり、世間話をしたり、もしかしたらかわいいカラフルなパラソルの下でコーヒーかビールを楽しんだりするのです。

コミュニティの社会的中心の本来的な基本構造について少し考えてみましょう。内発的に発展するところは、どこもほぼ必ず歩行者がよく利用する二本以上の通りが交差するところが、結果として社会的中心になっています。非常に規模は小さいのですが、地元のたまり場として認められる角のお店とか、角のパブなどの決まった言い方があります。この決まり文句では「角の」が重要な形容詞です。角であることは二つの通りがXかTの字の形に交差していることを意味しています。古くからある町では、物事の中心として認められる場所は驚くべきことですが、しばしば三角形の土地を含んでいます。これは三本の幹線道路がYの字の形に集まるところだからです。歴史的に水上交通がメインのところでは、コミュニティの中心部は乗客が降りてくる賑やかな波止場の出口とメインの海岸通りが交差するところにあります。水上輸送が衰退してくると、その社会的中心は別のところに移動しました。大都市は一般的に近隣や地区の局所的な社会的中心を複数発展させたのはもちろんですが、一か所か数か所の大きな社会的中心となるところも発展させています。これらもほぼ例外なく、歩行者が集まる賑やかな交差点のところにあります。非常に小さな中心——角のお店——以外のところは、主としてその地域のランドマークとなる建物、公共の広場、小さな公園などの素晴らしい場所を提供していました。

逆のロジックが働くことはありません。**活気のある、わくわくするようなコミュニティの社会的中心がまるで郊外のショッピングセンターであるかのように好き勝手にできるはずがありません。**ショッピングセンターを支える基本構造は、駐車場とおそらく公共交通の駅、バスストップだからです。[*4] **しかし、歩行者がよく利用するメインストリートの基本構造を考えると、社会的中心となるところは自然に生まれることがわかります。**実際、社会的中心となるところが自然に生まれるのを防ぐことはできません。もちろん、ランドマークとなる建物や公共広場のところで言及したように、うまくデザインして大いにその質を高めたり機能を強化したりすることはできます。

＊4　雑誌『リーズン』二〇〇一年のビル・シュテーガーワルドとの対談の中で、ジェイコブズはこの間違いについてニューアーバニストの建築家やアーバンデザイナーに対して声を上げている。「ニューアーバニストたちは、彼らが開発する場所に人々が用事などをしながら互いに出会える活気ある物理的中心をもちたいと考えます。しかし、私が彼らの計画や彼らが建てたところを見たかぎりでは、こうした社会的中心や物理的中心の基本構造がわかっていないように見えます」。

次は、本来適当ではないところに商業施設や公共施設などが入ってきてしまう問題に関することです。ときどき、魅力的なデザインの庭園付き高級マンション群のプランや芸術家の完成予想図を目にすることがありますが、将来、商業施設がそれらの住宅地に溢れだすようなことがあった場合、気持ちよく受け入れてくれるところがあるのか疑問に思います。おそらく、将来的にも村のように人通りの少ないままでいるようなところでは、このような配慮はしなくても構わないのですが、都市近隣や都市に飲み込まれてしまうような町や村では非常に重要なことです。都市においては、うまくいっている中心は近隣地区外からの利用者も引きつけますし、活動が行われているところにいたいと考える起業家も引きつけます。こうしたことは起こるものです。実際、こうしたことが起こらないとしたら、都市は経済的、社会的に村よりもほんの少し有利であるにすぎなくなってしまうでしょう。すなわち、都市は都会的な驚きや活力や多様性を生みださなくなるでしょう。

時間とそれに伴う変化により、都市近隣にはもともと予測できなかった商業施設や公共施設の溢れだしが起こる可能性があります。それらはどこにいくのでしょうか。どこかを見つけて、一時しのぎの場所としなければならないでしょう。時には一時しのぎの場所も楽しいのですが、一般的には本来入って来るべきところではない住宅街に入り込んだ、醜い、人をいらだたせる汚れのようなものとして印象に残ります。こういうことが起こるのを見て人々が思うのは「近隣が荒廃していく」、ということです。初めは視覚的に――ほどなく続いて、たぶん社会的にも、最終的にはおそらく経済的にも――そうなることでしょう。価値の下落を示すこの形態は非常に嫌われ、恐れられているので、ゾーニング規制の主な目的の一つはそれを防ぐことにあります。この規制により時間と変化を有害なものとしてよせつけないことに成功したとしても、それは都市のもつ潜在的可能性、すなわち便利さとイノベーションを押しつぶすという犠牲を払って得られる成功なのです。

ここここそが自然発生的な近隣地区の社会的中心の基本構造が救済できる場所です。交差点を形成している歩行者専用の広い通りには、用途転換可能な建物をその必要性が生じる前から設けるのに理に適った場所だという、将来の環境変化などへの順応性に関する重要な利点が一つあります。それは、いわば近隣地区の意図的な形態的保険となりうるのです。たとえば、テラスハウスはお店、小さな事務所、スタジオ、レストランなど、あらゆる種類のものに容易に楽しく改造できるように設計することが可能です。テラスハウスをいくつか一体化して、小さな学校や他の施設にうまく改造できます。また、もちろんもともと仕事用に建てられた多くの建物、特にロフト・ビルディングは共同住宅や住まいと仕事の兼用建物に改造されます。要するに私が提案していることは、アーバンデザイナーや自治体は、街路の基本構造を検討する際は必ずこれらの通りに、その機会が生じたときに容易に改造できる建物を供給したり、奨励したりすべきだということです。これは時間と変化を敵としてではなく、味方として扱うための現実的な戦略なのです。

私の第三の提案は、時間の経過とともに思いやりを示してもらえなくなりますが、貴重な資産をもっている低家賃の近隣地区のジェントリフィケーションに関するものです。この資産に最初に気づくのは、概して芸術家や工芸家などの部外者です。芸術家たちの発見に目を開かされた若い専門的職業やその他中流階層の人々がそれに続きます。しばらくの間はジェントリフィーションによって、改善を必要としている近隣に元気づけてくれるようなリノベーションがなされますし、他の物理的な改善ももたらされます。それと一緒に新しい人たちが入ってきて、その人たちがもっているつながり、生活のスキル、お金の支払いが近隣の既存住民にとって社会的に有用なものとなりえますし、実際にそうなっています。ジェントリフィケーションが適度にゆるやかに進行しているかぎりは、それは有益で変化に富んだものであり続ける傾向があります。[*5]

＊5　この区別は『死と生』の中にも見ることができる。ここまで見てきたとおり、ジェイコブズはこのような穏やかで多様化した内部主導のジェントリフィケーションを「脱スラム化」と呼んでいる。一方、「第一三章　多様性の自滅」において、ジェントリフィケーションをより一般的で現代的な解釈をして、急速な高級化、均質化、強制立退きと説明している。

しかし、**特に最近では、ある近隣がジェントリフィケーションの黄金期とでも呼べる時期は驚くほど短くなっています。突如として非常に多くの人たちが面白くてファッショナブルだと一般に思われている場所に入りたがるので、ジェントリフィケーションは社会的にも経済的にもひどいものに変わってしまうのです。不動産投機や立退きを熱狂的**

**に帰る動きが爆発的に増えます。**以前の住民たちは、アーバンプランナーで作家のチェスター・ハートマンがいみじくもこう呼んでいる「金融ブルドーザー」によって法外な値をつけられて、誰かれなしに立ち退かされます。[*6] ジェントリフィケーションという一連の過程の口火となった芸術家たちさえも、今では高額すぎて手を出せません。

＊6　チェスター・ハートマン（一九三六〜）は、プランナー、作家、アクティヴィストである。ジェイコブズは彼の著作集『高名と悪名の間：急進的アーバンプラニングの四〇年』（二〇〇二）の序文を書いている。

高いお金を払って入ってきた人たち、すなわち、金持ちの人たちもこの事態の変化に欺かれるという皮肉な結果となります。彼らは自分たちが活気に満ち、興味深く、多様で洗練された都市近隣だと思っていたもの――簡単にいえば、適度でゆるやかなジェントリフィケーションの結果によって――に魅了されたのです。しかしその場所が高所得層専用の地区になってしまうと、この種の洗練性は奪われます。

都市の高所得層の居住区域がより活発で多様な近隣とつつましくも親密な関係でなければ、時間はこの区域に対して思いやりを示しません。都市の中では、お金持ち限定の居住区域が必ずしもうまくもちこたえるわけではないという証拠を見るには、多くの貧しく荒廃した近隣地区にかつては美しく、堂々として壮大な住宅が含まれていることに気づけば十分です。お金持ちの人たちは、多様性のない単調な都市近隣に退屈してしまうように思われます。金持ちの子供たちや相続人も同様です。そういう場所は退屈なところなので、このことは驚くに値しません。

ジェントリフィケーションがひどい、度を越したものになってわかることは、まずは適度に高級住宅地化した近隣地区に対する需要が供給を上回っているということです。今では、経験によってそのような場所の基本的な特質――芸術家が発見した特質――が明らかになっています。通りはヒューマン・スケールであり、建物は多様で興味深く、通りは歩行者が利用するのに安全で、歩行者が行ける範囲内に多くのどこにでもあるような便利なものがあり、地域の人たちは異なるライフスタイルに対して寛容です。こうした優れた基本的特質をもった多くの都市近隣が、高速道路建設、スラムクリアランス、都市再生、住宅系プロジェクトなどのために破壊されているのは痛ましいことです。それにもかかわらず、現在、破壊を免れた市民の財産が実際にいくつか残っています。それらが残っているところでは、適度なジェントリフィケーション――適度な、を強調しておきますが――を意図的に推進することにより、他の場所が過度に高級化することを緩和するのにも役立ちます。供給を増やすもう一つの方法は、ヒューマン・スケールでありながら過度なコンパクト化や密集状態を避けた賢明なインフィル型の住宅供給を近隣で奨励することにより可能になります。

しかしながら、もともとの住民を追い立てるという社会悪と闘うためには、望ましい都市近隣の供給を増やすだけでは十分ではありません。芸術家の利益の保護と促進という明確な目的をもったトロントの団体であるアートスケープは、芸術家たちが自分たちの地区から法外な値をつけられて締めだされるのを防ぐ唯一確実な方法は所有することである――この場合は、非営利組織による所有――という結論に達しています。他の多くの既存住民にとっても――協同組合、CDC's、土地信託、非営利組織による所有は――たとえどのような創意工夫であれ、近隣住民の多様性保持という目的に向かわせることができる点はおそらく同じでしょう。

私の最後の提案は、評判のよさの少し違ったかたちの有害性に関してです。先ほどお話したとおり、コミュニティの社会的中心とそれに関連した街路の基本構造は多くの外部の人を引きつけますし、幅広く楽しまれています。しかしながら、これは悪いことではありません。次のようなことが危険なのです。商業施設や業務施設の賃貸契約が切れると、借主はびっくりするような賃貸料の値上げに直面することがよくあります。人気のある施設の固定資産税も急上昇する可能性があり、さらなる値上げを誘発します。ゾーニングによって商業施設が溢れかえるのを防げるにしても、それはそれでますますひどいことになります。挙句の果てには、多くの施設が混合するにも高額すぎて手を出せません。金物屋がいなくなる、本屋は閉店する、小型の電気器具を修理してくれるところが離れていく、肉屋やパン屋が消えるといった具合です。

**多様性が消えていくにつれて、その代わりに一種のモノカルチャーが入ってきます。なんであれ、そのとき、その通**

**りでたまたま最も収益性の高いものであればなんでも信じがたいほど繰り返し入ってきます。**もちろん、こうした楽天家がすべて成功するわけではありません。たとえば、新しいレストランが一七軒あれば、そのうち六軒はあっという間になくなります。ギフトショップが七店あれば、五店は次のクリスマスまでもたないでしょう。その代わりに他の楽天家がやってきますが、彼らは修繕費の借入金返済や途方もない家賃を払っても、金庫にはいくらか残ることを願っています。しかし、いいときには徐々に、悪いときには急速に、通りに空家が点在するようになります。古い日用雑貨店が戻ってきて、それを埋めるわけではありません。家賃の負担に耐えられないのです。これはモールや大規模小売店との競争のせいではありません。成功によって多様性が締めだされているからです。

私が住んでいる近隣地区を通っている大衆的な歩行者専用の目抜き通りは、今やこの動きに苦しめられています。しかし、幸運なことに金物屋は残っていますし、同じように本屋、ヨーロッパの食料雑貨も扱う肉屋が一軒、大きな安売りのアウトレットが一軒残っています。[*7] これらのお店は残っているだけでなく繁盛もしているのです。一軒――金物屋――は販売スペースが二倍になっています。安定の秘密は、彼らが商売をしている建物を所有していることにあります。このため、高騰する賃貸料で締めだされる危険がありません。銀行も残っていますが、彼らも自分たちの建物を所有しています。

＊7　ここでジェイコブズが記述している通りはトロントのアネックス地区のブロア通りで、彼女の家があるアルバニー通り六九番地から通りを下ったところにある。彼女が挙げている商売は、おそらくそれぞれウィンナー金物店、ブックシティか本のビー・エム・ヴィ、エリザベス食品店、正直者のエドの店である。二〇一五年現在、一軒の書店と惣菜店は閉店し、正直者のエドの店は二〇一六年末までに閉店し、新しい混合用途の住宅団地にとってかわられる予定である。

このことで、住宅の所有について考えさせられました。アメリカで住宅の所有を奨励することが公の政策となったとき、長期住宅ローン、頭金の少額化、主に連邦住宅局であるモーゲージ債受入機関などの金融的方策が、この政策を推進するのに有効であることがわかりました。こうした仕組みのもとで、自宅所有者に売られた建売住宅はスプロール化しました。言い方を変えると、コミュニティ感覚を大いに育もうとする考えなどなかったということですが、それはまた別の問題です。少なくとも、持ち家促進はうまくいきました。現在では、アメリカの約六五パーセントの家庭が自分の戸建て住宅や共同住宅を所有していますが、これは世界一高率です。

これにより、同様のテクニックでスモールビジネスの事業者——特に成功するかどうかが場所によって大きく左右されるような事業者——が自分の不動産を所有するのを可能にしたり、奨励したりできるのではないかと、私は思うようになっています。もちろん、すべての事業者が希望するわけではありませんし、希望したとしてもすべてがそうできるわけでもありません。しかし、それは家庭も同じです。事業者が所有者になることで、突然値上がりする賃貸料に対して自分を守ることができるようになり、事業の安定と都市街路や都市近隣の安定を促進することがなぜ公共の政策にならないのでしょうか。換言すれば、私は先ほど例に出したアートスケープとまったく同じ結論に達したのです。すなわち、仕事の場所から家賃が高額すぎて払えなくなることを防ぐ最も確実な方法は所有することである、という結論です。

これまでの四つの提案は、人種差別、貧弱な学校教育、交通、失業、違法薬物、不十分な税収、犯罪、永続的貧困、ゴミ処理、観光客誘致、別のスタジアムやコンベンションセンターの建設など、自治体のもう一方の関心事に比べて些細なことのように思えるかもしれません。それにもかかわらず、衰退する近隣もかなり深刻な状況です。二歩前進、三歩後退ではけっして都市は発展しませんし、自治体の他の問題の解決にも役に立ちません。このパターンになると、自治体にとってますます手に負えなくなります。

このパターンは新しいものではありません。それには実際的な原因がいくつかあり、都市にふさわしくないこうしたものと向きあい克服しないかぎり、北アメリカの都市地域は過去においてそうであったように、将来においても時間と変化をうまく処理できそうもありません。私がしてきた提案は、政治的に可能ではないかもしれません。類似の目的を達成する手段としてよりよいもの、あるいは、ともかく違ったものがあるかもしれません。今は欠けている創造的思考を呼び起こして、時間と変化が都市近隣に与える影響について考える一助とすることが私の願いです。とりわけ、どのようにして時間と変化を実際的な味方につける――敵に回し、一方で規制してうまくかわしたり、他方でとりとめもなく身を任せたりするものではなく――かについて、いろいろと考えていただきたいのです。私たちは、いかにして時間の作用と建設的に連携していけるかを学ぶべきです。時間がたえず過ぎていくことは確かなことだからです。

## カナダのハブ都市

C五会議での講演、ウィニペグ、二〇〇一年五月二四日

カナダの五つの都市と隣接市域は、カナダのきわめて大きな経済的な資産です。もし、バンクーバー、カルガリー、ウィニペグ、トロント、モントリオールがなかったら、カナダはあまりに貧しく、第三世界に入る資格があるでしょう。

これらの都市や市域の企業や住民から得られる所得税や消費税によって、州政府や連邦政府のプログラムが財政面で可能になります。

外国からの移民やその子供たちは圧倒的にこれらの五つの都市や周辺市域に頼って、仕事、収入、教育その他の機会を得ています。カナダの地方からの国内移住者も同様です。

カナダ中の多くの小都市や企業城下町はこれらの五つの都市で生まれ、地方に移植された産業や事務所に頼っています。多くはこれらの五つの都市およびその都市圏域における販売にかなりの程度、あるいは完全に頼っています。

この会議のホストであるグレン・マレー市長はそれらを「ハブ都市」と呼んでいます。それはよい表現であり「経済的に多様性のある」「経済的に創造性がある」「経済的に革新的な」「経済的に相乗効果のある」などの表現より簡潔です。こうした言い方は、これらの都市が並外れた経済的、社会的な力をもつようになったその背後にある原因を物語っています。単に「大都市」というより「ハブ都市」といえば、これらの原因によってどんな結果がもたらされたかを暗示することになります。現在、これらの都市がカナダの経済の主要な牽引力になっています。

これらの五つの都市が存在するという事実にもかかわらず、他の多くの事実によってわかることはハブ都市にとってカナダはよい環境ではないことです。

一つには、カナダの広大な地域には相対的貧困から引き上げてくれるようなハブ都市がありません。たとえば、大西洋岸諸州にはハブ都市がありません。サスカチュワンにもありません。オンタリオ、ケベック、マニトバ、アルバータ、ブリティシュ・コロンビアの諸州の広大ですが、比較的貧困な地域にもありません。これらの地域に都市自体がないということではありません。大西洋岸諸州のように、ほとんどのところに都市がありますし、中には多くの称賛に値する興味深い特質を備えた有望な都市もあります。しかし、それらの都市はある種の経済的な青年期の途中で止まったままなのです。運がよければカルガリーのように、半世紀に一つぐらいは成長して離陸する都市もあるかもしれません。これほどの地理的に大きな国で、努力を惜しまない有能な住民のニーズを考えると、それでは十分ではありません。これほどの地理的に大きな国で、努力を惜しまない有能な住民のいるカナダにとってハブ都市が五つでは少ないのです。

この五つでさえ、ハブ都市であることを当然視することはできません。たとえば、仮にウィニペグの経済が停滞し、徐々に希薄化・縮小化して、トロントとカルガリーの間に経済的空白としての広大な地理的空白が生じるとしたらどうでしょう。実際、これはそれほど仮定の話ではありません。ウィニペグは経済停滞に近い危険な状態になっています。

他の四都市も安泰は保証されません。あなた方市長さんたち全員が、それぞれの都市に必要なサービスやインフラ整備の希望リスト――場合によっては、緊急に必要なもの――をおもちではないかと思いますが。リストのいくつかを今では陳腐なものになってしまったやり方ではなく、いかにして新しい、よりよい方法で達成できるか、いろいろな考えをおもちでしょう。しかし、それらの可能性も投資の財源不足のために延期したり、あきらめたりしなければなりません。ということで、カナダは廃棄物のリサイクル、公共交通機関、下水処理、エネルギー保全、住宅支援、有害物質汚染を防ぐ製品や方法などの分野ですでに後れをとっています。ソーシャル・ネットはとても脆くなっています。

さらに繁栄するためには、一つのハブ都市は他のハブ都市と強力で多面的な交易、情報交換、その他の関係構築が必要です。カナダ国内のハブ都市間のこうした日々進行している関係が、時の経過に従って強力になっているわけではなく、むしろ逆です。この弱体化が続けば、カナダは名前だけの国になるでしょう。

これらの徴候すべては、カナダが活発なハブ都市が出現するのによい環境ではありませんし、現在あるハブ都市を維持するのにも十分な環境ではないことを示しています。

その徴候は地方に現れるのですが、全国的な規模で発生します。一時的なものでもありません。政府が代わっても修正されません。言い換えると、カナダの都市にしては貧弱な環境は明らかに全国に浸透していて、この国の政治的、財政的な仕組みの中に埋め込まれているということなのです。そのダメージの影響は広く深く及んでいます。

その根幹には国全体に及ぶ欠陥があります。それは本当にばかげた欠陥です。その起源は、この国の住民のほとんどが市《いち》の立つ小さな町や、企業によって辛うじて成り立っている企業城下町や、農業、漁業、鉱業、木材業、その他田舎の資源を扱う村や小村で暮らして働いていた時代に遡ります。一番大きなところや、駐屯地や行政の所在地を含むところでも、限られた範囲の専門的知識で間にあう経済的、社会的に単純なものでした。

十分筋が通っていますが、その当時の市町村は州の責任としての精神病院や居酒屋と同類として分類されていました。州の行政区としての市町村は、簡単にいえば財産に関して直接サービスを提供して固定資産税のみを課すこと――市町村の通常の能力が道路の維持、消火、上下水道の供給など限定的であった時代としてはおそらく悪い考えではなかったでしょう――を認められていました。もう少し洗練された州政府が他の大部分の運営の面倒を見ていました。

もちろん、時代は見分けがつかないほど変わっています。カナダの市町村はもはや田舎者が住む村ではありません。しかし、時代遅れの取決めは時代とともに変化することはできませんでした。今でもまだ変わっていないのです。それらはいじくり回されて、表面的には適応していますが、基本的にはほとんど変わっていません。

改変の一つは、財産に関する公共サービスとはなんの関係もない市町村の費用を固定資産税に負担させていることです。これには固定資産税を逆累進させて不公平なものにし、価値を歪めて、意図しない破壊的な結果を生むという副作用がありました。

もう一つのタイプの改変は、州政府からの継ぎはぎの交付金と連邦政府からの散発的な大盤振舞いで、どちらも回りくどく非効率で一時しのぎのものです。非常に有害でもあるのです。これらは、都市の行政機関を上級政府の裁量がある場合以外は、内部の問題を評価し処理する能力がなさすぎると思わせて、やる気を喪失させるような立場に追い込み、その面目を潰します。州政府や連邦政府の交付金、許認可、大盤振舞いは州や連邦政府の優先事項を反映せざるをえません。しかし、特定の時点の各都市の個別の事情――たとえば、どこかの都市が革新的なインフラやサービスの整備に着手しなければならないときや、その可能性が高いとき――を反映させることは確かにできませんし、してもいません。

このやっかいで偶然性の高いどさくさの中から出現してくるハブ都市がほとんどないことは不思議ではありません。また、こういう中から現れてくる数少ないハブ都市の繁栄が大変不安定であることも不思議ではありません。そうなると、現実的な問題はその旧式で有害なシステムをどのように処理するかということです。歴史的には、都市自身がイニシアチブをとって必要な改革をしなければなりません。

カナダの五つのハブ都市であるC五が改革のイニシアチブをとらなければ、ほかに誰がそうするか想像がつきません。あなた方はより大きな責任とより多くの財源が必要であることを証拠立てて主張し、連邦政府にそのことをしっかりと聞き入れてもらわなければならない立場にいます。あなた方の周辺地域には、同じような困難と欲求不満をもっている仲間がいます。成長が妨げられたほかの都市の中にも潜在的な仲間がいて、自分たちの利益にもなるので、あなた方に中央とのそのつながりを絶ってもらう必要性を感じています。

最も重要なことですが、あなた方は豊かな人的資本――都市のニーズや機会を扱うのに必要な知性、才能、経験を備えた人たち、あるいはそういう人たちを連れてくることが可能な人たち――をもっています。あなた方の市民はけっして愚かではありません。市民の多くはかなりの額の所得税や消費税を払うことにうんざりしていて、彼らの日常生活にとって最も身近な存在である行政機関が、間接的な方法でまさにその払過ぎと考えるお金をどのような中立てをしてうまいこと受けとるか注視しています。多くの市民がもうすでに不満をもっていますし、自分たちの都市が規模が大きくなりすぎて専制的になったシステムに従って、子供じみた役割を強いられていることに軽蔑の気持ちさえもっています。

おそらく改革を勝ちとるのに最も難しい部分は、市町村が依存関係にあることを容認し、日和見的な態度で物乞いをするという、深くしみついた古い習慣に抵抗できるかどうかです。

それとは対照的に、あなた方はここでは自由で創造的な考え方をする機会をもっています。この国のハブ都市の選挙で選ばれたリーダーたちが自分たちの力で勝ちとった権利として、自分たちの都市にどんな権限と財源をもたせたいかを一緒に議論するのは前代未聞のことです。たとえば、連邦政府はなぜ所得税収と消費税収の分配の仕方を変えないのでしょうか。市町村は、自分が引き受ける責務に応じて要求する分配金が非効率で深刻な影響を与える間接ルートを通してではなく、直接市町村に届くように分配の仕方をなぜ変えないのでしょうか。改革を勝ちとる目的で、あなた方が団結するのも同様に前代未聞のことです。

あなた方がこのような考え方と団結ができるなら――また、そういう選択をすればできない理由はありません――私たちの時代のカナダは、連邦の創設者たちがその当時成し遂げたのと同様の建設的で有意義なことを十分に達成できるでしょう。

# 効率性とコモンズ

## ジャニス・グロス・スタインとの対談[*1]、コモンズ会議に触れながら、トロント、二〇〇一年一一月一五日

＊1　ジャニス・グロス・スタイン（一九四三～）はカナダの政治学者で、トロント大学ムンク国際問題スクールの創設者である。この対談は、毎年恒例となっているマッシー講座に向けたものであるが、そこでの彼女の講演は『効率性の崇拝』として出版された。

ジェイン・ジェイコブズ（Ｊ・Ｊ）：あなたがマッシー講座の中ですでに説得力のある言い方をしたように、医療、公教育、説明責任、選択に効率性を求めるのは有害です。効率性がもたらすものは、分別のない警察といいかげんな司法です。効率性は健全なコミュニティを蝕みます。また、後世の人たちの利益を損ね、あらゆるタイプの安全——水道から空港まで——をおろそかにする大変危険なものです。「なんのための効率性なのか」というあなたの疑問は、事実上の結末を強調していて当を得たものです。しかし、ここに問題点があります。効果的な医療、学校教育、説明責任などは、政治的な有効性をはっきり示す最低ラインではないのです。それどころか、政治的組織の有効性の最低ラインは、統治する権力を勝ちとるか保持し続けるのに成功することです。カナダでは、このことは選挙に勝つことを意味します。

効率性の崇拝がたとえ見かけ倒しのものであっても、十分な数の有権者がそれを信じ込めば、私たちは受け入れたことになるのです。あなたは崇拝の欺瞞性について素晴らしい分析をしましたが、それは重要な市民教育になります。しかし、自分たちがそうだからといって、有権者にこのことを信じ込ませる手助けをする非常に多くの教養ある専門家はどうなのでしょうか。

誤った教育によって、有権者だけでなく公務員、公選役人、メディア、行政官までも惑わされると思いますか。大学、

学校、政府、ビジネス界、経済学や政治学の分野は、この崇拝の欺瞞性を明らかにするうえで果たすべき重要な役割があるのでしょうか。物理学者、生物学者、生態学者が発展させた新しい複雑性の科学から得られる知識は、社会科学分野の学者や公務員にも必要なのでしょうか。大学という共同体は、あなたのいうことに耳を傾けていると思いますか。政府の効率性を、より健全で知的な設定にするためのいくらか具体的な方策について、あなたの考えをお聞きしたいのですが。

ジャニス・グロス・スタイン（J・G・S）：ジェイン、あなたがいわれたことにはすべて賛成です。効率性は目的であって手段ではないのは当然のことだと私たちは思っています。これをもう一歩進めて「何に対して効率的なのか」と人々に問いかけることにより、公共政策を推進するとともに、公益を害している効率性神話を乗り越えることが可能となるはずです。やっかいなのは、政治家は四年サイクルで動いており、それゆえ彼らのゴールが短期なことです。私はこの議論が本当に行われなければならないのは市民の中だと思います。そして、それは困難な話合いとなるでしょう。

今日、ブリティシュ・コロンビア州の二人の高等学校の校長先生からEメールをもらいましたが、お二人とも教育のスケジュールが短かすぎるので学校の説明責任の基準には不満であるといっていました。実際に効果的な学校運営の基準とはどんなものでしょうか。それは学校が生徒たちにいかにうまく市民となるための素養を身につけさせるか、人々にいかにうまく社会の生産的なメンバーになるための素養を身につけさせるかです。

私の著書の中で、私たちの複数ある病院の中のある病院の副院長の一人に次の質問をしています。「もし、コミュニティの病院を評価することが私たち市民の責任だとすれば、どのような基準を用いるべきでしょうか。また、何を対象とするのが妥当でしょうか」。答えは「そうですね、私たちは仕事を評価します、私たちに説明責任があるはずはありませんから」というものでした。ジェイン、この答えはあなたにはきっと不十分でしょうね。市民および市民のとるべき姿勢に関する仕事をすべて行っているマイケル・アダムズは「たいていの市民にとっても不十分だ」というように思います。[*2]

＊2　マイケル・アダムズ（一九四六～）はカナダの文化コメンテーターであり、カナダのメディアでよく取り上げられる世論調査会社エンバイロニクスの共同創設者である。彼は、カナダ人のとるべき姿勢に関して数冊の著作を出版している。

市民の間からもちあがってくる話合いはどこで行われていますか。実際に、親や学校を参加させて「実は、私はこの標準テスト、本当は好きじゃないのです。うちの子は多肢選択問題に答える能力以上のものをもっています」などといわせるにはどうしたらよいでしょうか。

J・J：そうですね、説明責任が必要なのは明白です。このばかげた効率性崇拝が力をもった理由の一つは、お金を投入すれば問題が解決されるわけではないことが明らかになったからです。しかしながら、それは何をやってもうまくいかないことを意味しているのではなく、いわゆる「事例証拠（訳注：逸話風の証拠の意味で、科学的証拠の反対語）」と冷ややかにいわれるものを見なければいけない、ということだと思います。[＊3] **統計資料をもっているのはよいことですが、事例証拠はしばしばより鋭く、より真実だと思います。**

＊3　ジェイコブズがジョン・シーウェルとの二〇〇五年の対談の中で述べているように、統計は因果関係ではなく相関関係をとらえるだけであるが、物語は様々な要素と一連の原因と結果との入り組んだつながりをもとの状態のままで保持している。これは、都市のような多変数の複雑なシステムを研究する場合に、特に重要な利点である。

それは小説のようなものです。個人的には経験したことがない世界の一部についてあなたが知りたいと思えば、ノンフィクションよりはよい小説からのほうがおそらくよりよいアイディアが得られるでしょう。小説は事例証拠の寄せ集めのようなものです。私たちはそれらを本気で受け入れ、多くの個人に統計資料としてではなく、物語として何が起きるのかをもっとよく見つめ、それを説明責任の重要な構成要素として使うべきです。おわかりになりますか。

J・G・S：私にはわかります。二人の高等学校長に求めていたことの一つは「在学時と卒業時に個々の生徒をフォローしてはどうでしょうか。卒業後もそうしてはどうでしょう。一年後に、生徒たちは必要なことを学んできたと感じているか、また、何を学んでおけばよかったと思っているか、教えてくれるのではないでしょうか」ということでした。関わっている人たちの物語を有効性の基準にしましょう。

一般市民にべったりくっついているので、私が「べとべとする」と呼んでいる公共機関にずれがあることを人々は識別できます。それらの公共機関は、説明責任のために市民と共同作業をして大きな成果を上げたりはしていません。そこで、統治者的行動様式が入り込み、ジェインの言葉を借りれば「あなた方が気に入ろうが気に入るまいが、私たちはこんなふうにするつもりですし、こうした基準を課するつもりです」となります。*4 大きな問題だと私が思うのは、これを始めるための小さな力を大きな力に変える梃子に相当するものはどこにあるのか、ということです。個々の市民がそれをしているのはわかります。いくつかのコミュニティがしているのもわかります。しかし、小グループから規模が大きくなり、決定的多数となるにはどうしたらいいでしょうか。

＊4　「統治者的行動様式」は『市場の倫理　統治の倫理』内のジェイコブズの二組の「道徳律」のうちの一組に関連している。この倫理体系やそれに対置させた商人の道徳律の詳細な説明は第四部の「生計を立てるための二組の方法」参照。

J・J：私はいつも驚いているのですが、多くの人が自分自身の経験を信用していません。自分の身に起きたことは重要だと考えていないのです。

J・G・S：自分本位が公益に役立つ、ということですか。

J・J：はい、本当のことです。自分本位にはたくさんの種類がありますが、この自分本位という言葉を聞いて、たいていの人の頭に浮かぶのは残念ながら強欲です。しかし、自分本位には自分の家族や地域のことを心配するという意味合いもあります。あなたと利害関係があるものに対して心配することも意味します。物質的なもの以外にも、あなたと利害関係があるものがたくさんあります。

J・G・S：私は学校選択制に関する仕事をしていました。親たちが、なぜ選択が重要なのか話しているのを聞いて、マイノリティのコミュニティでは学校選択に対する支援がいかに強固であるかに心打たれました。そこでは、彼らの文化、言語、コミュニティにとって選択が重要なのです。それらの親たちは、より大きな公教育システムの中では自分たちの子供たちがよく扱われていないと感じています。彼らは自分たちの子供の学校を選択できるようになりたいのですが、それでも公的教育制度の中にはとどまっていたいのです。彼らは自分本位といわれるかもしれませんが、彼らにとってとても重要な話をしていたのです。

J・J：その種の自分本位はとても重要ですね。

J・G・S：そのとおりです。私が「自分たちのコミュニティのためだけに学校を設立すると、子供たちは他のコミュニティ出身の子供たちと知り合いになる機会がなくなりますが、心配ではないですか」と質問してみると、彼らの答えは「子供たちが学習し、より自信と安心感をもてるような安全な環境を用意してあげることが必要です。そうすれば、子供たちは外に出て行って、他のコミュニティ出身の子供たちと接触することができるでしょう」というものでした。

これは私にとって難しいものです。というのは、国際政治学に携わる者として、人々が自分たちのコミュニティの中だけにいると何が起こるか、わかっているからです。彼らは他の人々に対して固定観念をもち、意見は二極化します。しかし、もし私たちが、親たちが重要だといっていることに耳を傾けなかったら、何も決まらないでしょう。

J・J：**私は自分がもっているイデオロギーや好みのために子供たちを犠牲にするのは絶対に間違っていると思います。**自分のイデオロギーや好みが子供たちには合っていないとしたら、絶対に変えなければいけません。それが子供をもったときの親としての最初の責任です。**どんな信念よりも子供は大切なのです。**

親が、より安全なので自分たちのコミュニティの中で子供たちに教育を受けさせたいと思うとき、とても具合の悪いことがあります。トロントに関して一つ私が感心していることは、アメリカの都市にあるような意味でのスラム街がないということです。トロントで最もスラム街に近いものは見当違いの公共住宅プロジェクトですが、私たちはそれを正す方法にやっと気づき始めています。

私たちは、親たちに不安を感じさせる特定の物事についても見ておく必要があります。いじめはとても悪いことです。世代を超えていじめがいかに広がっているか、驚くばかりです。私の夫は郊外の素晴らしい公立学校に通いましたが、いじめのことや、夜、歩いて家に帰るのがどんなに怖かったかなど、多くの話をしてくれました。私も郊外のすてきな公立学校にいったのですが、私にはそのような問題はありませんでした。でも、私の兄弟たちにはそういうことがあったのを覚えています。ですから、事例証拠が示しているのはそれが男性の問題だということです。

J・G・S：安全は親の最大の関心事の一つです。学校選択制を最も強く支持しているのはアフリカ系アメリカ人で、彼らはいくつかのコミュニティが一緒になって学校を設立し運営しているチャーター・スクールに移りつつあります。親たちはこうした通学者を制限するコミュニティ・スクールが、彼らの一番の優先事項であると強く感じています。

J・J：実生活においては一つのサイズがすべてに合うわけではないので、そのような学校が公的な資金援助を受けることはとても重要なことだと思います。私たちはわかっていますが、すべての町、すべての市が異なっています。チェインストアはみな異なってはいないので、それにはとてもうんざりします。

J・G・S：一つのサイズがすべてに合うわけではないとすれば、なぜ「選択」は保守派の言葉なのでしょうか。いつ、選択は保守派の言葉になったのでしょうか。

J・J：言葉は保守派のものですが、行動は保守的ではありません。それは私の二番目の質問につながります。ヒエラルキー内部では異なるアレンジが可能です。それが選択です。一つの可能な選択として補完性原理と呼ばれるものがありますが、これは上級政府が地元のニーズや可能性により身近に接触している地方政府に様々な責任と財源を移譲することを指しています。[*5] この原則のもとで、連邦政府は多くの機能と財源を州に渡しています。連邦体制はすべてこの考えに立って組み立てられています。同じ原則のもとで、州や連邦政府は多くの責任と財源を、それらを大いに必要としているのに与えられていない市町村に譲ることができるはずです。一つのサイズがすべての自治体にぴったり合うわけではないので、州よりも市町村のほうがそれらをうまく取り扱うことができます。

＊5　『壊れゆくアメリカ』「第五章　いい加減な課税システム」の中で、ジェイコブズは補完性原理という言葉を用いて、いわゆる上級レベル（州や連邦）と下級レベル（市町村）の政府間の家族主義的関係を批評している。彼女はそれが可能であり、分別のあるところならどこでも政府の権限を地方レベルへと委譲することを支持している。

しかし、ここに難しさがあります。とうの昔に時代遅れとなっている歴史的な理由のために、市町村はたえずより上級の政府に懇願しなければならないのです。市町村は同様に、効率性の崇拝容認を余儀なくされています。マーシャル・マクルーハンが、中央で分権化はできない、と述べたのは正しかったと思われます。

J・G・S：中央で分権化はできません。ジェイン、あなたが著作の中で提示した関心事のいくつかに、私たちはまさに立ち向かおうとしていると思います。私たちの政治の中で、声が届いていない大きなものは都市とコミュニティです。私たちにはその声を聞いてもらうことができないのです。それを阻止しているのは、都市やコミュニティが私たちのシステムの中に政治的な本拠地をもたないためです。階層型組織が縮小していると思いますので、私たちは変化をまさに目の当たりにしようとしていると思います。私たちの文化は今では一五年前ほどには階層型組織を支持してはいません。結局のところ、究極の階層型組織である国家でさえ、私たちに対して変わりつつあるのです。

今日、政府は手を差し伸べ、外部からの忠告を入れなければなりません。また、政府はすべてを行うには財源も知識ももちあわせていないので、パートナーを見つけなければなりません。前世紀の間中続いた、古いトップダウンの階層的な国家そのものが変質し始めています。それは効率性の大きな肯定面の一つです。ある意味、古いトップダウンの階層構造はあまり効率的ではないので、そのような構造が変化しつつあるのだという主張を私たちは受け入れたのです。市民が加わらなければいけないところはこの部分です。

市民が階層型組織に疑念を抱くのは正しいと思います。彼らは市場についても懐疑的です。市民の間の懐疑主義――権威に対する尊敬の欠如――は、私たち市民がこれらの公的機関との関わり方を変えるために私が頼りにしていることです。私たちがもっている統治者文化には、様々な価値基準があることに私は困惑しています。また、私たちの商人文化にも一連の価値基準があります。しかし、市民文化はどこにあるのでしょう。市民文化をあなたの全体像にどのように適合させるのでしょうか。

J・J：階層型社会が変わりつつある、というのは私も賛成です。あらゆる種類のいわゆる「死に瀕した聖職者」時代に私たちは生きていると思います。あなたには信じられないでしょうが、女性が医者に非常におびえていたのはそんな昔ではありませんでしたし、人は誰も法律家におびえていたのです。もちろん、小説を読めば、人々は聖職者によって抑えつけられていたことがわかるでしょう。[*6]

＊6　『壊れゆくアメリカ』「第六章　自己管理できない〝エリート〟たち」において、ジェイコブズは現代の専門職を古代の聖職にたとえているが、彼らは自己を規制する権利を保持していた。残念なことに、警察、建築家、カトリックの司祭も、伝統的に彼らに権利として与えられていたその責務を果たすことができず、したがって「死に瀕した」聖職者なのだ、とジェイコブズは書いています。

私たちはまた、おそらく封建制度の最後の時代に生活しています。それは一〇〇〇年もの長期にわたるものでしたが、最近、急速に変化が起きています。ですから私たちは階層型社会を掘り崩しているのです。楽観する理由はそこだと思います。他方、これには別の側面もあります。もし、市場や市場ができることに単純に目を輝かせすぎると、私たちは営利追求組織によって運営される刑務所のような本当に恐ろしいものを手に入れることになります。そんな自分の見方に対して嫌悪感を覚えます。しかし、ここカナダにはそれがあるのです。また、私たちは自分たちの健康保険制度がアメリカ型の制度によって破壊されるのではないかという脅威にずっとさらされていますが、そのことに嫌悪感を抱きます。

**何をあえて市場の責務とするか、また公共サービスや公共財の責務にとどめておかなければいけないものは何か、ということについて私たちは明確にしておかなければなりません。**それらを混同しすぎる――この効率性崇拝はまさにそのような混同の一つで、何も理解しないままに営利活動から取り入れて愚かにも政府機関に応用したのです――と、公益は損なわれます。財政的な成功を判断基準にできないものがたくさんあるのです。

J・G・S：私たちは単に選挙で投票するということ以外の市民権について考える必要があると思います。市民権を誰もが経験のあるアルバイトと考えるようにする必要があります。そのうえで私たちは自問するのです。「よし、私はどの仕事を引き受けようか。地元の学校で働こうか。地元のクリニックで手伝おうか。コミュニティの問題について何かお手伝いしようか」。こうすることが、国家と市場の間に私たちが架けた橋を渡ることだと思えるからです。

国家がすることと市場がすることは別だということはわかっていますが、どのようにしてこのアルバイト市民を私たちの経済の中に組み入れるのでしょうか。

J・J：あなたが説明していることには、いつも大きな疑問符がつく芸術と共通点がたくさんあると思います。芸術のためになされる芸術は、経済の世界の枠外にあるものです。芸術家たちはどうにかこうにか食べていくことが必要ですが、そのために芸術活動をしているのではありません。彼らは衝動に駆りたてられて芸術活動を行っているのです。そして、それは天賦の才能です。コミュニティに関わることも生計の手段として、もしくは権力を求めて行われているのではないと思います。その仕事がそこにあるからです。

過去においては、すべての大帝国は自分たちだけでやっていけなくなったとき、徐々に停滞し始めました。あとから考えればわかるのですが、この憂鬱なパターンのたどる道筋は矛盾した表現に聞こえますが「たえず散発的な」とでも説明できる戦争によって特徴づけられます。その戦争は反乱と戦う、資源を保護する、不安定な国境を強化する、属国に協力させる、現在および将来のライバル国家に対抗するためのものです。朝鮮戦争に始まり、アメリカはたえず散発的な戦争のパターンにはまったり、押しやられたりしているように思われます。冷戦の終結とともに期待された平和は実現していません。ジャニス、このことをどう思いますか。これは帝国が崩壊する前の必然的なパターンでしょうか、それともアメリカが例外となりえると信ずるに足る納得のいく理由があるのでしょうか。

J・G・S：それは短い質問ですが、答えを出すのに残りの人生をかけてもよいような質問です。直感的にはわからない、というのが私の答えです。アメリカは例外かもしれないと思いますが、なぜ、私はそう思うのでしょうか。

戦争は高度に組織化されていたと思いますが、今では過去のことだと思います。高度に組織化された戦争は――決闘が違法となったあとでさえ行われていたのと同様に――まだ見られます。しかし、大規模な集団移動や戦争の指揮、統制は帝国を定義づけていただけでなく国家をつくってきたものですが、今や終わりに近づいていると思います。私たちが知っている現代国家は戦争をする立場から脱却したのです。帝国も同様です。戦争は補助的な役割をしていました。戦争の周辺に官僚主義が育ちました。その考えは終わりに近づいていると本当に思います。私たちは知識ベースの世界の意思である、違った種類のネットワークに移りつつあります。争いもたくさんあるでしょう。権力もまだ重要でしょう。そうではないと考えるのは純真すぎます。仕事も経済も重要でしょう。しかし、絶えざる戦争を通じての帝国は、もうすでに死んでしまっているかもしれません。

J・J：そうですね、あなたがいっていることはきっと正しいでしょう。私もそう信じたいものです。

# スズメの原則

『都市経済と発展』からの抜粋、世界銀行のロベルト・チャベス、ティア・デューア、ケイ・ファンとの対談、
トロント、二〇〇二年二月四日

## オープニング

ジェイン・ジェイコブズ（J・J）：最初に、あなたからいただいた質問のリストをざっと見ながら、私が基本的だと考えるいくつかのポイントについて話したいと思います。発展途上国および先進国にとっても都市の重要性はその経済行為にあり、繁栄している経済生活やそれに関わるあらゆることにとって都市が必要不可欠であるということです。それらの経済的なことには、非経済的と呼ばれることがたくさんあります。

これは多くの人たちにとって、また同様に世界銀行にとっても新しい考え方です。前回、一九八四年に私が世界銀行と話をしたとき、世銀が想定していたのは農業や原材料資源をもっている田舎の生活が経済生活を支えていて、都市は飾りであるということでした。

ティア・デューア（T・D）：それはかなり変わったと思います。

J・J：長い間、世銀はこの前提で運営されてきましたが、それもあって、あなたから銀行もさらに学習していたと説明されるまでは、再び関わりたくないと思っていました。時間の無駄ですからね。

## それぞれの責任により発展すること

J・J：都市では居住性を高めるインフラが重要ですけれども、お互いに同じ発展段階にある都市を結ぶインフラほど基本的なものとは思いません。もちろん、しばしば帝国主義的である先進国で従来想定されてきたことは、非常に発展した都市とより貧しい未発達の経済との間のインフラ整備に集中することでした。未発達の経済を活性化させる弾みとしてインフラ整備はよいのですが、もし、それが発展途上の都市と他の世界をつなぐ唯一意味のあるものであり続けるなら、あなた方が手にするのはアルゼンチンやウルグアイのようなものでしょう。アルゼンチンやウルグアイの都市はヨーロッパやアメリカの先進都市と強いつながりをもっていましたが、しばらくの間、これは非常に成功したと思われました。しかし、それらの都市はお互い同士や他のラテンアメリカ都市とのつながりがほとんどありませんでした。けれども、発展の初期段階における都市間の経済的つながりはきわめて重要です。お互いに売買することができ、お互いに模倣しあうこともでき、またそれぞれの都市からの輸入品を置換することもできます。さらに、それぞれの都市の責任で経済生活の大部分を発達させることができます。しかし、高度に発達した経済に頼っているだけでは能力差が大きすぎるために、自らを発展させることはできません。

ロベルト・チャベス（R・C）：大都市にはなれないということですね。

J・J：発展の初期段階の都市に企業を移植することはできますが、それではそれら都市自体が発展するためのプロセスを提供することにはなりません。程度の差はあれ、同じ発展段階にある都市同士を結ぶインフラは安全でなければいけませんし、追いはぎに待ち伏せされたり、悪党に通行料をゆすられたりするのでは非常に具合が悪いのです。インフラは荷物を運ぶ牛馬のためのものであれ、徒歩、自転車、列車、トラック、水上交通、飛行機に乗ってくる人のためのものであれ、安全であり、法外な料金をふっかけられたりしないものでなければいけません。

## その地域の経済発展にとって専門化は解決策にはならない

J・J：世界銀行がかつて理解していなかったことですが、今は理解しているのか確信をもてません。都市における経済活動の専門化は一つのきっかけで、一時的な出発点にはなりえます。もし、都市が急速に多様化しなければ、専門化はいきづまります。いかなる専門も安全ではないのです。すべては時代遅れとなるか、興味を失われるかのいずれかになります。そのことはデトロイトであれ、ウズベキスタンであれ、真実なのです。ですから非常に一時的な局面を除いては、専門化を経済戦略とするのは忘れてください。世界には、かつて専門化で成功したことがある小さな都市がいくつもあります。かつて多様化に成功していた都市――デトロイトがまさにそうでした――が特にうまくいっていた一つの活動を選んで専門化し、その後に衰退することがありうるのです。都市の戦略としては、専門化はけっしてよいことではありません。

R・C：そのことに関連して、一つ質問してもよろしいでしょうか。世銀の中で競争、言い換えれば都市の競争力を促進することについてちょっとした議論がありますが、特定の分野を発達させること、すなわち専門化により適した都市が中にはあるのではないかという前提がその背後にあります。事を進めていくためには、一つの都市にとって「特別」なものを見つけだして競争力を奨励すべきであると、私たちは提案しています。これは、あなたがいっていることと矛盾しているように思えるのですが。

J・J：ええ、それは非常に矛盾しています。たとえば、ノバ・スコシア州のハリファックスは一九世紀の初め、木造帆船時代には大きな港であり造船の基地でした。ノバ・スコシアは経済的に停滞し、蒸気を動力とする鋼鉄船をつくるところまで進みませんでした。対照的に、ノルウェーは木造帆船時代にはノバ・スコシアと非常によく似ていましたが、造船業で成長を遂げただけでなく、航海用機器の製造へと多様化を進め、あらゆるところに輸出できました。さらに多種類の設計、技術、製品と次々に技術を確立する多様化を進めることができたのです。どんな仕事にもそれに最適の都市があるという考え方は、アダム・スミスの地域的分業の考え方がもちこまれたものです。

もちろん、地理や気象など、スミスの考え方になんらかの根拠を与えるものもあります。スイスで製造されるグリュエルチーズは、ほかでつくられる模造品よりは質がよいのです。アンズを栽培できるところとできないところがあります。しかし、一つの都市が他の都市よりもよくできる自然条件が備わっているようなものはほとんどありません。

T・D：あなたが指摘しているのは、どのようにして人々のもって生まれた創造性を支援し、それを生かす機会を探すのを支援するかであって、邪魔をするのではなく、願わくば支援するということですね。

J・J：そうです。しかし、ある都市で何かがうまくいっているときに、他のほとんどすべてのことを断念し、かつ資金や奨励策を欠く場合にはそれは危険なことでもあります。

T・D：農業における単一栽培のようなものですね。それは持続可能ではありません。

J・J：ええ、そのとおりです。

## 直接、都市に貸し付けよ

J・J：しかし、一つの国のすべての都市を包括的な発展構想に組み入れて、似たようなものにしようとすることも有害です。これは都市の特質を無視しています。都市のインフラやプログラムを包括的に処理し始めると、すぐに一つの型にすべてを適合させようとします。現実にはそれぞれ違った都市は適切に機能していれば、同時に同じような動きをすることはありません。輸出はうまくいっていても、あまり輸入置換はうまくいっていない都市がある一方、まさにその逆の都市もあります。一時に多くの移民を受け入れている都市もあれば、そうでない都市もあります。それぞれの都市が適切に動いていれば、それぞれの都市には独自の仕事が現れてきます。創造的な都市は国家よりもさらに個性的です。都市は国家よりもずっと古い経済主体なのです。都市の支援に取り組んでいる人が誰であれ、仲介者としての中央集権政府を通して多数の都市に影響を及ぼさないことが大切だと思います。

T・D：一人の仲介者を通してではなく、一度に一つの都市ですね。

J・J：一度に一つの都市で、それぞれ個別に、そのときの各都市の状況に焦点を合わせることですね。ですから私は、世界銀行の交渉や貸付をいつも中央政府と一緒に行う必要があるのか、疑問に思います。

T・D：これは都市の支援に関する私たちにとって非常に大きな問題です。

J・J：もしあなた方が本当に真剣に都市の支援をするのであれば、直接都市に貸し出し、直接交渉することができるはずです。結局、あなた方は大きな影響力――あなた方に大きな影響力を与えるあなた方がもっている資金――をもっています。もしあなた方が中央政府とだけ取引するよう強制されるとしたら、あなた方が意図する都市への支援はひいき目に見ても効率が悪く、おそらく自滅的なものになるでしょう。

R・C：たしかに、それは実際のところ都市の利益にはなりません。

J・J：中央政府がそれをしないのはいつものことです。中央政府は都市を恐れているのです。一つには経済発展はつねに現状を覆しますが、それが最初に起きるのは都市です。あなた方が都市のためにしたいと思っていることが、すべての人を幸福にするわけではないという事実に向き合わなければなりません。

住みやすさのために重要なことは、犯罪、ゆすり、詐欺など人々を犠牲にするものはなんであれ追放し、オーナー経営者になることや起業活動を促進することです。おそらく、エルナンド・デ・ソトの財産登記についての本はご存知でしょう。

R・C：『資本主義の謎』[*1]ですね、知っています。

＊1　ペルーの経済学者エルナンド・デ・ソト（一九四一～）の本は、実際は『資本主義の謎：資本主義が西洋で成功し、ほかではすべて失敗しているのはなぜか』というものである。この本やその他の著作の中で、デ・ソトは南半球の発展途上国の都市における不法占拠地区の広がりに対して、無断居住者に自分たちが占有している土地の所有権を与えることで解決が見出されるだろう、と主張している。不法占拠地区（や非公式経済）を公式なものにすることで、現在は政治的、社会的なシステムの枠外にいる人々にそのシステムを維持する権益と発展途上の市場経済を促進する役割を与えることになるからである。この特効薬的な提案はより徹底した土地改革ビジョンの限定版であり、もうすでに強力な居住者にさほど幸運ではない居住者に対するよりも優位な立場を与えることになり、不平等を増大させるだけだろうと批評家たちは主張している。

J・J：仕立屋さんとか、何か生産性の高い事業を起こすのに何年もかかるようなばかげたことはすべてやめることです。

T・D：他のことに進む前に、最後の点についてちょっと取り上げてもよろしいですか。あなたはオーナー経営者になることと起業活動の促進を取り上げましたが、発展途上国の都市の非常に貧しいスラムの大部分では、人々は公的に保証された不動産の権利をもっていません。彼らにとっては、おそらく最悪の不安定要素です。彼らはいつでもそこから追放され、地域全体が取り壊され更地化される可能性があります。

J・J：そのとおりです。ジェントリフィケーションが大変危険なのはそのためです。

T・D：地元の起業活動を支援するという問題に関してあなたがずっと考えてきたことで、そうしたスラムのコミュニティとの直接的な連携を支援できる方法――ご存知のとおり、彼ら自らが自立するという観点からスラム住民に対応することや彼らが望むサービスを組み入れることなどですが――はありますか。私たちが注意すべき重要なことはなんだと思いますか。

J・J：いうまでもありませんが、当局はある地域の人々が、何をほしいといっているか、本当に注意を払うべきです。植樹について言及しましたが、それは私が木を好きだからで、誰もが木を好きなわけではありません。彼らがもっとほしいと思っているもの、たとえば食料品店のようなものがほかにあるかもしれません。

彼らが最も大切と思っていることが何か、わかる人が誰かいるでしょうか。

R・C：彼らにしかわかりませんね。

J・J：そうですよね。そして、それに対して非常に注意深く耳を傾けなければいけませんし、とりわけ、当局がゆくゆくはその地区をなくしてしまうとか、大改造する予定であるなどの理由で彼らの関心事を無視してはいけません。いや、重要なのは彼らがちょっとした好反応を示す、将来の発展につながるようなことですが、もちろん不動産の権利が保証されてのうえです。

## コミュニティを基盤とする団体

ケイ・ファン（K・F）：ジェイン、この話題についてもう少し続けたい質問があります。一時的な人も含め、こうした居住者たちが何を必要としているのか、よりよく理解するという観点から、コミュニティを基盤とする団体の役割についてあなたはどう思いますか。

J・J：注意しなければいけないことは、当局が認める団体を指名するというあの古い帝国主義的ゲームを今や誰もやっていないということです。傀儡組織ですからね。[*2]

＊2　このコメントはおそらく一九六〇年代、ジェイコブズがグリニッジ・ヴィレッジの都市再生と闘ったときの経験に触発されたものと思われる。そこでわかったことは、そのプロジェクトの公表前にニューヨークの役人たちはすでに注意深く選ばれたコミュニティ団体に接触して、その目的のための新しい「居住者」団体を育成してさえいた、ということであった。ほかのところでは、彼女はこれらの集団をほかの鳥の巣を横取りする鳥にちなんで「カッコウ委員会」と呼んでいる。

私たちは本物の市民団体をもっていて、ニューヨークの恐ろしい都市再生プロジェクトと闘って、非常にうまくいったのです。近隣地区に居住したり働いたりしている人なら誰でもこの団体に入ることができました。会費も他の資格も必要ありませんでした。そこにいるだけでよかったのです。何かの必要性に気づいた人は誰でもそのことに取り掛かることができましたし、仲間になり手を組みたいと思う人は誰でもそうすることができました。ほとんどなんでも許されましたが、厳格なルールが一つありました。それはコミュニティの住民組織が関係して行われることによって、地域の人やビジネスが追い出されてはいけないというものでした。それは、殺人を冒してはいけないというルールのようなものでした。

私たちはどんなことでもできるという考え方に慣れていますが、それを行う過程で誰かを殺すことはできないのです。今では、あれからほぼ私たちはこれを「スズメの原則」と呼びました。スズメ一羽も移動させてはいけないのです。

四五年が経過しましたが、まだ非常に活発に活動している団体であり、今でもそのルールはあり、団体はそのゆるやかさを保持しています。

会費なしでどのように成り立っているのでしょうか。私が今でも受け取っているニュースレターやその他の様々なことを含めて、かなりいろいろなことにお金が必要です。この組織は資金集めのためのイベントを行っています。それは楽しいし、人々を結びつけるのでいいことです。人々はその気があればちょっとした寄付をして、その目的を具体的に挙げることができます。

重要なことはすべての人を受け入れることです。よいことをする際の基本として、危害を加えないという認識をもつことが大切です。まず第一に、危害を加えないことです。

当局が、自ら選びだして操ることができる団体を望むなら、非常に違ったアプローチの仕方をするでしょう。それはすべてを受け入れるのではなく、いろいろな資格があり、『ロバート議事規則』に関して非常に形式的になります。[*3] 私たちの組織では何事も賛否をとることはしませんでした。私たちは合意を頼りにしました。

＊3　『ロバート議事規則』（一八七六）は、議会の進行に関する規則集であり、それに固執すると、知識のない人が参加するにはおそらく障壁をつくることになるであろう。

年次総会では、誰でも立ち上がって何を行うべきか自分が考えていることをいうことができました。たとえば、どこそこの遊び場は監視が必要だとか、近隣に対して何かしらのことを行うひどい計画が進行中だ、などです。ニューヨークではつねにひどい計画が進行中です。誰かが何かを行うべきだとか、すでに進行中の何かを継続して行う必要があるなどといったとき、それは黒板に書かれて番号をつけられます。総会の最後に、一番のことに興味がある人はピアノの脇に行くように、二番に興味のある人はドアの側に行くようになどといわれます。もしかしたら、それをいいだした人しかその番号に反応しないかもしれませんし、多くの会員が反応を示す番号があるかもしれません。

ある特定の課題に取り組みたい――資金集めなどに関心がある――と申し出た人は、誰でも志願者のグループの中から自分たちの委員長を選出することになります。これが自立的に行われました。月に一度、定例会が開かれました。何かについて言い争いがあったり、緊急事態が起きたりしたら、システムは柔軟で、メンバーは進行中のものに何かを加えたり、差し引いたりできました。何かの提案かプログラムに意見の相違があれば、私たちはそれを継続しませんし、第一、始めることもありません。実行されたのは、いつも人々が実行に同意したことか、少なくとも説得力のある反対がなかったことでした。

T・D：それは本当に重要な教訓ですし、実のところこれはあらゆる団体に関して再考されなければいけないことですが、ある意味でこの経験は実にためになります。まとまり始めた団体が、こういう中を生き抜いていろいろ経験してきた人たちと会って話をするのを支援することは本当に役立つでしょう。

この特別な団体の名前は何ですか。

J・J：これは、ウエストヴィレッジ委員会です。今でも、ニュースレターを出しています。私が知るかぎりでは、住宅を建設する計画、ウエストヴィレッジ・ハウス、を実際の建設に至らしめることに成功したニューヨークで唯一の近隣住民でした。そこまでに至るのは難しかったのです。都市計画局は計画にまごつき、さらに七年の遅れもありました。都市計画局の会議で、この近隣にその地域のための計画を許可すれば、すべての地域がそのような計画にしたいと思うだろうと、誰かがいったそうです。

T・D：素晴らしい考えなのにね。

J・J：それに、建物はいっさい取り壊す必要のない計画を練りあげたので、市にとってはかなりお金の節約になったでしょう。新しい住宅は空地につくることができました。私たちにはよい建築家がいて、組み合わせても、単独でも、どんな場所にもぴったり合う三つの違ったプランを立ててくれました。このプランを利用すれば、まったくの白紙の状態から始める必要がなく、敷地の寸法ごとに設計と建設を三つのプランで決められる強みがあります。それらの住宅は今もまだ大変人気があります。それらは、インフィル型開発の初期の例でした。

## 住民参加

J・J：住民参加も私たちにとっては非常に危険でした。住民参加は国の都市再生法に規定されていましたが、都市計画委員会や市の他機関は、もし住民団体が役人や委員会のスタッフとコミュニティにとって何がよいことかを議論すれば、たとえそれが実現してもしなくても、法律の参加条項は満たされたと解釈しました。

T・D：おやおや。

J・J：私たちは罠にかけられていたのでしょう。

R・C：ただ、話すだけで。

J・J：そのとおりです。運のいいことに、私たちの近隣のある人が、まったく幸運なのですが、ニューヨークとニューイングランド（訳注：北東部六州を合わせた地方）の都市再生事務所を担当している連邦政府の役人を知っていたのです。彼女はその役人に近隣を回ってもらい、それがスラムかどうか確かめてもらいました。彼は、そこはスラムではなく、素晴らしい地域であると思いました。しかし、彼は住民参加について私たちに話してくれたうえで、この近隣を救いたければ、私たちがけっしてしてはいけないことは自分たちがどうしたいか話すことだといいました。これは私たちが学んだ唯一の最も重要なことです。このため、私たちは利己的で消極的だと悪口をいわれました。なんて多くの消極的な人たちだったことでしょう。しかし、近隣の誰もがそのことを理解し、私たちが何をしたいか、役所の誰にも話さないように気をつけました。

私たちは、自分たちが何をしたいのかはわかっていました。私たちがついに手に入れた住宅群のことを私はお話ししたでしょうか。私たちは仲間内だけで議論していました。私たちは住宅についての小冊子もつくろうとしていました。しかし、私たちは都市再生計画の地区指定が公式に取り下げられるまで、市に対してそれらのことはひと言もいいませんでした。私たちが望むこととして政府に伝える唯一のことは、この指定を取り下げてもらうことでした。

私たちは公聴会に出掛けていき、法律によればこの近隣はスラムではないことをはっきりと示しました。しかし、それは市にとってはどうでもよかったのです。私たちの近隣はスラムであり、そう指定されていたのです。つねに彼らは私たちが何をしたいかをなんとかいわせようとしていました。近隣の誰もが理由をわかっていましたが、私たちは新聞にこの情報を載せてもらうことができませんでした。『ニューヨーク・タイムズ』の記者の多くは、なぜ私たちが消極的に見えるのかわかっていましたが、これを掲載しようとはしませんでした。私たちは記者のみなさんに伝えましたので、彼らは法律を調べることができました。しかし、彼らの編集長たちはどうしても掲載を認めませんでした。この情報は一般の人々には大変な武器になるので、当局は一般の人々が理論武装することを望まなかったのです。私たちはこの情報を手にできて大変幸運でした。

T・D：基本的には、内部で人と人とのつながりがあったからですね。

J・J：そのとおりです。世界銀行が関わっている都市でも、この種のことはきっと起きるでしょうし、あなた方はこの種の詭弁に対して協力したくはないでしょう。

T・D：はい、そうですね。

J・J：あなた方が住民参加の重要性を強調しているのはよくわかりますが、その名のもとでどのような罠が仕掛けられているか理解していただきたいと思います。世界銀行は人々が警告を受けずに罠にかかって犠牲になったとしても、また、特にそのときにこうした罠に加担してはいけません。人々は自分たちに何が起きたかわかるでしょう。また、人々は誰を嫌えばいいのかわかりますし、世界銀行はその中に入っているでしょう。

住民参加とか大衆の力など、すてきな名前がついていますが、これは悪意のあるものなのです。どんなに耳に心地よくなくとも、つねにこうしたものの本質を見極めなければいけません。

R・C：それは私たち自身にとって、また私たちの仕事にとって特別に重要なことだと思います。人は自分のために行うのではなく、人のために行うということに関してあなたが以前主張していたことを思い返しています。ともかくそれは、あなたが今ここで話されていることと結びついています。本物のコミュニティの活動というのはほかの人にとってかわるとか、その名を借りて自分の思惑を押し通すとかではなくて、人々が自分のために行うことを実際に認めるところにあります。

J・J：はい、それはとてもうまい表現ですね。私は、あれを手に入れるのにこれを犠牲にする、という意味の経済的なトレードオフ概念が好きではありません。あるいは、社会的なトレードオフ概念も好きではありません。それは公益におけるゼロサムないしは誰もいっそう暮らし向きが悪くならずに済む拡大する経済ではなく、ゼロサム経済を信じていることを暗示しているからです。

ある特定のものを望むコミュニティが「私の裏庭は駄目（訳注："NIMBY"という用語が使われる）」といってばかにされることもあります。「私の裏庭は駄目」といっている人々の話を聞くと、それは誰の裏庭でも駄目なものに対する反対の場合が多いんです。提案されていることをするのに違ったやり方をしなければなりません。アメリカの一例に低所得者向けの住宅プロジェクト、それもひどいプロジェクトがありましたが、それは違うやり方で行われるべきでした。人々がそれを希望しないのはまったく正しいことでした。しかし、彼らは利己的だといわれ、住宅のためにはトレードオフを受け入れなければならないといわれました。

たくさんの人がノーといったとき、必要なものなので困るのですが、低所得者向けの住宅計画が取り下げられるか、設計者が計画通りではなくもっとうまく行う方法を学んでくれるか、その二つのうちのどちらかが起こりました。

住居系プロジェクトは、手頃な値段の住宅を建てるのに必須の方法ではありませんでした。下水処理は近隣を悪臭で満たすようなやり方ではいけません。それらは単なる例にすぎません。しかし、トレードオフそのものと、人々がトレードオフにしなければいけないという考えは、つねに検証する必要があります。

## グローバリゼーションについて

J・J：あなた方の資料には、グローバリゼーションは貧しい人たちに目をかける再分配政策のための政治的な機会となりうる、とコメントされています。再分配政策は一時しのぎであり、貧困の解決策ではありません。あなた方は貧しい人たちが自立できるように支援したいのでしょう。都市の経済がうまくいっていれば、中流階級を生みだし続けます。おそらく、つねにいくらか貧しい人々もいますが、彼らは同じ貧しいままでいる必要はありませんし、いつもそれほど貧しい人々がいるわけでもありません。実際、経済と政策がよければ、貧しい人々をほとんどゼロに減らすことができるのです。

オランダには、ほとんど貧しい人がいません。スイスもそうです。それは可能なのですが、再分配では達成されません。再分配をするべきではないといっているのではありません。再分配は人によっては重要なのですが、貧困の解決策にはなりません。

グローバリゼーションには経済大国の交代が伴います。この交代は必ずしもすでに経済大国である国に有利に働くわけではありません。実際、この交代はすでに大国である国にはけっして有利ではありません。それでは交代にはなりません。

R・C：そのとおりです。

J・J：**発展は、それがグローバル化していてもいなくても、つねに力のシフトを伴うのです。**もし、発展が封建制の経済社会で起きれば、封建領主の力を弱めます。資本主義の社会では、発展は資産家、昔からの資本家、企業、富の力を弱めます。そういうことは起こる運命にあるのです。あなた方はこのことを認めてもいいでしょう。**以前裕福だった人の繁栄が完全に失われることを意味しているのではなく、他の人たちを支配する能力が失われることを意味しています。**それは違うことなのです。

T・D：なぜなら、実際の発展においては、もっと力の共有があるからです。

J・J：たしかにそうですね。それが起きようとしています。他の人を支配しようとする人たちを思いやるのが困難だと私にはわかりますし、彼らには支配することが自分のアイデンティティにとって重要なのです。しかし、そのような人たちは存在します。そして彼らは発展との避けがたい争いの渦中にあるのです。そのような人たちは自堕落なプレイボーイになったほうがよいのです。

独裁者になるよりはいいと思います。

あなた方の資料には、グローバルな成長はしばしば環境を脅かす、とあります。しかし、発展を欠く景気停滞も同じです。なぜなら、同じ資源があまりに長い間、一本調子で使われるからです。長い間、木材が燃料として使われていたところでは、伐採により森林が破壊されています。

代替資源にシフトし、過去に行われたことを修復する方法を見つけだすのは、高度に発展し拡大している経済においてだけです。そこに希望があります。

地球温暖化や化石燃料による汚染についても、あなた方の資料では大変適切に強調されています。しかし、アメリカやカナダにおける輸送機関の停滞のように、どのような景気停滞を伴うのか注意してください。それは輸送機関の質的な発展という意味合いでさらに高度な発展があるというわけではありません。実際、この汚染と戦うには質的な発展が必要です。

T・D：はい、もうガタがきています。多様化、いろいろな輸送手段。

J・J：いろいろ違ったグローバリゼーションの波についてのこの資料はとても興味深いと思いました。一八七〇年から一九一四年までの期間は、合衆国においてはあらゆる種類の発明や新機軸、また貿易のグローバル化が顕著でした。輸送機関のさらなる発展は技術変化や動力源のシフトのずっと大規模で、非常に複雑な蓄積のほんの一部にすぎませんでした。アメリカは独占とトラストの拡大期を経験しましたが、それからトラスト防止と独占の解体に乗り出しました。これは発展を持続可能とさせるのに重要でした。

私の両親は一八七〇年代に生まれたので、私はそれがいかに特別な時期であったか十分わかっている年代です。一九二〇年代、私が子供の頃に、両親の子供時代のことを聞くことが好きでした。それはまるで別世界でした。物事は非常に変化していたのです。私の母が八歳のとき、町で最初の電灯をつけるボタンを押す役に選ばれました。

想像してください、それ以前には電気はなかったのです。これは私に非常に身近なことであり、近代の歴史が大変短く見えますね。

第一次世界大戦から第二次世界大戦が終わるまでの期間には、発明や新機軸はそれ以前よりずっと少なかったのです。そのことにも驚きます。たとえば、私の家には一九二〇年代に食器洗い機がありました。しかし、それから数十年間、食器洗い機のさらなる進歩はありませんでしたので、食器洗い機を持つ人はあまり増えませんでした。私の両親はお金持ちではありませんでしたが、実用面の進歩を試してみるのが好きだったのです。

私の父親は医者でしたが、自動車を持っていて第一次世界大戦以前に車で患者を往診することができました。医者にとっては大切なものだったので、電話もありました。同時に、医院が入っている建物にはエレベーターがありました。子供の頃、私は飛行機に乗ることもありました。それから、ファッション以外に大した変化のない、長い時期がやってきました。現在はインターネットがあり、別のグローバリゼーションの波がきています。それで、これらの波についての資料を読んで引きつけられたのだと思います。

二つの波の大きな違いの一つは――違うことを願いますが――第一のグローバリゼーションの波が帝国主義の時代と一致していたことです。一九〇五年のあの当時、全世界には独立国は五〇しかありませんでした。

Ｔ・Ｄ：それを考えると驚きですね。

Ｊ・Ｊ：そうですね。今ではおよそ一八七もあります。五〇しかなかった理由は帝国があったからです。世界のどれだけ多くの部分がイギリスの統治下にあったか、どれだけ多くの新しい国が大英帝国から分離して独立したか、考えてください。オーストリア・ハンガリー帝国やオスマン帝国がありました。ロシア、ドイツ、フランス、オランダの帝国もありました。一九〇五年を帝国の絶頂期とするのはなぜでしょうか。一九〇五年に、しばらく振りに新しい独立国が誕生したからです。それは、スウェーデンから分離したノルウェーです。もちろん、かつてスウェーデンは大帝国でしたが、そのときに離れた唯一の属国がノルウェーでした。

今回のグローバリゼーションが前と違うことを望むといった理由は、現在のグローバリゼーションの波はある種の新しい帝国主義となる危険があるからです。多くの人たちが心配するのはこのことです。アメリカを帝国と呼ぶことはとても一般的です。これは本部がアメリカにある世界銀行やＩＭＦのせいだけでなく、特に世界銀行の政策が帝国主義的な政策のようであれば、こういった機関自体が人々に新しい帝国の出現を恐れさせる理由になるのです。[*4] たとえば征服地の経済的特化が、しばしば帝国政府から課されました。それが、あなた方が専門特化に慎重なもう一つの理由ですね。

＊4　ＩＭＦ（国際通貨基金）は一九四四年に（世界銀行とともに）設立された組織で、加盟国への貸出を通じて国際貿易や世界経済の成長を促進することを目的としている。『発展する地域　衰退する地域』の中で、ジェイコブズは世界銀行とＩＭＦの経済政策や慣行を鋭く批判している。他の多くの批評家同様、ジェイコブズは借款ベースの貸出やワシントンで決められる運営規則を通じて外部から地域の経済を決定し監視する際にＩＭＦや世界銀行がもっている権限に反対している。

Ｔ・Ｄ：多国籍企業は多くの国よりもずっと力をもっていて、司法権を超える存在であり、思いのままにあちこち移動できます。この点で多国籍企業は、この種の帝国主義を押しつけるのにどのような役割をもっていると思いますか。あらゆる企業がそうですが、多国籍企業は商品・サービスを購入している分散した消費者より、もっと強い経済的な力をもっています。完全に組織化された社会における人々の話をしているとき、それは非常に大きな不均衡です。

Ｊ・Ｊ：そのとおりです。多国籍企業は独占企業ではないかもしれませんが、独占企業と非常に多くの共通点があります。それらが脅威であり、過剰に強力であり続ける理由は同じ分野で他の企業が誕生する率が低いからです。これらの多国籍企業は長い間存在し続けています。帝国主義の時代では、東インド会社などがそうでした。

Ｔ・Ｄ：帝国主義の重要な道具でした。

Ｊ・Ｊ：中国でアヘンの販売を始めたアヘン業者は……。

Ｒ・Ｃ：イギリス人でした。

Ｊ・Ｊ：彼らは今でいうところの麻薬カルテルと独占企業が合体したもので、いろいろな点で破滅的でした。それがアヘン戦争の原因です。ルーズベルト大統領の先祖は中国でアヘンを売って金を儲けました。[*5] いかにもヤンキーです。

中国人を麻薬常習者にする、ひどいことでした。

＊5　実際にフランクリン・デラノ・ルーズベルトの祖父ウォーレン・デラノ（一八〇九～九八）は中国でアヘンを売って財をなしたが、デラノ自身でさえこれは道徳に反する貿易であると大いに認識していた。

こうしたことは新しいことではありません。別種の多国籍企業である麻薬カルテルであれ、マクドナルドやウォルマートであれ、新しいものではありません。権力集中を防ぐ唯一の方法は競争相手が出現し続けることです。ウォルマート自体がよい例です。ウォルマートはアーカンソーの小さな町からスタートし、老舗のデパートよりも上手なマーケティングや顧客サービスの組立てをしました。当時、デパートはとても力をもっていましたが、やがて停滞し、ウルワースやシアーズとともに消えつつあります。ウォルマートは実際に消費者のためにデパートよりもよい仕事をしています。しかし、おそらくウォルマートも低迷するでしょう。仮に低迷しないとしても、他のところが現れることが想定できますし、このことはそれほど悪いことではありません。

最悪の多国籍企業は、そんなふうに顧客を追いかける企業ではありません。彼らには弱点があります。消費者は気まぐれです。ウォルマートがウルワース、ペニーやその他の大型店から消費者を獲得したように、どこか他の企業が消費者に気に入られるでしょう。本当に危険なのは大口の買い手である企業です。それら企業は、木材会社にすべての樹木を伐採するようにプレッシャーをかけるような企業です。また、あらゆる種類の会社に対して労働者や環境を犠牲にしてコストを切り詰めるようプレッシャーをかけたりします。

T・D：あなたが話しているのは、鉱山会社や製造……。

R・C：ガスの貿易商社。

J・J：そうです。これら二種類の区別をするのは有益です。なぜなら、ウォルマートは実際には環境に害を与えていないからです。イケアのような企業になる可能性だってあります。

T・D：ウォルマートのようなお店は規模が大きいので実際は地域の経済を蝕むし、また、実際に展開しているところで引き起こす環境への衝撃について関心ももたないと主張することができるでしょう。ただ、あなたがいっていることはわかるのですが、全体的に規模の違う衝撃です。彼らが活動している地域での局所的な衝撃です。

R・C：グローバルではない。

J・J：そのとおりです。地域の経済を蝕む理由は――この点を消費者の視点からも見ますが――多くの場所でそれなりの雑貨店がないからです。先ほどいいましたが、私の商店街にある地元のいい本屋さんや、大きなチェイン店があるにもかかわらず繁盛している金物屋などのように、まあまあのお店はあっても不思議ではありません。[*6] そうしたお店は自分たちの建物は所有していても、いいお店でなかったら負けてしまうこともありえます。

＊6　このインタビューでは省略されているが、ジェイコブズはこの第五部の「近隣の味方としての時間と変化」の中で、この商店街はトロントのブロア通りであると説明している。

ですから、消費者とじかに接触するものにとってはかなりの程度消費者が王様であるというのは本当なのです。消費者がお店の囚われ人であるところもあるかもしれません。食料品店が一軒しかないこともあるでしょう。私の父が医学部を卒業して、研修医として最初に働いた場所はウエストヴァージニアにある鉱山会社でした。そこの人たちにはあらゆることに選択権がありませんでした。その鉱山会社が地域経済全体を支配していたのです。

T・D：基本的に企業城下町だった。

J・J：あなた方のグローバリゼーション論文にある多くのことに大変敬服しています。健全な投資の風潮を育てることは主に国や地域の責任で、特に小企業が直面する問題に焦点をあてるべきだと述べています。町や田舎の地域にある中小規模の企業の雇用が、田舎の貧しい人々の生活水準を上げるのに重要になるだろうと指摘しています。また、都市での中小規模の企業の雇用は、それらの向上のために重要だというのは町や田舎よりなおさらあてはまります。そうしたたくさんの企業が発展のための好機を思い描いていますし、これも間接的に地方の経済に貢献するでしょう。

教育からのハイリターンに関するあなた方の資料はとてもいいですし、貧しい人々にとってこれがいかに重要かです。財産権と統治を系統立てることに関して、貧しい人たちを巻き込むかたちで権限移譲が述べられているのを見てうれしく思います。

負債の軽減も述べられています。破産の場合と同じですが、非現実的で返済不能な負債に対しては軽減されなければいけません。疑似帝国主義の状況下での負債軽減を考えてみてください。すなわち、豊かな国々のこれらのひどい負債はどのように生じたのでしょうか。その背景にある前提はなんだったのでしょうか。貸出で得をしたのは誰だったのでしょうか。

この点に関して、カナダは非難に値します。たとえば、カナダの対外援助の大部分は実際には援助を受ける人たちの利益のためではありません。現実には、カナダの企業への補助金であり、心地よく響くように対外援助と呼ばれているのです。カナダ国内の問題のために、これらの援助は特にケベック州の企業に向かいます。[*7] 少なくとも、これらのケースでは割に合うのはカナダ人であり、貧困国ではないのです。あらゆる紐付き援助は経済帝国主義的なものとして疑いの目で見る必要があります。

＊7　ジェイコブズが言及している主要な「国内問題」はケベック州の分離運動であり、一九八〇年の著書『分離主義の問題』の中で彼女はこれを擁護した。『発展する地域　衰退する地域』の中で、彼女はこのような対外援助契約も含め、国家が選挙区の忠誠心をつなぎとめておくためにとるいろいろな方策について調査しようとした。

## 結び

T・D：とても大切だと思いますが、都市開発に世界銀行が果たすべき役割という観点から都市で働く世銀スタッフに必要な最も大切なアドバイスはなんだと思うか、よく考えていただければありがたいです。彼らが果たすべき最も重要な貢献タイプはなんでしょうか。

J・J：もし、つねに上級政府と取引をしなければならないなら、おそらく世界銀行は都市開発にふさわしい機関ではないでしょう。

T・D：付帯する借款協定を通して、都市の行政機関に貸出できる国もいくつかあります。

K・F：世界銀行は直接、都市に資金を回せるような新しいファンドを設定することを提案しています。あなたがおっしゃったとおり、都市開発を支援するためにはとても重要だからです。

J・J：もしそうする手段があるなら、都市と取引するときはいつでもそれを優先して行うべきです。中央政府を通すよりは、むしろ都市や都市の行政機関と直接取引するほうがいいのです。もし、それができないなら、そもそも何かすべきかどうかも疑問です。

T・D：あなたは実際に、私たちにとって大変な課題であることを取り上げています。それは私たちがなんとか折合いをつけようとしていることですが、本当に問題なのです。中央省庁を通して仕事をする場合、実際に資金の導管となるのは建設省のような特定の部門であることが多いのも問題なのです。それから、実際都市の行政機関にそのすべての部門が、相互に連携を図りながら一丸となって問題解決にあたってもらうこともありません。

J・J：まったくそのとおりですし、それでは都市の自主性や特質を弱めてしまいます。実際に都市に何が必要なのかを認識さえしていない別の都市の行政機関の行動指針を提供しているのです。私が何もしないかもしれないといったのは本気でそう思ったからです。憶えていますか、害を与えないことです。あなた方は単に将来の支払いができない負債を増やしているだけかもしれません。それは有害なのです。[*8]

＊8　このインタビューの原本の表紙に、ジェイコブズは次のコメントを寄せていた。「世銀のその三人のスタッフは賢明でなかなかの人たちでしたが、世銀はきっと彼らの努力を台無しにするでしょう」。

# 経済のベールを剥ぐ新仮説

未刊本からの抜粋、二〇〇四年

## パート・ワン：三重のプロセス

### はじめに

これは経済学の教科書で、マクロ経済の動きの新しい解釈の仕方を示しています。この動きがどのように組み立てられ、都市、国家、大陸、帝国、地球の各レベルでどのように作用し、維持されているか――もしくは維持に失敗しているか――を示しています。マクロ経済の世界は時間的感覚でも規模の大きいものです。

私は読者が慎重ながらも懐疑的な態度を保持し、読者個人の判断や経験を大切にすることを強く求めます。この警戒心は著者の熱意にミスリードされるのを避けるために、経済学に関するいかなる出版物でも注意深く読むときに適用すべきものです。もちろん、その点に関してはこの本も例外ではありません。この本は、どちらかといえば、他の経済テキストよりも要求度が高いですが、それは内容も形式もともに従来のものとは違うからです。

私の出発点であり、しばしば考え方の基本となっているのは三つのありふれた経済現象です。そのうちの一つは最初に説明しますが、村や町には見られない都市の散発的成長の独特のパターンです。そのパターンは、昔は伝統的に説明がつかないものと受け取られていました。一八世紀の啓蒙運動「理性と科学の時代」――現在も続いている――からずっと、その散発的成長パターンは不合理なものと考えられてきました。

二つ目のありふれた現象である都市の輸入置換は、従来あまりにも不合理で、かつささいなことであり、何か非常に重要なことは説明できないと考えられてきました。[*1]

＊1　「輸入置換」によって、ジェイコブズは都市がかつて輸入していた製品やサービスを臨機応変なローカル版におきかえることを意味している。その過程のさらに詳細な説明やイノベーションとのつながりについては、第三部の「都市支援戦略」参照。

三つ目の都市の輸入シフトは、都市の輸入置換に対する自動的な反応現象です。それは従来無視されてきましたが、もし私が正しければ、それは経済的拡大の主な原因となる現象です。

これら三つの一見別々のような現象を詳しく調べた結果、それらが実際は一つの同じ現象の異なる三つの側面であるとの結論に達しました。これら三つはともに作用しながら、自律的マクロ経済活動とより小規模な派生活動を構成しているのです（現実の生活においては、すべてのものは他のすべてと結びついており孤立したものはありません）。

この三つの現象（実際は一つ）は一緒になって大変大きな力を及ぼすので、気味の悪いことですが、マクロ経済の命運を握っているのは出来事を管理しそれらの活動に何が期待できるか自分たちで決定していると思っている人間ではなく、これらの現象なのです。

このテキスト本体は、主として以前の私の著作から引用したもので成り立っています。一貫性と明快さの向上を意図して、それらの抜粋を新しく配列し直しています。同様に、私は厳しく削除もしています。もともとこの題材には見込みのある手掛かりを追求して、私が見つけ取り上げた多くの実例、証拠が挿入されていました。そうした実例や文脈上の装飾を取り除き、スリム化して順序よく再配列した題材は事実を率直に述べたものになっていると思われます。省略された原典、正当とする根拠、その他文脈上の情報に関心のある読者は各抜粋、要約の最後にある私のもともとの題材の引用部分を参照してください。読者は各章の本文に続く注を参照することで、容易に引用部分に肉付けすることができます。これらの注には私の情報源が出ていますが、ほかにちょっとした関連性の高い追加情報も頻繁に出ています。次は引用の一例です。

「統計が私たちに与えてくれる一番真実を語る情報は、なんらかの理由で統計作成者たちは自分たちが作成している統計にずっと興味を持っているということです」と、アームブラスターは述べました。*2

＊2　これは『経済の本質』原書六〇頁からの引用である。アームブラスターは本書および『市場の論理　統治の論理』の登場人物の一人である。彼は引退した出版業者――おそらく、彼女と長い間友好関係にあった有名な出版業者、ジェイソン・エプスタイン（一九二八～）に敬意を表したのであろう――であり、どちらの出版の場合にもエプスタインはそのきっかけとなった懇親会の音頭取りをした人物である。

これは、裏返すと統計作成者に興味をもたれないものであれば、統計がとられないというネガティブな面もあります。要するに、余分なところを削ぎ落とした私の抜粋や要約は、ほぼ五〇年にわたる密接に関連しあう研究成果の自選集です。この五〇年間の大部分、私自身は自分が何をしていたのか、あるいは何を探し求めていたのか、よくわかっていませんでしたが、私が関心を抱き続けた手掛かりによって自然とそれらの関係や意味が明らかになりました。私がしていたことは学習することでした。これは効率のよい学び方ではありませんし、ほかの人たちを指導するにもよい方法ではありません。しかし、ゼロから始めなければならないときの唯一の方法なのです。

最終的に、自分がしてきたこと――経済学を修正して経済の動きを独自に理解しやすいものにすること――が非効率ながらわかったので、今では、他の人たちにそれを説明することを目的とする教科書の中で、自分自身を納得させることができています。

## 強力だが自分たちではどうすることもできない

驚くほど高度に発達し、見事に拡大した経済の寿命はそれを説明しようとする私たちの試みよりもずっと長いものです。先史時代に獲得したものが、今でもまだ世界中で多くの経済活動の土台の役目を果たしています。織物、陶器、車輪を考えてみてください。河川や大洋の航行のことを考えてみてください。金属や青銅などの合金。火起こしとしてクルクル回る弦のついた弓。炉床、煙突、屋根を支えている彫刻された木の円柱、屋根を支える壁やアーチのついたレンガや石の建造物。調理、植物油絞り、発酵。遠く離れたところで産出する貴重な琥珀や顔料、遠方の冷えた火山ガラスからとれる優れた刃物を物々交換する習慣。地元の分銅や測定器具、地元の工芸品のための（おそらく）地元の市場。狩猟、襲撃、交戦のための槍、網、罠。畏敬の念を引き起こす墳墓、死体の防腐処理、死者の衣服、埋葬品の備品。絵画。木、石、土の彫刻。宝石。音楽を奏でるための打楽器、弦楽器、管楽器。園芸、穀物農業、食肉用の家畜。輸送、副産物の皮革、羽毛、なめし革、毛皮、繊維、角でつくった腱や歯……。これらの物と特殊な道具や道具をつくるための道具を含めたさらに多くの物です。

先史時代はもちろん「書かれた文書が存在する前」を意味します。用心深く懐疑的な読者はこのことがわかって、基礎となっている商品、サービス、技術が信じがたいほど古いことに対して瞬時に次のような代わりの提案をするでしょう。技術の複雑で多様な豊かさや込み入った相互関係の中で、話し言葉を文字に変換する技能や数えて数量を記録する技術（おそらく文字より先に起こったであろう）は、ずっとのちに花開いたと先史時代の先祖は証言するだけかもしれません、と。

私たちのヨーロッパ中心の考え方では、私たちの多くは先ほど言及したような基盤となる商品やサービスは現在、一般に「西洋」として知られているヨーロッパの地方から出て、全般的ないし世界の経済生活に貢献してきたと考える傾向があります。これらの商品やサービスのうち、いくつかは明らかにそうであり、特に地中海や黒海に接する大陸の一部や、そのすぐ近くの現在のメソポタミアや中東地域から出ていました。しかし、北アフリカやアジア、特に現在のインドや中国およびその周辺部も重要な創始者であり貢献者でした。

現在、西洋として知られているところはおよそ一〇〇〇年前の古代ギリシャ・ラテン時代ののち、中世後期より前の時代に、今のスペイン、ポルトガル、イタリア、フランス、スイス、オランダ、ギリシャ、今でいうトルコのアナトリアで、近世の発展と拡大を開始しました。繁栄の最盛期を過ぎてしまったいくつかの地域は別にして、西洋は現在、世界で最も繁栄し、強大で影響力のある経済を内包しています。しかし、不思議なくらい、自分ではどうすることもできません。

この豊かで強力な経済を共有する国々は、単独で、またより大きな経済機関の世界銀行、国際通貨基金、世界貿易圏などと共同して、貧しい国々の貧困や経済後進性を克服するために莫大な資金と労力を惜しみなく使ってきましたが、ほとんど、あるいはまったく効果がありませんでした。この惜しみなく与えられた対象国は、しばしば非常に巨額な負債と非現実的な経済計画を負わされて残された負債の返済ができません。その不幸な受益者は、厳密な意味で債務不履行に陥らないようにするため、利子の支払いのためのお金をもともとのローンを貸し出した銀行から借りて、表向きは支払い能力を持続させなければなりません。

さらに、もっと強烈なのは、西洋の豊かな強国が自国の領土内のつねに貧しい小地域（や広い地域全体）の貧困や経済後進性の原因を克服するとか、これらの地域を自立的な経済発展が可能な場所に転換するなどの試みにほとんど成功していないことです。

経済を理解するための重要な要素が明らかに欠けているか、ミスリードしているに違いありません。

## 悩ましい爆発的成長

私が受けたコロンビア大学での当時の伝統的な経済学（ケインズ経済学の夜明けの頃）の公式の教育は不十分で表面的なものであり、その後何年にもわたって私は経済学は退屈だ、と考えていました。[*3] 結局、私の注意を引きつけたのは、独特で散発的な成長パターンでした——都市ではごく普通のことですが、村や町では見られないものでした。謎でした。

＊3　ジェイコブズが『発展する地域　衰退する地域』の第一章で書いているとおり、ジョン・メイナード・ケインズ（一八八三～一九四六）は「今世紀（二〇世紀）、最も影響力のある経済学者」（原書一六頁）であった。彼女の要約によると、ケインズは過剰な貯蓄が需要減につながり、それから経済の減速と失業率上昇につながっていくと主張しました。これに対抗するためには、政府は赤字公債発行を利用して民間の支出を促し、それによって経済成長を図ることができると説きました。

初期の都市は（儀式の中心地として計画されて始まった都市は別ですが）他の小さな新興村落と区別できる明確な差異はほとんどありません。将来、都市になるところは最初の輸出の仕事が成長し、内外の生産者からの輸入品を得るに従って、単調で徐々にですがその経済を拡大します。初期の都市の輸出品は輸入品と同様に内外の商品やサービスです。しかし、ある期間――たったの一、二年と短いかもしれません――が過ぎると、初期の都市は単調でゆっくりとした成長状態を終えて、説明のつかない爆発的成長や経済的多様化を経験します。さらに、ある期間が過ぎると爆発的な成長は役割を終え、始まったときと同様に突如として説明のつかない終わり方をします。それは次の突発的成長が起きるまで続き、再び輸入品を得て輸出でゆっくりと成長する状態に戻ります。もし爆発的成長が繰り返される場合、たいていは最初のときよりも大きく、さらにその次があればもっと大きなものになります。[＊4]

＊4　息子のジムによれば『経済のベールを剥ぐ新仮説』の中で、ジェイコブズはこうした輸入置換の爆発的増加を誘発する条件についてさらに説明したいと思っていた。初めに、彼女はある都市が高い失業率の真っ只中にあると仮定した。痛みを伴うが、この景気停滞が触媒の働きをして、新しい仕事を引き受けたり、新しい考えを試してみることができる人や刺激を受けた人の数が増加する。二番目に、こうした失業中の起業家は自分の貯蓄、家族のローン、あるいは非公式の類似の手法を通してであれ、これから試してみる事業に投資するのに十分な無制限の資本を利用できなければならない。最後に、おそらく最も重要であるが、都市はこれら新しい事業が頼りにし創造的に再結合するための小さく多様な生産者の健全なネットワークを保持しなければならない。このため、この自己組織化のプロセスが起こるには、都市には経済停滞のあとの短い時間しかない。そうでなければ、生産者のネットワークは壊れ始め、貯蓄は枯渇する。ジェイコブズの考えでは、これら三つの条件が同時に出現するのは稀なことで、それが都市の成長爆発が同じように稀であることを説明している。

私たちは小さな都市が最初の爆発的成長を経験し、その過程で他の類似の小都市に共通する通常の商品やサービスによって大きく成長して締めくくるまで、小さなところが都市になっていることをほとんど認識しません。小都市でほんの少しの間成長し、それから明らかに停滞してしまったところでも、少なくともある時期は突発的な驚くべき発展と拡大を経験しています。それがいつ起きたかは、その小都市の建物の建築時期を見るだけでわかることがたびたびあります。短期間に非常にたくさん建てられています。村や町はこのような成長はしませんが、都市になることもありません。用心深く懐疑的な読者はこの時点で即座にいうでしょう。「この独特の成長パターンは、たぶん都市固有の特質ではないのではないか、おそらくそのように行動すれば、どの集落でも結果として都市になることを示しているのではないか」と。

用心深い読者のいうことは正しいかもしれません。これは議論の余地のある点で、人の性格や特質を形成するのは生まれか育ちか、あるいは両方かという際限のない議論にとても似ています。そのパターンが都市をつくるのか、都市がそのパターンをつくるのか、いずれにせよ、都市独特の奇妙な結果を示しています。理由はあとで説明しますが、重みのある証拠によって都市がそのパターンをつくることがわかっています。さらに奇妙なことに、稀な例外はありますが、ほぼすべての大都市は爆発的成長を数多く経験しています。また、すべての巨大都市は、私の知るかぎりでは例外なく非常に大きな爆発的成長を経験していて、これらは成長爆発というほうがより適切です。

ちなみに、このパターンはとりわけ手におえないものでもあり、大変古いものでもあります。ローマが紀元前四世紀の初めに、成長爆発を経験したとき（最初の爆発でないことは確か）、ローマの有力者たちをびっくりさせる非常に強大なもので、彼らはそれを抑える政策を採用し、ローマへのさらなる人の流入を禁止し、ローマの住民にローマを離れるよう奨励しました。それ以降の成長爆発を打ち負かそうとする多くの試み同様、ローマ市の政策は逆に爆発的成長に打ち負かされ、成長爆発は無敵であることがわかりました。この出来事は長いこと歴史家を悩ませてきました。というのは、当時ローマの輸出は拡大していませんでしたし、経済成長を征服によって説明することもできないからです。ローマはこの成長爆発のあとに、近接する後背地であるラティウムを越えて、イタリア半島を征服しました。

ここで私は、前後関係の冗長さに厳しくするという自分に課したルールを破ります。というのは、都市の成長爆発が及ぼす巨大な力を伝えるのにいくつかの具体例やなんらかの証拠を省略するのは、ゾウやクジラに言及しないで大きな動物を議論するのと同じくらい不自然なことだからです。

都市が成長爆発の主役であるとき、普通、輸入で得たものを輸出するという以前の都市の重要な特徴をまだいくらか保持しています。すなわち、都市の経済のために通例的に得ている輸入品が以前とほとんど同じ価値と量を維持できているか、そうでなければ徐々に拡大しています。しかし、時には成長爆発による発展や拡大が明白で、明らかに一時期の衰退を克服する原因になっていることがあります。第二次世界大戦が終わる頃に、ロサンゼルスでまさにこの種の状況が発生しました。戦争中は戦時の物不足にもかかわらず、市経済は急成長し、輸出の業績、それで獲得した輸入品、両方の価額も数量も急増しました。

市の最大の産業である航空機製造会社は一九四四年末から一九四五年末にかけて、従業員のおよそ四分の三を解雇し、この産業の雇用を二一万人から一万八〇〇〇人に減らしました。二番目に大きな産業の造船業はもう少しゆっくりとその従業員を減らし、一九四五年から一九四九年の間に六万人から一万八〇〇〇人にしました。ハリウッドの映画産業は長期衰退が始まっていました。石油産業は、かつて市の最大の輸入品を稼得する輸出産業であり、一九四六年まではまだ重要な産業でしたが、その後は市の輸入品を稼得する輸出経済に敗れてしまいました。理由はロサンゼルス市の人や企業が非常に多くのガソリンを消費するようになり、市の経済は石油で赤字を出し、石油を輸入するようになったからです。古いタイプの以前は安定していた輸出に関わる仕事の一つに、後背地で栽培される柑橘類、クルミ、アボガドの全国販売網と提携する倉庫事業がありました。その倉庫事業や観賞用樹木栽培のほとんども、輸入品を稼得する輸出品としては敗れました。それは市のすぐ近く、郊外の後背地に低密度の住宅用地、ショッピングモール、幹線道路、高速道路、駐車場などの用地を整備するために林が根こそぎにされたからです。さらにその外側のより低密度の準郊外では、林が犠牲となって農地がつくられ、市や増加するレストラン、美食家、素晴らしいアマチュアのシェフ、エスニックフードのファンなどに農産物や珍しい食材が供給されました。

ほぼ一〇年間に、ロサンゼルス経済の富は一九三〇年代の大恐慌の深刻さを除けば最低のところまで落ち込みました。しかし、一九五〇年代に入る頃には繁栄が戻ってきました。一九四九年には、市はそれまでの最多の雇用を創出していました。必要な輸入品は大量に入ってきましたが、輸入品を得るために大量に輸出されていたわけではありませんでした。これは、輸入品の増大が当然輸出の増大につながることがわかっていた経済学者やその他の専門家を困惑させるもう一つのケースでしたが、関連する経済の輸出入の部分から切り離されているように見える輸出に代わるものによって、経済成長下にあったのです。

それは切り離されているように「見える」のではありませんでした。実際に、市の輸出入経済からは切り離されていたのです。ロサンゼルスの経済は予測できないことでしたが、突然違った方法で輸入品を獲得するようになっていたのです。市は以前に得ていた豊富な輸入品の資金の置換、つまり地元の市場のための地元の製品での爆発的な輸入置換に取り組みつつありました。

「型にはまらない」戦術を採用する企業は初めはいつも小さく、古い縮小している輸出商社よりもずっと小さい会社でした。こうした会社は臨機応変の対応もしていました。それらは経営者と従業員合わせて二、三人から四〇人ほどの非常に少ない人数で成り立っている会社で、賃料の安い古いロフト・ビルディングの隅っこ、かまぼこ型プレハブ住宅や裏庭のガレージ、地下室や居間などで始まりました。これらの会社は引き戸、磁器製品、電動のこぎり、靴、水着、下着、マットレス、寝袋やその他簡素な備品、カメラ、工具、病院の装備、科学器具、エンジニアリング・サービス、その他多くの物を大量につくりだしました。一九四〇年代後半にアメリカで始まったニュービジネスの八分の一はロサンゼルスでした。すべてが以前の輸入品を置換していたわけではありませんが、大部分はそうでした。すべてというわけではありませんでしたが、多くが成功し、中には驚くほど成功したところもありました。たとえば、地元の住宅建設業者のために引き戸を製作する会社は、ダグラス航空機の材料実験室でじきに時代遅れとなる暖炉をつくる仕事をしていてそこを退職した若い技術者によって一九四八年に始められました。彼は若い建築家をパートナーとして、かまぼこ型プレハブ建物の中でドアのビジネスを始めました。彼らは地元で成功し、一九五五年までにはドアをあちこちに輸出し、アメリカで最大のガラスドアの輸出業者となっていました。[*5]

＊5　この記述は『都市の原理』原文一五一～五三頁からの抜粋を簡略化していると、ジェイコブズは記している。

## 紛れもない都市の現象

私たちは巨大な社会的な力と経済的な力の力強さに関心をもっています。ロサンゼルスがその明らかな影響力を経験したことは珍しいことではありませんでした。一六世紀のイギリスと二〇世紀のアメリカを隔てる文化的な違いやその他の違いがあったことは認めますが、ロサンゼルスでの不可解な出来事はロンドンでも起こっていたように思えます。当時、ロンドンは市内外からの輸入が様々な原因で劇的に減少していました。ロンドンが最初の成長爆発をいつ経験していたか誰にもわかりませんが、それはロンドンが独自に徴税する勅許状を与えられる前のことでした。それにもかかわらず、一六世紀後半に始まり、一七世紀間近まで、ロンドンは著しい成長爆発を経験しました。エリザベス朝イングランドの黄金時代と偉大な探検家による初期の航海は、この成長爆発に依存していたということができるでしょう。成長爆発がなかったら、ロンドンはどんなにか貧しかったことでしょう。

あるいは、パリの成長パターンを考えてみましょう。一二世紀のパリは他の五、六か所の商業都市や製造業都市同様、重要な都市ではありませんでした。しかし、一三世紀の間にパリは予想もできないことでしたが、王国内で二番目の大都市の五、六倍の大きさになりました。ここでも、輸出の増大ではその出来事を説明できませんし、王室による引立てがあったことでも説明できません。都市に優位性を与えることになる成長爆発に続いて、パリはフランスの主要な都市に昇格し、その後、永続的な王都や首都になっていきました。

ニューヨークの成長爆発は次々と急速に続いたので、一八二〇年から一九三〇年の間は（大変な混乱と不安を伴っていますが）成長爆発に入っていくか、経験している最中か、終わりを迎えているか、いずれかでした。その期間の初めの頃、ニューヨークは、より古くて豊かなボストンやフィラデルフィアにとってかわり、アメリカの卓越した都市になりました。

古代ギリシャ時代、ヘロドトスの言葉は、彼がときどき起こるこの力強いエネルギーを認識し、それが明らかに都市の現象であると見ていましたが、それを当然と思っていたことを示していました。[*6] 一八世紀の啓蒙運動時代、「理性と科学」を人間の才能として理想的なものととらえ、人類は地球およびその果実と生き物すべての支配を正当化しましたが、その頃までに地上のほとんどの現象は説明できないものか、不可解で神秘的な決断の投影のいずれかと考えられていました。エカテリーナ大帝は啓蒙運動の初期の信奉者（ヴォルテール自身が彼女の師）であり、少なくとも観念的には理性の熱狂的な支持者でした。苛立ったエカテリーナは、自分が知っている世の中の仕事の分布状況を見て、次のように書いています。

我が国の工場のほとんどはモスクワにあるが、おそらくロシア全体で最も不利な場所である。モスクワは恐ろしいほど人口過密で、労働者は怠惰で堕落している。一方、何百もの小さな町は荒廃し崩壊している。それらの地域の生産物や水質などに応じて、それぞれの町に工場を移転させてはどうだろうか。そうすれば、労働者はより勤勉になり、町は栄えるだろう。[*7]

＊6　ジェイコブズは、おそらく『都市の原理』の巻頭言として用いている次のヘロドトスの一節に言及しているようである。「私は、これから徐々に、その大小にかかわらず都市の物語も〝して〟いこう。かつての大都市のほとんどが現在は小都市となった。私が生きている間にそれらの大都市は巨大となったが、昔はとるにたりないほど小さかった」。

＊7　この一節は『発展する都市　衰退する都市』訳書一六五～六頁による。

エカテリーナは、モスクワを膨張させた工場はどこからきたのか、崩壊しつつある町のすべてに移転できるほど十分な工場がなかったらどうするのか、などのやっかいな質問はしていませんでした。

## 理性と進歩は都市の形態を呈する

成長爆発は、都市の住みやすさや財政に重大な責任がある人々にはめったに歓迎されません。公共の事柄、すなわち立派な古い言葉を使えば公益ですが、それに対して責任がない都市の推進者は別問題として、責任ある人々の敵意は理解しやすいものです。計画的ではなくて予測できない成長爆発は、うっかりすると都市外縁の素晴らしい農地や生態学的な宝物を台無しにします。それ以前に定着していた都市のアメニティや便利さを完全に破壊します。成長爆発は、学校や下水道のシステムから充実した輸送体系やきちんと運営されている政府機関に至るまで、既存のインフラや将来のニーズに備えて計画されているインフラの能力を圧倒してしまいます。また、土地の価格を押し上げ、あてにしていた拡張の余地がなくなった施設を追いだし、自分たちのコミュニティの見分けがつかなくなり、その中にいても落ち着いた気分にもなれなくなった住民を追い払います。最後に憤慨することは、妥協と一時しのぎの策によって混乱をとらえようとするまさにそのときに、始まりと同様に予測しがたく突然に成長率が急降下する可能性があることです。それにより成長爆発の予想は戸惑うほどにしぼんでしまいます。要するに、**都市の成長パターンは混乱したもので、結果として混乱状態を残します。それは秩序に対する信頼を損ね、あらゆる種類の権威を傷つけます。**おそらく、それは彼らには最も許しがたい道理に反することです。

現代においては、私よりもよい教育を受け、鋭い、回転の早い頭脳をもった多くの専門家は都市の成長爆発のような際立った、しかもありふれた現象に気づいているに違いないと固く信じていました。彼らが気づいていなかったはずはないでしょう。これらの大学者の中には、私が簡単で率直な答えを求めていた疑問と同じことを自問した人もいたに違いありません。すなわち、成長爆発を起こすものは何か、それを終わらせるものは何か、活動が過熱している間に何が進行しているか（もう一つの一般的な疑問、なぜこれは都市の成長パターンなのか）などです。そんなわけで、私は自分が求めていた出来合いの情報を選ぶことができると気軽に思っていました。よかった。もう無駄に時間を費やす必要はないでしょう。

私は間違っていました。

当時、ある建築・都市計画の雑誌の記者兼編集次長の仕事をしていたため、私はアメリカのきわめて評判のよい都市問題の専門家と容易に話すことができ、北アメリカで「理性と進歩」がどのようになっているのか確認できました。国籍がどこであれ、彼らは都市がやっかいな成長の仕方をすることに打ち勝つという目標については全員が一致していました。この目標をどのように達成するのかについての彼らの考えは、時には型破りなものでした。ある人たちは、都市を細長く何本も集めて固定した紐状にすることを主張しました。他には高速道路の主な立体交差部に設置する、型にはまった（規格化を意味する）形状を好む人たちもいました。これは私の編集長のお気に入りでした。もちろんこうした奇抜なものは、国際会議やジャーナリストの特集記事に趣を添えること以外には役に立ちませんでした。独特だけれども、どこにでもある都市の成長パターンについての私の学習プログラムも役に立ちませんでした。

当人に直接にせよ、出版物にせよ、私が意見を求めた専門家はあまりに合理的であり、進行中の重要な課題に迫られていて、すでに彼らにわかっていることが道理に適っているかどうか、詳しく調べる時間をとれませんでした。都市の成長について彼らからたくさんのことを聞きましたが、それらは都市に「理性と科学」をうちこむという観点からのものばかりでした。彼らは自分たちがしていることを惜しみなく、しかも辛抱強く私に教えてくれました。彼らは、要するにふさわしいと考えたところには仕事を割り当て、ふさわしくないと考えたところでは仕事をつぶす、その方法論と手段をつくりだし、磨きをかけて売り込んでいました。エカテリーナは彼ら全員を誇りに思ったことでしょう。専門家は、都市の成長爆発が起こることを防ぐ、あるいは始まってしまったらそれを阻止するという、難しく興味深い仕事に精を出していました。

専門家、彼らの同僚、大学院生たちは、都市やその地域のための入念なマスタープランと国家や大陸全体の輸送計画を練り上げ、これらを受け入れてもらい資金を出してもらえるよう、さらに一生懸命働きました。彼らは都市や郊外のために反都市の土地利用規制条例を考案し、高密度や高建蔽率を非合法とし、用途分離を義務付けました。これにより、単に生活していくだけでも車が必需品となった用途以外はいかなる土地利用もされていない住宅団地や、制御可能なモールでの買い物などが可能となりました。これをすべて効率的に進め、資金を調達し、実施することは非常に大きな仕事でした。それはささいな成果どころではなく、スプロール化を引き起こす手段となりました。

きちんとした考えをもった専門家にとって、魅力の注入も含めてもっと必要なものがあると思えた場合にはニュータウンや田園都市が計画され、そのうちいくつかは工場などの職場を誘致しようと建設されました。都市の成長爆発に対する障壁としてグリーンベルトも配置されました。

**私も「理性と進歩」を信じています。**私たちは、今なお啓蒙運動の時代に暮らしていますし、一人の人間として「理性と科学」が与えてくれた恩恵に深く感謝しています。それを受けとるほどの恩恵を受ける人は幸せです。しかし、**長期にわたり明白で、なんらかの不思議な体内時計に反応する非常に断固とした成長パターンがわけもなく起こりうることは、私には納得のいくものではありませんでした。**たしかに「原因と結果」の作用はなくなってはいませんし、私が求めていたのはごく普通の現象としての原因と結果だけでした。

私は、すでに「理性」の特質を都市に適用することに懐疑的でした。私が相談した専門家のアドバイスとその結果は明らかにされていましたが、私は大都会（ニューヨーク）での日々の生活や子育ての経験から、その専門家の診断や処方箋によって都市、その住民、そのビジネスが必要とする支援や改善を得られる確信はありませんでした。それどころか、それらは害を与えられていたのです。[*8]

さらに、私が相談したりその著書を読んだりした専門家たちは、彼らが闘っている成長爆発が扱いやすいものである

＊8　ジェイコブズはここで、読者は「全体がもっぱらこのテーマを扱っている」『死と生』を参照するように記している。

とする点で一致していました。これは真実ではありません。私が働いていた雑誌には、ときどき刺激的なエッセイが掲載されていましたが、その狙いは十分な（途方もなく多くではない）公的資金に加え、社会の決意と十分な政治的な決断力があれば、都市の頑固な行いは容易に抑えることができるということです。さあ、みんな！　やれるんだ！　そんなに難しいことじゃない！　と。思い違いをするような考えが甘い人たちは、現実の複雑な迷路の中では信頼のおける案内人ではありません。

私は幼い子供の頃から都市が好きでした。都市には不思議で面白い人がたくさんいたし、見たり考えたりするべきことも豊富にありました。ですから、都市が「荒廃地」と呼ばれる病気の保菌者であるといわれ、のちには徹底的な外科手術が必要な病気であるかのような、癌といわれるのは楽しいことではありませんでした。

実際にあなたが示唆しているのは、次のようなことです。年老いた外科医が、自信はあるが注意散漫な見習い医師の仕事について公的な判断を与える。その若者が間違って患者の苦痛の原因と判断した実在しない腫瘍の切除手術をする。一方で実際の器官の大きな損傷を見落としている。外科手術がそのような状況では患者を縫合し、へまな見習いを解雇する以外に何ら効果的な貢献はしません……。[*9]

＊9　ルイス・マンフォードが、ウェンズバーグという人に宛てたジェイコブズの記事に対するコメントを求めている一九六一年一〇月一八日の手紙である。マックス・アレン編集『重要なアイディア：ジェイン・ジェイコブズの世界九六』の中に転載されている。

## 幸運なフラクタル

数年にわたる苦心のインタビューや読書にもかかわらず進展がなかったので、私の関心は他に移り、わずかに発見したものは脳裏にある放棄した難問の保管箱に押し込み、時折、物欲しげに引き出しては他のヒントを求めてざっと読みするだけでした。もし私が、まったくの偶然ながらニューヨーク公立図書館の大閲覧室で、コンピュータ時代以前の素晴らしいカードカタログの中で復活のフラクタルと出くわさなかったら、そこに放棄されていたものはおそらく永遠にそのままだったでしょう……。

「私もフラクタルへの言及を何度も見かけるんだけど」とホーテンス、「しかし、それってなんのこと。どうして、そんなことを気にかけなければいけないの」。

「それらは複雑そうに見えるパターンで、実際には違うスケールで繰り返される同じモチーフで構成されているの」とケイトが答えた。「たとえば、筋肉はより合わせた繊維組織の束なの。これらの繊維組織の束の一つを細かく分析すると、それもまたより合わせた繊維組織の束であることがわかるわ。これを続けて、それ以上小さくできない最小の繊維組織のところまで達すると、観察するのに電子顕微鏡が必要になるけれど、それは分子をより合わせたものであることがわかるわ。それが現実世界のフラクタル。数学者たちはその複雑さと表面上の多様性に魅了され、コンピュータでフラクタルを生みだすけれど、それぞれのフラクタルも反復によってつくられるの」。

「私たちは、フラクタルに注目すべきですよ」とハイラム。「なぜなら、理解不能に思われる多くのことが、もし基本的なパターンがわかり、繰り返しによって何が生みだされるか観察できれば、より理解可能になるからね。別のやり方では理解できそうもない複雑なものに対処する一つの方法だ――私たちが説明してきたような発展の方法はアリストテレスには不可解だった[*10]」。

＊10　ジェイコブズの二冊目のエッセイで、対話形式の『経済の本質』（原書二二一～二二三頁）からの抜粋。ケイト、ホーテンス、ハイラムはアームブラスター同様、彼女の創作対話の登場人物である。

フラクタルは、私にとっても新しいことでしたけれども、英語を話すよちよち歩きの幼児のための短い簡単な童謡のおかげで前々から知っていたように感じました。

ちっちゃな水滴
ちっちゃな砂粒
おっきな海になり
楽しい陸になる

このマクロ経済のパズルを組み合わせるのに必要なことは、様々なスケールで繰り返すという事実だけでしょう。私の幸運なフラクタルは、都市の成長のパズルに対する私の興味を蘇らせましたが、一九二五年に出版されていました。それによると一九世紀の末期に、日本の経済は日本が競争することも製造することもまったくできない西洋からの安い輸入品にひどい痛手をこうむっていました。その輸入品の中に自転車がありました。日本の大きな都市では、自転車は大変な人気でした。大都市では、自転車修理の店があちこちに生まれました。東京では、修理は非常に多くの、一人か二人で運営されている店で行われました。輸入品の予備の部品は高額ですし、また壊れた自転車からの部品流用もあまりに高くつきすぎました。

したがって多くの修理店は、自分たちで修理用の部品をつくるだけの値打ちがあることに気づきました。――修理工が一種類の部品に特化すれば、それほど難しいことではありませんでしたし、実際、多くの修理工がそうしました。このようにして、いくつかの店が集団となってほぼ自転車を丸ごとつくる仕事をしていました。

そのやり方は、契約により修理工から部品を購入した自転車組立て工に引き継がれました。開発のコストが高くなるどころか、日本の自転車製造は開発段階の最初から採算がとれました。東京で組み立てられた自転車は価格がより安かったので、以前の外国からの輸入品よりもさらに人気がありました。それらは採算的にも実現可能なものでした。

さらに、売上げ上昇が確実に見込まれるにつれ、製造機器をつくる仕事のほとんども加わりました。
その報告書の指摘によると、日本人は自転車産業を超える多くのものを手に入れました。彼らは複雑な製造工程をいくつもの独立した作業場で行う比較的単純な小さな部分に分解するという定型的なやり方を習得していました。この方式は、ミシンなどの他の人気輸入製品をつくるのにも急速に使われるようになり、一九二五年にもまだ使われていた、と報告書に書かれています。

このフラクタルに私がショックを受けたのは、それが自転車についてだったからではなく、私が都市の輸入置換と呼んでいるありふれた現象である一つのプロセスについてだったからです。それはかなり複雑なプロセスの出発点のように思えましたが、そのプロセスはマクロ経済を統合し、それらがどのように作動するか教えてくれるものであり、大きなマクロ経済の産物であるより小さなミクロ経済をかたちづくるものです。すでに私はアメリカやヨーロッパの都市において繰り返し遭遇していましたので、この輸入置換の話の筋には馴染みがありました。しかし、このケースの物語は少しもおかしいものではなく、私に非常に多くのことを教えてくれました。なぜ、輸入置換が採算的に可能であったのかを教えてくれたからです。

輸入置換の採算的可能性が意味するものは何か。それは輸入品と同程度か、それ以上の価格になってしまうくらい置換に費用がかかるものではない（それほど的外れなつくり方をしているのではない）ことを意味しています。もし、自転車の起業家が、たとえばコネチカット州ハートフォードにあるアメリカの大きな自転車トラストの最新工場が提供する自転車を模倣していたら、東京での完結した自転車製造は実行不可能であったかもしれません。それは採算的にも成功した魅力的な自転車モデルでしたが、日本人はまず初めに多くの高価な機械を輸入することが必要だったでしょうし、輸入される運用サービスに対する対価を支払うことや日本人経営者を海外に送り訓練させることも必要だったでしょう。

しかし、東京がすでにもっている能力に合わせた製造方式を用いることで――これは独創的なことですが――組立て業者と部品仕入れ先は作業を経済的に実行可能なものにしました。

新たな作業を行う場所そのものも、二つの大きな資産となりました。最初の資産は手近なところにたくさんの顧客が存在し、それだけ価値のある市場を形成していたことです。二番目はその作業を引き受けることができる関連技術が存在したことです。さらに、こうした技術の持ち主はお互いを探し求める必要はありませんでした。彼らはすでによく知られたコミュニティ、すなわちネットワークを形成していました。これら二つの既存の資産は新たな出発を採算的に可能にする基盤でした。それで、私はこのありふれた現象を都市の輸入置換と呼ぶのです。

この時点で、用心深く懐疑的な読者はいらいらしてくるでしょう。「これは輸入代替が一つの国にとって財政的に利益をもたらすことを回りくどくいっているだけだ。誰でもそんなことはもう知っている。それに、それはうまくいかない。以前、一九七〇年代にウルグアイは輸入代替で破産した。それはすべて供給サイドの問題だよね。その代替計画は、アメリカのサプライサイド派エコノミストのベストチームによって考案され監督された。彼らは今あなたから聞いた以上の多くのことを考慮に入れていた[*11]」。

＊11　この議論の箇所は一九五〇年代にウルグアイが困難に陥ったのち、ウルグアイ政府が始めた今ではぼやけてしまった経済発展計画を指している。それについてジェイコブズは『発展する都市　衰退する都市』の中で詳しく書いている。家畜関連商品に特化した輸出ベースの経済が停滞すると、ウルグアイはもはやひどく依存していた輸入品を得ることができなくなり、政府はこれらの輸入品を地元の製品におきかえる計画に乗り出した。しかし、活発な都市経済により生みだされる「一連の技術、製造者の製品やサービスが共生する場、臨機応変な対応や順応をする慣行」など――ジェイコブズ版輸入置換の核心となるもの――がなかったためにその計画は失敗した。

はい、その失敗についてはそのうちに触れます。考慮に入れた多くのことは的外れでした。そのスポンサーたちが考慮に入れなかったのは、都市に見られる必要な基本資産についての長ったらしい説明でした。

採算的に実行可能なものにはほかにどんな資産が含まれるのでしょうか。顧客が負担しなければならない輸送コストが都市の輸入置換により一部削減され、節約することができました。それは地元でかかるコストには十分な余裕を残しておいて、東京の組立て業者が必要とする追加の自転車部品の仕入れの支払いにあてなければならなかったことも意味しています。販売の増加によってそれが当然となったときに、たとえばフレーム本体の鋼鉄、タイヤ用のゴム、サドル用の革、製造機械用の誰も知らないような手の込んだ部品などが必要になります。

「これが世界貿易を危うくする」と、用心深く懐疑的な読者はどちらかといえば懐疑的になって怒るでしょう。「東京が独自に自転車製造を開始すると、それまで東京に輸出をしていた業者は商売が成り立たず、世界貿易は縮小したに違いない」。

違います。ここで、私が言及した三番目のありふれた現象である輸入シフトが方程式の中に入ってきます。都市の輸入置換の結果として、東京の輸入額がそうでなかった場合よりも減少したわけではありません。買入れが部分的にほかのところにシフトしたのです。これはある程度自動的で避けがたいものでした。すでに述べたように、自転車組立て業者はそれまでは必要なかった鋼鉄、ゴム、革などの追加輸入が必要となりました。自転車の販売が増加するにつれて、ますます多くの労働者にとって自分たちおよび家族のためにそれまで東京の経済が必要としていたものよりも多くの食料、衣料、住居、その他の消費財やサービスが自動的に必要となりました。次のように考えてみましょう。東京の経済が自ら自転車製造を開始したあと、この出来事以前に東京が所有していたものはすべてありました。自転車の数や自転車の成功を可能にした基本的な資産はそれまでと同じかあるいはそれ以上にあり、そこに新たにシフトした輸入品が・・・プラスされました。シフトした輸入品の買入れ先やその中身は異なっていましたが、それらは世界の貿易や経済に追加されたものなので、全体として見れば世界の経済は縮小ではなく少し拡大していました。[*12]

＊12 ジェイコブズは、日本の自転車産業についての議論は『都市の原理』訳書七四～七六、一七〇～〇五頁からの引用と記している。

説明がつかない成長爆発に戻りましょう。私の主な疑問の一つは自ずと答えが出ていました。その独特の都市の成長パターンはなぜ都市の現象なのでしょうか。答えは、より小さな簡素な集落では、同じ輸入品の置換をするのに必要な十分な数の既存の顧客と生産能力のプールの両方とも欠いているからです。しかし、もう一つの不思議な疑問が残りました。この爆発的成長が結局は沈静化するのはなぜか、ということです。

## 経済の非擬人化

都市の成長爆発に対する私の仮説はこうです。集落の始まりはどこも同じです。必要な輸入品をうまく得られるような輸出品を見つけます。それは徐々にゆっくりと成長しますが、早晩、さらにいくつかの輸出品を生みだし、それによって輸入品も増えます。やがては独力でつくることが可能な輸入品を獲得し、実際にそうします。

初期の都市は成長し、やがてその中に潜在的な顧客が十分に含まれるようになります。同時に、フラクタルの中の自転車組立て業者と同じ基本原理を使って、独力で集落の輸入品を一つ、二つつくりだす技術と経験をもった人々の十分大きな集団が生まれてきます。

顧客用に輸入していた商品やサービスに代わって、成長する都市の輸入置換産業による輸入はずっと少なくなります。都市経済は、原材料、半完成品、予備的サービスなどの輸入置換産業が必要とするもの、食料やその他必需品、ぜいたく品やサービスなどのはるかに多くの労働者やその家族が獲得したり、必要としたりする輸入品へとシフトしています。

何百年もの間、経済学者たちは初期の人たちも含め、集落、町、村、都市が輸入品を得るために輸出してきたのを見てきました。彼らは、都市とその経済は輸出主導であると信じてきましたし、そう教えてきました。一般の人たちも大部分はこのことを受け入れてきました。しかし、輸出品を獲得しないまま輸入品を得る方法があります。都市の経済が得ている新しい輸入品はシフトした輸入品です。この説明は、大都市の輸出が増加していないときにどうして活発な成長をしていたのか、理解できずに困惑した歴史家が探し求めていたものです。

都市の輸入品を地元の製品で置換する初期のプロセスは、置換に利用できる輸入品やサービスを使い果たすまで続き、置換に適さない製品にシフトしてこの段階が終わります。これは地方の製品を必要とする経済が技術的にまだ十分に進歩していない、都市が十分な潜在的顧客をプールするほどの大きさを欠いている、などの理由を挙げることができます。小さな都市は、燃料を使い果たしたあとは徐々に新しい輸入品を開発しなければなりませんし、加えて別の成長爆発により明白となった輸入置換や輸入シフトの複雑な連鎖反応に、再び点火する可能性および能力も発達させなければなりません。

要約するとこうです。ここでの最も根本的な考え方は、マクロ経済はひとたび始まると生物学的なプロセスのように自己組織化し、一人で持続していきます。既存の経済のフラクタルが輸入置換を継続していくと、新しいマクロ経済がスタートします。それによって、その経済に必要な輸入品を得ることになります。結果的に急速な爆発的成長が起こり、世界経済も同様に追加的に拡大します。一連の理由により、マクロ経済のフラクタルは輸入置換に使えるものを使い果たすと、輸入シフトは縮小しマクロ経済は次のゆるやかな成長期まで落ち着いたものになります。別の輸入品がいくつも集まり、輸入置換や輸入シフトの次の爆発を引き起こすのに必要なその他の条件が積み上がるまでこの状態は続きます。この三重のプロセスは、のちに不確定期間の休止期が続きますが、無限に繰り返す可能性があります。

成長爆発が起こるたびに、それを経験する都市はかなり変化していきます。最も驚嘆すべき変化は都市が格段に大きくなり——その都市の輸出業者を含め——もっぱら都市の住民用の生産に振り向けられていた経済が、輸出入経済に見合った巨大なものになることです。都市の経済の中に、それ以前にはなかった——輸入したこともなく都市内で生産したこともない——商品やサービスに対する機会が増大します。

そのような都市は、この成長方式による拡大のたびに世界でも類いを見ない様々な活動の広がりをもつことになります。他の都市が真似できないような芸術、学問、考え方、生活スタイルなどを生みだします。その都市自体や他の都市への影響は計り知れないものになります。しかし、逆説的ですが、非常にローカルな経済になっています。このことを可能にしている独特の成長過程を通じ、初めから終わりまで人間の創造性や臨機応変な対応力という主題が流れています。経済はその刺激の強さやタイミングに応じて自動的に反応します。経済の非擬人化という言葉で私がいいたいことはこの点です。[*13]

＊13　ジェイン・ジェイコブズがランダムハウスの編集者のデイビッド・エバーショフに送った抜粋に添えた手紙には目次が含まれていて、彼女が『経済のベールを剥ぐ新仮説』の中で、ほかにどんなことを成し遂げたいと思っていたかを垣間見ることができる。この企画はまだ流動的だったが、このオープニングの章のあとに八つの追加部分を想定していて、それぞれが彼女がここで記述している「三重のプロセス」の異なる側面に的を絞っている。各章は、その「プロセス」が個々の都市、都市群、田園地帯に与えるそれぞれの影響についてであり、さらに四つの章がそのプロセスの模造、妨害、停止、存続についてである。この本は「そのプロセスのルーツが普通の人々による謙虚な試みの中にあり、それはもっているもので間に合わせたり、臨機応変の対応をしたりする試みであり、イノベーションに不可欠な要素である」ことに関しての省察で終わる予定であった。

# 大農園時代の終焉

ルイス・マンフォード記念講演、シティ・カレッジ、ニューヨーク、二〇〇四年五月六日

ソーキン教授、みなさま、今夜の表向きのテーマは超高層オフィスビルの過去、現在、未来ですが、私の本当のテーマは、実際の過去、現在、未来について間違った認識をすることで引き起こされるトラブルについてです。[*1] 私はこれまで超高層オフィスについてあれこれ思いを巡らせてきましたが、それは一つには超高層オフィスを実際の日常生活と結びつけるためであり、また、一つにはミッドタウンやローワー・マンハッタンの超高層オフィス群とその見事なシルエットは、ニューヨーカーたちの都市アイデンティティ感覚にとって欠かせないものだからです。

＊1　マイケル・ソーキン（一九四八〜）はアメリカ人建築家で都市計画の専門家である。ジェイコブズの著作に対する解釈は『マンハッタンの二〇分』や『私たちに見えるもの：ジェイコブズの観察を前進させて』の序文に出ている。

過去、現在、未来は非常に細長い帯状になっています。未来は、それが実際に起きるまではどんなものか誰にもわからないので、非常に簡単に片付けられてしまう時制です。

もうすでに起こっているのですが、超高層ビルはあらゆる有名企業の本社としてはもはや好ましい場所ではなくなっています。また、企業の本部と結びついた管理・運営、財務、研究、デザイン、エンジニアリング、マーケティングなどの仕事をする多くの人たちにとっても超高層ビルは好ましいところではありません。トロント地域ではこうした仕事の大部分は、タワー状のビルを引き払って郊外の工場を改造した建物に移っています。アメリカでは郊外のオフィスパー

クに移っています。どちらの場合も、タワー状のビルから郊外への傾向は、世界貿易センターへのテロリスト攻撃に対する反動として起こった変化ではありません。トロント地域では、この新しい傾向は二〇年前に始まり、一九八〇年代後半までにはすっかり定着していました。

ニューヨークではこの傾向はもっと前に始まりましたが、市は特に高い注目を集めている企業に対し、市内にとどまるように報奨金を出してその動きをブロックしようとしたり、時にはブロックしました。ですから、タイミング的にはこの変化を引き起こしたのはテロの恐怖ではなく、テロの原因であったのに違いありません。

もちろん、企業本部を郊外に移すことが可能になり、時代に遅れずについていけることが保障されたのは電子通信のおかげです。それにより、経営幹部や関連の仕事をする人たちは、取引のある他の企業、共同して多くの企業にサービスを提供している法律事務所、広告代理店、保険会社、銀行、人材斡旋会社などの近くにいる必要がなくなったのです。対面での会議のためには、都心にある仮の場所で十分です。これは企業が保有したり、賃借する必要はありません。都市のレストラン、ホテル、会議室で十分です。こういうことも、すでに始まっているのです。

もう一つ、一般に考えられているほど多くを説明できるわけではありませんが、経費節減も推進力となりました。郊外に出ることによる経費節減で、多くの隠されていたり、支払いを免れた支出が見えなくなります。多くのコストが、車に依存する労働者やその家族に移されます。郊外の土地利用や無駄の多いインフラなどの直接、間接のコストも含め、多くの他のコストが経費節減のために郊外に移る納税企業も含め、一般の納税者の肩にかかってきます。見過ごされたり、支払いを免れたりしていたコストをすべて取り除いたあとに残る郊外型経費節減の主なものは間違いなく駐車場です。郊外の駐車場の広さと安さはダウンタウンのオフィスには太刀打ちできません。

ダウンタウンのタワー状のビルに対する需要減のために、開発業者が大きな床面積を使用するか急速に床面積を拡大しているオフィステナントを見つけることは三〇年や六〇年前よりも難しくなっています。今あるタワー状のビルのスペースの中にはホテル、住居、スタジオ、ライブ活動などに利用できるものがあるのもこうした理由からです。

同時に郊外のオフィスも変化しています。今では多くのオフィスが、組織内で職員間、部門間の接触や相互理解が最大化するように設計されています。オフィスは自己中心的で内向きになっていますし、同様に魅力的で興味深いものになり、自己陶酔の域までに達しています。建物が自己陶酔的であるといえるならの話ですが、私はそういえると思います。郊外のオフィスを見ると、タワー状のビルの伝統的なオフィスの小部屋や共用机がつまらない、かわいそうなものに見えてしまいます。組織の自己愛や自我関与が最大化されると、異なる経験、知識、志をもった人々との接触が最小化される危険があります。内向きになると様々な偶然の出会い、実際に事前に計画できない出会いの数が減少します。

組織が内向きなのは、一般に人のやる気をなくさせ、やがては失敗に至る前兆なのです。私たちはあとから振り返ってみて、その組織は他との接触を絶っていた、といったりします。王室、男物の靴やカメラのメーカー、デパート、慈善事業団体など、あらゆる種類の組織が接触を絶つことがあります。過去の傑出した成功体験にあまりに長い間安住しすぎて、都市全体が「接触を絶つ」こともあります。オハイオ州のアクロンはときどき古典的事例として引合いに出されます。[*2] 国家でさえも接触を絶つことがしばしばあります。それは――つねにそうとは限りませんが――たいていの場合は意図的です。

*2　アクロン市はファイヤストーンほかの自動車タイヤ製造会社の本拠地で「ゴムの都市」として知られていた。二〇世紀前半に急成長したが、単一の産業に頼る多くの他の産業都市同様、戦後の厳しい時代に没落した。

郊外の魅力的なオフィスで働くデザイナー、エンジニア、熟練工の理想的な一日は次のとおりです。やる気十分で、速やかにオフィスに到着し、車を駐車場に入れ、組織の仕事に専念し、同様の行動をする同僚と昼食をとり、ブリーフケースを車に入れて家路に着きます。その間、丸一日、何かを見聞きして好奇心を起こしたり、昔のやる気を思いだしたり、新たな夢を見たりすることはないのです。

経済発展は、社会や文化の発展と同様、どこからともなく現れることはありません。経済発展は、通常、二度や三度あるいはそれ以上の過去の発展の組合せの上に築かれます。それにはそれを築きあげる社会の能力、すなわち新しい発展を創出し、順応させ、維持する能力が必要です。しかしその発展が革新的な場合には、それを信じて乗り出した創始者やパイオニアにさえその成果は予測できないものです。世界で初めて事業的にも成功した鉄道はロンドンの娯楽施設の乗り物でした。[*3] 私たちの多くが覚えていますが、プラスチックはおもちゃ、台所用品、その道の専門家が悪趣味だとしてばかにした装飾品ふうのもの以外には、ほとんど役に立ちませんでした。それは、ガラス、ホウ素、炭素の繊維で強化された丈夫で軽量なプラスチックが、ある種のバネ、継手、建築部品の金属にとってかわる以前のことでした。これらのプラスチックは私のメガネのような重みのあるフレームを一変させました。とうとう私は鼻や耳を傷つけない、継手が弱くならずに何年ももつフレームを手に入れたのです。これらのプラスチックはテニスラケットのメーカーや投げ釣り、スポーツ釣り用の釣竿メーカーによって考案されました。素晴らしいことです。

＊3　ジェイコブズがここで言及しているのは、おそらく「蒸気機関車サーカス」のことで、イギリスの発明家で蒸気鉄道のパイオニアであるリチャード・トレヴィシック（一七七一～一八三三）が一八〇八年の夏、ロンドンで二週間ほど展示したものである。「捕まえてごらん」と名づけられた小さな機関車がブルームズベリーの円形の軌道を回り、観客を喜ばせた。それが初めて「事業的に成功した」鉄道の運行であったかどうかは別にして、最初の鉄道ではなかった。これより以前に、ウマが引く蒸気鉄道が鉱山などの産業用に使われていた。

釣竿から私のメガネフレームにつながる一連の出会いの中に、立ち聞きして興奮し、軽率にも「誰に話せばいいかわかった」と口走った人が含まれるかどうかはわかりません。人々が一般に、世の中全体のビジネスが自分たちのビジネスだと信じているような社会においてこういうことが起こります。昔からのタワー状のビルが自慢の開発業者たちはそのように考えたと思います。開発業者に招待された一般の人たちはロビーの壮大さに目を丸くし、新聞やキャンディーバーを買い、電話を使い、エレベーターに乗って屋上に行き、素晴らしい眺めを伴にします。

世捨て人になりたいと思う人たちと同様、組織も主に内部の人間とだけ接触したいと本当に思っているところは、その方法を見つけるでしょう。その場合、コスト、距離、立地場所の自由度は重要ではなくなります。郊外型オフィスの急激な増加とそれに伴う社会の変容により、ニューヨークのタワー状のオフィスビル群が次第に色褪せ、感性が消えて疲弊した経済のやせ細った遺物となることを意味しているのかどうか、私たちは思いを巡らせなければなりません。

明らかにそのことは短期間でわかるはずで、必ずしも長くかかるわけではありません。古くから超高層ビルに入居していたテナントほど富裕層ではないけれど、より多様で試しに入居してみるようなテナントが理屈のうえではタワー状のビルを救うかもしれません。風変わりな人たちがタワー状のビルの空きスペースやその周辺のビルや通りに少しずつ入ってきたあとに、ニューヨークの古いオフィス街は注目に値する経済的、文化的インキュベーターになる可能性があります。その将来について、できるだけ多く予測したいし、それは早ければ早いほどよいのですが、確実な判断はできません。というのは、私が見るかぎり、そのような変化がすでに起こっている徴候はないからです。

私に見えるのは——笑わないでください——都市が農業を再発明していることです。非常にありそうもない、直観に反することですが、いくつかの国の多くの都市でその徴候が垣間見えたら、気づかなければいけません。

何かあるとしても、そこから何が生まれてくるかは予測しようとしないでください。まだ早すぎます。都会にある屋上が平らな建物の上にいる庭師は美しさをつくりだしながら、いかに水やエネルギーを節約できるかを楽しみながら誇示しているだけかもしれません。また、彼らは単に移動式温室や新しい屋根葺き材料の上客なのかもしれませんし、非常に新鮮な野菜やハーブを専属契約するレストランに供給しているだけかもしれません。しかし、もしかするとそれは、現実にはバビロンの空中庭園を再現するときかもしれませんが、ただ今回は庭園の成功のあとに続く過信や高くそびえる要塞は抜け落ちています。太陽光が必要な農業であれ不必要な農業であれ、どちらにしても実際にはタワー状のビルは農業にふさわしくありません。

さて、ここで未来のことから離れ、はるばる過去のことに入っていきましょう。しかし、超高層ビルやフィジカル・プランニングに戻り、ルイス・マンフォードについて話すことをお約束します。

およそ一万年から一万二〇〇〇年前、農業と牧畜の出現により農業時代が進行しました。ピューリッツァー賞を受賞したジャレッド・ダイアモンドの『銃・病原菌・鉄』を読んだことがある人は、なぜ大きくて稠密な人口をもつうまくいっている農耕社会がもっと古くからある狩猟採集社会を打ち破ったのか、また、なぜ終始一貫して食糧生産がうまくいっている農耕社会がそれほどうまくいっていない社会に対して軍事的に勝利を収めたのかなどについて、ダイアモンドが見事な分析をしたことを思い起こすことでしょう。しかし、ダイアモンドを読んでいなくても、採集社会が世界規模で農耕社会に負けてしまって、採集文化は今ではほぼ消滅していることにきっと気づいているでしょう。

あいさつカード出版業者、子供用の本のイラストレーター、カードや本の購入者、その他多くの人たちは、農業生活を快適な家庭農場の楽しい描写で美化して楽しんでいます。しかし、ほぼいつの時代でもどこの場所でも、家庭農場がその農地を所有する家族のために最低限の食糧を供給することさえ満足にできていませんでした。家庭農場で換金作物を生産したとしても、その生産高は成功を収めた農耕社会の富と力に、せいぜいほんのわずか上乗せする程度のものでした。

ダイアモンドはそうはいっていませんが、農耕社会が優位に立った原動力は大農園でした。中東では、初期の大農園がシュメール、バビロン、アッシリアなどの最も古い帝国を支えていました。古代ローマやローマに征服、併合された領土においては、大規模な輸出入業者が所有する大規模土地の生産は、伝統的に退役軍人に恩給として与えられる土地であるローマの家庭農場の生産を上回っていました。家庭農場はローマ帝国が消滅する以前に消滅しかかっていました。うまくいっていた大農園も、それほどうまくいっていなかった家庭農場も、ローマ帝国崩壊に続く「暗黒」時代にほとんど消えてしまいました。およそ一〇〇〇年前に、あの「暗黒」時代から西ヨーロッパが出現したとき、その土地や文化は武将や修道院長が封建領土の中に取り込んでいました。その中には、後続のヨーロッパ帝国の農業の中核となったものもありました。

農業帝国が征服したところはどこにでも、大農園組織の技をもちこみました。旧世界のブドウ園や穀物、アマ、オリーブ、アーモンドなどの大農園で完成したやり方が他の気候風土に移され、砂糖、綿花、インディーゴ、紅茶、コーヒー、ココア、タバコ、ココナツ、パイナップル、ゴム、アヘン用ケシ、ピーナツ、バナナ、スパイス、大豆などに加えて、ちょっとした小さな国ほどもある夏、冬の放牧場の家畜の群れを抱える大農園となりました。大昔のダイナミズムの名残は今も続いています。北アメリカの家庭農場は年々減少し続けていますが、アグリビジネスとか工場式農場と呼ばれる近代的大農園の数や規模は増大し続けています。クランベリーの湿地でも効率的な大農園になっています。音楽家の友人が教えてくれましたが、世界中でオーボエやその他の管楽器に使われるリードは、南フランスの大農園の一二メートルの高さにまで密生する砂糖キビからつくられるそうです。エジプトでは絶えて久しいのですが、パピルスの大農園はこれらの近代的な砂糖キビ大農園とかつては似た光景を呈していたのかもしれません。

**一〇〇年前のアメリカ人は、現在の私たちや私たちが子供たちに教え込んでいるほどには、農耕生活に対してセンチメンタルな気持ちはもっていませんでした。**

私が一九二〇年代に学校に通っていた頃、英文学作品の教科書にはエドウィン・マーカムの「鍬を持った男」という題の詩がだいたい収められていました。見開きのページには、ジャン・フランソワ・ミレーの「鍬を持った男」の、気が滅入るような絵の複製が載っていました。オレゴンの教育者であったマーカムは、一八九九年にその四六年前に描かれた絵に触発されてその詩を書きました。

ミレー自身は農民でした。子供の頃、彼はフランスの小麦の大農園で働いていました。画家として円熟期を迎えた彼はそこでの生活を記録しました。批評家によると、彼はその光景を和らげることも、誇張することもしていないそうです。ミレーは、カメラとフィルムではなく、記憶とカンバスによって時代を先取りするドキュメンタリー制作者でした。マーカムも、その絵に記録されたものを和らげることも誇張することもしませんでした。彼の長い、怒りの詩の一節を読んでみましょう。

幾世紀もの重さに腰が曲がり
鍬にもたれて土を見る

顔には歳月を経た喪失感
恍惚にも憂鬱にも心を動かなくさせたのは誰？
感動もなく成長もなく、まるで雄牛の兄弟
息を吹きかけ脳の灯りを消したのは誰？
この獣のような顎をがたがたにしたのは誰？
これ以上恐ろしい姿をしたものはない
これ以上万物に対する危険に満ちたものはない

この詩も絵もどちらも、道徳的な説教だとして嘲笑され、今ではほとんど忘れ去られています。大農園時代はもはや至高のものではありません。農業文化が人的資本の時代の知恵を働かせる戦士に打ち負かされる番になっているのです。

まだ日の浅いポスト農業時代を「知識の時代」と呼ぶ人もいますが、それは今では私たちは必要なことはすべてわかっているということを意味しています。もちろん、すべてわかっているわけではありません。どの時代でも、良かれ悪しかれ、その時代の人々が獲得した情報はたとえ誤ったものでも利用してきました。すでに起きていることを認識しつつ、ポスト農業時代の生活が将来どのような意味をもつのか理解しようとすると、多くの人たちは悲観的な見方をして、これまで以上に悲惨で危険な創造力の時代を予想するでしょう。その生活はコントロール不能の伝染病、不可逆な気候変動、間断なく続く内戦、その他の大災害によって時折中断されるのです。逆に、楽観的な見方をして、かつてないほどの創造的な時代を予想する人もいるでしょう。その時代の基礎となるのは、台頭している複雑性の科学であり、それは好むと好まざるとにかかわらず、すべてのものは否応なく他のあらゆるものと結びついていることを認めるものであり、同様に生物学、社会科学、さらには物理学を、古くて不十分な二変数の単純な問題を扱う科学や無秩序な複雑性を扱う統計学によっては理解できないことを認めるものです。すでに起きていることを見ている楽観主義者は、建設的な創造性が優勢で勝ち抜いていくことを示す納得のいく前兆を今でも見つけようとしています。おそらく、これは希望的観測であり、唯一はっきりといえることは、チャールズ・ディケンズの『二都物語』冒頭の言葉「それは、もっとも悪い時代でもあったし、もっとも良い時代でもあった」を繰り返すことです。[*4]

＊4　宿命や憂鬱よりも希望を強調するためか、あるいは勘違いによるものか、ジェイコブズは『アメリカ大都市の死と生』のタイトルを反映させて、ディケンズの表現のうち、悪いと良いの順を逆にしている。

人種差別など多くの醜い残滓が依然として残っていますが、大農園時代は過去一〇〇〇年にわたり、徐々に生まれてきた技術、観察記録、文化的変容によって、ゆっくりとではありますが容赦なく弱体化されてきました。

一つには、昔は世界の大部分を養っていた穀倉地帯が、今ではそれらの国々にとって経済的な資産ではなく、深刻な足手まといになっていることがあります。たとえば、シシリーやアルゼンチンの田舎、ウルグアイ、ウクライナなどです。また、かつては北アメリカの広大なプレーリーによって、ニューイングランド、ニューヨーク州北部やカナダのオタワ渓谷や東海岸諸州などの多くのより小さな穀倉地帯が不要になってしまいました。今では、そのプレーリーでさえ必要がなくなる恐れがあります。保護貿易主義の巨額な補助金漬けのために、最も新しい世界貿易交渉が完全に頓挫してしまいました。

もちろん、私たちは今でも食べること、衣服を身につけることが必要ですし、衣食が十分に足りていない人も数百万人もいます。しかし、この不可解なことを単純な流通の欠陥としてとらえて解決しようとする試みは、外国からの援助を受ける貧しい国々においても、ますます増える援助国においても、信頼できるものではありません。もし、一事成れば万事成るのであれば、一事が失敗すれば万事が失敗するのも道理です。

もう一つ、大農園時代の終焉を示す徴候に、自分たちも含めいろいろな人たちのための食糧や繊維を生産するのに、もはやおびただしい数の人間は必要ないということがあります。アメリカやカナダのような先進経済においては、実際に農業や牧畜を仕事とする人は労働人口のわずか四パーセントしかいませんし、その中にはパートの人も含まれます。経済的により貧しいところでは、伝統的に人口の八〇パーセントから八五パーセントの人が穀物畑や牧草地で働かざるをえませんでしたが、トラクター、灌漑用ポンプやパイプが利用可能になると、すぐに豊富な農業労働力は劇的に縮小します。

したがって、大農園時代のような感覚では膨張や植民地化の戦いに勝つことはできません。過去には、勝者は敗者を大農園に追いやり、いわれたことだけをして黙るように命令することができましたし、実際にそうしていました。しかし、これは――大農園時代には想像できないぜいたくですが――農業労働者が余剰になったため、勝利者が大農園をつくる意味が失われてしまいました。割に合わないのです。さらに、戦いの敗者はそれなりの恐ろしい知恵を身につけています。**土地は独占的に保有することができます。油井、漁場、金の原石などその他の天然資源も独占的に保有できます。しかし、人の知恵はそうはいきません。**

大農園時代の大きな功績は私たち人間がとてつもなく増えたことです。空前の規模でうまい具合に増えたことで、私たち人間は野生の穀物や食用となる動物の絶滅に伴って、早々に絶滅することから免れたのかもしれません。

大農園時代には、今の時代や経済にも有効な経済的な考え方はあまり生みだされませんでした。当たり前と思われていたものは、農業帝国主義時代に機能していたものに基づいていただけです。最も重要な考え方は、農業時代の凶作の経験から直接生まれました。これは供給、需要、価格の間には、なんらかの関連があるという考え方です。豊富にあるものは稀少なものと違って価格が安く、使い捨てにしてもまったくといっていいほど、残念に思うことはありません。森林は豊富にあると見られていました。不愉快なことですが同様に、土壌、水、新鮮な空気も豊富にあるため、安価で自由に使えました。今でもこのように考える人はたくさんいます。

ありあまるほどいる人間の命は、安価で自由に使えると解釈されるかもしれません。そうであったら、普通の愛国心の強い市民が異常な殺戮を受け入れ称賛するようにさえなったでしょう。異常な殺戮とは、塹壕戦、マスタードガス攻撃、意図的な飢饉、ドイツの電撃戦、カミカゼやナパーム攻撃、ジェノサイド、民族浄化、ジハード、自爆テロ、地雷、さらには、説得力はあるものの狂気の超愛国主義者の狂気のビジョンにとって、その存在が不都合になった人たちを無差別に死に追いやったことなどです。

困難から逃れようとするのに生命力や精神力を呼び起こすのではなく、死を賭すということは大農園時代が断末魔の苦しみにある中で大変恥ずべきことでした。

大農園時代は長く続いた時代でした。私はその主要な社会的、経済的な支柱になっていることについて繰り返し書いてきました。大農園の労働者は何世代にもわたって、ある種の日雇い労働制度に縛られ、暴力の脅しによって拘束されていました。いろいろな人たちがこうした悲惨な状況に陥りました。戦争捕虜や被征服者、捨て子、孤児、誘拐され奴隷に売られた若者、農奴、小作人、年季奉公人、奴隷に生まれた子供たち、無知や恐怖や負債を押しつけられ、差別により拘束された小作人の家に生まれた子供たちなどです。

日雇い労働者は熱心に働くことはほとんどありません。しかし、大農園の次の三つの処世訓により日雇い労働者の生産性が向上しました。

第一に、成功した大農園は一つの農産物を専門に扱う単一作物栽培事業として体系化されていました。

第二に、単一作物栽培はその規模を拡大することでさらに効率よくなりました。

第三に、専門家が前もって最終結果の計画を立てました。その狙いは必要なことをすべて事前に予想し、それによって思いがけない調整、変更、即座の作業などを避けることでした。

これら三つの基本指針、つまり専門化、大規模化、最終結果予測を忠実に守った大農園は成功することができました。ばかにしていたところは失敗しました。

大昔に何か成功していることがあれば、ユートピアのような想像上のオプションの場合は別ですが、あまり疑義を唱えられることはありません。したがって、大農園モデルは産業革命の揺籃期の大部分を通して支配的でした。イングランドでは、マンチェスターとその大規模な工業都市圏がものすごい量のより糸、紡ぎ糸、布地を生産していました。こうした大量生産のモノカルチャーを具体化した工場の専門家たちは、流水や、石炭を動力とする蒸気のような能力の向上した動力源を利用して生産活動の規模を拡大しようとするだけで、ビジョンそのものを変えようとはしませんでした。彼らは、実際には将来性のない工業経済を形成していました。イングランドがその失敗を認識するのに二〇〇年ほどかかりました。それ以後の一〇〇年間、需要サイド、供給サイドともに多くの妙案が適用されてきましたが、イングランド北部の酷使された工業経済に対する特効薬は今もまだ見つかっていません。

アメリカ最初の効率性の専門家であるF・W・テーラーは、大農園のメンタリティーの完全な虜になっていました。彼は多くの大工場の顧客に対して、仕事を単純な繰返しの部分に分解して労働者を生産機械の歯車の歯か、大農園の日雇い労働者のように使う方法を示しました。テーラーや多くの彼の模倣者はその方法を「科学的経営」と呼びました。*5 労働者は短期間に訓練が可能で、すぐに使い捨てたり入れ替えたりできました。チャーリー・チャプリンは、彼の映画『モダンタイムズ』の中で、そのような作業場を印象深く風刺しました。

＊5　最初の経営コンサルタントの一人であるフレデリック・ウィンスロー・テーラー（一八五六～一九一五）は、二〇世紀初めの工場の新しい組立てラインのために設計した職場の効率化システムで最も有名な機械技師である。とりわけ「科学的経営」は、ジェイコブズがいうとおり、特定の作業の工程を個々の繰返し可能な動きと時間の単位に分解することで、労働者の働き方を管理しようとするものであった。彼は時間と行動の研究は仕事の効率化を促進すると考えたが、「テーラー主義」は多くの労働者や組合にとっては恐怖のシステムとなった。雇用者はこれをスピードアップのテクニックとして用い、従業員の労働強化、勤務時間の画一的管理、従業員の自治権制限、従業員による作業工程管理の縮小などを行ったからである。

しかしながら、アメリカの鉄鋼、自動車、精肉業、炭鉱、縫製、その他の工場労働者は、実際には未熟練労働者として拘束されていたわけではなく、「科学的経営者」と反抗的な労働者は互いに争っていました。

最も早く大農園のメンタリティーを捨て去った産業界の大量生産者は、おそらく一六世紀のヨーロッパの都市で急増した数千もの印刷業者でした。彼らは自分たちの身に何が起こるか予測できませんでした。したがって、一年後の近い将来に、いや一か月後にも、何を印刷しているのか予測がつきませんでした。それで彼らはモノカルチャーを断念するしか選択肢がありませんでした。彼らは説教集、聖書の翻訳、哲学や科学の学術書翻訳のような絶対確実な商品とともに、旅行案内書、芝居の台本、悪口、スキャンダル、狂詩、政府の検閲をくぐり抜けてもちこまれる政治的攻撃などの小冊子、やがては定期刊行物、ニュースや小説まで引き受けました。

印刷業から発達してきた出版業者も、より大きな利益を得るにはより大規模な生産が好ましいとする教訓から離れました。生産規模を拡大することは破滅を招くということに出版業者は気がついたのです。たしかに、一つの版を大量に印刷すれば、その中の各項目のコストが下がることは予測できました。しかし、出版業者にとって、それぞれの版の限られた需要を見積り、必要ならば販売の反応を見ながら先読みすることのほうがより経済的でした。このことは、今日まで出版業者がしてきたことですが、そういう点では干し草を束ねる機械のメーカーも同じです。これはまったく新しいオリジナルな大量生産モデルでしたが、大農園の教訓によるものではなく仕事上の慣行によるものでした。このモデルを用いる人たちにとっては、残る三番目の大農園の教訓は無意味になりました。最終結果の完成版は存在するはずがありません。その代わりに、生産の各段階において出版業者にとって必要となるのは、作家やイラストレーターの現在のマーケットがどうなっているかを素早く知ることでした。

スカート、ブラウス、ドレスの大量生産メーカーやカットしてプリントしてある家庭用のドレス型紙メーカーも、大量生産方式は使えるがモノカルチャーは駄目だということに気がつきました。[*6] あとから考えると、この新しいモデルはファッション産業にとっては当然のことのように思えますが、富裕層向けのオーダーメイドの高級服仕立てや注文服店、非富裕層向けの端切れなどの世界でこのモデルが採用されたのは、印刷業者がそのやり方を示してからほぼ三〇〇年も経ってからのことでした。今回は、一九世紀半ばのニューヨークのファッションや女性の関心事を扱うジャーナリストたちにこの考えが浮かびました。ニューヨークの女性店員のファッショナブルな服装に外国人は驚きの声を上げました。

＊6　ジェイコブズはこの大量生産から「差別化生産」への移行について『都市の原理』の最終章「将来の発展のパターン」の中で詳述している。この第五部のタイトルはその最終章からとっている。その本には利用されなかったノートの中で、ジェイコブズはこの新しいアプローチを

「差別化生産の時代」として説明しているが、おそらくここで示している考え方の先駆けとなっていたのであろう。

家庭用の備付家具や家庭用電気器具のメーカーはニューヨークのファッション産業の例から、この新しいモデルを学びました。わずか数十年のうちに、ニューイングランド、シカゴ、中西部諸都市の実業家も気づき始めました。彼らは漫然と刈取り機を頼りにするのではなく、その他の農村の労力を節約する機械を大量生産しました。自動車メーカーでは産業的展開の鍵となる新しいモデルを学ぶのは遅くなりました。ヘンリー・フォードのトラクター開発、ゼネラル・モーターズによる金融やマーケティングの強力な道具となる信用保証会社の考案は、アメリカ自動車産業の世界を変える最後のイノベーションで、どちらも第一次世界大戦の頃につくられました。以来、四分の三世紀以上にわたってこの産業に開かれていた機会を考えると、注目に値するものです。

土地プランナーや郊外の不動産開発業者は、大農園のメンタリティーを捨て去るのが自動車製造業者よりさらに遅れました。現代の郊外は大農園の模倣です。見てください、モノカルチャー的な住宅地が今までにない大きな規模で造成され、まるで非常に多くの果てしなく続くキャベツ畑のようです。規格化されたショッピングセンターはヒツジの群れのように増殖しています。これはすべて、大農園から港にアクセスするための特別鉄道用の通路を真似て組み立てられています。その鉄道用通路は――比較的少数の大きな目的地への制限されたアクセスのためではなく――無数の小さな目的地への無制限のアクセスが必要なトラックや通勤者、都市内や都市間の移動者のために改造されたものです。そのような想像力の欠如に支配された計画的環境の中に普通の人間が押し込められたのは、大農園以外にはいまだかつてありません。

こうした完全な最終結果を前もって決めている土地プランナーの中には、自分たちの仕事の結果をひどく嫌うようになった人たちもいます。しかし、彼らはタイムワープ（訳注：過去や未来に瞬間移動すること）の中に捕えられ、彼らも、彼らの職業も、彼らの先生も、そこから自分を解放することが不可能のように見えます。現代の土地プランナーの道具キットには反都会的な前提――高密度、高建蔽率、用途混合は悪である――に基づいた処方箋がたくさん入っています。

世界貿易センタービルの二つのタワーは超モダンに見えましたが、やはり郊外化したタイムワープにも捕えられました。その高さとボリュームは、スケールの大きさという効率性の虜になっていることを示していました。グローバルな貿易を行っている企業でこのビルをいっぱいにしようとする目論見は、モノカルチャーに対する信念のあまり叫びたくなるような妙案でした。タワーの土台となる何もない広場は、ニューヨークの街路にある融通の利くスモールビジネスの面白くも予測不能な喧騒とはあまりにもかけ離れていて、事前に決められている完全な最終結果に対する自信を示していました。

この計画に道を開く政治的な工作が行われている間に、開発業者や賃貸業者の中には数十万平方メートルもの賃貸可能なオフィススペースが追加されることで、ニューヨークの限られた需要を巡って混乱をきたすのではないかと、警告を発した人たちもいました。彼らは正しかったのです。建物はそのやっかいな大きさのため、運営するのも経済的ではありませんでした。それらを賃貸するというモノカルチャー的な計画もすんなりとは進みませんでした。その申し分のない広場は、強く印象に残ったり評判がよいどころではなく、荒涼として無目的のままでした。名誉なことですが、ニューヨーク市は大農園あるいは大農園のメンタリティーにとっては、その情況は心地よいものではありません。二つのタワーは、数十年にわたる公的補助と情報操作の助けを借りて、なんとか切り抜けてきました。

二つのタワーのプランナーたちにとってその存在が不都合であった数百ものスモールビジネスの中に、その当時、ニューヨークで最大のエレクトロニクス関連企業の集積地区がありました。それはラジオ街と呼ばれていました。ラジオ街のビジネスはとるにたりない小さなものと見なされ、これから彼らに降りかかろうとしていることに対する彼らの抗議は、市、州、連邦の黒幕や専門家にとっては冗談でしかありませんでした。没落したラジオ街が発展して、ニューヨーク市や地域の経済にとって大きな資産となる可能性があったかどうかは誰にもわかりません。私たちにわかることは、ある時期、それが歴史に登場する前のある種のシリコンバレーであったということだけです。それ以上のことはわかりませんでした。なぜなら、その集積地区は予測不能で制約のないニューヨーク流のやり方の中で生きのびて発展していくことが許されなかったからです。

現在、大農園のメンタリティーからの解放を最も約束してくれるプランニングの専門職は、ランドスケープ・アーキテクトのように思われます。おそらくこれは、多くの都市ランドスケープ・アーキテクトや都市の公共空間での行動様式に関する理論家が生態系研究の影響を受けているからです。

大農園の目的は作物の栽培ですが、大農園は生態系とまるっきり違ったものではありえません。

生態系は絶対にモノカルチャー的なものではありません。モノカルチャー主義は生態系にとって死を意味します。その理想のサイズは、互いに直接、間接の利益を生みだす非常に多様で自然な数の住民を維持できる大きさです。**生態系は次から次へと順応していき、それに伴ってその姿は次々に変わります。その十分に成長した姿は、もしかすると予測できないかもわかりません。誰がセコイアの森を予測できたでしょうか。**ときどき、生態系を脅かす難しい状況や明確な危害から生態系を守る必要があります。まったく同じ危害が、同時にあらゆる生態系を脅かすわけではありません。しかし、生態系を一つずつ引きはがしていけば、全体としての地球の生態系がもろくなります。すべてのものは他のあらゆるものとつながっています。生態系はそのつながり方や深遠な構成原理という点において都市によく似ていますが、大農園とはまったく似ていません。[*7]

＊7　生態系と都市の類似点については、本書第四部の「『アメリカ大都市の死と生』への序文」や『経済の本質』参照。

息絶えたけれども埋葬されていないものの一部で大農園時代を腐敗させているのは、都市やそこに暮らす人々は非生産的な寄生者であり、田舎の田園地帯に与えられた富を利用して無為に繁栄している、という幻想です。あらゆる問題は「人間が多すぎる」ことからくると威勢のよい診断を下す生態学者を含め、今なおその幻想を信じている人たちがいます。[*8]田舎は都会よりも道徳的に立派で、精神的に成長できるに違いないという考え方は――都会の悪い奴と田舎のいい奴という――単純な二変数の人間嫌いからきています。一例として、トマス・ジェファーソンはおそらく実際にというよりは理屈のうえでは、このことを信じていました。彼は疑いなく有能で知的な人でしたが、大農場主としては無能な人でした。しかし、彼は威信をかけて惜しみなく散財し、リッチモンド市の建築と景観、ヴァージニア大学の非常に都会的なキャンパスづくりに成功しました。

＊8　マルサス主義の人口過剰の恐怖に対するジェイコブズの批判については第三部の「都市の本当の課題」参照。

草をはむヒツジ、ウマ、ラバ、ウシ、ブタなどはいない、ちょっとした田舎風の牧場がたくさん都市に導入されましたが、それは都市の退廃と戦うという周到な意図がありました。たっぷりと水がまかれ、手入れの行き届いた芝生のあるところで子育てをするほうが道徳的に優れていると今でも信じている人たちがいます。

さて、ここで記念碑の話題に入っていきます。9・11のテロ攻撃から何年目かの記念日に、ニューヨークには偉大な記念碑がないという『ニューヨーク・タイムズ』の記事を読んでひどくびっくりしました。ばかげています。自由の女神は間違いなく世界で最も有名な近代的記念碑であり、おそらく一番愛されている記念碑でしょう。それは海を渡る前、航海の間、上陸したあとに大変な苦悩と苦難に耐えながら夢を追い求めてアメリカに渡った「自由な空気を吸うことを切望した多数の人々」を記念しています。自由の女神は象徴的に精神が高揚するような牧場に立っているのではありません。貝殻の上に現れたヴィーナスのように入り江に立っているのです。記念碑としては、自由の女神はその姿形、中身のどちらにしても大農園のメンタリティーを思わせるものは何もありません。

記念碑があってもなくてもアメリカの珍しい都市型公園で、利用者は仲間の市民や都市文化との接触を楽しめます。ニューヨークには小さなペイリー公園、より大きく歴史も古い模様替えしたブライアント公園や、大きなセントラルパークの一部で五番街の境界沿いやその近辺など、申し分のない実例があります。他の都市の注目すべき実例には、フィラデルフィアのリッテンハウス・スクエア、ボストンのノースエンドのポール・リビア公園、偉大なチェロ奏者のヨーヨー・マからトロントに贈られた素晴らしいミュージック・ガーデンなどがあります。ワシントンにあるベトナム戦争戦没者慰霊碑も、それなりに大農園のメンタリティーから外れています。五万八〇〇〇人の名前のそれぞれが黒御影石にはっきりと威厳のある文字で刻まれ、背面は半分埋もれていますが、かけがえのない価値ある命を奪われた各個人を物語っています。

グラウンド・ゼロの六・四ヘクタールの土地に関わるデザイン上の難問の一つは、追悼すべきものが非常にたくさんあるということです。あまりに多いので、一般の人々も計画委員会も、ある種のすごいジレンマ、いわゆる板挟みの状態におかれています。

犠牲となった建物そのものを追悼したいと思う人がたくさんいます。建物の高さは高くそびえるびっくりするようなイルミネーションにより、建物の奥行きは巻き添えの傍観者であるハドソン川が、タワーの土台部分に流れ込むのを阻止した工学技術の勝利を見せることにより追悼するのです。グラウンド・ゼロを追悼するのに、建物の記念物のどちらか一方を希望する市民もいれば両方とも希望する人たちもいます。

犠牲となった人たちやその遺族の悲しみを追悼したいと思う人はたくさんいますし、救助活動中に命を失った勇敢な消防士や警察官をけっして忘れてはいけないと思う人もたくさんいます。人生を目いっぱい生きられるはずだった犠牲者の悲しい早すぎる死を強調する人の中には、グラウンド・ゼロが永遠に神聖な埋葬地であることを望む人もいます。さらに、記念碑をローワー・マンハッタン改造の機会と見ている人もいます。どのようにしたら実現可能か、そのアイディアは限りなくあります。その中には、この場所で起こったことを説明する記念館がありますが、おそらく観光客を引きつける働きもするでしょう。地域住民のための立派な新しいレクリエーション施設やその他のアメニティもアイディアの一つです。夏の夜の楽しい洋上航海でニューヨークとボストン、プロビデンス、フィラデルフィア、ウィルミントン、ワシントン、リッチモンドの間を定期運航していた沿岸蒸気船の停泊港を復元することなどもあります。首尾一貫しないものやあまりに営利的すぎるものなど、後世の人々に邪魔になるようなものはほとんど誰も望みません。たとえどんなものであれ、その記念碑が芸術として体感できることを誰もが希望しています。

しかし、**芸術は従順で忠実なものではありません。**たとえどれほど崇高であれ、あまりに多くの意味を背負わされると堕落します。**芸術はたゆまず進むゆっくりとしたもので、新聞の報道や見出し、世論調査などのようなタイムリーなものではありません。芸術は永遠で、最高の状態で何世代にもわたり鑑賞者と対話します。**芸術は感情の本質のところまで自らを削ぎ落とすことで、その魔力を発揮します。そのような本質を認識して表現したり、鑑賞したりするためには、たいていは時間の経過により生まれてくる物事を見通せる力が必要です。それは不名誉なことではありません。大切なものの中には、急いではいけないものがあるのです。

　グラウンド・ゼロには、おそらく二つの記念碑が必要でしょう。初めに暫定的な記念碑をつくり、十分な時を経てから永続的な記念碑を後継とするのです。板挟み状態に対処するには、それに飽きてうんざりさせ、いつの間にかこっそり移行させるのも一つのやり方です。放っておけば板挟み状態がなくなり、物ぐさな人たちを苦しめるという理由だけなら、よいやり方ではありません。

　もっとよい方法は真実をよりどころとすることです。今現在、グラウンド・ゼロに関する真実は簡単なものです。そこはとても意義のある場所であるということですが、その意義とは何か、それをどう表現するかについては意見の一致を見ていません。

　ソーキン教授、暫定的なものとしてですが、これほど迅速に出されたあなたの解決案を私が本気で受け入れていることに驚かれているかもしれません。私が見たものはプロテッチ・ギャラリーの展示会のものであったに違いないと思いますが、どこで展示あるいは出版されていたものかは確かではありません。[*9] それを見ていない人たちのためにですが、このデザインは擁壁で囲われた大きな円形の盛土で、文字どおりゼロの形をして、グラウンド・ゼロ全体をふさいでいます。私が感心する理由は、それが大胆で見栄えがし、ごてごてしていなくて威厳があるからです。また、今現在の真実を伝えているし、他の諸々の永続案の可能性を考えることを妨げないからです。

＊9　マイケル・ソーキンが提案した記念碑はニューヨークのマックス・プロテッチ・ギャラリーの『新世界貿易センター設計提案』の展示会で展示された。展示会に出されたすべての案はのちに『新世界貿易センター、世界中の一流建築家の設計提案』（ニューヨーク、ハーパーデザイン、

二〇〇二）という一冊の本として出版され、アメリカ国会図書館にも収蔵されている。

擁壁で周りがずっと囲まれていて、遠い昔、アイルランド人がモルタルを使わない壁として小さな平板な石を積み上げてつくった美しい円形の砦を思いださせます。私が思っているドネガルの例は、何キロメートルも向こうで手にした観光用リーフレットによれば、鉄器時代のケルト王の玉座であったかもしれません。この場所には説明資料やがらくた類は必要ありません。それは、いつまでも記憶に残るように自己主張し、人間は永遠に安全を切望すること、同じように高峰にあえて立ち向かったり、偉大な未知の世界に進出したりしようとする人間が永遠にもつ衝動を伝えてくれます。

ともかく、暫定的な解決案が必要です。というのは、グラウンド・ゼロおよびその近辺の修復、再建に約一五年から二〇年かかり、永続的な記念碑の準備ができないように思えるからです。客観性を付与するために時間の経過を認めるか認めないか、いずれにせよ暫定的な解決案は一時しのぎの平凡なものではいけませんし、そのように見えてもいけません。そのデザインのクオリティは永続的な解決案のクオリティに間違いなく影響するでしょう。

遅ればせながらルイス・マンフォードに戻ります。[*10] 遅ればせながらといって、不快な気分にさせるつもりはありません。ニューヨーク州立大学がマンフォード氏を記念して、毎年、彼が好んだテーマについて講演会を開催しようとしているのは素晴らしいことです。このシリーズの最初の講演者に選んでいただいて感謝していますし、光栄に思います。

＊10　三〇年以上にわたる『ニューヨーカー』の建築批評家として、また数多くの著作の著者として、ルイス・マンフォード（一八九五〜一九九〇）は二〇世紀前半の都市と都市生活に関するアメリカを代表する広く知られた書き手であった――この称号をジェイコブズが引き継いだことはほぼ間違いない。実際にピーター・L・ローレンスが彼の本『ジェイン・ジェイコブズになる』の中で述べているように、ジェイコブズが『死と生』を書く際のロックフェラー財団からの資金提供は財団のアーバンデザイン研究構想を通してであり、その担当者がいうように「第二、第三のルイス・マンフォードはどこにいるのか」（原文二四六頁）の問いに対する答えを探し求めるためであった。

マンフォード氏は、今夜私が話したことにはほとんど同意しなかったでしょう。唯一、彼に拍手してもらえそうなのは、私が将来超高層オフィスビルが問題になることを予想したことでしょう。

彼は超高層ビルが好きではありませんでした。大都市も好きではありませんでした。大都市が独特の経済的特徴や特有の社会的特色をもっていることを彼は高く評価しませんでした。彼は入念に計画され、間違って田園都市と呼ばれるようないくつもの郊外型の町の集合が、大都市にとってかわることを望んだでしょう。彼は都市の分散化の期待をニューヨーク地域計画協会が行ったような地域計画の権限集中に託しました。マーシャル・マクルーハンは、何年かのちにこのビジョンの多くの間違いの中の一つを指摘し「中央で分権化はできない」とコメントしました。

マンフォード氏はイギリスのプランナーのパトリック・ゲデス卿の弟子でした。[*11] パトリック卿は、二〇世紀後半には広範囲に渡る配電網が期待できるだろうと、正確に予測していました。彼は広範囲な配電網により前例のない自由な産業立地が可能となり、プランナーのような理性的な人間が好ましいと判断したところならどこにでも工場をおくことができて、そのために労働者やその家族が定住できると考えました。マンフォード氏にも、この世界観を共有する他のプランナーにも、「時代遅れの」大都市が大地の邪魔をし続ける理由は見当たりませんでした。これは一九三〇年代に、右派の保守から左派の革新まで、様々な政治的意見に忠誠を誓う人々の間で非常に人気の高い仮説でした。

＊11　パトリック・ゲデス卿（一八五四〜一九三二）は、スコットランドの都市プランナーである。彼は地域計画運動の先駆者であったが、それを受け継いだ現代の提唱者であるジェイコブズは『死と生』の中で厳しく批判した。

それにもかかわらず、一九四〇年代、五〇年代、六〇年代にニューヨーク地域の都市、郊外、田園地帯の至るところで、主にロバート・モーゼスによってアクセスが制限された高速道路網が強引に進められていましたが、マンフォード氏はその情け容赦のないやり方に嫌気がさしました。マンフォード氏は、いわゆる「横柄な四輪馬車」があらゆるコミュニティの価値基準に与える脅威を嗅ぎつけた最初のアメリカ人の一人でした。彼は、多くの市民が手に入れようとしている輸送手段は本当に進歩と見なせるか、初めて彼らに問いかけました。彼は驚くべきことに都市を擁護しましたが、おそらく自分でもびっくりしたことでしょう。彼は当時のニューヨーク市の管理機関である財政評価委員会に効果的な陳述書を送り、州が計画し連邦政府が資金を出すマンハッタン高速道路計画を認めないように委員たちを説得しました。その高速道路はキャナルストリートの少し北でニューヨークを二分し、ブルックリンとニュージャージー間を少し早いルートにするはずでした。財政評価委員会の委員――市長、会計検査官、区長たち――はマンフォード氏の忠告に従いました。マンフォード氏の陳述書に従った彼らの投票により、高速道路はさらに一年遅れることになり、その間、その高速道路提言がニューヨーク全体に破壊的な結果をもたらすことをますます多くの一般の人たちが理解するようになりました。その認識が増大することで、結局は計画そのものが頓挫しこれが最後となりました。[*12]

＊12　『ニューヨーカー』がマンフォードの『死と生』についての容赦ない批評（＊13）を掲載したのち、財政評価委員会に対して手紙を書くようにマンフォードに依頼したのはジェイコブズだった。

高速道路とそれに付随したランプ、駐車場、気分を高揚させる金網のフェンスの牧草地の飾りよりも、チャイナタウン、リトル・イタリーやソーホーのほうが好きな私たちはマンフォード氏を思いだし、大変な恩義を感じています。彼はソーホーをどう思うだろうかと、私はときどき自問します。彼はソーホーを退廃だと考えるのではないでしょうか。しかし、ソーホーは彼のおかげで予測不能で自由なニューヨークの流儀の中で生き延びて発展するチャンスを与えられました。

私は一九五六年に学会のシンポジウムで初めてマンフォード氏に会いました。彼はフレンドリーで親切でした。そのときも、それから五年間に何度か会ったときにも私を励ましてくれました。しかし、私の最初の本『アメリカ大都市の死と生』が出版されると、本と私に対し激怒しました。[*13] およそその一年後、彼がローワー・マンハッタン高速道路に対して陳述書を出したとき少しの間は連携しあいましたがそれは例外で、私の知るかぎりでは私に対する敵意は彼が亡くなるまで続きました。

＊13　マンフォードは『ニューヨーカー』に『死と生』について三〇頁の批判的な批評を書いた。記事のタイトル「ジェイコブズ母さんの家庭療法」は彼の批評の隠れた横柄さを表しているが、彼女の都市復興に対する断片的なアプローチは、外科手術が必要なときに癌患者に「自家製の湿布薬」を与えるようなものだと結論付けた。

彼の私に対する失望を私は個人的なものとは考えませんでした。私たちは誰もが生まれた時代に非常に影響を受けていますし、さらにそれから死ぬまでの間、その時代に影響されるのです。マンフォード氏は思いやりのある父権主義者で、彼の時代の人でした。彼は私よりも半世代年長で、彼が亡くなってから長い年月が経ちますが、その間に女性は必ずしも保護されることを望むわけではないという事実に慣れていたかもしれません。彼は、女性は一種の淑女の副産物と考えているように思えました。この態度は、彼の計画哲学や彼が是認したプロジェクトを見れば明らかです。重要なのは、私は私の時代の人であり、私たちの時代と彼の時代とでは考え方が違っていたということです。

彼と私は、特に都市に関しては同じようには考えなかったという点で、彼のいうことは正しかったのです。もう一つ違っていたのは私が弟子をとらないことです。私の知識や才能は貧弱なものです。私が一番したくないことは、他の人たちの思考力を何気なく制限してしまうことです。息絶えたけれども埋葬されていない大農園時代からの移行という難しい処理をうまく行うには、無限の懐疑心と好奇心をあわせもって、無限の自立した思考をする人が必要です。

今夜、私は過去からの価値基準や影響力については触れませんでしたが、それは現在も将来ももちつづけることが必要です。私は本気で弟子をもちたくないと思っていますが、昨日本屋さんで発売開始された私の一番新しい本『壊れゆくアメリカ』が、アメリカのために警鐘を鳴らすのに緊急に必要な自立した思考を引き起こすのに役に立てればと願っています。新刊本の中身は今夜私が話したことと重なりあう部分もありますが、大部分は別の話題を扱っています。この講演では、私が将来書きたいと思っている本の部分的な予告もしてきましたが、私たちの文化の退廃や喪失ということにおいて引き返せない段階にはまだ至っていないとの楽観的な想定のもとで書こうと思います。[*14] まだその段階には至っていませんが、そうなる可能性はあると思います。

＊14　『人類小伝』というタイトルになるはずであった将来の本は、約二〇〇万年前の「揺籃期」からきたるべき成熟期の人的資本の時代に至るまで、人類の足跡をたどるものになったであろう。『壊れゆくアメリカ』の最終章「暗黒時代のパターン」では、ポスト農業時代について類似の仮説を説明しているが、それはジャレット・ダイアモンドの『銃・病原菌・鉄』や、カレン・アームストロングの『イスラム』に大きく依存しており、この講演に出てくる大農園時代や農業、産業の歴史についての具体的な教養のような要素は省いている。

ソーキン教授、みなさま、ご清聴ありがとうございました。誰もそうですが、私は現在の不確実な時代に広がる狂気と不安の中でまともな足掛かりを見つけようともがいています。

歴史から慰めを得るのは、一つには、一つの時代から次の時代への移行がいつでも難しいということがなんとかわかるからです。私たちの文化が他の文化よりも愚かで見苦しいということはありません。また、**ウイットを失わずにいるとき、私たちの順応力はものすごいものがあるように思えます。**

# 謝辞

はじめに、ジェイン・ジェイコブズ遺産管理のみなさま、特にジム・ジェイコブズの熱意、寛大さ、鋭い意見に感謝します。

ジェイン・ジェイコブズの調査には欠くことのできないマックス・アレン、ピーター・ローレンス、ロバート・カニーゲルに感謝します。彼らがいないと本書はもっと貧弱だったでしょうし、時間をとってくれたその寛大さにも感謝です。ニューヨーク公共図書館のスタッフにも感謝です。ボストンカレッジのバーンズライブラリーのジェイコブズ・ペーパーのシェリー・バーバー、アンドリュー・イシドロに感謝です。そして、ブラウン大学ロックフェラー・ライブラリーのベン・タイラーに感謝です。

本書を説明するイメージ図に対して、ピーター・C・ホルト、ルース・オーキン・フォト・アーカイブのたくさんの出資者、ジム・ジェイコブズ、ジョン・シューウェル、マギー・スティーバー、シャーロット・サイクスに感謝します。本書の出版を可能にしたランダムハウス社とランダムハウス・カナダ社のケイトリン・マッケナ、アマンダ・ルイス、その他のスタッフに感謝します。アリソン・ルイスと一緒になって、ゾーイ・パナメンタは北アメリカ出版協同組合とうまくいくようにと、最初から最後まで一生懸命面倒をみてくれながら出版の実現に取り組んでくれました。

ジェイン・ジェイコブズについて一緒に考え、話す機会を最初に与えてくれたクリスティーナ・ベヴィラックアに感謝します。いろいろな意味で、本書は二〇一四年のある晩にプロビデンス学術振興協会図書館で始まりました。何年にもわたり、ジェイコブズ、都市、経済を議論する様々な機会を与えてくれたティム・メネル、マックス・ページ、スザンヌ・ワッサーマン、ニューヨーク市歴史センターのマイク・ウォレス、ニューヨーク市芸術協会、サム・フランクリン、ダン・プラットにも感謝します。タラ・ヌメダール、ティム・ハリス、ゲーリー・デ・クリーは初期のロンドンの歴史でいくつかのやっかいな問題の分類を手伝ってくれました。

ネイサンはジェイン・ジェイコブズの世界に、向う見ずにも最初に彼を飛び込ませたマックス・アレンと、同じくジェイコブズの考えの理解を大いに深めてくれた同僚であるヘザー・アン・カルドウェイ、ジリアン・メイスン、マリー・ローウェ、マージー・ザイドラーに感謝したいと思います。彼はまた、オンタリオ芸術デザインカレッジで見方、考え方、書き方を教えてくれたたくさんの魅力に溢れ興味をそそられる教授たち、特にエスター・チョウイ、キャロライン・ランギル、マイケル・プロコポー、チャールズ・リーブ、ジェニファー・ラダー、ドット・テュア、ジェシカ・ワイマンと、同じくブラウン大学でアドバイザーをしているスチーブン・ルバー、アン・ファルクにも感謝したいと思います。

最後に、ネイサンは彼をつねに支えてくれる家族、ドゥワイト・シュテリング、キャシィー・シュテリング、ニック・シュテリング、マーク・サルコーニ、ポール・サルコーニ、クレア・ジョンソン、同じく彼の妻、エマ・サルコーニの限りなく深い励まし、アドバイス、ときどき仕事を終えて生活を少し楽しむことを教えてくれることにも感謝したいと思います。サンディはイロナ・ミコの鑑識眼と彼女の長年にわたる元気いっぱいで愛情溢れる助言に感謝しています。

# 精選著作目録

## ジェイン・ジェイコブズの作品

Butzner, Jane, ed. *Constitutional Chaff: Rejected Suggestions of the Constitutional Convention of, with Explanatory Argument*. New York: Columbia University Press, 1941.

Jacobs, Jane. *The Death and Life of Great American Cities*. New York: Random House, 1961.（山形浩生訳［新版］『アメリカ大都市の死と生』鹿島出版会、二〇一〇年）

——. *The Economy of Cities*. New York: Random House, 1969.（中江利忠・加賀谷洋一訳［新版］『都市の原理』鹿島出版会、二〇一一年）

——. *The Question of Separatism: Quebec and the Struggle over Sovereignty*. New York: Random House, 1980.

——. *Cities and the Wealth of Nations*. New York: Random House, 1984.（中村達也・谷口文子訳『都市の経済学』ＴＢＳブリタニカ、一九八六年）、（中村達也訳『発展する地域　衰退する地域』ちくま学芸文庫、二〇一二年）

——. *Systems of Survival*. New York: Random House, 1992.（香西泰訳『市場の倫理　統治の倫理』日本経済新聞社、一九九八年）

——. ed. *A Schoolteacher in Old Alaska: The Story of Hannah Breece*. New York: Random House, 1995.

——. *The Nature of Economies*. New York: Random House, 2000.（香西泰・植木直子訳『経済の本質』日本経済新聞社、二〇〇一年）

——. "Random Comments." *Boston College Environmental Affairs Law Review*, vol. 28, no. 4 (2001): 537–45.

——. "Introduction: Dickens as Seer." *Hard Times* by Charles Dickens. New York: Modern Library, 2002.

——. "Introduction." *The Jungle* by Upton Sinclair. New York: Modern Library, 2002.

——. "Introduction." *The Innocents Abroad* by Mark Twain. New York: Modern Library, 2003.

——. *Dark Age Ahead*. New York: Random House, 2004.（中谷和男訳『壊れゆくアメリカ』日経ＢＰ社、二〇〇八年）

## 本人以外の作品


Alexiou, Alice Sparberg. *Jane Jacobs: Urban Visionary*. New Brunswick, N.J.: Rutgers University Press, 2007.

Allen, Max, ed. *Ideas That Matter*. Owen Sound, Ont.: Ginger Press, 1997, rev. ed. Washington, D.C.: Island Press, 2011.

Ascher, Kate. *The Works: Anatomy of a City*. New York: Penguin Books, 2007.

Ballon, Hilary, and Kenneth Jackson, eds. *Robert Moses and the Modern City: The Transformation of New York*. New York: Norton, 2007.

Banfield, Edward. *The Unheavenly City*. New York: Little, Brown, 1970.

Broadbent, Alan. *Urban Nation*. Toronto: Harper Perennial, 2009.

Caro, Robert. *The Power Broker: Robert Moses and the Fall of New York*. New York: Knopf, 1974.

De Landa, Manuel. *A Thousand Years of Nonlinear History*. Brooklyn, N.Y.: Zone Books, 1997.

De Soto, Hernando. *The Mystery of Capital: Why Capitalism Triumphs in the West and Fails Everywhere Else*. New York: Basic Books, 2000.

Desrochers, Pierre, and Gert-Jan Hospers. "Cities and the Economic Development of Nations: An Essay on Jane Jacobs' Contribution to Economic Theory." *Canadian Journal of Regional Science*, vol. 30, no. 1 (Spring 2007) : 115–30.

Diamond, Jared. *Guns, Germs, and Steel: The Fates of Human Societies*. New York: Norton, 1997.（ジャレス・メイスン・ダイアモンド、倉骨彰訳『銃・病原菌・鉄（上・下）』草思社、二〇〇〇年）

Flint, Anthony. *Wrestling with Moses: How Jane Jacobs Took on New York's Master Builder and Transformed the American City*. New York: Random House, 2009.（アンソニー・フリント、渡邉泰彦訳『ジェイコブズ対モーゼス』鹿島出版会、二〇一一年）

Gans, Herbert J. *People, Plans, and Policies: Essays on Poverty, Racism, and Other National Urban Policies*. New York: Columbia University Press, 1991..

Glaeser, Edward. *Triumph of the City: How Our Greatest Invention Makes Us Richer, Smarter, Greener, Healthier, and Happier*. New York: Penguin Press, 2011.（エドワード・グレイザー、山形浩生訳『都市は人類最高の発明である』ＮＴＴ出版、

二〇一一年)
Glaeser, Edward et al."Growth in Cities." *Journal of Political Economy*, vol.100, no.6 (1992) : 1126-52.
Goldsmith, Stephen A., and Lynne Elizabeth, eds. *What We See: Advancing the Observations of Jane Jacobs*. Oakland: New Village Press, 2010.
Gratz, Roberta Brandes. "A Conversation with Jane Jacobs." *Tikkun*, vol.16, no.1 (May 2001) : 27-31.
———. The Battle for Gotham: New York in the Shadow of Robert Moses and Jane Jacobs. New York: Nation Books, 2010.
Greenberg, Ken. *Walking Home: The Life and Lessons of a City Builder*. Toronto: Random House Canada, 2011.
Harris, Blake. "Cities and Web Economies: Interview with Jane Jacobs." *New Colonist*, 2002. Available at www.sustainablecitynews.com/jane jacobs-html/.
———. "Jane Jacobs: Unraveling the True Nature of Economics." *Government Technology*, vol. 13, no.11 (November 2003) : 18.-25.
Hartman, Chester. *Between Eminence and Notoriety: Four Decades of Radical Urban Planning*. New Brunswick, N.J.: Transaction Books, 2002.
Kanigel, Robert. *Eyes on the Street: A Life of Jane Jacobs*. New York: Knopf, 2006.
Klemek, Christopher. "From Political Outsider to Power Broker in Two 'Great American Cities.'" *Journal of Urban History*, vol. 34, no. 2 (January 2008) : 309-32.
———. *The Transatlantic Collapse of Urban Renewal: Postwar Urbanism from New York to Berlin*. Chicago: University of Chicago Press, 2011.
Kunstler, James H. "Godmother of the American City." *Metropolis*, vol.20, no.7 (March 2001) : 130-87.
Laurence, Peter L. *Becoming Jane Jacobs*. Philadelphia: Penn Press, 2016.
Lawrence, Fred. *Ethics in Making a Living: The Jane Jacobs Conference*. Atlanta: Scholars Press, 1989.
Lucas, Jr., Robert E. "On the Mechanics of Economic Growth." *Journal of Monetary Economics*, vol.22, no.1 (1988) : 3-42.
Lynch, Kevin. *The Image of the City*. Cambridge, Mass.: MIT Press, 1960. (ケヴィン・リンチ、丹下健三・富田玲子訳『都市の

イメージ』岩波書店、一九六八年）
Nowlan, David. "Jane Jacobs Among the Economists." *In Ideas That Matter*, ed. Max Allen. Owen Sound, Ont.: Ginger Press, 1997.
O'Connor, Ryan. *The First Green Wave: Pollution Probe and the Origins of Environmental Activism in Ontario*. Vancouver, B.C.: University of British Columbia Press, 2015.
Page, Max, and Timothy Mennel. *Reconsidering Jane Jacobs*. Chicago: Planners Press, 2011.
Parkinson, C. Northcote. *The Law and the Profits*. New York: Random House, 1960.（シリル・N・パーキンソン、森永晴彦訳『パーキンソンの法則』至誠堂選書、一九九六年）
Pirenne, Henri. *Medieval Cities: Their Origins and the Revival of Trade*. Princeton, N.J.: Princeton University Press, 1925, rev. ed. 2014.
Rowe, Mary, ed. *Toronto: Considering Self-Government*. Owen Sound, Ont.: Ginger Press, 2000.
Sabel, Charles F., and Michael J. Piore. The Second Industrial Divide. New York: Basic Books, 1984.
"Safdie/Rouse/Jacobs: An Exchange." *Urban Design International*, vol. 2, no. 2 (1981) : 26–29, 38.
Schubert, Dirk, ed. *Contemporary Perspectives on Jane Jacobs: Reassessing the Impact of an Urban Visionary*. London: Ashgate, 2014.
Sewell, John. *The Shape of the City*. Toronto, Ont.: University of Toronto Press, 1993.
———. "Jane Jacobs in Conversation." *Ideas That Matter*, vol. 3, no. 3 (2005) : 31–33.
Solnit, Rebecca. "Three Who Made a Revolution." *The Nation* (March 16, 2006). Available at thenation.com/article/three-wh.-made-revolution/.
Sorkin, Michael. *Twenty Minutes in Manhattan*. London: Reaktion Books, 2009.
Steigerwald, Bill. "City Views," *Reason, June 2001*. Available at reason .com/archives/2001/06/01/city-views.
Stein, Janice Gross. *The Cult of Efficiency*. Toronto: House of Anansi Press, 2002.
Taylor, Peter J. *Extraordinary Cities: Millennia of Moral Syndromes, World- Systems, and City/State Relations. Cheltenham,*

U.K.: Edward Elgar, 2013.

White, Richard. "Jane Jacobs in Toronto, 1968–78." *Journal of Planning History*, vol.10, no. 2 (2011).

Whyte, William H., Jr., ed. *The Exploding Metropolis*. Garden City, N.Y.: Doubleday, 1958.（W・H・ホワイト他、小島将志訳『爆発するメトロポリス』鹿島研究所出版会、一九七三年）

Zipp, Samuel. *Manhattan Projects: The Rise and Fall of Urban Renewal in Cold War New York*. New York: Oxford University Press, 2010.

# 画像・原書著作権

All Photographs Corutsy of  John J. Burns Library, Boston College and The Estate of Jane Jacobs, Except:

Frontispiece: Jane Jacobs and Ned Jacobs, 1961, by Ruth Orkin, courtesy Photo Archive Ruth Orkin
Part Three: City Hall Belongs to the People, by Charlotte Sykes, courtesy of Charlotte Sykes.
Part Four: Jane Jacobs on Bloor St., by Maggie Steber, courtesy of Maggie Steber

Jane Jacobs's Writings Courtesy of Jon J. Burns Library, Boston College, and The Estate of Jane Jacobs, Except:

"Reason, Emotion, Pressure: There Is No Other Recipe." *The Village Voice* (May 22, 1957) : 4, 12. Copyright © 1957. Reprinted by permission of *The Village Voice*.

"Downtown Is for People." *Fortune* (1958), copyright © 1958 Time Inc. All rights reserved. Reproduction in any manner in any language in whole or in part without written permission is prohibited. Reprinted by permission of Time Inc.

"Strategies for Helping Cities." *The American Economic Review 59*, no. 4 (September 1969) : 652–56. Copyright © 1969. Reprinted by permission of American Economic Association.

Foreword to the 1993 edition of *The Death and Life of Great American Cities* by Jane Jacobs, copyright © 1961 by Jane Jacobs, foreword copyright © 1993 by Jane Jacobs. Reprinted by permission of Random House, an imprint and division of Penguin Random House LLC.

"First Letter to the Consumer Policy Institute." 1994. Reprinted by permission of Consumer Policy Institute.

"Efficiency and the Commons." *Ideas That Matter 2*, no.2 (November 2002) : 14–17. Copyright © 2002. Reprinted by permission of Ideas That Matter.

"The Sparrow Principle." Originally published as part of "Urban Economy and Development: Interview of Jane Jacobs with Roberto Chavez, Tia Duer, and Ke Fang," *The World Bank*, February 4, 2002. The World Bank Group authorizes the use of this material subject to terms and conditions on its website, worldbank.org/terms.

倫理観……………………………xxii, 272
倫理の混合…………………………xxiii
ル・コルビュジエ……………74, 132, 133
ルーズベルト島…………………………131
るつぼ…………………………229, 230
レイクウッド計画………………81, 83, 90
冷戦…………………………xxvi, 257, 333
レーガン、ロナルド……216, 267, 271, 276
レキシントン街…………………………94
連携………84, 98, 111, 241-243, 319, 340, 354, 399
連合都市…………………………………87
連邦住宅局……………………85, 86, 317
連邦住宅金融局（HHHA）………………86
ローワー・イーストサイド……………13
ロックフェラー・センター…………95, 96
ロックフェラー財団……………43, 99, 397
ロバート議事規則………………………342
ロビイスト………………………………287
ロフト・ビルディング……………314, 363
ロングアイランド…………………14, 15

【ワ行】

ワグナー、ロバート……………………123
私の裏庭は駄目…………………………346
ワックテル、エレナー…………………103
割れ窓理論………………………………79

【マ行】

マーカム、エドウィン……………………384
マクルーハン、マーシャル……167, 176, 232, 237, 331, 398
マクロ経済学……………………………261, 305
マスタープラン…………74, 84, 202, 367
マッカーシズム…………………………6, 36
マッシー講座……………………………325
マディソン街……………………………94, 103
マルクス、カール…………………xxviii, 284
マルサス、トーマス・ロバート……181, 394
マンフォード、ルイス………13, 194, 306, 369, 378, 382, 397-400
マンホールの蓋…………………………19-23
ミクロ経済学……………………………261
密度…………………………………96, 164, 248
ミッドタウン…………………109, 118, 378
ミルクリーク……………………………54, 55, 64
民営化…………xxvi, xxx, 215-218, 267, 271, 272, 305
民族的集団………………………………288
メイドゥン・レイン……………………96, 97
メガシティ・トロント議会……………278
メトロポリタン・オペラハウス…………117, 119, 121
モーゲージ債受入機関…………………317
モーゼス、ロバート………xix, 44, 69, 71, 72, 74, 115, 116, 121, 123, 241, 398
モザイク……………………………11, 229, 230
モダニズム………………………………41, 44
持ち家促進………………………………318
モデル都市プログラム…………………188
モノカルチャー………………316, 388-393

【ヤ行】

郵便事業……………………………271, 272
ユダヤ教宗教指導者……………………266
ユニオン・セツルメント・ハウス……42, 74
ユニバーサル・スペース………………135
輸入シフト………………………356, 374, 376
輸入代替…………………………………373
輸入置換……151, 157, 158, 160, 165, 338, 355, 356, 360, 363, 372-376
用途転換可能……………………………313
横滑り………………………………149, 150

【ラ行】

ライス、アルバート・J、ジュニア……86
ランドスケープ・アーキテクト………393
ランドマーク………………13, 94, 104, 312
ランハム、J・O・ジュニア……………27
リーズン…………………………………312
リッテンハウス・スクエア………49, 394
リトル・イタリー…………………310, 399
リュリー、エレン………………………42, 43
リンカーン舞台芸術センター……71, 101, 117
リンチ、ケヴィン………………………99
リンデマン、レイモンド・L…………249

ハリウッド……………………………362
バレエ……………………………61, 110, 117
ハワード、エベネザー…………………194
バワリー通り……………………………8
反アーバニスト…………………………222
反都市の土地利用規制…………………368
反都市のプランニング…………………247
バンフィールド・エドワード・C………… 79, 80, 83
非擬人化…………………………375, 376
日雇い労働制度…………………………388
標準化…………………158, 185, 205, 226
ヒルブレヒト、ルドルフ…………209, 210
ピレンヌ、アンリ…………………4, 220
ファッション産業………………390, 391
ファノン、フランツ……………………xxv
フィラデルフィア大都市圏運動………53
フェイギン、ヘンリー…………83, 88, 89
フェミニズム……………………………xxiii
フォーダム大学…………………………101
フォーチューン誌……43, 92, 136, 187, 246
フォード、ヘンリー…………xxviii, 150, 178, 391
フォートワース……42, 56, 67, 93, 97, 98, 100, 111, 113, 131, 132
不動産開発業者…………………120, 391
不動産投機………………………………314
浮遊…………………………………149, 150
ブライアント公園………………………394
フラクタル…………xx, 302, 369, 370-372, 375, 376
プラトン………………258, 260, 261, 264
フランクリン、ベンジャミン……260, 282
フリーダン、ベティ……………………xxv
フリードマン、ミルトン………………xxii
プレーリー………………………………386
ブロア通り………172, 175, 237, 317, 352
プロムナード………50, 51, 102, 103, 132
分業…………………………xxviii, 150
分権化………………88, 231-233, 331, 398
分散化…………………………264, 398
分散派……………………………………41
ベイリー、R・H・Jr……………………28
ベーコン、エドムンド……42, 47, 50, 54, 57, 104
ベトナム戦争……………xxv, 6, 143, 153
ヘロドトス……………………272, 365
ペン、ウイリアム………………………49
ペン・センター………47, 50, 51, 96, 104
変異…………………………………149, 150
封建制度………………220, 228, 267, 332
ボードレール、チャールズ………266, 267
ホームズ、オリバー・ウェンデル………… 274, 275
ポール・リビア公園……………………394
歩行者専用道路………………………55, 103
歩道のバレエ…………xvi, 15, 110, 141
ボルドウィン、ジェイムズ……………xxv

道徳的混合……………………………217
独占…………144, 163, 166, 216, 270-272, 286, 294, 299, 348
特別地区………………………77, 81, 82, 88
都市間交易…………………………157, 161
都市計画………xix, 43, 44, 48, 57, 58, 81, 103, 124, 142, 144, 151, 164, 192, 207, 210, 222, 244, 245, 284, 367, 378
都市再生……xix, 6, 41-44, 67, 111, 144, 197, 198, 202, 206, 248, 305, 316, 341
都市のイメージ…………………………99
都市農業………………………………xxiii
都市の生態学…………xxi, 218, 249-251
土地価格…………………………………71
土地利用計画……83-85, 87, 189-191, 193
徒弟制度………………………………262
トレードオフ…………………………346
トロント芸術評議会…………………267
トロント市議会………………………218

【ナ行】

南北戦争……………………………18, 34
二交代都市……………………………109
ニューアーバニスト…………………312
ニュータウン……74, 181, 194, 198, 200, 222, 368
ニューヨーカー(誌)……xx, 283, 397, 400
ニューヨーク・タイムズ……71, 116, 177, 185, 196, 345, 394
ニューヨーク公共図書館………111, 125
ニューヨーク市教育委員会……………80
ニューヨーク市交通局…………23, 177
(ニューヨーク)市財政評価委員会……399
ニューヨーク市住宅公社………120, 124
ニューヨーク大学……………………38, 73
ニューヨーク地域計画協会………83, 398
人間関係のネットワーク…………43, 114
農業……31, 90, 180, 307, 322, 335, 338, 382, 383, 387, 401
農業時代……………………………383, 387
ノーラン、デビッド……………………156

【ハ行】

パーキンソンの法則……………………273
パーク街……………………………94, 103
バーナム、ダニエル……………58, 210
ハール、チャールズ・M………84, 88, 89
ハーレム………………………………188
爆発するメトロポリス………43, 141, 246
ハスキル、ダグラス…………41, 42, 83
発達……29, 60, 159, 199, 221, 250, 269, 290, 336, 337, 357, 376, 390
バッテン、ハリー………………………104
ハドソン通り…………xiv, xvi, 15, 22, 44
パトロンからの援助……………258, 266
パフォーマンス・ゾーニング……164, 192
ハブ都市…………305, 320, 321, 323, 324
破滅的な変化をもたらす投機的資金……120, 248

専門特化……65, 350
騒音公害……187
相互依存……xx, xxi, 115, 250
倉庫事業……362
ソーキン、マイケル……378, 396, 401
ソーホー……399
組織立った複雑性……xx, xxii
ソト、エルナンド・デ……339

【タ行】

ダイアモンド、ジャレット……383, 401
ダイアモンド街……8
対外援助……161, 218, 305, 353
大気汚染……80, 151, 170
大企業……98, 99, 186, 187, 224, 227, 278
大恐慌……xix, xxvi, 3, 363
第三政党運動……33
第三勢力……xxii, 142, 145
代替資源……348
タイムズ・スクエア……104, 117
大量生産……292, 388-391
ダウンタウン……41, 43, 47, 56, 67, 92-106, 108-112, 116, 118, 144, 168, 172-174, 237, 239, 247, 297, 379
タウンプランニング運動……222
ダグラス、ウイリアム・O……36
多国籍企業……278, 350, 351
脱学校の社会……264
脱スラム化……310, 314
多様化……129, 157, 205, 310, 337, 338, 348
地域計画……46, 84, 88, 193, 398
チェルシー……72
地下河川……22
地下の街路……96
地下の「スパゲティ」……xx, 18
チャーター五……305
チャーチル、ヘンリー……91
チャイナタウン……310, 399
チャプリン、チャーリー……389
チャベス、ロベルト……335
中核都市－衛星都市の概念……80
中世都市……228
超高層ビル（棟）……249, 306, 378, 382, 398
朝鮮戦争……160, 333
沈黙の春……xxv
通勤者……391
ディケンズ、チャールズ……44, 308, 386
帝国主義……xxiii, 305, 307, 349, 350
データ収集……162
テーラー、フレデリック・W……389
デザイン中心主義……136
田園都市……194, 368, 398
伝染病……151, 223, 385
統制……82, 142, 231, 286, 334
統治者的価値観……216
統治者の道徳律……161, 215, 253, 255-257, 259, 261

資本主義………………xxvii, xxviii, xxx, 254, 339, 347
市民的不服従………………143, 153-155
社会生活…………………………246, 306
住宅団地………………………55, 317, 368
住宅・都市開発省（HUD）………85, 183
住宅の所有…………………………317
集中化…………………………89, 277
銃・病原菌・鉄…………………383, 401
住民経済…………………………148-150
住民参加…………………………344, 345
準郊外……………………………120, 362
純粋理性批判…………………………282
小規模計画………200-203, 206-208, 211
常識革命……………………………217
乗数効果……………………………157
焦点………51, 52, 104, 105, 108, 110, 111, 123, 215, 250, 307, 339, 352
商人の道徳律……215, 253-255, 257, 259, 261, 268, 284, 328
消費財とサービス……………………148
消費者政策研究所……216, 217, 286, 287
ジョーンズ、ヴィクター………82, 88-90
ショッピングセンター……41, 63, 83, 98, 135, 163, 208, 312, 391
ジョンソン、フィリップ………………131
ジョンソン、リンドン・B……91, 128, 188
シリコンバレー………………………392
人口増加（率）………………179, 197
人種差別………xix, xxvii, xxx, xxxi, 124, 162, 318, 386
人的資本………xxx, 156, 307, 308, 323, 385, 401
新民主党（カナダ）……………………217
信用保証会社…………………………391
侵略者…………………………215, 216, 252
森林破壊……………………………348
スーエル、ジョン……………………171
スーパーブロック・プロジェクト……106
スカーリー、ヴィンセント…………309
スカイドーム…………………………266
隙間埋め……………………………182-184
スターカー・システム………………178
スパダイナ高速道路………144, 167, 169, 171, 172, 175, 237, 243
スプロール……41, 75, 193, 248, 286, 318
スポット再生…………………………123
スミス、アダム……xxviii, 261, 337, 338
スラム街………………75, 227-229, 329
スラムクリアランス……53, 67, 69, 70, 87, 116, 119, 121, 122, 136, 197, 248, 316
税関職員……………………………272
成長爆発……361, 362, 364-368, 374-376
説明責任……………………………325-328
セツルメントハウス……………………62
戦時情報局…………………………5, 32
セントラルパーク……………67, 120, 394
セントローレンス近隣地区……207, 298
専門的職業集団………………………306

建築家年鑑……131
合意……51, 74, 205, 254, 257, 259, 342
公営住宅……48, 55, 60, 74, 86, 89, 121, 129
公営住宅計画（プロジェクト）……48, 50, 132
交易商人……252, 254, 255
郊外居住者……77, 81, 172, 173, 238
公共住宅局（PHA）……85, 86
公共広場……63, 105, 113, 312
公共輸送（手段）……178, 286
工場式農場……384
工場ビル……201
荒廃地域……46-48, 53, 54, 69, 94, 101, 208
効率性……80, 217, 226, 299, 305, 325, 326, 331, 389, 392
コール、アルバート……71
国際通貨基金……350, 359
小口金融……290
固定資産税……54, 277, 300, 316, 322
五番街……70, 101, 102, 111, 121, 394
コミュニティを基盤とする団体……341
孤立地区方式……132
コロンビア大学……4, 73, 141, 274, 359
混合利用……xix, xxx, 41, 200, 201, 208, 248
コンティーニ、エドガード……56, 57, 59

【サ行】

採算的可能性……372
サッチャー、マーガレット……216, 267, 271
サプライサイド経済学……276
差別化生産……390, 391
産業の移植……225
産軍複合体……162
酸性雨……223, 239
ジェイコブズ、ジム……306, 402
ジェイコブズ、バージン……253
ジェイコブズ、ロバート……41, 44, 134
ジェイコブズの外部性……xxvi
ジェファーソン、トマス……61, 393
ジェントリフィケーション……xvi, xviii, xxiv, xxxi, xxxii, 249, 314-316, 340
視覚的な退屈さ……199
事業者経済……148-150
自己組織化……xvi, xxii, xxvii, 43, 360, 376
市場価値評価……277
市場本位の解決策……218
自生的成長……141, 142, 146, 149, 151
自然資源……194
自然の生態系……249-251
自然法の伝統……259
シティ・カレッジ……378
シティ・ビューティフル運動……46, 58, 94
自動車産業……391
死に瀕した聖職者……332

カーネギーホール…………109, 115, 242
カーベイヤー……………………177-179
カーン、ルイス…………42, 46, 54, 55, 64, 104, 133
街区…………8, 9, 46, 50, 56, 57, 94-96, 100, 101, 103, 115
階層型社会……………………………332
科学的経営……………………………389
輝く都市………………………………133
花き卸売地区…………………………14
カス、サミュエル………………236, 237
学校間委員会…………………………74
角のお店……………………………311, 312
カナリー・ワーフ……………………248
カナル通り………………………8, 9, 101
ガフィ、ジョセフ・F………………27, 28
ガラスの天井…………288, 289, 293, 295
カルガリー(カナダ)………305, 320, 321
カレン、ゴードン……………………136
環境保護主義………………………216, 242
環境保護庁……………………………183
カント、イマニュエル………………283
官僚組織…………xix, 6, 184, 263, 278, 298, 299
起業活動……………………………339, 340
貴族的な伝統…………………………265
機能主義………………………42-44, 134
キャヴェンディッシュ研究所…………263
キュー誌………………………………18
共産主義(者)……6, 32, 34-36, 153, 257
行政事務管理…………………………81
共生的…………xxiii, 161, 218, 226, 227
巨大金融機関…………………………222
巨大都市……………77, 89, 218, 298, 361
国の通貨……………………………144, 159
グラウンド・ゼロ…………………395-397
グリーンバック・レイバー党……33, 34
グリニッジ・ヴィレッジ……xv, xvi, 44, 69, 73, 115, 121-123, 310, 341
グリニッジ・ヴィレッジ協会…………73
グルーエン、ヴィクター……56, 67, 97, 123, 178
グルーエンプラン…………………56, 93
グローバリゼーション………xxiii, xxviii, xxxi, 305, 346-349, 352
クロスタウン高速道路………………172
クロンビー、デビッド…………144, 298
郡内自治………………………………81
景気停滞……………………………308, 348
経済成長……xxi, 146, 160, 360, 361, 363
啓蒙運動…………………355, 365, 368
ケインズ、ジョン・メイナード……359, 360
ゲートウェイセンター………94, 96, 105
ゲデス、サー・パトリック…………398
ケベック…………144, 217, 229, 321, 353
権限移譲……………………82, 305, 353
現状維持(体制)……………179, 180, 188
建設資金調達…………………………129

# 索　引

## 【ア行】

アーキテクチュラル・フォーラム………xix, 41-44, 46, 56, 60, 65, 75, 76, 83, 134, 136, 141, 246, 264
アーキテクチュラル・レビュー…………136, 246
アースウイーク………142, 176, 179, 181
アートスケープ……………………316, 318
アーバニズム…………………xxv, 41, 42
アームストロング、カレン…………401
アイアン・エイジ………………5, 24, 27
アイドラー………………………………252
赤字支出…………………………………276
アグリビジネス…………………………384
アスター・プラザ………………………103
アダムズ、マイケル……………………326
新しい経済活動………………146, 148
新しい仕事………xxi, xxxi, 142, 186, 193, 294, 307
圧送管ネットワーク……………………19
アネックス地区（トロント）……xvii, 212, 317
アパレル地区……………………………115
アムステルダム通り……………18, 119
アメリカン・エコノミック・レビュー……156
アメリカ建築家協会………………13, 52
アメリカ労働党…………………………32
アリストテレス……………………262, 370
アレン、ウイリアム・R……………169
アンウィン、ジョージ…………………147
アングラ経済……………………227, 228
暗黒時代………xvii, xxx, 4, 220, 306-308
イーエル…………………………………13, 14
維持管理費………………………129, 130
田舎主義…………………………………90
イノベーション……xxix, xxx, 141, 150, 157, 163, 165, 185, 223-225, 277, 278, 286, 305, 313, 391, 313, 391
イリイチ、イヴァン……………………264
インフィル型開発……183, 184, 248, 343
インフィル型計画……………183, 207
ヴェンチューリ効果……………105, 106
エイブラムス、チャーリー……………124
エジソン、トーマス……………………21
エンゲル、クレール……………………66
王立英国建築家協会……………………146
オープンスペース……58, 95, 96, 99, 106, 110, 111
オフブロードウエイ劇場………………117

## 【カ行】

カーク、ウイリアム……………………42
カーソン、レーチェル…………………xxv
ガーディナー高速道路…………66, 298

# 訳者あとがき

本書はジェイン・ジェイコブズ自身によるその全生涯にわたるエッセイ、講演、対談を集めた小論集 *Vital Little Plans* の邦訳である。

ジェイコブズには八冊の著書がある（そのうち六冊が和訳されている）が、もっぱら最初の著書である都市の政策・計画論とされる『アメリカ大都市の死と生』（一九六一）が知られている。しかし、本書で編者が述べているように『死と生』は都市の「本質」に関わる都市計画論であり、以後の著書はそれ以外の経済論などをドラマチックに展開したものである。日本では近年になって、ようやく彼女の都市の経済論や倫理論にそれぞれ独立して脚光が当てられるようになった。訳者も編著者の一人として加わった『ジェイン・ジェイコブズの世界』（別冊『環』藤原書店、二〇一六）は、そのような観点から刊行されたものである。わずかに訳者と首都大学東京の玉川英則教授との共著『都市の本質とゆくえ』（鹿島出版会、二〇一一）が、そのような展開について簡単に触れているくらいである。著書を書くときのベースとなったと思われる彼女自身の小論から構成される本書は、それらの展開が明瞭に見てとれる貴重なものである。

たとえば、第一部はニューヨークのまち中についての彼女の生来の素晴らしい観察眼を発揮したルポルタージュを中心に構成され、第二部では様々なキーマンとの出会いなどを通して都市の本質に関わる様々な要素について思索を深めるに至る時期の小論からなる。これら小論が『死と生』という主に都市の土地利用に関わる都市の本質を述べる著書に結実したことが見てとれる。第三部は、その後の『都市の原理』と『発展する都市　衰退する都市』につながる都市の経済的側面、特に経済成長の条件からの考察を進める小論と、原題の“Vital little plans”の元ネタとも思える、小規模計画の集合体こそが都市の再生に求められている、という彼女の主張の眼目がドイツ、ハノーバーのプランナーであるヒルブレヒトとの交流で確信に変わったことを明らかにしている小論からなる。第四部は都市のクリエイティビティが小企業の活動に依存する面が大きいことや、それら小企業がその役割を十分に果たすためには政策的手立てが重要だとする主張など、主にミクロ経済の観点から論じた小論からなり、これらが『発展する都市　衰退する都市』という著書につながったことがわかる。また、やがて『市場の倫理　統治の倫理』に結実する、政府と民間主体の行動様式の違いから二組の道徳律を考えついた、まったく新たな展開につながる経緯が語られている。そして、その点を彼女自身が理事として仕えたエネルギー調査研究財団を例に、統治者側の都市政策と商人側の都市経済がそれぞれの拠って立つ道徳律とを関連づけて、二組の道徳律の違いとその論理的帰結が具体的に考察されている。「第五部　未来の発達のパターン」は『都市の原理』の第八章のタイトルからとっている。その中の「経済のベールを剥ぐ新仮説」では、彼女が教科書化で自らの経済学の仕上げを図ろうとしたことがわかるほか、大農園時代のメンタリティを引きずった都市観・経済観がもたらした弊害やコミュニティの課題などの、『壊れゆくアメリカ』で取り上げられなかった問題を含む幅広い分野について未来を展望している。

これらに関連して、彼女が『死と生』以降、都市計画からまったく離れてしまったような論調が一部の人にあるが、本書には『死と生』以降に第二部の「巨大なアンバランス」（一九六四）に始まる数編の都市計画に関する小論・講演がある。その中でも第三部の「大規模計画は都市再生問題を解決できるのか?」（一九八一）は都市計画への熱い思いがヒシと伝わる小論であり、そのような論調がまったく誤りであることがわかる。

その一方で、経済論の面では第五部に「経済のベールを剥ぐ新仮説」の抜粋（パート・ワン：三重のプロセス）があり、さらに八章を追加予定（本書三七七頁の注13）だったとのことから、これだけを見るとこの未刊本でも「展開」が期待できるかのようにも見える。しかし、パートワンが主にそれら既存の著書の引用によっていることやこの未刊本が教科書化を意図していたことから判断すると、内容的な展開があるというより内容の整理がされると考えた方が適切のように思える。

彼女の著書だけではわからなかった点が明らかになったことも多い。主だったものを挙げてみよう。経済の発展は自前の都市を欠くところでは起こり得ず、そこでは補助金などの資金投入や移植工場などの産業誘致を行っても無駄である、というのがジェイコブズの都市経済に関する基本的主張である。これは『都市の原理』を始めとする都市経済関係の著書を書くための文献調査やヒアリングなどの過程を通じて得た知見をもとに考えついたと思われたが、実はその二〇数年前に彼女の生まれ故郷、スクラントンへの軍関係の施設誘致に自らが尽力しながら失敗した、その理由を上院議員の秘書から遠回しにいわれたことにヒントを得たと思われることが明かされる。

彼女が政府と市場のいずれにより信をおくのかを巡り、その政治的信条の複雑さがいわれ、訳者も『都市の本質とゆくえ』の中で曖昧模糊と評した。しかし、本書の「柔和な協調に美徳なし」の中で、最高裁判事ウイリアム・O・ダグラスの考え（個人の権利と私的自由の最大限の尊重）に最も近いことを吐露している。政党的には一九世紀後半の一〇数年活動し、最終的に民主党に引き継がれた反独占のイデオロギーのグリーンバック・レイバー党を称賛している。また『市場の倫理　統治の倫理』の二組の道徳律のうち、自らは商人の道徳律に拠っていることがわかる。

都市計画や都市計画事業についても、ジェイコブズはこれらを否定的に見ているとする考え方の人が一部に見られる。一人の計画者（政府、そこのプランナー）が行っているため、市場の無数の計画主体（の意向）が排除される点がその理由に挙げられることが多い。実際には、彼女は都市計画の主体としての政府は機動的な規制者として介入すべきと考える一方で、民間の事業に乗り出すことにはまったく否定的である。また、これらの計画や事業が往々にして大規模なために画一的になりがちな点は、単に民間主体（市場）に任せて済むとは考えていない。彼女は必要以上に計画を大規模なものとせず、必要以上に遥か将来を計画しないことだといい、計画対象を小規模計画の寄集めで構成し、その不透明な未来を後世の世代に託すことが必要だとする計画観に立つことを「大規模計画は都市再生問題を解決できるのか？」の中で明らかにしている。そのような条件付きで、彼女は都市計画や都市計画事業が必要な理由を明瞭に述べている。

訳者は『都市の本質とゆくえ』の中で、『都市の原理』は経済学などの科学論文と同じくまず仮説を提示し、これを検証するスタイルで全体構成を考えてから書き始めているととらえ、その意味で「第一章　初めに都市ありき」は一種の仮説としてとれるものとしたが、そうではなかった。彼女は普段から偉人との仮想的な対話を繰り返し、それを書きためておき、これをもとに全体の組立てを考えているという。その際にも本題からそれることが多くて、その都度再組立てをするという。その結果『都市の原理』の第一章は、もともとは第五章だったことが明かされる。そのような試行錯誤を続けていると、あるパターンが独りでに語り始めて文章が組み立てられるのだという。彼女独特のやり方で行っていたわけである。

『市場の倫理　統治の倫理』で、突然路線変更や脇道にそれたとする論者が少なからずいる。しかし、前述したように、本書の「生計を立てるための二組の方法」の中で、『都市の原理』を書き始めた頃から高く評価される行動様式のリストをつくり始め、『発展する地域　衰退する地域』を書き終えるまでには統治と市場に関する二組の道徳律に分け終えていた、と語っている。彼女の倫理論も都市の本質を探る一連の必然的な展開上にあることがわかる。

彼女の著書に対する批判として、厳密性のなさ、逸話に頼る傾向、引用・出典の不首尾、研究に無頓着に見えるアプローチを挙げられることがある（たとえば、カナダ・マックマスター大学の地理学の教授リチャード・ハリス）。しかし、ジェイコブズは通常の研究ごとで行われる仮説の検証は、個別性の強い都市問題の論理体系としては適切でないと考え、そのような形式に関心がないためにそう見えるだけである。厳密性に欠けるとされる点についても、一つには彼女が科学的な手法とされる演繹法ではなく帰納法によることなどを指すものであるが、都市問題には帰納法がふさわしいことは『死と生』の第二二章ですでに述べられている点を無視するものであり、本書の「効率性とコモンズ」などでもそのことが重ねて語られている。

都市の多様性のための四つの条件が、少数の事例から感覚的に抽出されたものにすぎないとする批判には根強いものがあるが、これも前記とほぼ同じことがいえる。すなわち、これは広義の帰納論理によるものであり、都市問題が演繹論理による検証に馴染まないとする彼女の立場からすれば非難は当たらない。実際、本書でも第三部などの小論で再三述べている。彼女の著書・論文は専門教育を受けた研究者のそれでないことは確かであり、そもそものことを彼女に求めるのは的外れである。ちなみに都市の多様性のための四条件に関しては、最近、イタリアの六都市を対象としてこの点を検証したイタリア、トレント大学のマルコ・デ・ナダイほかによる研究論文が現れている。

逸話に頼る傾向に関しては、本書の「生計を立てるための二組の方法」の中で彼女がその具体的な方法である「事例証拠」によっている理由を明確に述べている。つまり、科学研究の一般的な論理体系では都市問題を説明・解決ができないと考える、彼女なりの根拠があってのことである。

専門家のようにドクマにとらわれず、様々な領域で自由に独自の論を展開したが、特に都市計画面で彼女を「偉大なアマチュア」とするとらえ方はどうであろうか。アマチュアは一般に高度な専門教育を受けていない人々のことを指すのでその点では当てはまるが、彼女は二〇歳代前半の一九三〇年代後半から雑誌に記事が掲載されるようになったくらいのライターであり、その後、業界誌や政府広報誌を始め、建築や都市計画を扱う『アーキテクチュラル・フォーラム』誌でライターや編集者として豊富なキャリアがある物書きのプロである。また、本書での対談（特に「生計を立てるための二組の方法」）を見ても討論の名手であることがよくわかるし、高速道路建設などでの反対運動ではしたたかなアドボケーター、アクティヴィストであったことはよく知られている。そして、彼女がドクマにとらわれないのは何よりも自由を尊重するからであり、第一部の「柔和な協調に美徳なし」などを見ればそのことがよくわかる。さらに、小さい頃からトマス・ジェファーソンやベンジャミン・フランクリンと自らの頭の中で対話を繰り返していたという、そのような思考方法が柔軟で深い考察を生みだしていたのである。これらを見ても、ジェイコブズに関してアマチュアの良さであるドクマにとらわれない点をもってプロとアマチュアという切り口で彼女を語ることには違和感があり、彼女に限ってはその都市論にアマチュアの良さが現れているというのは少なくとも主たる理由ではない、と考えるべきものと思う。

だからといって、彼女は自らがプロ（＝専門家）と見なされることを望まないだろう。プラネティズンという都市計画関連のウエブサイトは、二〇一七年に史上最も影響力のある一〇〇人のアーバニストについての読者投票を行い、様々な巨人を差し置いて第一位にジェイコブズを選定している（二位：ジャイメ・レルネル［先進的な都市計画で知られる元クリチバ市長］、五位：アンドレス・デュアニー［ニューアーバニズム運動の創始者］、九位：ル・コルビュジエ［近代建築の巨匠］など）。アーバニストを主に都市の研究・計画づくりに関する専門家を指す言葉という狭い意味でとらえると、彼女が専門家中の専門家とされるのはなんとも皮肉なことである。

二〇一六年はジェイコブズの生誕一〇〇年の年であって、彼女に関する様々な催しや多数の出版物などがカナダやアメリカなどで出され、彼女の業績を再評価・再考する動きが見られた。また、彼女の誕生日前後には、訳者が把握できた範囲でもアメリカ、カナダの都市問題を扱う新聞・雑誌社の八つのウエブサイトで、リチャード・フロリダ、サスキア・サッセンなどの都市問題の有力な研究者によりその功績が称えられている。それ以前のもので訳者が特に注目したのは、彼女を主にその都市計画への影響面から再考した edited by Max Page etc, *"Reconsidering Jane Jacobs"*, 2011 である。分担執筆者の一人であるノースカロライナ大学の都市計画の准教授トーマス・カンパネラは、都市計画の専門科目において社会的・経済的知識が重視され、結果的にフィジカル・プランニングが犠牲になり、その専門性が危うくなっていることなどの深刻な影響をジェイコブズが与えていると述べている。また、同書の中でクレムゾン大学建築大学院の助教授ピーター・L・ローレンスは、ジェイコブズがプランナーたちが WWJJD？（What would Jane Jacobs do？　ジェイン・ジェイコブズだったらどうするだろうか）と呪文のごとく自らに問いかけるほど神格化されているとしている。これらは都市計画分野だけのことであるが、これ以外に彼女が取り組んだ都市経済、倫理、コミュニティといったような個々の領域を超えて、「社会思想一般の世界でもジェイコブズは今後も生き続けるだろう」（香西泰）というくらいその影響は大きい。

原書の編集について簡単に触れておきたい。本書の大きな特長はジェイン・ジェイコブズ本人の生涯における小論、講演、対談の大部分のほか、未刊の著書の抜粋もカバーし時系列に並べているその網羅性である。編者の解説にもあるとおり、これにより彼女の既存の著書が都市の本質を巡る都市計画論、都市経済論などを展開しようとした意図が見てとれるものになっており、その点はおおむね成功していると評価できる。もう一点は、編者の独自の考察が織り込まれた質・量とも充実した脚注である。そのためにかなりの時間と手間を掛けていることが見てとれるし、謝辞の中にも書かれている。分量がはるかに多い序文と各部での解説に匹敵するくらい充実している。日本語版にあたり、原書の脚注を本文の該当箇所のすぐ後に配置して、読者の理解を助けることを意図したのはそうした理由からである。

翻訳にあたっては、なるべく正確に訳することを心掛けた。これはたとえば、彼女がheartとcenterのように最初に両方を併記したうえで、以後両者をきちんと使い分けていることなどに配慮したからである。したがって中心として一括せず、それぞれ社会的中心、物理的中心としたのがその例である。このほかにもgrowthとdevelopment、jamとbackup、clueとkeyなどを原則としてそれぞれ分けて訳している。また、ジェイコブズの特徴である比喩的表現に対しては、読者の理解が容易なように努めて解説的な訳とするか訳注を付けることを心掛けた。このほか、ジェイコブズの既存の和訳本を参考にさせていただいたが、特に「生計を立てるための二組の方法」では『市場の倫理　統治の倫理』の訳語を参考にさせていただいた。

本書の原題は"*Vital Little Plans*"であるが、広範な内容を表すには適切でないと考え、編集者と相談のうえ、内容どおりオーソドックスに『ジェイン・ジェイコブズ都市論集』とした。原著では編者がおそらく重要と考えた部分が抜き書きして太字で表記されている。しかし、離れた箇所にあるので、文章の流れの中で読みとってもらったほうがよいと判断して、本書でも該当部分の書体を太く表記した。

本書の翻訳のうち、第四部の一部を名古屋外国語大学大学院の社会人学生である遠藤加奈子さんに、第五部を宇都宮共和大学教授の駒場利男氏に、それぞれ素訳を引き受けていただいた。また本書全体にわたりわが娘、酒田里紗と打合せを繰り返し行い翻訳を完成させた。彼女の支援を当てにして本作業を受けたが、十分その任を果たしてくれた。実質的な共訳者ないしは監訳者である。これらの方々のご支援で本書は出来上がった。あらためて感謝する次第である。

本書の翻訳作業を通して、これまで疑問に思っていた点に答えを見つけ、またジェイコブズについての新たな気付きが少なからずあり、大変エキサイティングな経験をした。また、五〇〇頁もの大著の翻訳で苦労も大きかったが、終えてみれば至福のときを過ごせたことに感謝するばかりの作業であった。このような機会を与えていただきながら、当初の想定より出版がだいぶ遅れることとなった。辛抱強く最後まで付き合っていただいた鹿島出版会の相川幸二氏にあらためて感謝申し上げたい。

最後に、本書がジェイン・ジェイコブズの広範な業績に多くの人が目を向け、彼女の都市論の理解を深めることに貢献できれば、訳者にとってこれに優る喜びはない。

二〇一八年一〇月　宮﨑洋司

［著者略歴］

**Jane Jacobs**（ジェイン・ジェイコブズ、一九一六〜二〇〇六）

アメリカ、ペンシルベニア州スクラントン生まれ。都市活動家、都市研究家、作家。一九五二年から一〇年間『アーキテクチュラル・フォーラム』誌の編集メンバーとなる。一九六八年にカナダに移住し、同国トロントで他界。四〇年以上にわたり、アーバンプランニングに対抗してコミュニティに基盤をおいた革新的な方法を擁護した作家である。一九六一年の著書『アメリカ大都市の死と生』は、数世代にわたるプランナーとアクティヴィストを元気づけながら、都市の内部でうまくいっていること、うまくいっていないことに関するおそらく最も影響力のあるテキストとなった。

［編者略歴］

**Samuel Zipp**（サミュエル・ジップ）

作家兼歴史家である。ジェイン・ジェイコブズの国内での名声を押し上げた都市再生を巡る闘いの素晴らしい歴史を伝える『冷戦下のニューヨークでの都市再生の隆盛と没落』の著者であり、これにより「マンハッタン・プロジェクト」を受賞した。『ニューヨーク・タイムズ』『ワシントン・ポスト』『ネイション』にアーバニズムと文化に関する記事や批評を書いている。現在、ブラウン大学のアメリカ研究と都市研究の准教授である。

**Nathan Storring**（ネイサン・シュテリング）

現代のアーバンデザイン、アーバンプランニング、都市政策を一般市民にも利用しやすいものとすることに特化した作家、学芸員、デザイナーである。トロントのアーバンスペース・ギャラリー（ジェイン・ジェイコブズの仲間たちによって設立された）の臨時学芸員としてずっと仕え、またシカゴ建築財団とボストン建築家協会での常設展示に従事したことがある。『カナディアン・アーキテクト』『ネックスト・シティ』『メトロポリタン・レボルーション』のブログなど、様々なところで書いており、『パブリック・スペース』のブログ「プロジェクト」のレギュラー寄稿者でもある。

［訳者略歴］

**宮﨑洋司**（みやざき・ひろし）

都市再生関連の調査・企画会社、（株）プラス社会計画センター所長、工学博士。現在の会社等で都市再生に関わるマーケティング・リサーチ、事業計画や環境の評価などの実務に携わった後、宇都宮共和大学教授として合意形成論、計画評価論の研究に従事。その間、神奈川県等のアイディアコンペでの受賞、都市計画学会等の査読付き論文・（財）住総研等の研究助成の採択を含む、実務・研究の両面にわたる数多くの実績を残す。主な著書として、『共同ビル計画論』、『都市再生の合意形成学』、『都市の本質とゆくえ』（共著）、「アドボカシィ・プランニングとしてのジェイコブズ都市計画論」（分担執筆）、『ジェイン・ジェイコブズの世界』（共編）などがある。

# ジェイン・ジェイコブズ都市論集《としろんしゅう》
## 都市《とし》の計画《けいかく》・経済論《けいざいろん》とその思想《しそう》

発　行　二〇一八年一二月一五日

著　者　ジェイン・ジェイコブズ
編　者　サミュエル・ジップ＋ネイサン・シュテリング
訳　者　宮崎洋司《みやざきひろし》
発行者　坪内文生
発売所　鹿島出版会
〒一〇四―〇〇二八　東京都中央区八重洲二丁目五番一四号
電話　〇三（六二〇二）五二〇〇　振替　〇〇一六〇―二―一八〇八八三

本文デザイン　田中文明
装　幀　工藤強勝＋デザイン実験室
印　刷　三美印刷
製　本　牧製本


ISBN 978-4-306-07348-7 C3052 Printed in Japan



本書の内容に関するご意見・ご感想は左記までお寄せください。
URL: http://www.kajima-publishing.co.jp
e-mail: info@kajima-publishing.co.jp